陈珵 李靖华／主编

考试研究文集

（第 8 辑）

中国财经出版传媒集团
经济科学出版社
Economic Science Press

图书在版编目（CIP）数据

考试研究文集. 第 8 辑／孔祥，陈珵，李靖华主编.
—北京：经济科学出版社，2021.12
ISBN 978 - 7 - 5218 - 3295 - 2

Ⅰ.①考…　Ⅱ.①孔…②陈…③李…　Ⅲ.①考试学 -
- 文集　Ⅳ.①G424.74 - 53

中国版本图书馆 CIP 数据核字（2021）第 253678 号

责任编辑：周胜婷
责任校对：王苗苗
责任印制：张佳裕

考试研究文集

（第 8 辑）

孔祥　陈珵　李靖华　主编
经济科学出版社出版、发行　新华书店经销
社址：北京市海淀区阜成路甲 28 号　邮编：100142
总编部电话：010 - 88191217　发行部电话：010 - 88191522
网址：www. esp. com. cn
电子邮箱：esp@ esp. com. cn
天猫网店：经济科学出版社旗舰店
网址：http://jjkxcbs. tmall. com
固安华明印业有限公司印装
710 × 1000　16 开　25.5 印张　490000 字
2021 年 12 月第 1 版　2021 年 12 月第 1 次印刷
ISBN 978 - 7 - 5218 - 3295 - 2　定价：120.00 元
（图书出现印装问题，本社负责调换。电话：010 - 88191510）
（版权所有　侵权必究　打击盗版　举报热线：010 - 88191661
QQ：2242791300　营销中心电话：010 - 88191537
电子邮箱：dbts@ esp. com. cn）

前　　言

　　2002年，谢小庆教授主持编写了《考试研究文集（第1辑）》，目前已陆续出版了7辑，每一辑都凝聚了北京语言大学语言测试和人才测评研究所（以下简称"测评所"）师生对考试的思考。近二十年来，测评所的研究始终坚持问题导向，面向国家重大需求，立足解决实际问题，致力于维护社会公平，这也是测评所师生的职责和使命。

　　本书是考试研究文集的第8辑，所选内容是测评所师生近十年所做研究的一个小结和梳理，涉及考试信效度、认知诊断、计算机自动评分、等值、考试安全、及格线、测验长度和跨文化交际等研究领域，涉及的考试包括公务员考试、事业单位考试、中国少数民族汉语水平考试（MHK）、新汉语水平考试、高考等各类国家级考试，考试形式涉及笔试、口试、面试以及机考和在线测试。

　　以文集的形式对测评所的研究成果进行记录，除了总结过去已取得的一些成绩，更重要的是面向未来，思考在测评技术给社会带来深刻改变的今天，测评所如何实现高质量发展、跨越式发展。

　　测评所将以建党100周年为契机，创新机制体制建设，加大科研投入和人才引进，大力推进研究所各项事业的发展。依托专业优势，坚持产学研方向，做大做强社会服务，主动服务国家重大战略。继续深耕人才测评、语言测试和考试安全等重点学科和优势领域，打造测评所品牌，为国家测评事业贡献力量。

　　在文集编写过程中，人才测评研究中心陈理主任为本书的出版提供了经费支持，测评所李靖华老师为本书的组稿工作花费了大量精力，测评所的研究生王海洋、梁璟萱同学参与了文集的整理工作，经济科学出版社的编辑提供了有益的参考意见，在此一并表示感谢。

　　正如谢小庆教授在《考试研究文集（第7辑）》前言中所说，我们希望文集中的探索能够得到同行们的指教，也希望这些思考能对同行们有所启发。最后，感谢各位师友在测评所发展过程中给予的无私支持和帮助，我们唯有加倍努力，才能不辜负大家的期望。

编者

2021 年 10 月 29 日

目　　录

概论

中国少数民族汉语水平等级考试的历史沿革与使命担当 ……… 彭恒利（ 1 ）

计算机自动评分技术在高利害考试中应用的前景分析 ………… 彭恒利（ 11 ）

基于考试大数据的我国个人信用信息基础数据云平台

　　建设研究 …………………………………………………… 孔祥（ 18 ）

新汉语水平考试（HSK）题库建设之我见 …………………… 张晋军（ 27 ）

计算机化考试中存在的安全问题与对策 ……………………… 魏炜（ 35 ）

实证研究

MHK（二级）新版试卷基于信息量的及格线和长度研究 ………… 任杰（ 44 ）

中国少数民族汉语水平考试三级笔试效标证据的效度研究

　　——基于 Toulmin 论证模型 ………… 张健　任杰　周成林（ 52 ）

中国少数民族汉语水平考试（MHK）三级口试效标证据的

　　Toulmin 模型论证 ………… 张健　周成林　任杰　洪润（ 63 ）

等级记分模型下几种等值方法的比较研究

　　………………… 王菲　任杰　张泉慧　曹文静（ 72 ）

图形推理题型的性别差异研究 ……………………………… 陈珵（ 85 ）

增值理念下的新疆双语教学质量评价

　　——对小学五年级汉语学科的实证研究 ………… 凡细珍　任杰（ 91 ）

考生能力分布与被试量对 IRT 等值的影响 ………… 韩晓杰　任杰（101）

试卷难度对作弊甄别方法临界值的影响 ……………………… 孔祥（112）

矩阵维度对 Kappa 作弊甄别方法性能的影响 ·············· 孔祥（123）

雷同答卷甄别中显著性水平 α 的标准设定研究 ············· 孔祥（131）

基于复合选择题的雷同答卷甄别研究

    ——以某资格类考试为例 ·············· 孔祥　常颖昊（140）

我国考试行业信用风险评估模型初探 ············· 周璇　孔祥（150）

在高考中采用雷同答卷甄别技术的可行性研究 ············· 孔祥（157）

两种高考选考科目计分方法对比研究 ··············· 刘慧（165）

新 HSK 纸笔考试与网络考试比较研究 ··········· 张晋军　符华均（177）

新汉语水平考试 HSK（六级）试卷难度控制研究 ············ 张晋军等（183）

影响 HSK 语料难度的连词因素 ················· 李靖华（188）

基于 SVM 和 BP 神经网络的作文自动评分效果比较

    ··················· 马洪超　郭力　彭恒利（196）

国际中文教师证书面试信度研究

    ——基于多侧面 Rasch 模型 ········· 李亚男　王艾琳　王之岭（206）

国际汉语教师证书考试的效度研究 ············· 张洁　李亚男（222）

汉语口语考试（SCT）的效度分析 ············· 李晓琪　李靖华（233）

美国华裔、非华裔学习者汉语口语表达对比研究 ············· 李靖华（245）

汉语分级测试分数线划分研究 ·················· 罗莲（258）

汉语分级测试与 CEFR 等级的连接研究 ·············· 罗莲（271）

基于判别分析的汉语分级测试标准界定研究 ············· 罗莲（283）

跨文化交际能力测试（ICCT）的开发与模式研究 ············· 杨洋（294）

跨文化交际能力的构成与模型研究 ··············· 杨洋（301）

助产士规范化培训考核考试中 IRT 等值方法的探索

    ··················· 张泉慧　张颖　任杰（314）

基于四类认知诊断模型的数据模拟研究 ·········· 张泉慧　李莉（326）

结构化面试计算机自动评分系统的构建探究 ············· 王帅（337）

研究综述

ARRG 法在消除随机猜答影响中的应用研究综述 ········· 王凤　孔祥（347）

基于共同题非等组设计的等值结果评价标准研究综述

    ··················· 张健　任杰（354）

项目反应理论的局部独立性与局部依赖性研究述评
………………………………………………………… 李莉　任杰（365）
结构化面试中考官培训对评分者一致性影响 ………… 张丹丹（374）
课堂考试安全问题概述 ………………………………… 刘宇东（382）
考试作弊行为的调查分析 ……………………………… 孙雪昕（391）

概　　论

中国少数民族汉语水平等级考试的
历史沿革与使命担当

彭恒利

（北京语言大学）

[摘要] 中国少数民族汉语水平等级考试（MHK）是目前国内面向少数民族的唯一的国家级语言类标准化考试，其创立和发展体现了中国共产党对民族教育的高度重视。梳理 MHK 的历史沿革和在考试科学化发展方面的探索，提出 MHK 在新时代要顺应民族教育的发展需求，顺应学生个性化发展的需求，顺应考试智能化的发展趋势，肩负起加强民族地区国家通用语言文字教育的使命，为提升少数民族劳动者的综合素质和职业竞争力做出贡献。

[关键词] 中国共产党；中国少数民族汉语水平等级考试；考试科学化；教育公平

中国少数民族汉语水平等级考试（MHK），是专门为测试少数民族国家通用语言文字学习者的学习水平而设立的国家级标准化考试。自 2001 年启动，经过 20 多年的发展，得到社会的广泛认可，已成为国内特别是少数民族地区的考试品牌。MHK 的创立和发展体现了中国共产党对民族教育的高度重视，对民族地区教育评价改革的倾心。在新时代，民族教育面临着新形势、新任务、新要求，为了全面加强少数民族地区国家通用语言文字教育，有必要对MHK 的发展历史、理论与实践探索进行系统的回溯和总结，以便更好地肩负起时代赋予的使命。

1 MHK 的历史沿革

1.1 研发背景

少数民族的语言教育问题，特别是"双语学习"和"三语学习"问题，是一个国际性的难题。新中国成立以来，中国共产党和历届政府都非常重视少数民族和民族地区的教育问题，重视少数民族地区国家通用语言文字的推广。由于历史、自然等原因，民族教育发展仍面临一些困难和问题，不少地区的少数民族群众，虽然学习了多年的国家通用语言文字，但依然张不开口，写不了成篇的文章，这反映出教学效果偏低。

为了提高少数民族地区的教育质量，党和国家在区域发展总体战略中，把民族教育摆在重要位置，采取特殊支持政策，加大各项政策对少数民族和民族地区的倾斜力度（陈立鹏等，2019）。特别是近几年，国家先后印发《关于加快中西部教育发展的指导意见》《加快中西部教育发展工作督导评估监测办法》《关于加快发展民族教育的决定》等文件。内蒙古、西藏、新疆等省区也出台地方性的法规，对发展民族教育、大力推广国家通用语言文字、科学保护少数民族语言文字做出具体规定（郝时远，2018）。这就使国家通用语言文字的推广工作有了法律保障和政策指导。

为了帮助少数民族寻找一条有效的学习、掌握国家通用语言文字的道路，教育部民族教育司进行了积极探索，摸索出先学习借鉴，后独立发展的经验。从 1997 年开始，先后在新疆、吉林等地进行了中国汉语水平考试（HSK）的试点。几年的探索表明，HSK 的试行对少数民族地区国家通用语言教学产生了积极的影响，促进了语言教学模式的转变，逐步走上了注重交际能力培养的道路。但在试点中也发现，HSK 存在一些不适应少数民族语言学习的方面，如在广泛使用的 HSK 初、中等考试中没有包含写作和口语，不符合少数民族地区国家通用语言教学的要求；在试题语料的选择上，主要考虑的是适应外国人学习汉语的特点，语料成人化，不能很好反映少数民族学生学习国家通用语言的需求，不能适应少数民族青少年语言学习的特点等。

为了满足少数民族地区语言教学的需要，建立适合少数民族学习国家通用语言的科学评价体系，全面推进教学改革，以提高少数民族实际运用国家通用语言的能力，适应生活、学习、工作和社会交往的需要，教育部民族教育司在经过认真调研之后，于 2001 年 4 月正式启动 MHK 的研制工作。

1.2 MHK 的发展

根据《教育部关于在有关省区试行中国少数民族汉语水平等级考试的通知》，从 2003 年起，MHK 开始在吉林、青海、四川、内蒙古、新疆等省份推广，广泛用于高考、中考、社会化考试、学业水平质量监测等领域。从 MHK 的工作重心、研究内容进行纵向回溯，其发展大致可分体系建构、试行推广、快速发展 3 个阶段。

1.2.1 体系建构期：2001~2004 年

这一阶段是项目的初创阶段，重点是体系建构，以考试大纲编制为要。考试大纲的编写工作从 2001 年 5 月开始，历时 3 年完成。以框架设计和题型设计为研究重点，并对测验的长度、及格线的设定等进行了探索。框架设计方面的研究主要有：MHK 的理论框架、口语考试的可行性分析、词汇等级大纲的编制、分界标准确定方法综述以及测验长度确定的理论与方法等；题型设计方面，主要围绕听力考试内容、民族汉考三级听力理解命题、阅读理解命题、书面表达题型设计、排列句序题测查能力的分析等展开（谢小庆，鲁新民，2002）。

2003 年 11 月，吉林、青海 2 省先后出台在少数民族学校试行 MHK 的文件，在 2004 年进行三级考试替代高考成绩的试点。此外，延边大学和中央民族大学还进行了四级考试试点。

1.2.2 试行推广期：2004~2012 年

2004 年 3 月，随着 4 个级别的考试全部推出，MHK 步入试行推广期。2012 年，新疆全面实现了由 HSK 到 MHK 的过渡，HSK 正式退出新疆少数民族考试领域，标志着 MHK 顺利完成试行任务，步入新的发展时期。这一时期，实证研究和体系的规范化成为研究重点，研究的内容也明显扩大，涉及测验长度、及格线、效度、等值、公平性、主观题评分、认知诊断、学业水平质量监测等领域（彭恒利，2015）。

这一时期，四川、内蒙古、新疆也先后出台了试行 MHK 的文件。为了试行工作顺利开展，民族教育司的时任领导还带队赴内蒙古、新疆进行调研、试测，召开现场办公会解决试行工作中遇到的政策和技术问题。之后，MHK 4 个级别的考试在有关民族地区全面铺开：一级主要用于青海、新疆的学业水平质量监测；二级除用于青海的中考外，还用于新疆和西藏的学业水平质量监测；三级替代高考的试验扩大到四川和内蒙古，新疆委托课题组参照 MHK 题型结构命制高考汉语试卷，同时还在北京邮电大学、中央民族大学、青海师范大学等高校试行；四级的试行范围进一步扩大，由北京、吉林、青海扩展到内蒙古、宁夏、江西、新疆等省区市的几十所高校。在这一时期，MHK 口语测试进行了多次大规模试测，并实现了由档案式评价到基于人工智能与语音识别技术"人机对话"式测试的转变。

1.2.3 快速发展期：2013 年至今

随着汉语课程标准的修订，2012 年底，MHK 大纲修订工作启动。通过大纲的修订，MHK 实现了自我完善和自我超越，进入快速发展期。

MHK 大纲修订包括 2 个方面。一是对考试大纲的结构和内容进行补充和完善。主要对等级标准、各级大纲的结构和题型进行调整和修订，更换和调整样卷，增加样卷解析。二是对汉字和词汇大纲进行修订。改变字词表的等级序列名称，使之与考试等级对应；调整各级别汉字和词汇的数量，汉字在保持 3500个总量不变的前提下，增加小学第一至第三阶段的识字量，减少初中第四阶段的识字量；4 个级别的词汇量均有不同程度的增加和调整，总词量由 10125 增至 10569 个。围绕着考试大纲的调整，这一时期的研究针对考试中出现的新问题、新趋势进行，重点围绕主观题的自动评分、题库与自适应性测验、主观题的等值等展开。

这一时期，随着 MHK 在新疆的全面铺开，考试人数、考点数快速增长，并在 2018 年达到峰值。

1.3 MHK 的作用和意义

MHK 的研发有着深刻的时代背景，它融汇了第二语言教学、双语教学特别是国内外语言测试的最新研究成果，顺应了少数民族地区日益高涨的对国家通用语言文字学习的需求，反映了全面推行素质教育的要求。MHK 20 年的发展历史，是中国共产党对民族地区关怀、关心的历史，是少数民族普通百姓享受党的民族政策阳光普照的历史。

MHK 的积极作用主要体现在：一是建立了一个适合国内少数民族学习国家通用语言文字的国家级科学评价体系。化区域为整体，化分散为统一，使民族地区国家通用语言文字的评价聚合在一个量尺下，加大了民族地区国家通用语言文字推广力度，推进了民族地区国家通用语言文字教学的改革，对民族教育的发展起到了促进作用。二是促进了教学理念的转化，提高了少数民族地区国家通用语言文字学习者的应用水平。谢小庆和鲁新民（2002）认为，MHK的一个突出特点就是不以任何特定教材为依据。MHK 遵循考教分离的原则，认为教学有自身的规律，考试不能干扰教学，要服务教学；考试可以反馈教学，但不能替代教学，否则就会走向应试教育的老路，违背考试研发的目的。三是促进了教育公平，助推少数民族学生实现上名校的愿望。由于实行了MHK，少数民族学生可以通过预科的方式，摆脱过去只能选择语言类专业的限制，选择热门专业、选择名校，真正实现了习近平总书记提出的"全面实现小康，少数民族一个都不能少，一个都不能掉队"①的愿望。四是普及了标准化考试理论和理念。MHK 的研发团队是一个开放性的团队，会聚了语言学、教育测量学和少数民族地区语言教学的专家，专兼结合。MHK 在研发过程中，通过座谈会、研讨会、讲座等形式，传播了标准化考试的理论，使少数民族地区的教师熟悉标准化考试的理念。谢小庆认为，MHK 是一个考试推动素质教育的成功范例，是一个应试教育与素质教育得到统一的成功范例，代表了今后中国考试改革和教育改革的方向（彭恒利，2015）。

2 MHK 在考试科学化方面的探索

MHK 研发伊始，在重视命题、考试推广的同时，也非常重视考试本身的科学化建设，开展了多维度、多角度的理论探索和实证研究，主要包括考试分数的连接和等值、试题公平性分析、主观试题的评分误差控制等；此外，还围绕题库建设及多阶段自适应测试、主观题的等值与连接、主观性试题的计算机自动评分、学业水平质量监测以及计算机辅助命题等展开了研究。

2.1 题库与自适应考试

题库建设是实现计算机化测试、计算机自适应测试的基础。MHK 研发伊始，就非常重视题库建设，并在 2018 年初步建立了 MHK（三级）客观题题库，完成统计参数标定工作；并以此为基础，开展了基于题组反应理论的题库建设及多阶段自适应测试构建的可行性研究（李冰，2019）、计算机多阶段自适应测试若干关键技术研究（凌好宇，2018）、多阶段自适应测验结构设计的影响因素研究（刘晴，2019）。这些研究目的性很明确，主要是探索将多阶段自适应测验应用于 MHK 考试上的可行性。

2.2 等值与分数连接

等值是测验公平性的保证，是题库建设的基础和实现计算机化考试的

---

① 内蒙古自治区中国特色社会主义理论体系研究中心．习近平：全面建成小康社会，一个民族都不能少 [EB/OL]．http：//theory. people. cn/n1/2017/0612/c40531 – 29333825. html.

前提。

MHK 关于等值研究的成果主要有：主客观组合试卷的分数连接研究（曹文静，2012）、主观题分数等值连接可行性探究（彭恒利等，2014；张秀秀，2015）、主观题评分员效应的控制与调整研究（姜海霞，2016）、MDIA 方法下对 MHK（三级）口试分数连接的探索（张晓琳，2021）、基于项目反应理论和题组反应理论的等值研究（周成林，2018）等。

根据教育部的部署，2011 年，MHK 的一级和二级考试用于青海、新疆的学业水平质量监测。为了检验新疆双语教育的教学效果，MHK 开发了小学四年级和五年级的试卷，并连续 3 年对同一样本进行了纵向跟踪研究，为此专门开展了纵向量表化（袁硕，2013）和增值评价研究（凡细珍，2013）。

2.3 主观题的评分及计算机自动评分

主观性试题存在评阅耗时长、效率低和误差大等缺陷，为解决这些问题，实现计算机自动评分，国内外的考试界都做了许多探索。据调查，目前至少有 10 种以上的主观题自动评分系统（Ramineni & Williamson，2013）。

实际上，主观题评分研究涉及的内容和领域非常广，包括评分的信度、效度、评分效应、评分模式、自动评分、人机评分对比等，其中自动评分研究是热点。MHK 在这些方面均开展了研究。关于主观题的自动评分，MHK 从作文和口试 2 个方面进行了深入探索，并将阶段性成果应用于实测。MHK 作文自动评分前期研究主要是探索自动评分的可行性，后期研究扩展为：汉语作文计算机自动评分高分段趋中评分控制研究（杜蒙，2019）；汉语作文计算机自动评分雷同卷的评分研究（张晨妹，2019）；基于多面 Rasch 模型的作文网上评卷"趋中评分"判定研究（俞韫烨，谢小庆，2012）；主观性试题网上评阅趋中评分控制研究初探（彭恒利，俞韫烨，2013）；等等。

重视被试口语能力的测评是 MHK 的特色，MHK 的 4 个级别均设有口语测试。经过多年的探索，MHK 的口语测试实现了从档案式到基于人工智能与语音识别技术的"人机对话"式的跨越，研究涉及考试方式、效度分析和评分模式（彭恒利，2006；鲁新民，2006；张洁，2011；李蕊，2013；张丽，2015；王婧，2017；王妍，2017）等。

综观国内外的自动评分研究，在评分技术上虽然取得重大进展，但仍有很大的发展空间。国外在大规模高风险考试中使用自动评分技术较为谨慎，国内则呈现出起步晚、发展快的趋势。MHK 口语的朗读、封闭性问题的研究成果已应用于实测，开放性试题也做了多次大规模的实验研究和对比分析，取得了突破性进展，相信在不远的将来即可用于实测。

2.4 计算机辅助命题技术

目前，计算机已可以进行自动组卷、评卷等工作，但在命题上的应用还较少。由于人工命题的成本较高、效度较低，如何利用计算机自动筛选可用于命题的文本，提高命题的效率成为目前考试界关注的一个热点。

为了解决 MHK 命题文体筛选的难题，研究人员参照 ETS 自动命题系统 SourceFinder 的研究成果，结合少数民族学习国家通用语言文字的特点，建立了适用于 MHK（三级）的阅读理解命题文本自动筛选模型，包括长度筛选、禁忌话题筛选、可用性概率计算 3 个模块。为了检验模型的性能，用 2541 篇文章对模型进行了检验和测试，结果表明，研究的思路和方法可行，前景可期（葛昕，2019）。

计算机辅助筛选测试文本在国内外都属于比较新的领域，研究人员不多，研究成果离预期还有一定的差距，但这一领域的探索无疑是具有积极意义的。

3 MHK 的未来展望

MHK 经过 20 年的发展，逐步走向成熟，科学测评的理念得到传播，先进的考试技术得以广泛应用，考试理论的探索取得长足进步，影响力越来越大，已在国内标准化考试之林站稳了脚跟。同时，也应清醒地看到，MHK 现行的考试标准、考试内容有些已不能适应中央关于加强民族地区国家通用语言文字教育的有关要求和少数民族学生、群众学习掌握国家通用语言文字的需要，改革创新时不我待。展望民族汉考的未来发展，至少有 3 个趋势需要把握。

3.1 顺应新时代民族教育的发展需求

当今世界正经历百年未有之大变局，中华民族伟大复兴也处在关键时期。为了加快少数民族和民族地区教育发展，实现国家长治久安和中华民族繁荣昌盛，实现中华民族伟大复兴的中国梦，就要求我们要改变旧的观念，与时俱进。MHK 在未来发展中要以中华民族共同体意识为主线，落实立德树人根本任务，注重民汉兼通人才的培养。虽然在功能上依然还要发挥语言测试的基本作用，但在测试内容的选择上要提高政治站位，充分发挥考试评价的引导作用，以全面加强少数民族和民族地区国家通用语言文字教育为使命，将习近平总书记关于"五个认同""三个离不开""四个共同"的重要论述和中华优秀传统文化、革命文化融入其中，引导少数民族群众树立正确的祖国观、民族观、历史观、文化观，构筑各民族共有的精神家园。同时，要进一步完善考试体系建设，建立少数民族群众学习国家通用语言文字的科学评价体系，增强少数民族群众学习、应用国家通用语言文字的动力，不断提升少数民族群众的综合素质和走向社会、参与社会生活的能力和职业竞争力。

3.2　顺应个性化的发展需求

国外学者在论述教育测量的未来趋势时，提出以技术为依托，测量"新"构念，建立在更新层次的认知和学习模型的基础上，更"个性化"（Bennett，2019）。刘欧（2021）在谈及教育测试的国际趋势时指出，对教育成功认识的转变促使测试内容有新拓展，个性化学习对测试提出灵活性的需求。这两位专家的论述都谈到了个性化。也就是说，个性化测量在未来将是刚性需求，这也正契合了民族地区差异化的发展需求。MHK 如何顺应这个需求呢？需要解决的问题有很多，包括观念、技术、心理等多个层面、多个维度。首先要解决的是观念上的问题。众所周知，现在通用的大规模标准化测试是忽略个性的，是不利于创新意识的培养的。要实现真正的个性化测试，就要突破传统标准化测试的束缚，在考试内容、考试方式上进行变革。目前至少有两个方向可以尝试，一是使用计算机自适应性考试，二是与认知理论相结合。教育测量的目的不应只限于评价，更应发挥诊断的作用；不应仅限于向考生提供笼统的总分，更应该关注考生的作答过程，并向考生提供针对性强、个性化的诊断报告和改进方案，这也是少数民族学习和掌握国家通用语言文字最需要的。为此，要做一些基础性的工作，如构建能力量表及描述语库，进行分数报告的改革等，在报告总分和单项分的同时，给出能力诊断、评价信息、改进建议和学习指导，指导少数民族学生查漏补缺，事半功倍地提高学业能力，并为学校和教育主管部门提供更为丰富的评价信息。

3.3　顺应考试智能化的发展趋势

现代心理和教育测量的一个显著特点就是与计算机技术的深度融合，不仅是信息采集、考务管理、阅卷评分等的计算机化，在考试方式上也在广泛地使用计算机技术。随着计算机技术的变革，量子、纳米技术的突飞猛进，使计算机具有了感知、思考、判断、学习及一定的自然语言能力，加上云计算技术的应用，光互联网的快速发展，人工智能技术对考试测试领域将产生巨大影响，一些无法实现的测试方式将会变成现实，测试将向多元化、综合性、智能化发展。MHK 又将如何顺应？基于少数民族教育和民族地区发展的现状，MHK 要充分利用计算机技术给予的高平台，充分利用人工智能、大数据、虚拟现实技术，在广泛使用自动评分技术的同时，积极开展听力文本自动录音技术、计算机自动命题技术、测试文本自动筛选技术、雷同甄别技术的研究与应用。只有这样，才能更好地为少数民族和民族地区服务，使其教育水平得到显著提升。

参考文献

［1］陈立鹏，陈达云，张承洪．学习贯彻习近平总书记关于民族教育的重要论述　全面推进民族教育改革与发展［J］. 西南民族大学学报，2019（7）：1-4.

［2］郝时远．铸牢中华民族共同体意识必须推广国家通用语言文字［N］. 人民日报，2018-10-31.

［3］谢小庆，鲁新民．考试研究文集（第 1 辑）［C］. 北京：经济科学出版社，2002.

［4］彭恒利．民族汉考（MHK）与教育测量理论应用研究［M］. 北京：北京语言大学出版社，2015（9）：55-57.

［5］李冰．基于题组反应理论的题库建设及多阶段自适应测试构建的可行性研究：以 MHK（三级）为例［D］. 北京：北京语言大学，2019.

［6］凌好宇．计算机多阶段自适应测试若干关键技术研究：以 MHK 三级考试为例［D］. 北京：北京语言大学，2018.

［7］刘晴．MHK（三级）的多阶段自适应测验构建之结构设计的影响因素研究［D］. 北京：北京语言大学，2019.

［8］曹文静．主客观组合试卷的分数连接研究［D］. 北京：北京语言大学，2012.

［9］彭恒利、张秀秀、刘慧．主观性试题分数等值连接可行性初探［J］. 中国考试，2014（12）：24-31.

［10］张秀秀．主观性试题分数等值连接可行性探究：以 MHK（三级）口试为例［D］. 北京：北京语言大学，2015.

［11］姜海霞．主观性试题评分员效应的控制与调整研究：以 MHK（四级）口试复述题为例［D］. 北京：北京语言大学，2016.

［12］张晓琳．MDIA 方法下对 MHK（三级）口试分数连接的探索［D］. 北京：北京语言大学，2021.

［13］周成林．MHK（三级）题库建设中基于项目反应理论和题组反应理论的等值研究［D］. 北京：北京语言大学，2018.

［14］袁硕．新疆学业水平质量监测汉语试卷的纵向量表化设计研究［D］. 北京：北京语言大学，2013.

［15］凡细珍．增值理念下的新疆双语教学质量评价：以小学五年级汉语学科教学质量评价为例［D］. 北京：北京语言大学，2013.

［16］Ramineni C，Williamson D M. Automated essay scoring：Psychometric guidelines and practices [J]. Assessing Writing, 2013, 18 (1)：25 – 39.

　　[17] 杜蒙. 汉语作文计算机自动评分高分段趋中评分控制研究：以 MHK 三级作文为例 [D]. 北京：北京语言大学，2019.

　　[18] 张晨妹. 汉语作文计算机自动评分雷同卷的评分研究：以 MHK 三级作文为例 [D]. 北京：北京语言大学，2019.

　　[19] 俞韫烨，谢小庆. 基于多面 Rasch 模型的作文网上评卷"趋中评分"判定研究 [J]. 中国考试，2012（1）：6 – 13.

　　[20] 彭恒利，俞韫烨. 主观性试题网上评阅趋中评分控制研究初探 [J]. 中国考试，2013（1）：3 – 9.

　　[21] 彭恒利. 基于档案评价的汉语口语水平考试 [C] //考试研究文集（第 3 辑）. 北京：经济科学出版社，2006：27 – 39.

　　[22] 鲁新民. MHK（三级）口试个案分析 [C] //考试研究文集（第 3 辑）. 北京：经济科学出版社，2006：209 – 220.

　　[23] 张洁. MHK（三级）口语考试计算机评分的效度研究 [J]. 考试研究，2011（5）：51 – 58.

　　[24] 李蕊. 主观性试题的人机评分比较研究：以 MHK 口语封闭式简答题为例 [D]. 北京：北京语言大学，2013.

　　[25] 张丽. MHK（三级）口语考试朗读题评分模式研究 [D]. 北京：北京语言大学，2015.

　　[26] 王婧. MHK（四级）口语考试复述题评分模式的比较研究 [D]. 北京：北京语言大学，2017.

　　[27] 王妍. MHK（三级）口语开放性试题计算机自动评分的效度研究 [D]. 北京：北京语言大学，2017.

　　[28] 葛昕. 计算机辅助筛选 MHK（三级）阅读理解命题文本系统的构建研究 [D]. 北京：北京语言大学，2019.

　　[29] Bennett R E. 教育测量的未来趋势 [J]. 教育测量与评价，2019（3）：3 – 14.

　　[30] 刘欧. 教育测试的国际趋势 [J]. 中国考试，2021（1）：37 – 40.

（原刊于《中国考试》2021 年第 7 期）

计算机自动评分技术在高利害考试中应用的前景分析[*]

彭恒利

（北京语言大学）

[**摘要**] 主观性试题的评分是考试界的难题。随着计算机技术以及测量技术的迅猛发展，主观性试题的计算机自动评分由设想变成了现实。自动评分涉及自然语言处理、信息检索、人工智能等多个领域，核心是语音和图像的识别、特征值的提取、模型的构建等。目前，计算机自动评分技术虽然取得重大进展，但尚有很大的提升空间，若能在实评中克服打保险分、跑题高评的不足，完全可以替代一个人工评分，在高利害考试中广泛应用。

[**关键词**] 计算机自动评分；高利害考试；应用；前景

主观性试题因其命题的角度灵活、测查的能力维度多样以及效度方面的优势在高利害考试中得到了广泛应用，雅思（IELTS）、托福（TOEFL）、中国汉语水平考试（HSK）、中国少数民族汉语水平等级考试（MHK）以及高考、研究生考试等这些与考生切身利益高度相关的高利害考试中均设有主观性试题。主观性试题泛指无固定答案、采用多级计分的题目，如笔试中的简答、论述题、作文等，口试中的问答、口头报告等，其特点突出，缺陷也比较明显：评分的信度和效度偏低、阅卷的耗费大、效率低等。虽然网上评阅技术的应用对此做了有效弥补，但人工评分的趋中评分、疲劳效应、评分效率低等问题依然突出。随着计算机科学技术的快速发展，自然语言处理技术、大数据、人工智能等有了长足进展。为了克服人工阅卷带来的弊端，一些考试机构尝试用计算机自动评分系统来替代或部分替代人工阅卷员进行评分，试图破解主观性试题的评分难题，由此计算机自动评分（computer-automated scoring，CAS）就由设

---

* 本文为北京语言大学"民族汉考（MHK）主观性试题人机评分的对比研究"项目（No.17YJ050004）的成果。

想变成了可能，许多大公司和考试机构投巨资进行攻关，计算机自动评分系统纷纷推出，并展现出了广阔的应用前景。

1 计算机自动评分技术的发展沿革

计算机自动评分研究肇始于 1966 年埃利斯·佩奇（Ellis Page）建立的作文自动反馈系统。起初开发这套系统的主要目的是为了在课堂上及时给学生进行反馈，试图通过计算机分析学生的作文，为学生提供有针对性的反馈。这种理念也影响了后期 MyAccess!™、WritetoLearn™ 以及 Criterion ® 的网上写作评价系统的开发。最初的计算机自动评分技术主要用于测试练习，仅给考生报告机器评分，一旦用于高利害、高风险的考试中，则会比较谨慎，如美国教育考试服务中心（ETS）在 GRE 以及托福考试中，通常会采用"人机双评"，即一个评分员和电子评分员（e-rater）联合评分，并且在最后的分数报告中仅采用评分员评分。

口语计算机自动评分的应用晚于作文。20 世纪 90 年代初，SpeechRater 投入使用，并于 2006 年用于 TPO，口语的评分直接由机器完成。之后，培生公司的口语测试系统 Ordinate 和 SpeechRater 齐头并进，展现出良好的发展势头。但两者的技术路线却有较大差异，SpeechRater 的核心技术是自然语言处理，它能够评价考生的发音、语言表达的流利程度、语法的准确性以及一部分作答内容，测试题目多采用非限定性题目，侧重于考查考生的"自由发挥"的口语能力，评分准确度与人工评分员的相关性为 0.7；而以 Ordinate 为技术核心的培生英语口试 Versant 则更侧重口语表达的熟练程度，测试多采用封闭式的问题，答案高度限定，依靠考生大声朗读、造句以及列举反义词等方式来"预测"考生的口语熟练程度，而非直接测量考生能力。由于答案的高度限定性，培生英语口试可以直接采用机器分数为报告分数。此外，这种技术显示出较强的通用性，除了英语版，Versant 口语考试还包括中文、西班牙语、阿拉伯语、荷兰语以及法语口语考试。

国内的计算机自动评分研究与国外的类似，作文的自动评分研究早于口语。因手写体识别的瓶颈没有实质性的突破，作文的自动评分出现了短期的停滞。之后技术的突破是从英语开始的。梁茂成于 2008 年主持的项目"大规模考试英语作文自动评分系统的研制"通过了鉴定，有学者认为"该评分系统的评分信度高于电子评分员并且达到了可操作水平"。此外，还有外研社开发的新视野大学英语在线学习系统中的自动评分系统、浙江大学和杭州增慧网络科技有限公司联合开发的"冰果英语智能评阅系统",以及"批改网"等。

随着手写识别技术的快速发展,近年来,国内的计算机自动评分技术又有了新的突破。根据科大讯飞的技术报告,计算机识别英文书写篇章复杂版面的准确率可高达98%,并能让计算机准确地切分英文,能辨别书写、空白、涂抹以及插入区域,计算机线下中英文手写与计算机转写的准确度高达96.5%。也就是说,该项技术实现了手写体的识别和评分,在技术上领先于电子评分员,因为电子评分员目前仅支持计算机输入,纸笔作答暂时无法进行计算机自动评分。

而语音识别技术的突破则助推了口语测评系统在实际考试中的应用。2007年,科大讯飞发布了首个口语朗读测评系统作为高利害考试的测评平台,标志着口语测评进入了实用阶段。2012年,广东高考的英语口语考试开始使用讯飞的口语评测技术,这在国内高利害考试的评分中具有了里程碑的意义。目前,普通话水平测试(PSC)、中考英语测试以及中国少数民族汉语水平等级考试(MHK)也采用了讯飞的口语自动评分技术。

纵观国内外的相关研究和应用,我们可以清楚地看到计算机自动评分技术的发展脉络:在评分技术上,现有的自动评分系统基本上都是建立在语音合成、语音识别和图像识别的技术之上,通过特征值的提取、聚类、回归等方式,实现了从不能到能的跨越,在评分效率、稳定性和一致性上接近或超过了人工评分;在技术应用上,涉及的题型也在不断扩展,从朗读、跟读、简答到自由回答,实现了从封闭性型向半封闭、开放性型的拓展;在评分质量研究上,实现了从单纯注重信度(人机相关、大分差率)到信效度并重的转变。

2 计算机自动评分技术涉及的核心问题

计算机自动评分技术的开发和应用涉及多个学科,是集计算机科学、语言学、统计学、心理与教育测量学之大成。口语和书面语的呈现方式不同,语言类型的不同,会对技术开发的路线带来一定的影响,但就计算机自动评分技术来讲,任何一个自动评分系统的开发和应用都离不开图像或者语音识别、特征值抽取、模型筛选、算法确定、分数报告与解释等几个核心环节,其中涉及矢量空间模型技术、自然语言处理技术、信息检索技术、统计技术、人工智能等。为便于理解,下面从语音和图像识别、特征值以及模型三个方面进行介绍。

2.1　语音识别与图像识别

从自动评分的流程上来划分，计算机自动评分系统大致可分为识别端和评分端。语音识别和图像识别属于识别端，它是主观性试题自动评分的起点。语音识别主要用于口语考试，图像识别主要用于书面的笔答如作文考试等。语音识别需要根据声谱特征确定声学模型，然后还要进行降噪、声学特征提取、说话人自适应、转换词图、标识置信度等工作。早期的语言识别模型一般采用隐马尔可夫模型，如 SpeechRater 和 Ordinate 均采用了该模型，但这种模型的识别率不高，SpeechRater 的单词识别率仅为 50%。现代的语音识别和图像识别均采用了深度神经网络模型，从而使识别的速度更快、准确率更高。据科大讯飞网上的资料介绍，其语音和手写体的识别准确率都达 95% 以上。

2.2　特征值抽取

贝内特和贝贾（Bennett & Bejar，1998）提出了自动评分开发以及评估的两个基本步骤：（1）抽取特征值；（2）将这些特征值通过某种模型统一成一个总体的分数。确定了特征值，也就代表了自动评分系统会"按图索骥"，根据人工设定的一系列语法、语义、语用、修辞特征判断考生的表达能力处于量表的何处。进一步讲，特征值即代表了测试的部分构念。

目前，主观题自动评分的特征值多集中考察一些浅语言特征，语法、句法以及一些语言特征是最容易获取也最容易评分的内容。以"e-rater"为例，它的 11 项原始特征值中，有 9 个是语言特征，另外 2 个为内容特征。这 9 个语言特征分别是：文章结构、行文、语法、语言使用、标点拼写等书写规则、风格、平均词长、词频、地道程度。每个原始语言特征还包含一些易于统计和计算的子特征，比如书写规则就包括拼写、大小写、标点符号、复合词规则等。然而有些原始特征仅能依赖一些非直接的统计因素，比如文章结构特征值在很大程度上依赖于文章的长度。结构和行文两项特征值中，60% 的得分来自文章长度，书写等规则占该项得分的 10%，其余 30% 则取决于考生的语法句法水平。内容特征则更加难于数据化，"e-rater"的两个内容特征值能够测量的内容质量是非常有限的，而写作的语气、口吻等内容目前的技术水平还难以测量。这也是部分非测量界学者一直批评主观题自动评分的一个主要原因。目前的特征值仅能测试一些语言熟练程度以及简单交流，而对内容、文章谋篇布局等写作层面上的因素关注得太少。此外，子特征值是否能够完全涵盖原始特征值的全部也是争议的焦点。如果子特征值无法完全涵盖原始特征值，而原始特征值又无法涵盖主观题测试的构念，那么主观题自动评分的构念就值得进一步商榷。

2.3 模型构建

确立了特征值，之后就需要通过数学模型将加权后的特征值综合评判给出分数。模型的构建是一个复杂的过程，一般来说，模型的开发和验证需要 500 ~ 2000 个样本，评分也可采用多种模型，目前实际用于大规模考试的模型主要包括：线性回归、多元回归模型、分类树模型、基于规则的专家系统等。

研究者还尝试使用了一些新的模型，如贝叶斯网络、人工智能网络等。麦克纳马拉等（McNamara et al.，2015）采用了层级聚类的算法评阅高中生和大学新生的写作，研究结果表明，使用这种算法机器评分与人工评分达到了 55% 的绝对一致率和 92% 的相邻一致率。国内自动评分系统常用的模型多为回归模型。

技术层面上，学界对模型的评判较多关注的是机器评分员与人工评分员的一致性、人机一致性和人人一致性的比较、机器评分员和人工评分员平均分的比较等。此外，评判模型的一个重要因素还要考察其是否很好地代表了构念。

特征值抽取和模型确定是自动评分技术中最核心的部分，也是各考试机构以及研究者研究的重点。因考试内容和目的不同，各考试机构以及研究者的技术路线或有差异，但都会将其中的许多特征值和变量作为技术内核，视为专利或商业机密鲜有公布。

3 计算机自动评分技术在高利害考试中应用的前景

据拉米内尼和威廉姆森（Ramineini & Williamson，2013）的调查，目前，美国等国家至少有十种以上的计算机自动评分系统，最具代表性的包括基于人工智能开发的 MyAccess!™、培生公司基于潜在语义分析技术开发的 Intelligent Essay Assessor（IEA）、美国教育考试服务中心（ETS）根据人工智能以及自然语言处理技术开发的 "e-rater" 等。国内的一些高科技公司也推出了自己研发的自动评分系统，如科大讯飞的多语种智能阅卷系统，在普通话水平测试（PSC）、中考英语测试以及中国少数民族汉语水平等级考试（MHK）等考试中的得到了广泛应用。MHK 已实现朗读题的计算机自动评分，封闭式简答题替代人工进行一评，并就作文、口语自由回答进行了多次大规模的人机评分的对比实验。这些系统一经推出便表现出了良好的性能，不仅大大节省了人力、物力和财力，还有效避免了疲劳效应，且具有安全性高、准确性好、客观性强、一致性高、稳定性好等优势。基于此，ETS 的 SpeechRater 以及培生的 Orindate 系统都在口语测试中占领了相当大的市场份额，ETS 与 Pearson 还合作致力于将自动评分技术应用到美国各州的共同核心标准测试中，该考试涉及数学、写作、知识性简答、口试以及完成模拟任务等内容，显示出广阔的应用前景。

目前，计算机自动评分在国内的考试领域主要有三个用途：一是质量检测。多个省市已将自动评分系统作为质检系统用于中考、高考等高利害考试中，检查空白卷、疑似雷同、疑似抄袭、特殊作答等。二是部分替代。在一些等级考试中，如普通话水平测试（PSC）、民族汉考（MHK）等，部分替代人工阅卷。三是完全替代；在一些低利害考试中，如成考、自考中部分分段完全替代人工评分。可以看出，计算机自动评分技术在国内的高利害考试中的应用还是比较隐性低调的，应用的领域也是渐进的。未来，随着人工智能实现从感知智能到认知智能的飞跃，通过计算机对人类的语义理解、知识表示、逻辑推理和自主学习的模拟和学习，计算机自动评分技术将会实现质的飞跃，评分质量会显著提高，应用范围也会呈现出"竹子效应"，有一个突飞猛进的过程，更多的省份将在中考、高考等高利害考试中采用该项技术。更重要的是将实现与认知诊断技术有机融合，这不仅能实现自动评分，而且还能给出个性化评价及反馈指导，而且在很大程度上应和了 1966 年佩奇（Page）开发自动测试系统的初衷。

尽管计算机自动评分技术发展的势头很好，我们也应清醒地看到，受自身技术的局限，计算机自动评分技术需要探索的问题还很多。核心技术的"黑箱"如何解释？趋中评分、高分偏少、跑题误判问题怎样解决？如何界定计算机自动评分的信度和效度？它们与人工评分的信度和效度的内涵是否一致？等等。在计算机自动评分技术大规模使用之时，这些问题都需要——解决。

4 结束语

综上所述，计算机自动评分技术表现出了良好的应用前景。对此，需要保持清醒的头脑，盲目乐观和消极悲观同样不可取。应该看到，计算机自动评分技术既有自身难以克服的局限，还有许多问题亟待解决，特别是在高利害考试中，计算机完全替代人进行评分尚待时日。同时，对于考试机构来说，是否在实评中采用计算机自动评分技术，既要过技术关，也要过心理关，用户与考生对这项技术的了解和认可还需要一个较长的过程。无论人工智能如何发展，计算机都不可能完全照搬人工评分的模式，它有自身的技术途径，要允许和接受差异的存在，允许计算机和人的殊途同归。因此，在相当长的一段时间内，比较现实可行的评分模式是：用计算机替代一评，实现人机的优势互补。

参考文献

［1］梁茂成，文秋芳．国外作文自动评分系统评述及启示［J］．外语电化教学，2007（5）：18－24．

［2］罗凯洲，韩宝成．Ordinate 与 SpeechRater 口语自动评分系统述评与启示［J］．外语电化教学，2014（4）：27－32．

［3］石晓玲．在线写作自动评改系统在大学英语写作教学中的应用研究——以句酷批改网为例［J］．现代教育技术，2012（10）：67－71．

［4］王士进，李宏言，柯登峰，等．面向第二语言学习的口语大规模智能评估技术研究［J］．中文信息学报，2011（6）：142－148．

［5］谢贤春．英语作文自动评分及其效度、信度与可操作性探讨［J］．江西师范大学学报（哲学社会科学版），2010（2）：136－140．

［6］严可，胡国平，魏思等．面对大规模英语口语机考的复述题自动评分技术［J］．清华大学学报（自然科学版），2009（1）：1356－1362．

［7］Attali，Burstein. Automated Essay Scoring with e-rater © V. 2［J/OL］. The Journal of Technology，Learning，and Assessment，2006，4（3）. Retrived from：https：//ejournals. bc. edu/ojs/index. php/jtla/article/viewFile/1650/1492.

［8］Bennett R E，Bejar I I. Validity and automated scoring：It's not only the scoring［J］. Educational Measurement：Issues and Practice，1998，17（4）：9－17.

［9］McNamara D S，Crossley S A，Roscoe R D，Allen L K，Dai J. A hierarchical classification approach to automated essay scoring［J］. Assessing Writing，2015（23）：35－59.

［10］Ramineni C，Williamson D M. Automated Essay Scoring：Psychometric Guidelines and Practices［J］. Assessing Writing，2013，18（1）：25－39.

［11］Williamson D M，Xi X，Breyer F J. A Framework for Evaluation and Use of Automated Scoring［J］. Educational Measurement：Issues and Practice，2012，31（1）：2－13.

（原刊于《内蒙古教育》2019 年第 2 期）

基于考试大数据的我国个人信用信息基础数据云平台建设研究*

孔　祥

（北京语言大学）

[摘要]　当前，围绕我国海量考试基础数据，采用作弊甄别技术对这些考试大数据进行分析，可以建立一个初步的基于考试行业的我国个人信用信息基础数据云平台。云平台具有分析、存储、查询等功能，除了包括类似银行征信系统的个人基本信息外，还包括考生参加考试的类别、缺考情况、违纪情况等具体指标，在这些基础指标上得出考生的缺考率、违纪率、信用等级等指标，同时，从大的方面，还可以得到地区、年龄段、行业、性别、民族、毕业学校、学历等不同属性下的诚信指标，通过对作弊人群属性的比较，可以很清晰地了解我国诚信教育的发展状况。以此为基础，在考试行业逐步建立起一个面向全社会开放的能够甄别作弊考生的个人信用信息基础数据云平台，实现个人、地区、行业等诚信指标的实时动态监控。

[关键词]　考试；大数据；作弊甄别；诚信；信用；云平台

　　党的十八大报告中多次提到"诚信"问题，第一次将"诚信"明确提升到社会主义核心价值观层面。就我国考试行业来说，"诚信缺失"的问题也已到了不得不抓、非抓不可的程度。2014 年 1 月 12 日，新闻联播报道了某大学 MBA 入学考试期间发生的无线电作弊事件。

　　党的十八届三中全会提出要建立健全社会征信体系，褒扬诚信，惩戒失信，并且要建立全社会信用基础数据统一平台，推进各部门信息共享①。每个部门每个行业都要建立自己的信用基础数据平台，对于考试行业来说，为了保证考试的公平公正，有必要建立我国所有考生统一的信用信息基础数据库，加

---

　　* 本文为北京语言大学院级科研项目（中央高校基本科研业务专项资金资助）"雷同答卷甄别中的显著性水平 α 设定和甄别方法应用标准研究"（No.14YJ150005）的成果。
　　① 参见《社会信用体系建设规划纲要》，国务院 2014 年 6 月发布。

大对失信行为的惩戒力度。建立考试行业的个人信用信息基础数据库的前提条件是要有考生参加考试的所有数据，在满足这个前提下就可以对这些海量大数据进行数据挖掘，即使考生在考试现场没有发现作弊，也可以通过技术手段对答题信息进行分析，从而甄别出作弊考生。从目前的考生作弊情况来看，相对于考后通过技术手段甄别的作弊考生数量，借助高科技手段现场发现的作弊考生数量是非常少的，大量的作弊考生都成功逃脱了监考老师的监督。通过对往年保存下来的各个考试的大数据进行分析，可以建立考生从有考试数据记录以来所有考试的诚信信息，更重要的现实意义在于对通过作弊等不诚信方式不当得利的考生进行追溯正如本文开篇提到的无线电作弊事件，虽然那次考试作弊的考生得到了处理，但是之前几年是否也存在通过作弊通过 MBA 考试的考生，主管部门都可以通过考后数据分析的方式进行甄别。

围绕我国各种大规模的考试基础数据，采用作弊甄别技术对这些海量考试大数据进行分析，可以建立一个初步的基于考试行业的我国个人信用信息基础数据云平台。云平台具有分析、存储、查询等功能，除了包括类似银行征信系统的个人基本信息外，还包括考生参加考试的类别、缺考情况、违纪情况等具体指标，在这些基础指标上得出考生的缺考率、违纪率、信用等级等细分指标，同时，从大的方面，还可以得到在各个地区、各个年龄段、各个行业、性别、民族、毕业学校、学历等不同属性下的诚信指标，通过对作弊人群属性的比较，可以很清晰地了解我国诚信教育的发展状况。在此平台的基础上，最终在考试行业逐步建立起一个面向全社会开放使用的能够甄别作弊考生的个人信用信息基础数据云平台，实现个人、地区、行业等诚信指标的实时动态监控。

1 大数据概念及考试行业大数据研究的价值

大数据是一个较为抽象的概念，正如信息学领域大多数新兴概念，大数据至今尚无确切、统一的定义（马建光，姜巍，2013）。在维基百科中关于大数据的定义为：大数据是指利用常用软件工具来获取、管理和处理数据所耗时间超过可容忍时间的数据集。这个本身并不是非常精确的定义，但是它给出了我们大数据所具有的特征，那就是数据量巨大。全国每天都会有考试，每天都会产生巨大的考试数据，因此，考试行业具备了大数据研究的基础。而针对大数据的研究是对数量巨大的数据做统计性的搜索、比较、聚类、分类等分析归纳，其继承了统计科学的一些特点（李国杰，陈学旗，2012）。

考试作弊甄别的目标是尽可能多地抓出作弊考生，借助数据挖掘技术，只要从中发现某种措施与提高作弊甄别率有较强的相关性，就可以采取这种措施，而不必深究为什么能提高作弊甄别率，更不必发现其背后的内在规律和模型。这种方式颠覆了原有的"从数据到信息再到知识和智能"的研究思路，而是走"从数据直接到价值"的快捷方式，进一步来说，这就属于数据密集型科学研究即科研第四范式，数据挖掘并不能像第一、第二、第三范式那样在一定程度上得出"为什么"和"是什么"，而是通过海量数据分析，将数据放在巨大的计算机机群中，只要有相互关系的数据，统计分析算法就可以发现过去的科学方法发现不了的新模式、新知识甚至新规律，最重要的是这种方式是不依赖于模型且得到的结果是非常客观的。当然，这并不是否定我们之前的一些研究，对于考试作弊甄别来说，基于各种模型的甄别方法已经在实际工作中得到应用，并证明了其结果的准确性。用处理大数据的方式来解决考试中的问题是否具有普适性也需要实践的检验，其价值应该是与目前除第四范式外的其他三个范式，通过互相借鉴，取长补短，在新的大数据分析生态系统内找到自己的位置。

考试数据不同于其他社会科学大数据，大部分都是结构化数据，具有低重复性，价值密度很高。因此，考试数据的大数据分析，非常有利于做行业形势、诚信状况、考生群体分布等考试相关事件的预测。未来的工作主要不是获取越来越多的考试数据，而是数据的去冗分类、去粗取精，从数据中挖掘知识。用大数据的思想可以解决考试中的很多问题，比如测验长度、测验时间、选题策略等，对考试大数据的处理能力直接关系到数据安全和社会稳定。从心理学、经济学、信息科学等不同学科领域共同探讨考试数据中的规律，解决考生诚信问题，是建立安全和谐的考试环境的重大战略需求，是考试行业健康发展的大事，也关系到教育的成败，在目前没有其他更好手段的情况下，通过这种方式可以促使未成年人从小树立诚信意识，更好地约束自己的行为。这应该就是考试大数据分析的价值所在。

2　考试行业信用信息基础数据建设的若干问题

2.1　考试行业个人信用信息基础数据的来源

2014 年 5 月 6 日，国家发改委牵头的国家层面的国家信用体系规划上报国务院，根据规划，以政务、商务、社会、司法等四大领域为主体的信用体系建设方案实现了社会信用的全面覆盖，并建成集合金融、工商登记、税收缴纳、社保缴费、交通违章等信用信息的统一平台，实现资源共享①。截至 2014 年 7 月 5 日，已经建立了有 25 个部门参与的信用信息共建共享机制②。中国人民银行也曾经尝试建立覆盖多个领域的全国信用信息体系，由于不掌握除银行系统外的其他领域及行业的数据，更重要的是各个领域对本系统内的数据由于种种原因无法共享，直接导致无法将各个行业的数据进行整合，因此，目前国家层面来统一协调各领域各行业部门进行数据的共享，是推动国家信用体系建立的最关键的一步。对于考试行业，它是基于社会活动的个人信用体系，由于每个领域都会有考试，重要的大规模考试从题目到考后数据都严格涉密，相对其他行业，在数据采集上会更加困难，这就更需要从国家层面进行协调，具体运作可委托第三方机构进行负责，只有这样，才能保证数据的完整性，才能从考试数据中得到相对客观公正的结果。

2.2 从考试大数据中对考生信用进行评价的标准

从广义上讲，信用与诚信相关，指言与行的统一（李敏，2006）。在对考生信用进行评价时，标准主要就看其与诚信有关的行为表现，这些行为表现可以进行量化，全面记录了考生的所有行为特征，因此，基于考试大数据的个人信用体系中除了包括类似银行信用系统的个人基本信息外，还包括一些考试特有的信用评价指标。通过对各个指标的研究，初步将考生的缺考情况（缺考次数、缺考率）和违纪情况（违纪类型、违纪次数）作为评价指标，在这些基础指标上得出考生的缺考次数、缺考率、违纪类型、违纪次数、违纪率以及综合信用评分等具体指标。同时，根据每一个考生的考试诚信情况，还可以得出一些非常重要的评价指标，各个年龄段、性别、民族、毕业学校、学历、从事行业的诚信状况及排名，依靠大数据得到不同类别下的诚信指标，这些指标中包含的信息对很多行业具有重要的参考价值。特别一提的是，考区的作弊情况只是反映了一小部分表面问题，更重要的是考生本身在诚信教育上的缺失，根据大数据分析，可以知道考生在接受义务教育阶段所在地的诚信教育情况，找到根源，从而对这些地区的诚信教育进行重点关注，如果是普遍性问题，那就必须引起国家的重视；要重新审视义务教育中关于诚信、道德方面的教育现状，减少日益高涨的功利教育。

---

① 发改委：国家信用体系将建立 公民将有信用代码［EB/OL］. http：//news. xinhuanet. com/2014 – 05/06/c_126464041. htm.

② 国家发改委：加快社会信用体系建设［EB/OL］. http：//news. xinhuanet. com/politics/2014 – 07/ 10/c_126735369. htm.

2.3 作弊甄别的关键技术

评价指标中的缺考情况可以很方便地统计出来，而在违纪情况的统计中，主要就是看考生有没有作弊行为，通过大量的数据分析可以发现，在考场当场抓到的作弊考生只占实际作弊考生的很少一部分，而且这部分考生由于被现场抓住而没有实施完整个作弊过程，没有被现场抓住的作弊考生则有可能完成绝大部分的题目抄袭。因此，需要对考生考后的考试作答数据进行作弊甄别分析，我国已经在公务员、职称外语、经济师、一级建造师、医师等考试考后进行这项工作（孔祥，2014），目前，考后作弊甄别最重要的目的是对有作弊意图的考生形成威慑，将作弊记入个人信用，加大作弊考生的违纪成本。

考后的作弊甄别技术主要是采用各种作弊甄别方法，从基于的理论模型来看，主要是基于经典测验理论和项目反应理论，其中，又可细分为基于错同数（两个考生选择同一个错误选项的个数）和选同数（两个考生选择同一个正确或错误的选项的个数）。无论基于何种理论或采用哪一种方法，其基本原理都是相同的，就是在某一个显著性水平下，检测出和正常指标值有显著差异的考生，因此，对于作弊甄别来说，第一步就是应该确定到底把显著性水平设定为多少合适，只有这个定下来，才能计算每个甄别方法的阈值。目前，关于考试作弊甄别中的显著性水平还没有人研究，也就没有统一的标准可供参考，除了在实际作弊甄别工作中大胆摸索尝试外，也可以参考其他领域的一些类似标准，比如在亲子鉴定中，也存在一个概率问题，即在多大误判概率下可以确定结论的准确性。还有一点需要注意，标准参照考试和常模参照考试在确定显著性水平时应该有所区别，每个甄别方法也不会有永远不变的显著性水平。而作弊甄别的原则是不能误判任何一个没有作弊的考生，这也是个人信用信息必须客观、公平、公正的基本要求。一方面，由于每个作弊甄别方法都有自己的优缺点，所以在实际甄别过程中，应多用几个甄别方法，比如可以采用基于经典测验理论和项目反应理论的方法，以及基于错同和选同的方法，只有采用的所有方法都认定为作弊的才进行处理，防止误判，降低 I 型错误率。另一方面，如果 I 型错误率过低可能又会犯严重的第二类错误，漏判大量作弊考生，所以对于甄别方法的选择，在通过大量实践了解方法的适应性后，可以在甄别方法的选择上更加灵活，将各种方法进行一些合理组合，使结果达到一个比较好的效果（孔祥，2013）。但从理论上，很难检测出所有作弊的考生，会有很大比例的作弊考生不当得利。学业类、资格类等水平类考试，作弊造成的后果至少对社会和国家影响还不会太严重，但如果在公务员考试、医师考试等高利害考试中作弊，后果就非常严重了。让一个作弊的人治国理政会使政府公信力受到影响，目前是否真的有这种靠考试作弊手段进入公务员队伍的还不能确定，如果有的话应该如何处理也需要认真研究，这需要一定的智慧。另外，在医师考试中作弊的后果严重性就更不用说了。因此，正如前文所述，通过在考试中进行作弊甄别等获取诚信数据，建立考试行业的个人信用信息体系，目的就是约束每个考生的行为，形成威慑，加大不诚信考生的违纪成本。

2.4 软件平台选择

对于大数据来说，无论是结构化数据还是非结构化数据，数据的量级都很大，分析对软硬件要求都非常高。考试大数据分析除了本身分析算法外，还需要考虑平台的并行计算能力、存储能力、安全性以及成本控制，在这些方面，云平台很好地解决了这些问题，云计算就是把计算资源，包括硬件资源、软件资源都放到云平台上面。而在安全性上，云平台以公开的标准和服务为基础，以互联网为中心，提供安全、快速的数据存储和网络计算服务，使互联网成为所有人的数据中心和计算中心（陈康，郑纬民，2009）。从成本上看，由于基本都是第三方服务商提供云平台服务，因此在平台建设及维护上节约了平台的使用成本，而且，目前已经有从事考试业务的公司将部分业务放到云平台，并取得了良好的效果。

2.5 云平台的使用

基于考试大数据的我国个人信用信息基础数据云平台前端是用户操作接口，包括了数据的输入和结果的输出，后端是数据处理和存储，主要是对考试大数据进行分析，检测出作弊考生及相关指标。云平台要做成一个开放的平台，全国考试主管部门和学校、政府等相关机构将作为平台的最终使用者，每次考试的数据将通过安全的专用网络上传到云平台，通过适合我国国情的成熟的作弊甄别算法或大数据处理方法进行分析，根据作弊分析结果得出每个考生的诚信状况，并以考生的身份证号为链接，完整记录考生在每一个时期参加每一次考试的诚信情况。由于几乎每天都会进行很多考试，也就会产生大量的考试数据，云平台会根据这些大数据进行实时的分析监测，做到考生的诚信状况的动态更新。

云平台的作用除了针对个人诚信的监测外，还有一个重要作用就是对各个年龄段、地区、性别、毕业学校、学历、从事行业等考生属性进行统计分析。

当然，基于量化评价的指标都是动态变化的，可以实时统计这些指标的诚信状况，并建立年报、季报和月报制度，每个时间节点给出当年的各个指标的信用排名，联合相关主管部门向社会公布。

3　与银行征信系统的关系

信用是个广义的概念，不能仅仅理解为一个和银行相关的概念。从某种意义上说，在某些领域，更加需要信用信息。因此，考试行业的信用信息和银行的信用信息应该是处于同等地位，而且是相辅相成、相互补充的，之所以目前一提到信用几乎所有人都会想到银行，只是因为银行在经济领域中处于一个比较强势的地位，因此会误以为只有银行才会用到信用，信用和银行是分不开的。而从风险角度来说，考试中的不诚信对社会的危害更大，银行中的客户违约行为有些并不能直接说明客户的诚信问题，而且银行行业中的信用记录对个人信用的整体贡献率不是最大的，只是由于其他行业更重要的数据还没有被充分挖掘或公开，这些数据价值应该更能从本质上反映一个人的信用状况。

4　相关问题讨论

在我国，考试规模无论大小，都或多或少和个人利益挂钩，这也就导致了一些人为了得到更多利益而不惜采取违纪行为，同时，考试诚信问题也反映出目前我国某些地区功利教育的现状。因此，考试行业个人信用信息基础数据库的建立，最重要的目的是起到一种威慑的作用。在目前没有其他更好手段的情况下，通过这种方式可以促使未成年人从小树立诚信意识，更好地约束自己的不诚信行为。

4.1　往年未发现的作弊考生的处理

在考后对考试数据应用技术手段进行分析从而甄别出考场未被发现的考生，这种技术手段也只是最近几年才刚刚应用，通过对往年保存下来的各个考试的大数据进行分析，可以建立考生从有考试数据记录以来所有考试的诚信信息，更重要的现实意义在于对通过作弊等不诚信方式获得不当得利的考生进行追溯，通过对考后数据分析的方式进行甄别，对其信用进行相应评级。在大数据时代，只要有相关数据，得到公正客观的结果就可以不受时间的限制。

4.2 考试行业个人信用信息基础数据云平台的作用

据报道，山东省人力资源和社会保障厅已将考试违纪人员加入银行系统的征信系统，其在贷款或进行其他金融业务时，银行会对其进行重点审查①。然而，按照相关法律法规，如果在云平台根据考生的考试数据对其诚信状况进行界定，在对外发布前必须告知考生个人，且结果必须取得考生的认可。因此，对于考试行业信用信息基础数据库的建立，除了响应国家提出的在建立国家信用体系的过程中，首先要建立各行业信用信息基础数据库的要求外，为防止考试行业大数据对个人诚信的分析结论引发的各种道德风险，在考试法等相关法律法规还没有制定和完善之前，云平台在初期的使用上，除了个人信用信息基础数据的收集外，主要应用是对各个考生个体进行分析，得到其所代表的总体的一个情况，通过对不诚信考生的分析可以得到各个地区、各年龄段、各行业、各个学历层次等不诚信行为的一个大体状况，在目前的法律下，这些都是可以直接公开的信息，而且这些也是国家层面更关注的问题，可以更好地对出现的问题对症下药，制定相应的政策。

4.3 考试大数据的共享

考试数据属于涉密数据，除了从国家层面进行协调数据的共享外，如果能够进一步采取有效措施，比如扩展云平台的功能，将试题分析、跨地区的学业水平监测、题库管理等功能加入云平台，可以吸引相关考试主管部门最大限度地从数据共享中受益，促使云平台的快速发展。因此，如果条件允许，收集到的考试数据量越大，得到的结论就越客观，这一点也是数据集中的优势。相信随着各方的努力，相关制度的健全，会有越来越多的有价值的信息被挖掘出来。

5 总结

信用是跨学科的研究，涉及经济学、心理学、信息科学等不同学科领域。对信用的每一个评价过程都需要进行认真细致的研究，这是建立在公平、公正、客观基础上的。国家层面已经开始正式着手建立全国信用信息体系，各行

---

① 考试作弊"将影响"银行贷款"山东将把考试诚信信息纳入社会诚信体系［EB/OL］. http：//news. xinhuanet. com/local/2012 – 03/17/c_111667871. htm.

业都要对各自的大数据进行分析，从中挖掘出属于搭建全国信用信息体系有关的信息，数据越丰富，分析越细致，对于整个国家信用体系的建立越有益。考试也是一个产生大数据的行业，同时也涉及社会其他行业，对考试大数据的分析和信息挖掘显得尤为重要，因此，基于考试大数据的我国个人信用信息基础数据云平台的建设如果能够实现，将会使我国个人信用信息体系以及行业信用信息体系的内容更加丰富和客观。

参考文献

［1］马建光，姜巍．大数据的概念、特征及其应用［J］.国防科技，2013，34（2）：11 – 17.

［2］李国杰，陈学旗．大数据研究：未来科技及经济社会发展的重大战略领域——大数据的研究现状与科学思考［J］.战略与决策研究，2012，6（1）：647 – 657.

［3］李敏．建立我国个人信用体系的研究［D］.青岛：中国海洋大学，2006.

［4］孔祥．在高考中采用雷同答卷甄别技术的可行性研究［J］.考试研究，2014（2）：49 – 53.

［5］孔祥．矩阵维度对 Kappa 作弊甄别方法性能的影响［J］.考试研究，2013（6）：53 – 58.

［6］陈康，郑纬民．云计算：系统实例与研究现状［J］.软件学报，2009，20（5）：1337 – 1348.

（原刊于《考试研究》2014 年第 5 期）

新汉语水平考试（HSK）题库
建设之我见

张晋军

（教育部中外语言交流合作中心）

[**摘要**] 新汉语水平考试（HSK）是否要建设题库？应该建设什么样的题库？在介绍了新 HSK 的实施现状后，本文认为，对 HSK（五级）、HSK（六级）而言，如果题库中包含一定数量的通过了审查、可供拼卷用的试题，计算机系统可以仿照人工拼卷的思路，自动生成试卷"粗坯"，拼卷人员可以在"粗坯"的基础上进行人工干预，最终形成正式用卷；基于题库的新 HSK 审题、拼卷质量会有一定程度的提高；新 HSK 还应该充分利用历年正式考试使用过的、数量较大、质量较高、带有相关数据的试题，建设服务于汉语教学、培训领域的题库，为分班、自测、辅助教学以及评估教学、培训成效等提供适应性考试系统。

[**关键词**] 新 HSK；题库；预测；等值；试卷自动生成；适应性考试

新汉语水平考试（HSK）是一项国际汉语能力标准化考试，重点考查第一语言非汉语者在生活、学习和工作中运用汉语进行交际的能力。新 HSK 分笔试和口试两部分，笔试和口试相互独立。笔试包括 HSK（一级）、HSK（二级）、HSK（三级）、HSK（四级）、HSK（五级）和 HSK（六级）；口试包括 HSK（初级）、HSK（中级）和 HSK（高级），口试采用录音方式。

新 HSK 是否要建设题库？应该建设什么样的题库？在回答这两个问题前，可能需要先回答另外 4 个问题。第一，新 HSK 实施现状如何？第二，在了解新 HSK 实施现状的基础上，建设题库能给新 HSK 带来什么好处？第三，新 HSK 题库建设需要什么条件？第四，实现适应性考试的新 HSK 题库建设应该往何处去？

1 新 HSK 实施现状

新 HSK 自 2009 年正式推出之后，在命题、统计、施测等方面，都结合实际，采取了许多新的举措，与旧 HSK 相比，有了很大的变化。

1.1 命题质量进一步提高

2011～2013 年，新 HSK 每年在全球举办 8～9 次考试，对试题数量的需求较大。在兼职人员命制毛坯题、专兼职人员审题、专职人员拼卷的命题机制下，新 HSK 常规命题工作很好地满足了考试的需求，并形成了以下一些特点。

一是命题工作常态化。目前的命题工作，基本上是当年使用的试题当年命制完成，一般有三四个月的提前量。一个有经验的命题团队，一般可以按照平均 10 天完成一套新 HSK 试卷的进度来拼制高质量试卷。这些团队基本上每个月都有命题任务，随时可以根据实际情况，增加征题量，增加人员配备，满足考试对命题的需求。新 HSK 兼职命题员主要是在京高校在读硕士研究生，规模一般保持在 200 人左右。

二是命题工作网络平台化。无论命题还是审题、拼卷等工作，都基于网络平台。过去在宾馆集中审阅纸质试题的情景不复存在，效率有了很大的提高。

三是词语控制精密化。HSK（一级）共 40 题，规定的 150 个词必须全部使用到，全卷一个超纲词都不许出现；HSK（二级）共 60 题，规定的 300 个词必须全部使用到，全卷一个超纲词都不许出现；HSK（三级）共 80 题，规定的 600 个词必须全部使用到，全卷一个超纲词都不许出现；HSK（四级）共 100 题，规定的 1200 个词必须至少"消耗"960 个，全卷一个超纲词都不许出现；HSK（五级）共 100 题，要尽可能多地使用规定的 2500 词，尤其是新增的 1300 词，全卷超纲词控制在 15% 左右；HSK（六级）共 101 题，试题语料在词汇的使用上不受规定的 5000 词的限制，但考点和词语题选项中的词语应该在这 5000 词范围内。

四是考试质量公开化。新 HSK 于 2009 年正式推出。2010 年就出版了新 HSK 真题集 6 册，公布了 30 套正式考试使用过的试卷。2012 年又出版新 HSK 真题集 2012 版 7 册（含口试），公布了最新使用过的 45 套试卷。同时还陆续公布了《新汉语水平考试（HSK）研制报告》《新汉语水平考试（HSK）质量报告》《新汉语水平考试 HSK（六级）试卷难度控制研究》《新汉语水平考试 HSK（五级）效度研究》《新汉语水平考试 HSK（六级）平均分等值法实施方案》等。

1.2 不再组织考前预测

2010 年起，新 HSK 不再组织考前预测。这样做，一方面是考虑到考前预测有其局限性及不可操作性。第一，出于保密的需要，被试的数量较少，其代表性值得怀疑；第二，被试的作答态度、参试动机与参加正式考试的考生不同，影响相关数据的准确程度；第三，因为是整套试卷预测，所以一旦曝光，损失尤其巨大；第四，专门组织预测需要投入一定的人力、财力、物力；第五，新 HSK 频繁地组织预测，会对院校的汉语教学工作产生较大的冲击。

另一方面，根据经验，在命题质量有保障的前提下，预测的投入产出比并不合理。每套新 HSK 预测卷预测后，数据显示，不可接受的劣质题（点双列相关系数在 0.2 以下）比例都在 5% 以下。这意味着，即使不预测，这些试卷也可以投入正式考试使用。对那些极少数的劣质试题，新 HSK 按全体考生都回答正确处理。这样处理是有代价的：一定程度上牺牲了考试的信度，本来全卷是 100 个题，但事实上变成了 95 个题。新 HSK 是以一定程度上信度降低的代价同不预测做了交换。实际上，这种牺牲是可以补偿的，办法就是适当增加全卷试题数量，比如将全卷定为 110 个题，即使去除劣质试题，仍可保持原来试题量，不影响考试信度。新 HSK 将来改进时，会对题量做出调整。

未经预测的新 HSK 试卷信度如何？以 HSK（五级）、HSK（六级）为例，22 套未经预测的 HSK（五级）试卷正式考试 α 系数在 0.91 ~ 0.95 波动；22 套未经预测的 HSK（六级）试卷正式考试 α 系数在 0.90 ~ 0.94 波动。具体信息见图 1、图 2。

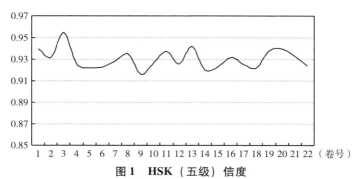

图 1　HSK（五级）信度

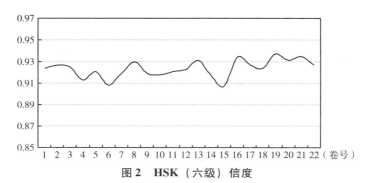

图 2　HSK（六级）信度

预测能提供试题难度数据，以便拼卷人员拼卷时控制整卷难度。但即使没有预测，由经验丰富的拼卷人员拼制的新 HSK 试卷，在难度控制上也达到了较高的水准。上述 22 套 HSK（五级）试卷正式考试全卷平均难度值，除第 2 卷大于 0.75（新加坡考生占 70.4%，因此试卷难度值被高估了），其余都在 0.64 ~ 0.75 波动；上述 22 套 HSK（六级）试卷正式考试全卷平均难度值，除第 4 卷小于 0.65，其余都在 0.65 ~ 0.75 波动。具体信息见图 3、图 4。

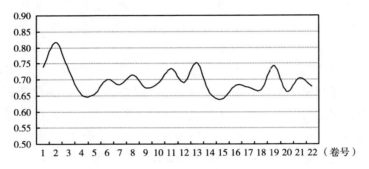

图 3　HSK（五级）平均难度

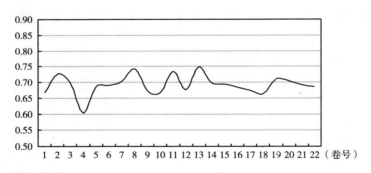

图 4　HSK（六级）平均难度

1.3　试题使用一次性，试卷考后不再保密

2010 年起，新 HSK 试卷中不再包含共同题，所有试题的使用都是一次性的。这样做，使窃题行为丧失了意义，对维护新 HSK 的公平性起到了积极的作用。从 2013 年起，新 HSK 试卷考后不再保密，考后三天或一周即上网公布。新 HSK 在公布试卷的同时公布试卷答案。这样做，一是面对现实。因为在一些国家，考试结束当天，新 HSK 试题就会被一些培训机构通过不正当手段获得，全部上网，考后保密已无意义。第二，更主要的是，体现了对考生权益的尊重。

1.4 采用"平均分等值法"进行粗略等值

新 HSK 试题的使用是一次性的，"共同题等值法"不可行。通过研究，我们发现，新 HSK 可以采取"平均分等值法"来进行等值。其假设是，在每次考试有足够数量、足够代表性考生的前提下，不同次考试考生群体的汉语水平相同。基于这个假设，如果某次考试听力平均分偏高，意味着听力分测验可能偏易，需要减分；如果阅读平均分偏低，意味着阅读分测验可能偏难，需要加分。各分测验究竟加分还是减分，调整幅度多大，由工作人员参考相关数据，集体讨论确定。

在听力平均分均值线和阅读平均分均值线的确定上，"平均分等值法"有两种选择。一是将其固定，比如选择近三年来的 20 多次考试，获得听力、阅读平均分均值线，今后的考试围绕这两条均值线做调整。二是将其动态化，每次考试都围绕之前所有考试形成的均值线做调整。"平均分等值法"属于"共同组等值"设计，是一种粗略的等值方法，但它简便易行，可操作性强。

2 新 HSK 试卷自动生成需要什么条件

新 HSK 人工拼卷曾经使用 8 套毛坯题拼制一套正式卷，由于经费限制，后改为 5 套毛坯题拼制一套正式卷。需要说明的是，新 HSK 拼卷人员在人工拼卷时使用的试题，并没有难度、区分度数据。拼卷人员对这两个因素的考虑，体现在对全卷难度和质量的整体把握上。除难度、区分度外，拼卷人员拼卷时还要考虑题型、题材多样性、考查角度多样性和篇幅控制等。

这样人工拼制的试卷质量如何？除全卷信度、平均难度外，全卷平均区分度也是一个重要参考指标。上述 22 套 HSK（五级）试卷正式考试全卷平均点双列相关系数，基本上在 0.35～0.40 波动；上述 22 套 HSK（六级）试卷正式考试全卷平均点双列相关系数，基本上在 0.31～0.37 波动。具体信息见图 5、图 6：

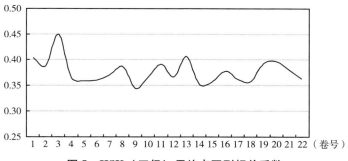

图 5　HSK（五级）平均点双列相关系数

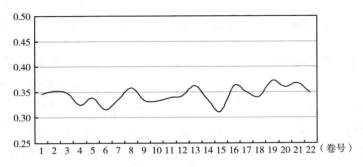

图6　HSK（六级）平均点双列相关系数

建设新 HSK 题库，实现试卷自动生成功能，首先，题库中要有一定数量、通过了审查、可供拼卷用的试题。这里的"一定数量"当然是多多益善，但即使只有正式卷 3~5 倍的试题，也可以实现试卷生成功能。因为题库中的试题是已经通过了审查、可供拼卷用的试题，3~5 倍的试题应该是在 15~25 套甚至更多套毛坯题基础之上得来的，质量有保障，因此是可以满足拼卷需求的。其次，需要使题库系统智能化，让它可以按照拼卷人员的拼卷思路，从题库中抽取合适的试题，拼成试卷。赋予系统按题型、题材多样性、考查角度多样性和篇幅控制等因素来筛选试题、拼制试卷的智能，系统是可以比较有效地自动生成新 HSK 试卷"粗坯"的。拼卷人员可以在"粗坯"的基础上进行人工干预，最终形成正式用卷。

新 HSK 试卷自动生成功能的实现有赖于题库，这个题库有两个明显的特点：一是不需要有实测难度、区分度数据；二是对题量要求不是非常大。

目前，新 HSK 审题与拼卷工作是同步进行的。拼卷人员获得 5 套毛坯题后，随即组织人员审题。在审题的同时，就将通过审查、加工完毕的试题拼入新卷。如果发现通过了审查但与此卷已有试题内容、考点等重合的试题，会将其放至下一卷。5 套毛坯题处理完后，如果合格试题仍不够拼卷用，那就组织审题人员结合已有试题的相关信息补充命题，再进行审查、拼卷，直至完成全卷。

有了题库后，审题和拼卷工作将是分开的。审题的终点是入库，而不再是拼出正式卷。拼卷时则不再是面对毛坯题，而是已经通过审查的合格试题。审题时不必再一心二用，拼卷时也不必再费心审题，工作效率将会有一定程度的提高。HSK（五级）、HSK（六级）可以考虑尝试开发这样的题库系统，基于题库自动生成试卷"粗坯"。其他 4 个等级因为词语控制精密化的特点，这一功能不易实现，因此仍将按既有的模式审题、拼卷。

3 新 HSK 实现适应性考试需要什么条件

建设新 HSK 题库，实现适应性考试，关键是要有试题的实测难度、区分度等数据。对新 HSK 来说，这基本上不具有可操作性。如前所述，新 HSK 实施现状是：正式考试中使用的是未经预测、没有相关数据的试题；有相关数据的试题都是正式考试中使用过的；新 HSK 试题的使用是一次性的。

退一步讲，即使通过预测或其他途径，获得了带有相关数据、未经正式考试使用的试题，因为新 HSK 属于高利害考试，所以还有如何应对题库试题重复使用、易曝光的问题。至于其他各种技术细节，也多处于科研、争鸣阶段，并无实证研究，更无试验结果。因此，新 HSK 鼓励相关研究，但不会在近期考虑在正式考试中采用基于题库的适应性考试。在未来较长一段时期内，新 HSK 仍以纸笔考试和计算机化、网络化考试为其考试形式。

4 实现适应性考试的新 HSK 题库建设应该往何处去

2011～2013 年，新 HSK 笔试 6 个等级考试使用试卷已近 180 套（每等级近 30 套）。正常情况下，这些试题还将以每年 50 多套的速度持续增长。这些试题都有相关数据。除了其中一部分试卷用于出版真题集外，其他都没有被很好地加以利用。新 HSK 遵循"考教结合"的原则，目的是"以考促教""以考促学"，提高考生的汉语交际能力。新 HSK 应该充分利用历年正式考试使用过的、数量较大、质量较高、带有相关数据的试题，建设服务于汉语教学、培训领域的题库，为分班、自测、辅助教学以及评估教学、培训成效等提供适应性考试系统。

一方面，有了较容易获得的试题和试题数据；另一方面，这样的适应性考试系统将用于教学、培训等低利害领域，基本上不存在操作障碍。这样的系统可以在教学、培训领域大显身手、发挥积极作用的同时，积累经验，总结教训，为将来取代纸笔考试、机网考做好前期科研准备。

开发这样的考试系统，可以把新 HSK 一至六级的试题并入一个适应性考试，根据考生作答表现，将考生粗略地划分为 6 个等级的水平；也可以针对每个等级设计适应性考试，对每一等级考生的水平进行更为细致的"刻画"。具体怎样设计，可结合教学、培训领域的实际需求，灵活处理。

参考文献

［1］高升．题库建设中的试题沉积问题及其应对策略分析［J］．中国考试，2010（3）：16 - 21.

［2］教育部考试中心题库工作小组．谈教育考试国家题库建设［J］．中国考试，2008（4）：9 - 12.

［3］马世晔．题库理论与目前我国题库的发展状况［J］．教育理论与实践，1996（1）：44 - 46.

［4］漆书青．题库和题库的建设与应用［J］．湖北招生考试，2002（20）：6 - 8.

［5］谢小庆．网上模拟 HSK 考试系统和练习系统［M］//谢小庆等．考试研究文集（第4 辑）．北京：经济科学出版社，2008.

［6］约瑟夫·M. 瑞安．基于经典测量理论和项目反应理论的等值与连接（三）［J］．考试研究，2011（3）：80 - 94.

［7］张晋军，张慧君，张铁英，符华均，黄贺臣．新汉语水平考试 HSK（六级）试卷难度控制研究［J］．中国考试，2012（11）：17 - 19.

（原刊于《中国考试》2013 年第 4 期）

计算机化考试中存在的安全问题与对策

魏 炜

（北京语言大学）

[**摘要**] 随着科学技术的发展，考试安全也面临着新的挑战。本文对机考中产生安全问题的原因以及安全风险进行了分析，并且对于考试作弊进行了一定的讨论，在此基础上，提出了一些如何解决安全问题的防范措施。只有从考试试卷、考试过程、考试信息和招生录取方面维护考试安全，才能保护考生的权利、保障国家教育考试的公平、保证考试安全。

[**关键词**] 考试安全；考试作弊；机考

1 绪论

20 世纪 80 年代以来，考试就在计算机上进行了大规模的实施，第一个这样做的高风险考试是美国证券交易商协会的许可证考试，使用的是 PLATO（Programmed Logic for Automatic Teaching Operations）系统。从那时起，许多大规模的考试，都逐渐将纸笔考试转换为无纸化计算机考试（以下简称为"机考"）。

我国的机考虽然起步较晚，但是随着机考技术的不断成熟，2004 年起，我国大学英语、企事业单位内的考试都从纸笔考试逐步向机考方式转型。机考无纸化、自动化的实现，促进了国内机考技术和系统的发展。

如今，越来越多的国内外考试采用了机考的技术。正如美国心理学家桑代克在 20 世纪 70 年代初期指出的，50 年代以来，在教育测量中发生的最为引人瞩目的变化来自技术的发展，特别是来自光电扫描仪和电子计算机的发展（桂诗春，1986）。这两个机器的发明促使在线阅卷和机考成为大多数考试的主要模式。随着计算机和其他技术不断地在考试中被应用，它在便利人们的同时也会带来一定的安全问题，如何阻止和预防这些安全问题，或者是发现和减轻这些安全问题带来的影响是我们当前需要考虑并研究的。

机考作为考试的类型之一，在现代教育考核上愈来愈受到重视，它具有方便、灵活、经济和快捷的优点，但同时它所涉及的安全问题要比其他类型的考试更多，维护机考的考试安全，是本文讨论的重点。目前，学术界对于考试安全的定义有多个版本，胡向东（2005）指出，考试安全是指国家大规模教育统一考试在保密、平稳情况下举行；张志群（2006）表明，考试安全指考试的运行状态既没有外部的威胁和侵害，又没有内部的失序和隐患；曹建召和张涛（2020）认为，考试安全事关社会安全和国家安全，考试安全主要体现为试卷安全、考试过程安全、考试信息安全、招生录取安全。本文综合对比了以上几位学者对"考试安全"的解释，再结合本文研究讨论的重点，决定使用曹建召和张涛（2020）对"考试安全"所下的定义。

考试安全问题一直存在于各类考试中，当使用新的科学技术来实施考试时也会带来新的挑战。机考相对传统的纸笔考试，具有的优点是显而易见的，但同时它所带来的危害也更具突发性和风险性，如果不能很好地识别机考中的安全问题，那么损害就会持续发酵。因此，笔者试图通过分析此类考试中产生安全问题的原因以及特定的安全风险，提出一定的解决对策，以此来保证考生的权利、保障国家教育考试的公平、公正和公开，保护考试安全。

2 机考中产生安全问题的原因

2.1 按需进行考试

按需进行考试指的是根据考生需求进行的考试，此类考试的窗口期长，导致考试内容容易被窃取。先接触试题的考生可以给后面的考生分享考试内容，专业的作弊团队也可以让专员去记题，然后放到网站上进行售卖。如果我们取消这类考试或者是缩减考试的窗口期来保证试题不被泄露，这样只会破坏此类考试为了方便考生的初衷。正是由于这类考试所具有的"特殊性"，造成了试题泄露等考试安全问题，成为影响考试安全的原因之一。

2.2 传送考试文件

传送考试文件指的是通过电子计算机传送考试文件。此类考试导致了考试内容简单、容易、快速地被非法人员获取。当考试文件驻留在考试主办方的服务器上，盗窃者可以通过与考务人员串通来获得考试文件，盗取有关考试文件的各种信息，以此来达到录取或经济上的目的。这种方法极具破坏性，造成的考试安全问题也极具伤害性。

2.3　考试信息储存

考试信息储存指的是题库、考试文件以及考试的其他信息的储存。保护好考试数据是举行考试的首要条件，同时也是考试环节中至关重要的一环。但是以往的考试组织者并没有这方面经验和知识，导致黑客或电脑高手能够轻易地获得与考试相关的信息。有时，由于没有及时地更新系统，也会致使部分已经退休的考务工作人员仍然能够轻松地进入考试系统中，严重危害考试安全。考试信息的储存问题以及考务系统的更新问题同样也是影响考试安全的原因之一。

2.4　考试试题曝光

考试试题曝光指的是试题由于多次出现而过度曝光，现在大部分机考都采用计算机自适应测试（computerized adaptive testing，CAT）技术，它能因人而异地选题，题目针对性强，可以用较少的题目、较精确地估计被试的能力，同时，它的一个致命缺点就是如果 A 问题在测量指标上优于 B 问题，那么 A 问题会比 B 问题选择更多次，因此对于其他问题来说，A 问题出现的频率更高，也就更容易被曝光。

机考允许考生可以随意地翻动页数，可以自由地定位到各个问题以及控制这个问题的子集，这就让考试作弊团伙抓住了机会，他们会组织"枪手"使用有效的方式记忆考题，分工合作，最后进行汇总。考题曝光会导致考试的权威性大大下降，影响考试安全。

2.5　考试管理中心

之前，将培训中心作为考试管理部门是必要的，但是这种安排包含了内在的利益冲突，导致一些考试管理部门的监考人员，即培训中心的教员为了较好的考试结果协助考生作弊，出现了许多造假的分数和考生，造成了严重的考试安全问题。

如今社会发展迅速，电脑软件工具日益发达，伪造证件找熟人替考事件层出不穷，部分考生利用专业的电脑软件工具制作本人与"枪手"的合成照片参加考试，由于考试管理部门人员的受贿或包庇，造成了严重的代考、替考现象。考试管理部门与培训中心职责不明、利益牵扯的情况也是影响考试安全的重要原因。

2.6　机考管理系统

利用电子计算机的优点实施考试，的确能提高考试的效率，但同时也方便了作弊考生。电子计算机的便利性使得很多单位和组织常常举行线上考试来选拔优秀的人才，但是大部分单位在组织考试时并没有相对严格的考试管理，这就会导致大量考生为了工作铤而走险，出现作弊的现象。机考管理的缺失，致使考试选拔人才的目的并没有到达，反而助长了部分作弊考生投机取巧的心理，对考试安全造成了严重的社会负面影响。

造成考试安全问题的原因存在于机考的各个环节中，考试的目的、考试的方式、考试数据的储存、考题的设计以及组织考试的考务管理中心都有可能成为影响考试安全的原因之一。如何避免此类问题的发生，需要我们在各个环节都严格把关，保证考试的公平性和权威性。

3　机考中产生的安全风险

无论是在纸笔考试中，还是在机考中，考试作弊仍然是一个严重的影响考试安全的问题类型。考试作弊古已有之，在信息技术高度发达的今天，作弊形式更加多样，呈现出高科技化、集团化和专业化的倾向。下面我们根据"考试安全"的定义对机考中常见的作弊手段进行分类。

3.1　考试试卷安全风险

盗窃试卷的现象在近年来的考试中经常出现，纸质化试卷和电子化试卷都有被窃取的风险，试卷作为考试的"命脉"极其重要。考试试卷安全风险表现在以下几方面：一是在考试前入侵考试中心的网站将试卷数据拷贝过来；二是部分考生在考试中利用高科技设备盗摄试题。

例如，2019 年全国计算机等级考试中，山东某大学理工学院考点发生大面积作弊情况，当工作人员将全国计算机等级考试考题发送考点后，协助作弊的老师在办公室内将正式题库数据和考试必备的两个"加密狗"交给了考试作弊组织者，造成了严重的社会负面影响，危害了考试安全中的试卷安全。①

---

① 人民日报. 全国计算机考试山东一考点大面积作弊案结案，两犯各判十个月 ［EB/OL］. https：// baijiahao. baidu. com/s？ id = 1686196997971711794&wfr = spider&for = pc.

3.2 考试过程安全风险

作弊是影响考试公平公正最有害的行为。在考试过程中，即使有监考老师和监控的存在，仍然会有考生为了考试成绩在"刀尖上行走"。考试过程安全风险表现在以下几方面：一是机考都在电脑上进行，电脑屏幕大且相隔距离近，导致部分考生不用有较大的动作就能清楚地看到其他考生的电脑；二是部分考生在机考时，偷偷使用带有答案的 U 盘并相互传阅；三是一些作弊组织利用机考可以随意翻动页数的特点，去使用大量的人工机械地记忆试题，离开考场后再回忆试题内容，并组织人员进行解答；四是考生携带具有发送和接收信息功能的设备进行作弊。

例如，2016 年安徽省某县机动车驾驶证。科目一考试中，孙某和朱某通过微型耳麦、接收器、微型摄像头等作弊设备，将试卷答案通过微型耳麦传递给考场内的作弊考生①。众所周知，科目一考试是在公安局车管所举行，机考时每台电脑上都加装隔板并全程对面部进行录像。在如此严苛的条件下，还组织考试作弊，不仅损害了考试安全，也侵害了司机和行人的生命安全。

3.3 考试信息安全风险

考试信息涉及的不仅仅是试题，还有各种与考生相关的信息。如今，有关考试的各种信息都与计算机有关，就算是纸笔考试，我们在报名和查询阶段还是要使用计算机。为了营造风清气正的考试环境，就要保证考试信息的安全。这类安全风险表现在以下几方面：一是代考服务，部分考生让代考人员使用伪造的身份证信息进入考场；二是考后高价请"黑客"入侵数据库篡改考生分数；三是考生的考前报名信息和考后志愿信息被他人恶意修改。

例如，2016 年山东省某市发生了一起篡改高考志愿事件，郭某因为担心同学成绩好挤掉自己，就在填志愿时偷偷记住了某同学的密码，然后篡改了他的志愿，导致该同学落榜，而自己被如愿录取②。这是个案，也是极端行为，但是这样做不仅破坏了考试信息的安全，也在一定程度上改变了两个人的命运。

3.4 招生录取安全风险

招生录取作为考试的最后一环，同样发挥着重要的作用。现在，各大高校

---

① 两男子用作弊器帮人通过驾考获刑［EB/OL］. 人民法院报，http：//rmfyb. chinacourt. org/paper/html/2017－01/14/content_120815. htm? div＝-1.

② 敬一山. 篡改志愿，"分数改变命运"的悲剧［EB/OL］. http：//edu. people. com. cn/BIG5/n1/2016/0805/c1053－28612569. html.

的招生简章、录取信息以及名单都会在官方网站上贴出来，而同时，我们也可以通过网站查询到自己的心仪学校信息和录取状态。这就意味着招生录取作为考试安全中的一部分，肩负着举足轻重的责任。这类安全风险表现在以下几方面：一是冒名顶替，某些考生拿着伪造的证件、身份证及户口信息顶替他人入学；二是某些学校虚假宣传、非法招生，造成了学生无法办理学籍，成为"黑户"。

例如，"王××被冒名顶替上大学"事件。王××2003 年高考后，因未收到大学录取通知书，以为落榜便外出打工，之后结婚生子。2015 年，发现自己当年并非落榜，而是考上了某职业技术学院，但被人顶替就读①。从高考到顺利录取，这中间涉及诸多环节，如果当时有关部门能在招生录取上严格审核，利用得当的计算机技术，也不至于让顶替者突破层层封锁，顺利入学。招生录取安全事关受害人和顶替者的一生，工作人员只有站好每一道岗，才能保证考试安全，保障考生的权利。

4 机考中针对安全风险的解决对策

考试作弊从科举时代到如今的科技时代禁而不绝，我们应该从教育惩戒、加强考务工作人员的培训、利用高科技的手段以及增强保密工作等方面提出相应的对策，以此来减少考试作弊的行为，提高考试的水平，真正地实现考试的公平公正，确保国家教育考试的安全。

4.1 文件被盗窃

考试文件对于机考而言是至关重要的，保护好考试文件就是在保护每一个考生的权利。针对考试文件被盗窃，我们可以采取以下对策：

一是使用对称密钥加密，即发送文件的电脑和接收文件的电脑都必须要有密码才能解锁文件内容，且密码相同时才能打开文件。

二是在考试时，考生只能下载考试所必需的题目，其他考试内容则没有权限下载，可以防止不必要的试题或者考试内容的泄露。

三是即时的文件传输，考试文件在考试开始之前的短时间内才被下载到本地服务器上，有效防止黑客或作弊团伙提前窃取到考试文件，考试结束后要保证文件完全被清理掉，而不是被考务中心的内部人员所盗窃。

四是创建更大的题库，不断地更新题库的内容，可以阻止作弊者用记忆的

---

① 假"王娜娜"被解聘 9 名责任人受处分［EB/OL］. http：//www. xinhuanet. com/politics/2016 - 03/20/c_128814509. htm.

方法偷试题内容。只要题库大，考题泄漏的概率就会降低。

五是控制用户访问的权限，只有被认证或者是被信任的试题管理人员才能访问这些考试文件，并且还可以使用生物识别技术，即指纹解锁或面部识别技术等，避免未被认证的内部人员非法地从本地服务器上盗窃试题文件。

六是网站监控，如果试题内容出现在特定的网站、论坛或者聊天室里，可以使用一定的技术来监控这些网站，即识别一定的关键词语，一旦发现此类信息就要求网站立刻删除，一些没有意识到的人会马上删除与考试内容相关的信息，而针对一些顽固的作弊者，我们可以采取一定的法律措施来保证试题内容的安全。

七是快速修复和再版技术，这项技术可以保证如果在万不得已的情况下，即考试内容在考前被大规模泄漏，能够快速地更改题目内容并且命制出来，在极短的时间内制止作弊行为。

八是数字水印技术，这是将每一个考试题目与参加考试的考生连接起来，如果这些题目在互联网上暴露，考务人员就可以利用数字水印轻松地追踪到这位考生的信息，杜绝考试文件和题目被泄露。

4.2　题库被盗窃

题库是我们进行机考的一个必备的储存库，它是计算机考试得以运行的一个基础，题库被盗会严重影响到考试的公平公正，进而影响到人才的选拔任用，因此针对题库被盗窃，解决的策略有以下几点：

一是控制浏览器和操作系统，考生参加计算机考试的时候，页面只能停留在考试页面并且也只能使用一些与考试相关的功能，禁止在考试期间访问其他的浏览器页面、资源以及文件。

二是使用保护性的题目设计特点，可以利用离散选项多项选择题、替代无关的文本和随机选项等技术来防止题目的过度曝光，这些技术对于试题的难度和信度方面的影响较小，但是对于考试安全方面有较为积极的作用。

三是采取保护性的考试设计，如 CAT 技术、逻辑停止规则、避免过长的考试技术，使用多个等效版本的考试技术，制止试题得分关键词的泄漏以及顺向试题展示，即不能翻到之前答过的考题去记忆它，以此来维护考试的安全，保证题库不被非法人员所利用。

4.3　违规性重考

违规性重考指的是考生在某些特定的考试中，通过多次参加考试来记忆试题以达到获取高分的目的。某些考试的题目有一定的限制，所以作弊考生利用有限题目这个弱点，多次参加考试来获得额外的机会使自己通过考试。针对违规性重考，应对的方法有如下几点：

一是加强计算机考试中的身份认证和再认证系统，即基于照片的生物识别技术和动态按键技术急需普及，这使得考试认证更加地精确和严格。

二是应用一定的系统轻松地追踪到，甚至是记录考生的参考次数和时间，限制此类考生参考的次数，使考试更加地公平。

三是要去除利益冲突。以前一些考试管理部门就是培训中心，这就容易使他们为了利益而采取危害考试安全的行为。因此，要使这二者分开，不得有任何重叠的可能，禁止在与考试管理者有利益冲突的地方举行考试，纵容违规性重考的现象。

4.4 预防与威慑

预防和威慑是减少考试作弊问题的两个策略，当考生刚开始存在作弊意图时，就使用预防措施是有一定的作用的，如果预防可以在合理的成本下实施，没有隐私或者是法律的限制，那么它是处理特定考试作弊的首选方法。

威慑的方法是在心理层面上阻止考试作弊，这种方法让考生认为作弊会很容易被发现，并且如果他们作弊、盗窃试题内容，或者向其他考试者分享试题，他们会被严肃地处理。如今国家已修订了《国家教育考试违规处理办法》，明确规定某些作弊是要承担一定的刑事责任的。这种威慑的方法能够让作弊者感到作弊被抓的可能性在增加，比实际存在的检测机制更有可能阻止不适当的行为，在心理层面上就先打击了他们的作弊意图。

如 2018 年国家统一法律职业资格考试中，在各个考点都张贴"诚信参考，做法律的守护者"宣传海报，在媒体与网站上向考生发出诚信参考倡议书，努力从社会层面营造风清气正的考试环境。

4.5 考题被曝光

考题被曝光的高风险主要出现在以下几个环节：出题环节、印刷环节、运输环节、保管环节（夏柯松，2020）。在任何环节上，我们都要严防死守，避免考题被曝光和泄漏。

在出题环节，要与命题专家签订严格的"保密协议"，即负有保密义务的当事人违反协议约定，将保密信息披露给第三方，将要承担民事责任甚至刑事责任，确保试题不会因为人情或金钱等原因而在考前被泄漏。

在保管环节上，要将试卷放置在有 24 小时监控的地方，并且安排人员值班看管。试卷在考试前需要"与世隔绝"，比如说高考试卷的保管就有严格规定，以此来保证试卷安全，避免发生意外，出现试题的泄漏。

只有在各环节上做到安全保密，才能保证考题不会泄露。当然，如今各大考试真题集在市面上畅销，使得某些考试的试题过度曝光，这也要求命题人员提高本身的命题技术，不断地改进题目的质量和出题思路，从多角度和多维度命制试题，将试题过度曝光的危害降到最低。

5　结语

本文通过分析总结，认为机考中产生安全问题主要与特定考试类型、考试文件传送过程、考试信息存储技术、考试试题曝光程度、考试管理者及机考管理系统有关。其次，本文根据考试安全的定义，在考察机考常见作弊手段的基础上，对机考中存在的安全风险做出分类，分别是考试试卷安全、考试过程安全、考试信息安全和招生录取安全。最后，本文针对机考中产生的安全风险问题，从防止文件被盗窃、防止题库被盗窃、严禁违规性重考、加强预防与震慑、防止考题被曝光 5 个方面提出了对策性建议。

机考是大势所趋，无论是哪种类型的考试，现在都有计算机和其他技术的参与。新的技术必然带来新的挑战，但是总体而言，机考都是利大于弊的。随着计算机技术的不断发展，我们当前所面临的难题都能得到解决。只有采用新技术从考试试卷、考试过程、考试信息和招生录取方面维护考试安全，我国的考试才会向着公平公正、平等竞争的方向发展，我国的考试才会源源不断地为祖国输送优秀的人才。

参考文献

［1］桂诗春．标准化考试：理论、原则与方法［M］．广州：广东高等教育出版社，1986.

［2］胡向东．考试安全与政府管制——我国大规模教育考试安全的形势［J］．中国考试，2005（1）：21-24.

［3］曹建召，张涛．构建立体考试预防机制，有效提升考试安全和组考质量［J］．考试与招生，2020（9）：58-60.

［4］夏柯松．现阶段人事考试常见作弊手段及对策［J］．劳动保障世界，2020（20）：70.

［5］张志群．普通高校入学考试安全问题研究［D］．华中师范大学，2006.

实证研究

MHK（二级）新版试卷基于信息量的及格线和长度研究[*]

任　杰

（北京语言大学）

[摘要] 按照教育部民族司的要求，从 2012 年起，中国少数民族汉语水平等级考试（以下简称"MHK"）四个级别的大纲陆续启动修订工作。MHK（二级）大纲的修订主要体现在大纲上可见的试卷结构、分数体系和及格线，以及大纲无法体现的标准试卷、常模等方面。由于新版 MHK（二级）大纲是在原有基础上进行的修订，因此，本研究仅采用项目反应理论（IRT）的信息函数方法，对新版 MHK（二级）测验长度和原有的及格线是否适合继续使用进行了研究判定。

[关键词] 项目反应理论；信息量；测验长度；及格线；MHK

1　引言

按照教育部民族司的要求，从 2012 年起，中国少数民族汉语水平等级考试（以下简称"MHK"）四个级别的大纲陆续启动修订工作。MHK（二级）大纲的修订主要体现在大纲上可见的试卷结构、分数体系和及格线，以及大纲无法体现的标准试卷、常模等方面。（1）试卷结构的修订，主要指试卷长度、题型和考试时间等的变化。新版试卷结构中，听力理解题目长度不变，题型有些变化，听力语速变快；阅读理解题目长度不变，题型变化很大；书面表达变化

＊ 本成果受北京语言大学院级科研项目"中央高校基本科研业务"专项资金资助（No. 21YJ140003）。

最大，客观题部分由 15 题减少至 10 题，题目虽减，但难度加大了，并且后边 5 个题目由 0、1 计分变成 0、0.5 和 1 的多级计分方式。（2）分数体系中涉及原始分数、Z 分数和 MHK 分数，以及常模样组和等值技术。（3）确定标准试卷是为了确立 MHK（二级）新的标准和为构建常模做准备，便于以后其他平行试卷的等值。（4）常模是为了构建一个 MHK（二级）分数量表。（5）及格线没有变化。

通常为了提高测验的信度和效度，试卷长度应该尽量长一些，但受成本和考生考试时间等因素影响，在保证测验质量前提下，试卷长度越短越好。在证书、执照、资格考试和教育测验中，分界标准（及格线）也是必不可少的指标，它保证了测验的科学性、应试者参与竞争的公平性，为决策者的决策提供了依据，因此及格线的确立必须保证稳定可靠。

本研究的目的是确定新版 MHK（二级）试卷长度，包括分测验长度是否合适、分界标准（及格线）是否足够可靠。旧版的标准试卷及格线和测验长度都是经过专家系统研究后确定的，当时耗费了大量的时间和财力。由于新版 MHK（二级）大纲是在原有基础上进行的修订，因此，本研究仅采用项目反应理论（IRT）的信息量的方法，对新版 MHK（二级）测验长度和原有的及格线是否适合继续使用进行研究判定。

2 项目反应理论的信息量与经典测验理论的信度

经典测验理论（CTT）的信度是测验结果的稳定性和一致性的指标。如果信度低，测验所能提供的信息就不可靠，对于测验结果的判断也就更加不确定。而项目反应理论中的信息量指的是信息的确定性程度，即测验所提供信息的清晰性、稳定性和一致性程度，也可以说是认识事物时被消除的不确定性的程度（罗照盛，2012）。由此可见 IRT 的信息量相当于 CTT 的信度。

相对于 CTT 一个测验只有一个信度指标，IRT 可以提供更加全面的信息量。不仅测验、分测验有信息量，题目也有信息量。同一题目对不同水平的被试提供的信息量不同，测验亦如此。题目区分度越大，信息量越大。当被试水平与题目难度相当时，题目可以提供最大信息量。0、1 计分的题目信息函数如下：

$$I_i(\theta) = \frac{\left[P_i'(\theta)\right]^2}{P_i(\theta)Q_i(\theta)} \tag{1}$$

其中，$P_i'(\theta)$ 为 $P_i(\theta)$ 一阶导数，当模型为 Logistic 的单参、双参、三参三种模型，

其值分别为 $DP_i(\theta)Q_i(\theta)$、$Da_iP_i(\theta)Q_i(\theta)$、$Da_i(P_i(\theta)-c_i)Q_i(\theta)(1-c_i)$。

同一个测验对不同水平的被试所提供的信息量不同，题目数量越多，测验所能提供的信息量越大。测验信息函数公式如下：

$$I(\theta) = \sum_{i=1}^{m} I_i(\theta) \tag{2}$$

IRT 信息量与 CTT 信度指标间存在如下关系：

$$\gamma_{xx} = 1 - SE^2 = 1 - \frac{1}{I(\theta)} \tag{3}$$

如果测验信息量为 10，那么 CTT 信度为 0.90；若测验信息量为 25，CTT 信度就为 0.96。

对于多级计分题目的参数估计，可以采用等级反应模型（GRM），该模型的题目信息函数为：

$$I_i(\theta) = \sum_{i=1}^{r_i} \frac{(P_k^{*'} - P_{k+1}^{*'})^2}{P_k^* - P_{k+1}^*} \tag{4}$$

其中，r_i 为第 i 题目分数的等级数，P_k^* 为被试的 K 个等级分数及该等级分数以上的概率。测验的信息函数为：

$$I(\theta) = \sum_{i=1}^{m} \sum_{i=1}^{r_i} \frac{(P_k^{*'} - P_{k+1}^{*'})^2}{P_k^* - P_{k+1}^*} \tag{5}$$

其中，m 为测验题目数量。

本研究的数据来自新、旧版测试数据。新版的 1～80 题和旧版的 1～90 题均为 0、1 计分数据，采用 Rasch 模型，Logstic 双参、三参模型估计参数；新版的 81～85 题以及新、旧版的作文属于多级计分的题目，采用等级反应模型估计参数。估计参数用 Parscale 软件，其他计算由自己编写的程序实现。

为了方便表述，下文提及的分数都是 MHK 分数，无论总分，还是分测验分数。

3 利用信息量对 MHK（二级）测验及格线进行研究

旧版 MHK（二级）及格线是由专家研究确定的，总分的及格线为 195 分，听力理解、阅读理解和书面表达三个分测验分数均为 55 分。新版 MHK（二级）虽然是对旧版的修订，但在题型、题量和计分方式上均有所改动，及格线是否还能沿用，是本部分研究的目的。

IRT 的信息量无论是测验的，还是题目的，都随着被试能力水平不同而变化。信息函数值越大，被试水平估计的标准误就越小，测量精度就越高。MHK（二级）既有常模参照的解释，也有标准参照的解释，因此，我们不仅要关注被试全域能力的判断准确性，而且还要重视及格线处的可靠性。在及格线处测验或分测验最好具有最大信息量、最高的测量精度，从而能最好地将及格线附近的被试加以鉴别区分，将及格与否的误判率降到最低。

3.1 研究过程

由于不能确定哪种模型适合 MHK（二级）数据，我们将三种 0、1 计分的模型都分别进行了计算。

（1）估计基于 Rasch 模型的新版试卷的题目参数，并计算测验、分测验的信息量。

（2）估计基于 Logstic 双参模型的新版试卷的题目参数，并计算测验、分测验的信息量。

（3）估计基于 Logstic 三参模型的新版试卷的题目参数，并计算测验、分测验的信息量。

（4）重复（1）~（3）用于旧版试卷数据。

（5）分析对比新、旧版同一模型下的测验信息量，判定测验的及格线。

（6）分析对比新、旧版同一模型下的分测验信息量，判定分测验的及格线。

3.2 研究结果

由表 1 可见：其一，无论采用哪种 IRT 模型估计参数，在总分为 195 分的及格线处，新版 MHK（二级）测验所提供的信息量都大于旧版的，信息量均大于 24，标准误 SE 均在 0.20 或 0.20 以下，CTT 信度也都高于 0.96。及格线分数所对应的能力点虽然不是测验的最大信息量点，但是测量标准误非常小，对于及格线附近被试能力的估计比旧版的更可靠。其二，新版 MHK（二级）测验要求的考生能力水平比旧版的更高一些。随着国家通用语言文字法的实施，MHK 在少数民族地区的推广普及，以及就业、经济发展的需要，极大地促进了少数民族人们学习汉语的热情，汉语水平越来越高，旧标准已经不再适用，因此新版 MHK（二级）重新确立新的标准，不再与旧标准等值，这符合国际惯例。

表 1 　　　　　　　　　　**总分及格线处新旧版信息量对比**

模型	版本	总分 195 分			最大信息量		
		能力值	信息量	CTT 信度	能力值	信息量	CTT 信度
Rasch	新版	− 0.13043	24.72951	0.95956	− 0.69231	26.56851	0.96236
	旧版	− 0.21070	24.47675	0.95914	− 0.66555	25.66065	0.96103
2PL	新版	− 0.21339	33.92914	0.97053	− 0.88285	40.74085	0.97545
	旧版	− 0.28033	32.25667	0.96900	− 0.84937	37.12949	0.97307
3PL	新版	0.22176	40.48291	0.97530	0.18828	40.48509	0.97530
	旧版	− 0.38075	32.29934	0.96904	− 0.11297	33.45923	0.97011

　　表 2 是听力理解分测验的信息量的情况，由表 2 可见：其一，除了三参模型外，在听力理解分数为 55 分的及格线处，新版 MHK（二级）测验所提供的信息量都大于旧版的，信息量均大于 10，CTT 信度均高于 0.90。我们知道，无论信息量还是信度，都是随着题目的长度增加而增大，对于只有 35 个题目的听力理解分测验，0.90 的信度，已经是非常高了。及格线分数所对应的能力点虽然不是测验的最大信息量点，但距离非常近，测量标准误也非常小，对于及格线附近被试能力的估计，除了三参模型外，新版比旧版更可靠。其二，新版 MHK（二级）听力理解分测验及格线处的能力点比旧版的略低一些，这可能与预期不符，具体原因有待进一步研究。

表 2 　　　　　　　　　　**听力理解及格线处新旧版信息量对比**

模型	版本	55 分			最大信息量		
		能力值	信息量	CTT 信度	能力值	信息量	CTT 信度
Rasch	新版	− 1.01338	10.65234	0.90613	− 1.25418	10.77804	0.90722
	旧版	− 0.77258	10.31398	0.90304	− 0.71906	10.32038	0.90310
2PL	新版	− 1.05021	16.49136	0.93936	− 1.35146	17.44261	0.94267
	旧版	− 0.74895	14.88627	0.93282	− 0.84937	14.93797	0.93306
3PL	新版	− 0.68201	7.92724	0.87385	0.05439	9.78644	0.89782
	旧版	− 0.88285	10.55272	0.90524	− 0.24686	13.91954	0.92816

　　表 3 是阅读理解分测验的信息量的情况，由表 3 可见：其一，无论采用哪种 IRT 模型估计参数，在阅读理解分数为 55 分的及格线处，新版 MHK（二级）测验所提供的信息量都大于旧版的，信息量均大于 13，CTT 信度均高于 0.92。及格线分数所对应的能力点虽然不是测验的最大信息量点，但距离非常近，测量标准误非常小，对于及格线附近被试能力的估计，新版比旧版更可

靠。其二，新版 MHK（二级）阅读理解分测验及格的能力点比旧版的略高一点，这符合设计预期。

表 3   阅读理解及格线处新旧版信息量对比

模型	版本	55 分			最大信息量		
		能力值	信息量	CTT 信度	能力值	信息量	CTT 信度
Rasch	新版	− 0.66555	13.09511	0.92364	− 0.55853	13.13899	0.92389
	旧版	− 0.77258	11.23268	0.91097	− 0.61204	11.29117	0.91144
2PL	新版	− 0.74895	19.66127	0.94914	− 0.74895	19.66127	0.94914
	旧版	− 0.78243	17.38314	0.94247	− 0.88285	17.45268	0.94270
3PL	新版	− 0.34728	14.78435	0.93236	0.25523	22.66159	0.95587
	旧版	− 0.98326	11.20264	0.91074	− 0.21339	14.73683	0.93214

表 4 是书面表达分测验的信息量的情况，由表 4 可见：其一，无论采用哪种 IRT 模型估计参数，虽然仅有 10 个题目，比旧版少了 5 个，但在书面表达分数为 55 分的及格线处，新版 MHK（二级）测验所提供的信息量仍大于旧版的，CTT 信度也还能达到 0.75 以上。及格线分数所对应的能力点虽然不是测验的最大信息量点，但距离非常近，测量标准误也是可以接受的，对于及格线附近被试能力的估计，新版比旧版更可靠。其二，新版 MHK（二级）书面表达分测验及格线处的能力点比旧版的高很多，这符合设计预期。

表 4   书面表达及格线处新旧版信息量对比

模型	版本	55 分			最大信息量		
		能力值	信息量	CTT 信度	能力值	信息量	CTT 信度
Rasch	新版	0.05686	4.13380	0.75809	0.32441	4.19866	0.76183
	旧版	− 0.58528	4.06086	0.75375	− 0.63880	4.06285	0.75387
2PL	新版	− 0.01255	7.48611	0.86642	− 0.17992	7.60375	0.86849
	旧版	− 0.68201	4.68748	0.78667	− 0.94979	4.75108	0.78952
3PL	新版	0.28870	8.40631	0.88104	0.32218	8.40766	0.88106
	旧版	− 0.84937	2.70890	0.63085	0.25523	5.68351	0.82405

总之，无论总分还是分测验，及格线处的能力点的信息量都比旧版的高，对于被试能力的估计也更加可靠，新版本 MHK（二级）的及格线完全可以沿用旧版的标准。

4   使用信息函数对 MHK（二级）测验长度进行研究

旧版 MHK（二级）的长度是由专家研究确定的，新版除了书面表达比旧版少了 5 个题目外，长度基本没变。但由于题型和计分方式有所改动，我们需要确定新版 MHK（二级）是否还能够给各个能力水平的被试提供足够的信息量，使测验仍具有较高的信度。

通过计算不同能力水平的考生在 MHK（二级）新、旧两份试卷上的测验信息量，从图 1 可以看到，Logstic 三参模型的表现略不同于其他模型，在能力水平较低时，新版 MHK（二级）所提供的信息量不如旧版，而在中、高水平却比旧版高，甚至高很多，说明新版对于中、高水平的被试测试得更可靠。Logstic 三参模型的这种不同，应该是受模型本身或题目的猜测参数的影响，具体原因有待进一步研究。用 Rasch 模型和 Logstic 双参模型估计参数，新版MHK（二级）在 $[-4, +4]$ 各个能力点都比旧版提供更多的信息量，这就说明，新版 MHK（二级）对于被试的不同水平的能力判定比旧版更加可靠。

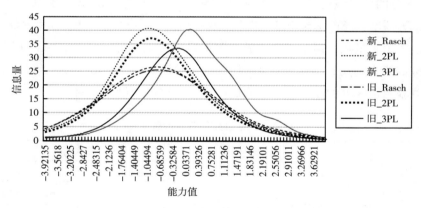

图 1   新旧标准试卷不同模型下测验信息量

5   研究结论

通过计算新、旧版本试卷基于多种模型下的 IRT 的信息量，可以得出结论：

（1）测验及格线和分测验及格线附近被试能力的估计，新版比旧版提供的信息量更多，结论也更可靠，新版 MHK（二级）及格线可以沿用旧版的研究成果。

（2）新版 MHK（二级）基于 Rasch 模型和 Logstic 双参模型，对被试的不同水平的能力估计比旧版提供的信息量更大，结论也更可靠，新版 MHK（二级）测验长度合适。

参考文献

［1］罗照盛. 项目反应理论［M］. 北京：北京师范大学出版社，2012.

［2］Hambleton R K. Fundamentals of Item Response Theory［M］. Saga，1991.

中国少数民族汉语水平考试三级笔试效标证据的效度研究

——基于 Toulmin 论证模型*

张 健 任 杰 周成林

（北京语言大学）

[摘要] Toulmin 效度论证是一个从考生表现到测验使用的系统化的过程，内部包含多个论证，前一个论证的终点同时又是下一个论证的起点，环环相扣，使效度论证对分数的解释更加合理，其中测验的外部效标证据主要适用于外推阶段的效度论证。本文首先从 Toulmin 效度论证模型的基本内容展开，结合新托福考试，介绍该模型的效度论证框架。其次，我们以某高校参加 2016 年 5 月少数民族汉语水平考试（MHK）三级笔试的 261 名考生的入学分班考试结果和学期期末成绩（汉语写作、汉语精读、汉语听力、数学）为效标证据，从不同角度对该证据进行分析。最后，将上述分析结果作为论证支撑，以 Toulmin 效度论证模型为理论框架，从实证角度对 MHK 三级笔试的外推阶段进行效度论证。

[关键词] 效度论证；MHK 三级笔试；效标证据；Toulmin 模型

1 引言

关于效度（validity）和效度论证（validation），《教育与心理测量标准》开宗明义：效度指的是证据和理论支持测验的意向性用途所必然要求的测验分数解释的程度。因此，开发和评估测验时，效度是最根本的考量。效度论证过程涉及累积证据，为的是给意向性分数解释提供一个合理、科学的基础。因此，如何为效度论证积累证据，如何为目标分数提供合理的解释是效度研究必须面

---

* 本课题为北京语言大学院级科研项目（中央高校基本科研业务专项资金资助）（No. 16YJ050005）。

对的问题。自 20 世纪 80 年代起，语言测试进入效度整体观的时代，在这一背景下，凯恩（Kane，1992）提出的基于论证的效度验证模型将 Toulmin 逻辑论证模型引入效度论证研究，为解决上述问题提供了一个科学的论证框架，夏佩尔等（Chapelle et al.，2008）将这一框架应用于实践，利用 Toulmin 模型率先为新托福考试进行效度论证。在这一方面，我国国内研究目前还处于理论引进和探索阶段，谢小庆、陈宁、孙晓敏、胥云、李智、邓杰等详细介绍和分析了基于论证的 Toulmin 效度论证模型，但尚无实证研究（陈宁，2012；邓杰，2011；李智，肖云南，2013；孙晓敏，张厚粲，2004；谢小庆，2013；胥云，2011）。本文将以 Toulmin 效度论证模型为基础，对收集的少数民族汉语水平考试（MHK）三级笔试的效标证据进行效度论证，以期为目标分数提供合理解释。

2 Toulmin 效度论证模型的基本内容

2.1 Toulmin 逻辑模型

图尔敏（Toulmin）在其著作《论证的使用》一书中提出了一个由主张（claim）、资料（data）、理据（warrants）、支撑（backing）、限定词（qualifier）和反驳（rebuttal）6 个要素所组成的论证模式。6 个要素的具体关系如图 1 所示。

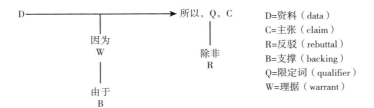

图 1 Toulmin 逻辑论证模型

资料来源：图尔敏（2016）。

其中，主张是说话者试图在论证中证明为正当的结论，资料是提出"主张"的事实依据，理据是从"资料"过渡到"主张"提供的保障。当由"资料"到"主张"的推论受到质疑时，我们需要用"理据"来证明我们由"资料"到"主张"的推论是合法的。支撑是对"理据"的支援性陈述，这种支援可以是一个事实性的陈述，也可以是一个包含"资料""主张""理据"的完整论证。限定词是"理据"能够在多大程度上保证从"资料"到达"主张"的合理程度。反驳是从"资料"顺利到达"主张"的不能成立的特殊情况。

2.2　基于 Toulmin 模型的效度论证框架

凯恩在 1992 年提出了基于论证的效度论证方法，后来该方法被不断地完善，逐渐形成了一种比较成熟的基于论证的效度论证模型。在凯恩提出的效度论证方法中，区分了两种不同的论证，即：解释性论证和效度论证。效度论证是在解释性论证基础上进一步累积搜集证据，检验解释性论证结论的合理性。其模型结构如图 2 所示。

图 2　凯恩的基于论证的效度验证模型

资料来源：凯恩（Kane，1992）。

通过观察考生测验表现得到考生的观察分数，即考生的考试分数，这一过程称为评估，评估的结果作为下一个推论的起点。第二轮推论将考生的观察分数作为起点，进一步概化得到期望分数。所谓期望分数，就是根据考生这一次的表现，来推导出考生在不同时间、地点，且评分人员不同时做相似测试应该得到的分数。第三轮推论以期望分数为起点，通过外推得到考生在目标情景或者非考试情景中的目标分数。经过层层推论，将考生的考试成绩这一资料和考生日后在目标情景中能否顺利完成目标任务的主张联系起来，每一个论证的终点又作为下一个论证的起点，环环相扣，形成完整的效度论证框架。

夏佩尔等（Chapelle et al.，2008）把这一理论应用于新托福考试，从实证角度对新托福考试进行效度论证，并增加了目标域和构念两个环节（目标域指测验的测试范围和领域，构念主要回答测试"测什么"的问题），相应地也增加了"领域描述"和"解释"两个推论。这一框架的主要贡献：一方面明确了测验的测量领域，保证效度论证不偏离测验欲测量的目标领域；另一方面，把构念作为连接期望分数和目标分数的桥梁，既回答了测验主要测什么的问题，也回答了期望分数能够被外推到目标分数的根本原因所在。

夏佩尔等运用 Toulmin 效度论证模型对新托福考试进行的效度论证在学界影响巨大，其原因不仅在于他们是将新效度研究范式应用于大型标准化考试的先锋，还在于他们对这一模型的完善和发展，更在于他们从多方面搜集效度证据，用充分的实证数据验证理论、发展理论。在众多效度证据中，外部效标证据最为明显，通过搜集考生参加和新托福考试相似构念的其他测验成绩、考生的自我评价、教师给考生的评价等，建立起新托福成绩和其他测验之间的相关关系，这些效标证据作为资料主要用于外推阶段的效度论证。夏佩尔等对新托福的论证为我们研究 MHK 提供了很好的借鉴。比如，在 MHK 效度论证的外推阶段，我们可以提出主张：考生入学/期末成绩可以作为衡量 MHK 效度的证据，并对该主张进行论证。假设：考生在 MHK 的测验表现和判断汉语掌握情况的其他标准有关，不同类型的汉语考试在区分不同汉语能力考生方面具有一致性；考生的期末汉语考试是对考生本学期在校实际汉语能力表现的真实考查，成绩基本符合考生实际汉语能力。论证资料：参加 MHK 考试的考生期末成绩。理据是同一目标域中所测构念相似的考试应该是紧密相关的。对理据的支撑是，研究表明，MHK 考试主要考察考生在未来生活、学习和工作中能否使用汉语进行正常交际的听说读写能力，而入学分班考试是对学生入学前汉语听说读写能力的诊断，期末汉语考试是考察学生对本学期汉语知识的掌握情况和在本学期学习生活中使用汉语进行正常交际的听说读写能力的提升情况，三者虽然功能不同，但都包含对学生汉语听说读写能力的考察，所测构念相似。在这些前提下，基本可以推论出主张：考生入学/期末成绩可以成为衡量 MHK 效度的指标。反驳理由可以是特殊情况，如考生入学/期末考试作弊时，成绩不具有说服力。

3　MHK 三级笔试效标证据的实证研究

MHK 主要测试母语非汉语的少数民族汉语学习者汉语水平的国家级标准化考试，MHK 包括 4 个等级，其中三级主要用于高考、预科结业以及中小学教师能力认定等领域，是参加考试人数最多的级别，考查考生未来在生活、学习和工作中能否使用汉语进行正常交际的汉语能力，三级笔试试卷主要包括 3 部分：听力、阅读、书面表达（分为客观书面表达和作文两部分）。本研究采用某高校参加 2016 年 5 月 MHK 三级的 261 个考生入学分班考试结果和学期期末成绩（汉语写作、汉语精读、汉语听力、数学）为效标证据，以夏佩尔等修正后的 Toulmin 效度论证模型为基础对 MHK 三级笔试进行效度论证。该批考生参加 MHK 三级考试是在分班考试之后、期末考试之前，分班考试和期末考试是对考生汉语能力评价的其他有代表性的标准，为 MHK 效度验证提供了有力的效度证据。实际上，效度论证是一个完整的链条，效标证据主要适用于外推阶段的效度论证。

3.1 以不同测验相关关系为证据的效度论证

我们通过收集和 MHK 相似构念的考生期末汉语精读成绩、汉语写作成绩，并以此为效标，分别计算其和 MHK 阅读、MHK 写作、MHK 总分的相关性。假设：考生在 MHK 的测验表现和判断汉语掌握情况的其他标准有关，同一群体内某一考生在判断汉语能力掌握情况的不同测验中的排名应该基本相同。所以本文根据两个量表中变量的排名顺序采用斯皮尔曼等级相关系数计算不同测验的相关关系，具体结果详见表 1 和表 2。

表 1   汉语精读和 MHK 阅读的相关性

项目		汉语精读	MHK 总分	MHK 阅读
汉语精读	相关系数	1.000	0.515 **	0.512 **
	显著性（双尾）	0.000	0.000	0.000
MHK 总分	相关系数	0.515 **	1.000	0.920 **
	显著性（双尾）	0.000	0.000	0.000
MHK 阅读	相关系数	0.512 **	0.920 **	1.000
	显著性（双尾）	0.000	0.000	0.000

注：** 表示相关性在 0.01 级别显著（双尾）。

表 2   汉语写作和 MHK 书面表达的相关性

项目		汉语写作	MHK 总分	MHK 作文	MHK 客观书面表达
汉语写作	相关系数	1.000	0.401 **	0.381 **	0.401 **
	显著性（双尾）	0.000	0.000	0.000	0.000

注：** 表示相关性在 0.01 级别显著（双尾）。

表 1 和表 2 表明：考生汉语阅读期末成绩和 MHK 阅读、MHK 总分的相关系数在 0.5 左右，相关系数为 0 的概率小于 0.01，因此为中度正相关。考生汉语精读期末成绩和 MHK 客观书面表达、MHK 写作、MHK 总分的相关系数在 0.381 ~ 0.401 之间，为中度正相关。这一结果可以作为效度论证的支撑，以不同测验间相关系数为证据的具体效度论证如下。

推论的假设：考生在 MHK 的表现和判断考生汉语能力的其他标准有关，测量同一构念的测验评分标准基本一致；相关系数可以作为一种效度验证方法；考生参加真实目标域中和 MHK 相似构念的其他考试，测试结果应基本一致；该效度论证模型中期望成绩之前的论证均成立。

推论的论证：根据 Toulmin 模型，该论证的资料是考生的期望考试成绩。

理据是由 MHK 所测量的语言能力的高低能反映考生在未来工作、学习、生活中运用汉语进行交际表现水平的高低。对理据的支撑为考生参加 MHK 的考试成绩和考生本学期汉语阅读、汉语写作期末成绩之间中度正相关。在这些前提下，基本可以推论出主张：目标分数代表了考生在日后汉语语言环境中的表现。反驳理由可以是中度正相关支持力度不够，相关系数不够高等。

为了弥补中度正相关支持力度不够的问题，我们从反面入手，选取与本测验测量不同构念的测验——期末数学成绩，这一结果也是对 MHK 效度的支持，说明这个测验确实是一个"言语测验"而不是一个"逻辑推理测验"，这种证据被称为区分性证据。计算结果见表 3。表 3 表明：考试数学成绩和 MHK 总分及各分测验的成绩相关系数在 − 0.021 ~ 0.100，相关系数为 0 的概率大于 0.389，因此二者基本不相关。该结果可作为上文理据的支撑。具体效度论证如下：假设：考生在 MHK 的表现和判断考生数学推理能力的测试无关。根据 Toulmin 模型，该论证的资料是考生的期望考试成绩。理据是：和 MHK 所测构念不同的考试不能反映考生在未来工作、学习、生活中运用汉语进行交际表现水平的高低。对理据的支撑为考生参加 MHK 的考试成绩和考生本学期数学成绩之间基本不相关。在这些前提下，基本可以推论出主张：目标分数代表了考生在日后汉语语言环境中的表现，而不是其数学逻辑能力。

表 3 考生期末数学成绩和 MHK 各分测验成绩的相关性

	项目	MHK 总分	MHK 阅读	MHK 书面表达	MHK 听力	数学
MHK 总分	相关系数	1.000	0.920 **	0.739 **	0.910 **	0.010
	显著性（双尾）	0.000	0.000	0.000	0.000	0.874
	考生人数	261	261	261	261	230
MHK 阅读	相关系数	0.920 **	1.000	0.634 **	0.730 **	0.007
	显著性（双尾）	0.000	0.000	0.000	0.000	0.914
	考生人数	261	261	261	261	230
MHK 书面表达	相关系数	0.739 **	0.634 **	1.000	0.537 **	0.057
	显著性（双尾）	0.000	0.000	0.000	0.000	0.389
	考生人数	261	261	261	261	230
MHK 听力	相关系数	0.910 **	0.730 **	0.537 **	1.000	− 0.021
	显著性（双尾）	0.000	0.000	0.000	0.000	0.752
	考生人数	261	261	261	261	230

项目		MHK 总分	MHK 阅读	MHK 书面表达	MHK 听力	数学
数学	相关系数	0.010	0.007	0.057	− 0.021	1.000
	显著性（双尾）	0.874	0.914	0.389	0.752	0.000
	考生人数	230	230	230	230	230

注：** 表示相关性在 0.01 级别显著（双尾）。

3.2 以不同测验的组间比较结果为证据的效度论证

确定效标的另一途径是看测验分数是否可以区分以效标行为水平所定义的不同群体（谢小庆，1988）。我们根据考生汉语精读期末成绩是否及格把考生划分为两类，看他们的 MHK 阅读成绩是否差异显著，该分析结果可以作为以不同测验间组间比较为证据的效度论证的支撑，具体结果见表 4。

表 4　　两组考生（汉语精读及格组与不及格组）MHK 阅读成绩 t 检验

项目	列文方差相等性检验		平均值相等性的 t 检验					差值的 95% 置信区间	
	F	显著性	t	自由度	显著性（双尾）	平均差	标准误差差值	下限	上限
已假设方差齐性	3.645	0.057	6.859	258	0.000	5.70932	0.83244	4.07007	7.34857
未假设方差齐性			5.848	49.805	0.000	5.70932	0.97625	3.74828	7.67036

注：重叠量为 13.8%。

表 4 显示，根据考生汉语精读成绩是否及格把考生分为两组，方差齐性检验的 F 值为 3.645，显著性概率 $p > 0.05$，因此两组方差差异显著，即方差齐。从 t 检验可得：p 值为 $0.000 < 0.010$，因此两组考生的 MHK 阅读成绩差异显著。我们把这一结果作为对理据的支撑进行效度论证，具体推论如下。

推论的假设：考生在 MHK 的表现和判断考生汉语能力的其他标准有关，测量同一构念的测验评分标准基本一致，考生参加和 MHK 同一目标域相似构念的其他考试，测试结果基本符合考生汉语能力且可以真实地将不同能力的考生分为是否及格两大类；不同测验的组间比较可以作为效度论证的证据；该效度论证模型中期望成绩之前的论证均成立等。

推论的论证：根据 Toulmin 模型，该论证的资料是考生的期望考试成绩。理据是由 MHK 所测量的语言能力的高低能反映考生在未来工作、学习、生活中运用汉语进行交际表现水平的高低，汉语能力不同考生在 MHK 的考试成绩差异显著。对理据的支撑是，数据显示根据考生汉语精读期末成绩是否及格分成的两组不同汉语能力的考生，他们的 MHK 阅读成绩差异显著。在这些前提下，基本可以推论出主张：目标分数代表了考生在日后汉语语言环境中的表现，即 MHK 得分高的考生在日后汉语语言环境中表现较好，得分低的表现较差。反驳理由可以是当样本量足够大时，很小的差异都会造成差异显著。

同理，我们也可以分别根据考生汉语写作、汉语听力期末成绩是否及格把考生分为两组，依次分析这两类考生的 MHK 听力成绩、MHK 书面表达成绩是否差异显著，分析结果见表 5 和表 6。由表 5 可知，根据考生汉语写作成绩是否及格把考生分为两组，方差齐性检验的 F 值为 4.144，显著性概率为 p > 0.050，因此两组方差差异显著，即方差齐。从 t 检验得 p 值为 0.006 < 0.01，因此两组考生的 MHK 书面表达成绩差异显著。同理，由表 6 可知，根据考生汉语听力成绩是否及格把考生分为两组，F 值为 1.218，显著性概率为 p > 0.050，两组方差差异显著，即方差齐。t 检验的 p 值为 0.005 < 0.010 可知，两组考生的 MHK 听力成绩差异显著。这些结果均可以作为效度论证的支持。具体效度论证同上，不再赘述。

表 5　　两组考生（汉语写作及格组与不及格组）MHK 书面表达成绩 t 检验

MHK 书面表达	列文方差相等性检验		平均值相等性的 t 检验						
	F	显著性	t	自由度	显著性（双尾）	平均差	标准误差差值	差值的95%置信区间	
								下限	上限
已假设方差齐性	4.144	0.053	2.784	180	0.006	2.32907	0.83673	0.67802	3.98012
未假设方差齐性			1.973	9.488	0.078	2.32907	1.18026	-0.32006	4.97820

表 6　　两组考生（汉语听力及格组与不及格组）MHK 听力成绩 t 检验

MHK 听力	列文方差相等性检验		平均值相等性的 t 检验						
	F	显著性	t	自由度	显著性（双尾）	平均差	标准误差差值	差值的95%置信区间	
								下限	上限
已假设方差齐性	1.218	0.271	2.856	170	0.005	4.97064	1.74015	1.53555	8.40573

MHK 听力	列文方差 相等性检验		平均值相等性的 t 检验						
	F	显著性	t	自由度	显著性 （双尾）	平均差	标准误 差差值	差值的 95% 置信区间	
								下限	上限
未假设 方差齐性			2.389	10.927	0.036	4.97064	2.08092	0.38685	9.55443

3.3 以不同班级成绩差异为证据的效度论证

本研究中的考生来自 1~5 不同班级，班级划分是根据考生入学时在汉语能力分班考试中的成绩，因此各班考生汉语能力不同，从 15E01 班到 15E05 班，学生汉语能力依次增高。我们按班级将考生的 MHK 笔试总分进行分类，以班级为效标证据，对不同班级考生 MHK 考试成绩进行平均数差异显著性检验，计算结果如表 7 和表 8 所示。

表 7   **不同班级考生 MHK 笔试成绩的描述性统计**

班级	平均值	标准偏差
15E01	54.8000	9.96110
15E02	69.6600	7.43848
15E03	78.3265	6.75891
15E04	76.4792	12.81786
15E05	84.6875	3.84351
总计	73.8043	12.74955

表 8   **不同班级考生 MHK 成绩差异的方差分析**

项目		平方和	自由度	均方	F	显著性
组之间	（组合）	20530.308	4	5132.577	69.177	0.000
组内		16693.887	225	74.195		
总计		37224.196	229			

表 7 和表 8 显示，从 15E01 班到 15E05 班考生 MHK 笔试总分基本呈递增趋势，但 15E03 班平均分高于 15E04 班，F 值等于 69.177，显著性近似为 0，组间均方远远大于组内均方，因此各班级考生的 MHK 考试成绩差异显著。我们将此结果作为对理据的支撑进行效度论证。

推论的假设：考生在 MHK 的表现和判断考生汉语能力的其他考试有关，考生汉语能力分班考试评分标准制定合理，入学分班情况基本符合考生实际汉语能力；汉语水平高的考生在不同类型的汉语考试中得分均相对较高；考生汉语能力短期内不会有太大变化；入学考试分班结果可以作为效度证据；该效度论证模型中期望成绩之前的论证成立等。

推论的论证：根据 Toulmin 模型，该论证的资料是考生的期望考试成绩。理据是由 MHK 所测量的语言能力的高低能反映汉语水平不同的班级学生在实际工作、学习、生活中运用汉语进行交际表现水平的高低。对理据的支撑是数据显示汉语水平不同的班级考生 MHK 笔试成绩平均数差异显著。在这些前提下，基本可以推论出主张：考生 MHK 考试目标分数基本代表考生实际目标域的表现。反驳理由可以是平均数易受极值影响，差异可能是由部分考生成绩凸显导致的。

4 结论

根据以上论证，本研究得出的结论如下：将考生入学分班结果和期末考生成绩作为衡量 MHK 效度论证的证据这一主张是基本成立的。将 3 类效度证据作为论证的支撑，根据 Toulmin 效度论证模型均可以基本推论出 MHK 考试目标分数代表了考生在日后汉语语言环境中的表现。因此，MHK 考试效度论证的外推阶段基本成立。换句话说，考生的 MHK 三级笔试成绩可以反映考生在实际汉语交际环境中的表现，从这个角度来看，少数民族汉语水平考试三级笔试是有效的。

参考文献

［1］陈宁 . Toulmin 推断模型在考试效度论证中的应用［J］. 中国考试，2012（4）：15 – 21.

［2］邓杰 . 论语言测试效度的辩论方法——辩论逻辑与效度解释［D］. 上海：上海外国语大学，2011.

［3］李智，肖云南 . 基于论证的测试效度验证与高考英语效度验证研究［J］. 考试与招生，2013（11）：57 – 62.

［4］斯蒂芬·图尔敏 . 论证的使用［M］. 谢小庆，王丽，译 . 北京：北京语言大学出版社，2016.

［5］孙晓敏，张厚粲 . 效度概念的演进及其新发展［J］. 心理科学，2004（1）：234 – 235.

［6］谢小庆. 测验效度概念的新发展［M］. 考试研究，2013（3）.

［7］谢小庆. 心理测量学讲义［M］. 武汉：华中师范大学出版社，1988.

［8］胥云. 语言测试中基于论证的效度验证模式述评［J］. 外语教学理论与实践，2011（4）：7 – 14.

［9］American Educational Research Association，American Psychological Association，National Council on Measurement in Education：Standards for educational and psychological testing. Washington，DC：AERA，1999.

［10］Brennan R L. Educational measurement（4th edition）［M］. Washington，DC：American Council on Education/Praeger，2006.

［11］Chapelle C A，Enright M K，Jamieson J M. Building a validity argument for the Test of English as a Foreign Language［M］. New York：Routledge，2008.

［12］Kane M T. An Argument-based approach to validity［M］. Psychological Bulletin，1992（112）：527 – 535.

（原刊于《中国考试》2017 年第 2 期）

中国少数民族汉语水平考试（MHK）三级口试效标证据的 Toulmin 模型论证

张　健　周成林　任　杰　洪　润

（北京语言大学）

[摘要] Toulmin 效度论证是一个从考生表现到测验使用的系统化过程，内部包含多个论证，前一个论证的终点同时又是下一个论证的起点，环环相扣，使效度论证对分数的解释更加合理，其中测验的外部效标证据主要适用于外推阶段的效度论证。本文首先从基于论证的 Toulmin 效度论证模型的基本内容展开，结合新托福考试，介绍该模型的效度论证框架。其次，制定调查问卷，由培训后的教师根据问卷项目依次给出本班每位参加 MHK 三级口试学生的口语能力等级，以此为效标计算考生 MHK 口试成绩和教师评价间的相关性。最后，将上述分析结果作为论证支撑，以 Toulmin 效度论证模型为理论框架，从实证角度对 MHK 三级口试的外推阶段进行效度论证。

[关键词] 效度论证；MHK 三级口试；效标证据；Toulmin 模型

1　引言

关于效度（validity）和效度论证（validation），《教育与心理测量标准》开宗明义：效度指的是证据和理论支持测验的意向性用途所必然要求的测验分数解释的程度。因此，开发和评估测验时，效度是最根本的考量。效度论证过程涉及积累证据，为的是给意向性分数解释提供一个合理、科学的基础（陈宁，2012）。因此，如何为效度论证积累证据，如何为目标分数（target score）提供合理的解释是效度研究必须面对的问题。自 20 世纪 80 年代起，语言测试进入效度整体观的时代，在这一背景下，凯恩（Kane，1992）提出的基于论证的效度验证模型将 Toulmin 逻辑论证模型引入效度论证研究，为解决上述问题提供了一个科学的论证框架，夏佩尔等（Chapelle et al.，2008）将这一框架应用于实践，利用 Toulmin 模型率先为新托福考试进行效度论证。在这一方面，我国国内研究目前还处于理论引进和探索阶段，谢小庆（2013）、陈宁（2012）、胥云（2011）、李智（2013）、邓杰（2011）等详细介绍和分析了基于论证的 Toulmin 效度论证模型，但尚无实证研究。本文将以 Toulmin 效度论证模型为基础，对收集的少数民族汉语水平考试（MHK）三级口试的效标证据进行效度论证，以期为目标分数提供合理解释。

2　Toulmin 效度论证模型的基本内容

2.1　Toulmin 逻辑模型

图尔敏（Toulmin）在其著作《论证的使用》一书中提出了一个由主张（claim）、资料（data）、理据（warrants）、支撑（backing）、限定词（qualifier）和反驳（rebuttal）六个要素所组成的论证模式。六者的具体关系如图 1 所示。

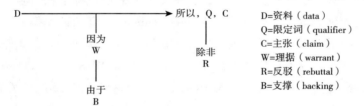

图 1　Toulmin 逻辑论证模型

其中，主张是说话者试图在论证中证明为正当的结论，资料是提出"主张"的事实依据，理据是从"资料"过渡到"主张"提供的"保障"。当由"资料"到"主张"的推论受到质疑时，我们需要用"理据"来证明我们由"资料"到"主张"的推论是合法的。支撑是对"理据"的支援性陈述，这种支援可以是一个事实性的陈述，也可以是一个包含"资料""主张"和"理据"的完整论证。限定词是"理据"能够在多大程度上保证从"资料"到达"主张"的合理程度。反驳是从"资料"顺利到达"主张"的不能成立的特殊情况。

2.2　基于 Toulmin 模型的效度论证框架

凯恩于 1992 年提出了基于论证的效度论证方法，后来该方法不断地被完善，逐渐形成了一种比较成熟的基于论证的效度论证模型。在凯恩提出的效度论证方法中，区分了两种不同的论证，即：解释性论证（interpretive argument）和效度论证（validity argument）。效度论证是在解释性论证基础上进一步积累搜集证据，检验解释性论证结论的合理性。其模型结构如图 2 所示。

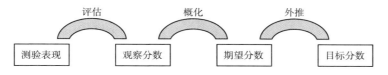

图 2　凯恩的基于论证的效度验证模型

资料来源：凯恩（Kane，1992）。

通过观察考生测验表现得到考生的观察分数，即考生的考试分数，这一过程称为评估，评估的结果作为下一个推论的起点。第二轮推论将考生的观察分数作为起点，进一步概化得到期望分数，所谓期望分数，就是根据考生这一次的表现，来推导出考生在不同时间、地点，且评分人员不同时做相似测试应该得到的分数。第三轮推论以期望分数为起点，通过外推得到考生在目标情景或者非考试情景中的目标分数。经过层层推论，将考生的考试成绩这一资料和考生日后在目标情景中能否顺利完成目标任务的主张联系了起来，每一个论证的终点又作为下一个论证的起点，环环相扣，形成完整的效度论证框架。

夏佩尔等（Chapelle et al.，2008）把这一理论应用于新托福考试，从实证角度对新托福考试进行的效度论证，进行效度论证时，增加了目标域和构念两个环节（目标域指测验的测试范围和领域，构念主要回答测试"测什么"的问题），相应地也增加了"领域描述"和"解释"两个推论。这一框架的主要贡献：一方面，明确了测验的测量领域，保证效度论证不偏离测验欲测量的目标领域；另一方面，把构念作为连接期望分数和目标分数的桥梁，既回答了测验主要测什么的问题，也回答了期望分数能够被外推到目标分数的根本原因所在。

夏佩尔等（Chapelle et al.，2008）运用 Toulmin 效度论证模型对新托福考试进行的效度论证在学界影响巨大，其原因不仅在于他们是将新效度研究范式应用于大型标准化考试的先锋，还在于他们对这一模型的完善和发展，更在于他们从多方面搜集效度证据，用充分的实证数据验证理论，发展理论。在众多效度证据中，外部效标证据最为明显，通过搜集考生参加和新托福考试相似构念的其他测验成绩、考生的自我评价、教师给考生的评价等，建立起新托福成绩和其他测验之间的相关关系，这些效标证据作为资料主要用于外推阶段的效度论证。夏佩尔等人对新托福的论证为我们研究 MHK 提供了很好的借鉴。比如，在 MHK 效度论证的外推阶段，我们可以提出主张：教师给学生的评价可以成为衡量 MHK 效度的证据，并对该主张进行论证。假设：考生在 MHK 的测验表现和判断汉语掌握情况的其他标准有关；教师对学生汉语口语能力的评价基本符合考生实际水平。论证资料：教师对本班学生汉语口语能力的打分。理据是同一目标域中所测构念相似的测验应该是紧密相关的。对理据的支撑是，研究表明，MHK 考试主要考察考生未来在生活、学习和工作中能否使用汉语进行正常交际的听说读写能力，而教师评价是教师根据自身教学经验和考生日常表现对学生学习生活中使用汉语进行正常交际的听说读写能力的评价，二者虽然评价方式不同，但都是对学生汉语听说读写能力的考查，所测构念相似。在这些前提下，基本可以推论出主张：教师给学生的评价可以成为衡量 MHK 效度的指标。反驳理由可以是特殊情况，如教师对个别学生不了解时，可能导致误差较大。

3　MHK 三级口试效标证据的实证研究

中国少数民族汉语水平等级考试主要测试母语非汉语的少数民族汉语学习者汉语水平的国家级标准化考试，MHK 包括四个等级，其中三级主要用于高考、预科结业以及中小学教师能力认定等领域，是参加考试人数最多的级别，考查考生未来在生活、学习和工作中能否使用汉语进行正常交际的汉语能力，三级口试试卷主要包括三部分：朗读、封闭式问题、开放式问题三类。本研究通过问卷方式搜集某高校一线教师对本班部分学生的汉语口语能力的评价（该部分学生均参加了 2016 年 5 月 MHK 三级口试），将该评价结果作为效标证据，以夏佩尔（Chapelle）等修正后的 Toulmin 效度论证模型为基础对 MHK 三级口试进行效度论证。实际上，效度论证是一个完整的链条，效标证据主要适用于外推阶段的效度论证。

3.1　问卷的制定与实施

首先，通过参考《汉语水平等级标准与语法等级大纲》《国际汉语能力标准》《欧洲语言共同参考框架：学习、教学、评估》《中国少数民族汉语水平等级考试大纲》《制定汉语作为第二语言的能力标准的初步构想》（王佶旻）《英语口语能力描述语因子分析及能力等级划分——制定语言能力等级量表实证研究》（杨惠中、朱正才）等所制定的语言能力等级量表，建立小型描述语语料库，再以 MHK 三级口试评分标准为蓝本，运用直观法从情景和模式、语言表现、交际策略三个角度对达到 MHK 三级水平的考生进行"能做什么"的描述分析，由此建立起初步的 MHK 三级口语能力评分量表，该量表包含 55 个考生"能做"的描述。

其次，在专家删改意见的基础上，将初步建立的 MHK 三级口语能力评分量表制定成调查问卷，将量表中学生的每一个"能做"描述作为问卷的项目。

在项目的计分上，采取李克特量表（Likert scale）5 级计分的形式，其中 1 表示未能达到描述语所述能力，5 为完全能够达到。该量表有"未达到""勉强达到""基本达到""较好达到""完全达到"五种回答，分别记为 1、2、3、4、5，每个被调查者的能力总分就是他的各个"能做"所得分数的加总，该总分可说明被试在这一量表上的不同能力水平。在总分的计分上，参考 MHK 三级口语评分标准分为 1~6 个等级，第 1~3 等级为不及格分，第 4 等级为及格分，第 6 等级为满分。该问卷包含两个部分：一是教师根据 MHK 三级口试评分标准并结合考生日常表现对考生口语能力的整体印象分，简称"整体分"，二是教师按照问卷项目给学生打的各项目加总分，该加总分会线性转化为对应的等级，简称"整合分"。此外，若两个分数相差超过 1 个等级，则该问卷无效。

最后，对考生的听说课代课教师进行培训。首先，组织教师学习评分标准。用去年 MHK 三级专家审核过的有代表性的 12 名考生的口试音频进行培训，使教师从整体上了解不同分数段考生的口语能力水平，在心中树立起不同分数段考生的标杆。其次，要求教师完成本班部分学生口语能力的调查问卷，一方面要求该部分学生参加过 2016 年 5 月 MHK 三级口语考试，另一方面要求教师在该部分考生中挑选较熟悉的学生打分。

3.2 以问卷的结果为支撑的 Toulmin 效度论证

本次研究共发放 100 份问卷，回收 86 份问卷，两个分数相差超过 1 个等级的问卷有 9 份，有效问卷共计 77 份，问卷分析结果如下。

3.2.1 教师评价和 MHK 成绩间相关关系

由表 1 可知：教师评价和 MHK 口试成绩之间的斯皮尔曼等级相关系数在 0.372~0.385 之间，相关系数为 0 的概率小于 0.01，因此为中度正相关，这一结果可以作为效度论证的支撑。

表 1   **教师评价和 MHK 成绩间相关关系**

项目		整体分	整合分	MHK 口试分
整体分	相关系数	1.000	0.883 **	0.372 **
	显著性（双尾）	0.000	0.000	0.001
整合分	相关系数	0.883 **	1.000	0.385 **
	显著性（双尾）	0.000	0.000	0.001
MHK 口试分	相关系数	0.372 **	0.385 **	1.000
	显著性（双尾）	0.001	0.001	0.000

注：** 相关性在 0.01 级别显著（双尾）。

以教师评价和 MHK 成绩间相关关系为证据的具体效度论证如下：

推论的假设：考生在 MHK 的表现和判断考生汉语能力的其他标准有关，测量同一构念的测验评分标准基本一致；相关系数可以作为一种效度验证方法；教师评价结果基本符合考生实际汉语口语能力；该效度论证模型中期望成绩之前的论证均成立。

推论的论证：根据 Toulmin 模型，该论证的资料是考生的期望考试成绩。理据是由 MHK 所测量的口语能力的高低能反映考生在未来工作、学习、生活中运用汉语进行口语交际水平的高低。对理据的支撑为学生参加 MHK 的口试成绩和教师对学生的评价之间呈中度正相关。在这些前提下，基本可以推论出主张：目标分数代表了考生在日后汉语语言环境中的口语能力的表现。反驳理由可以是中度正相关支持力度不够，相关系数不够高等。

3.2.2　教师评价的组间比较

确定效标的另一途径是看测验分数是否可以区分以效标行为水平所定义的不同群体（谢小庆，1988）。我们根据教师对学生口语能力的评价是否及格把考生划分为两类，看他们的 MHK 口试成绩是否差异显著，该分析结果可以作为以教师评价的组间比较为证据的效度论证的支撑，具体结果见表 2。

表 2　　　　　　　两组考生（及格组与不及格组）MHK 口试成绩 t 检验

项目	列文方差相等性检验		平均值相等性的 t 检验					差值的 95% 置信区间	
	F	显著性	t	自由度	显著性（双尾）	平均差	标准误差差值	下限	上限
已假设方差齐性	0.186	0.667	2.179	75	0.032	0.33052	0.15168	0.02835	0.63269
未假设方差齐性			2.178	53.356	0.034	0.33052	0.15173	0.02624	0.63479

表 2 显示，根据教师给学生的评价是否及格把考生分为两组，方差齐性检验的 F 值为 0.186，显著性概率 $p > 0.05$，因此两组方差差异显著，即方差齐。从 t 检验可得：p 值为 $0.032 < 0.05$，因此两组考生的 MHK 口试成绩差异显著。我们把这一结果作为对理据的支撑进行效度论证，具体推论如下：推论的假设：考生在 MHK 的口试表现和判断考生汉语能力的其他标准有关，教师评价结果基本符合考生汉语能力且可以真实地将不同能力的考生分为是否及格两大类；不同测验的组间比较可以作为效度论证的证据；该效度论证模型中期望成

绩之前的论证成立等。

推论的论证：根据 Toulmin 模型，该论证的资料是考生的期望考试成绩。理据是由 MHK 所测量的口语能力的高低能反映考生在未来工作、学习、生活中运用汉语进行口语交际水平的高低。对理据的支撑：数据显示根据教师对学生口语能力的评价是否及格分成的两组不同汉语能力的考生，他们的 MHK 口语成绩差异显著。在这些前提下，基本可以推论出主张：目标分数代表了考生在日后汉语语言环境中的口语能力的表现，即 MHK 得分高的考生在日后汉语语言环境中表现较好，得分低的表现较差。反驳理由可以是当样本量足够大时，很小的差异都会造成差异显著。

3.2.3 不同班级成绩的差异

本调查问卷中的考生来自 1~5 不同班级，班级划分是根据考生入学时在汉语能力分班考试中的成绩，因此各班考生汉语能力不同，从 15E01 班到 15E05 班，学生汉语能力依次增高。我们按班级将考生的 MHK 口试总分进行分类，以班级为效标证据，对不同班级考生 MHK 考试成绩进行平均数差异显著性检验，计算结果如表 3 所示。

表3　　　　　　　　　不同班级考生 MHK 口试成绩的描述性统计

班级	平均值	标准偏差
15E01	32.273	6.4821
15E02	35.182	5.1862
15E03	39.415	4.9999
15E04	38.957	5.2787
15E05	43.630	6.3399
总计	38.229	6.7657

表4　　　　　　　　　不同班级考生 MHK 口试成绩差异的方差分析

项目		平方和	自由度	均方	F	显著性
组之间	（组合）	3003.356	4	750.839	23.451	0.000
组内		6563.673	205	32.018		
总计		9567.029	209			

表 3~表 4 显示，从 15E01 班到 15E05 班考生 MHK 笔试总分基本呈递增趋势，但 15E03 班平均分高于 15E04 班，F 值等于 23.451，显著性近似为 0，组间均方远远大于组内均方，因此各班级考生的 MHK 考试成绩差异显著。我们

将此结果作为对理据的支撑进行效度论证：

推论的假设：考生在 MHK 的表现和判断考生汉语能力的其他考试有关，考生汉语能力分班考试评分标准制定合理，入学分班情况基本符合考生实际汉语能力；考生汉语能力短期内不会有太大变化；入学考试分班结果可以作为效度证据；该效度论证模型中期望成绩之前的论证成立等。

推论的论证：根据 Toulmin 模型，该论证的资料是考生的期望考试成绩。理据是由 MHK 所测量的口语能力的高低能反映汉语水平不同的班级学生在实际工作、学习、生活中运用汉语进行口语交际表现水平的高低。对理据的支撑是数据显示汉语水平不同的班级考生 MHK 口试成绩平均数差异显著，汉语水平高的班级 MHK 口语考试平均得分也相对高。在这些前提下，基本可以推论出主张：考生 MHK 考试目标分数基本代表考生实际目标域中口语能力的表现。反驳理由可以是平均数易受极值影响，差异可能是由部分考生成绩凸显导致的。

4　结论

（1）教师对学生口语能力的评价可以作为衡量 MHK 效度论证的证据这一主张是基本成立的。

（2）根据 Toulmin 效度论证模型以调查问卷的结果作为支撑可以基本推出 MHK 三级口试目标分数代表了考生在日后汉语语言环境中口语能力的表现。因此，MHK 三级口试效度论证的外推阶段基本成立。换句话说，考生的 MHK 三级口试成绩可以反映考生在实际汉语交际环境中的表现，从这个角度来看，少数民族汉语水平考试三级口试是有效的。

参考文献

［1］陈宁. Toulmin 推断模型在考试效度论证中的应用［J］. 中国考试，2012（4）：15 – 21.

［2］邓杰. 论语言测试效度的辩论方法——辩论逻辑与效度解释［D］. 上海外国语大学，2011.

［3］李智，肖云南. 基于论证的测试效度验证与高考英语效度验证研究［J］. 考试与招生，2013（11）：57 – 62.

［4］MHK 中国少数民族汉语水平等级考试大纲（三级）［Z］. 北京：北京语言大学出版社，2003.

［5］孙晓敏，张厚粲. 效度概念的演进及其新发展［J］. 心理科学，2004，27（1）：

234 – 235.

　　［6］斯蒂芬·图尔敏. 论证的使用［M］. 谢小庆，王丽，译. 北京：北京语言大学出版社，2016.

　　［7］武晓宇，徐静，赵玥. 民族汉考三级分界标准的探索与分析［J］. 汉语学习，2003（5）：58 – 62.

　　［8］王佶旻. 制定汉语作为第二语言的能力标准的初步构想［J］. 语言文字应用，2012（1）：109 – 116.

　　［9］谢小庆. 测验效度概念的新发展［J］. 考试研究，2013（3）56 – 64.

　　［10］谢小庆. 心理测量学讲义［M］. 武汉：华中师范大学出版社，1988.

　　［11］胥云. 语言测试中基于论证的效度验证模式述评［J］. 外语教学理论与实践（FLLTP），2011（4）：7 – 14.

　　［12］国家汉语国际推广领导小组办公室. 国际汉语能力标准［M］. 北京：外语教学与研究出版社，2007.

　　［13］国家对外汉语教学领导小组办公室. 汉语水平等级标准与语法等级大纲［M］. 北京：高等教育出版社，1996.

　　［14］American Educational Research Association, American Psychological Association, National Council on Measurement in Education. Standards for educational and psychological testing. Washington, D. C：American Psychological Association. 1999.

　　［15］Brennan R L. Educational measurement（4th edition）［M］. Washington, D. C：American Council on Education/Praeger, 2006.

　　［16］Chapelle C A, Enright M K, Jamieson J M. Building a validity argument for the Test of English as a Foreign Language［M］. New York：Routledge, 2008.

　　［17］Council of Europe. Common European Framework of Reference for Language：Learning, Teaching. Assessment［M］. Cambridge：Cambridge University Press, 2001.

　　［18］Kane M T. An Argument-based approach to validity［J］. Psychological Bulletin, 1992（112）：527 – 535.

（原刊于《考试研究》2017 年第 1 期）

等级记分模型下几种等值方法的
比较研究

王　菲[1]　任　杰[2]　张泉慧[3]　曹文静[4]

（1. 文山学院；2. 北京语言大学；3. 国家医学考试中心；4. 奇虎）

[摘要]　等值对考试具有重要意义，而我国的大部分考试却没有实现等值，在少数经过等值的考试中，大多只限于对二级记分题目的等值，鲜有对多级记分题目的等值研究。该研究针对包含多级记分题目的国内某大型语言类考试，探讨了等级反应模型下的同时校准法、固定共同题参数法以及链接独立校准法中的平均数标准差方法、平均数平均数方法、Haebara 法和 Stocking-Lord 法六种等值方法的效果，从而优选最适合该考试的等值方法。

[关键词]　等值；多级记分；跨样本

1　引言

等值是指调整不同版本平行测验间的分数，使之统一在一个量表上实现分数互换的过程；在保证测验的公平性和测验分数的可比性方面具有重要的作用，是建设题库、开发计算机化测验和适应性测验过程中的关键步骤。我国是一个考试大国，数量繁多的考试被广泛应用于社会的各个领域。然而，我国的大部分测验和考试却没有实现等值，等值研究现阶段仍是我国测量研究中一个比较薄弱的环节，尽快实现等值是国内许多考试所共同面临的重要任务；少数经过等值的考试中，大多只限于对二级记分题目的等值，对多级记分题目的等值研究更是少之又少。

随着实践中教育测验评价形式的丰富，多种多样的考试题型应运而生，对我们的等值工作提出了新的要求。许多考试中不仅包含有"0，1"记分的题目，还出现了正确答案为多个选项，按照答对数目赋分的多级记分题目。该研究正是针对包含多级记分题目的国内某大型语言类考试，选择了目前普遍应用于多级记分等值的等级反应模型，使用同时校准法、固定共同题参数法以及链接独立校准法中的平均数标准差方法、平均数平均数方法、Haebara 法和 Stock-ing-Lord 法六种方法进行等值，在各试卷版本之间利用共同题进行连接，通过比较六种方法的跨样本一致性，并以此作为评价等值效果的标准，为该考试选择最优的等值方法。

2 实验设计

研究使用某语言类 2011 年正式考试的 3 份试卷作为实验材料，其中 1 份为标杆卷，另外 2 份待等值的试卷分别称为新卷 1、新卷 2。等值以分测验为单位进行，进行等值的包括其中两个分测验，分测验一包含四种题型，共 28 道题，满分 35 分；分测验二包含三种题型，共 25 道题，满分 35 分。该考试不同于一般"0，1"记分的考试，区别在于其记分方式不仅有"0，1"记分的题目，还包括"0，2""0，0.5"这样的二级记分题目，而且出现了"0，0.5，1"这样的多级记分题目。

2.1 等值方法

等值的过程涉及等值数据的收集和等值数据的处理两个方面。该考试采用非等组锚题设计（non-equivalent groups with anchor test，NEAT）收集数据，也称为共同题设计或锚题设计，即两组水平不一样的考生分别参加两个不同考卷的测验，这两份试卷中包含一部分相同的题目。

在最常用的 NEAT 设计中，采用 IRT 理论对考试数据进行等值处理。第一步是模型的选取。研究采用的是目前普遍应用于多级记分测验的等级反应模型（grade response model，GRM）中的同质模型，即每个项目只有一个区分度、每个等级上的区分度都是相同的。设 θ 为被试潜在的特质，ui 为一随机变量，作为对项目 i 的分级题目反应的记号，以 ui（$ui = 0, 1, 2, \cdots, m$）记录实际反应。记能力为 θ 的被试在第 i 题上得到 ui 分的概率为 $\mathrm{P}_{ui}(\theta)$，$\mathrm{P}'_{ui}(\theta)$ 表示该被试在第 i 题上的得分大于或等于 ui 的概率，则有：

$$P_{ui}(\theta) = P'_{ui}(\theta) - \mathrm{P}_{ui+1}'(\theta) \tag{1}$$

经分析，式（1）可以通过多等级评分题目的"0，1"划分将 $P'_{ui}(\theta)$ 转换成二级记分题目中的题目特征函数。在第 i 题中，令所有得分在 ui 或 ui 之上的被试为"通过"或"得 1 分"，得分小于 ui 的被试为"不通过"或"得 0分"，则有 $P'_{ui}(\theta) = 1$，$P_{ui+1}'(\theta) = 0$，等级反应模型的表达式为：

$$P_{ui}(\theta) = \exp\left[-Da_i(\theta - b_{ui} + 1)\right] - \exp\left[Da_i(\theta - b_{ui})\right] \tag{2}$$
$$\{1 + \exp\left[-Da_i(\theta - b_{ui} + 1)\right] - \exp\left[Da_i(\theta - b_{ui})\right]\}$$

其中，D 为常数，a_i 为第 i 题的区分度，b_{ui} 是第 i 题第 ui 等级的难度值，且第 i 题的等级难度是递增的，即 $b_0 < b_1 < \cdots < b_{ui}$。

等值处理的第二步是完成两个试卷版本的 IRT 量表转换。进行 IRT 量表转换的方法主要有 3 种。

2.1.1 固定共同题参数法（fixed common item parameters）

本方法先估计标杆卷上共同题的参数，在进行目标卷的参数估计时把这些共同题参数固定为已经得到的值，这样就使得目标卷的参数自动与标杆卷位于一个量表中。该方法可分为固定共同题单参数、双参数和三参数方法。

2.1.2 链接独立校准法（linking separate calibration）

本方法首先分别估计标杆卷和目标卷的题目参数，然后再依据一定的数学方法求解等值系数，将目标卷的参数转换到标杆卷上。

在 NEAT 设计中，由于不同考生群体分布可能不尽相同，经过参数估计，同一个锚题可以得到两个不同的能力分数 θ_x 和 θ_y，还可以得到两组不同的题目参数 a_x、b_x、c_x 和 a_y、b_y、c_y，这两组参数估计值满足如下关系：

$$\theta_y = A \times \theta_x + B \tag{3}$$
$$a_y = a_x/A \tag{4}$$
$$b_y = A \times b_x + B \tag{5}$$
$$c_y = c_x \tag{6}$$

等值转换系数可采用矩估计法或特征曲线法求取。

（1）矩估计法（moment method）。该方法使用题目参数的矩统计量来估计等值系数，主要方法包括平均数平均数法、平均数标准差法等。

平均数标准差法（mean sigma，MS）是马尔科（Marco）在 1977 年提出的，MS 法使用锚题的 b 参数标准差及其均数来获得转换系数 A 和 B，其公式如下：

$$A = \sigma_{byv}/\sigma_{bxv} \tag{7}$$
$$B = \bar{b}_{yv} - A\bar{b}_{xv} \tag{8}$$

σ_{bxv} 是从 X 测验估计出的锚题 b 参数的标准差，σ_{byv} 是从 Y 测验估计出的锚题 b 参数的标准差。

平均数平均数法（mean mean，MM）是洛德和胡佛（Lord & Hoover）于

1980 年提出的，其做法是使用锚题的 a 参数的均值和 b 参数的均值来获得转换系数 A 和 B，其公式如下：

$$A = \frac{\overline{a}_{xv}}{\overline{a}_{yv}} \tag{9}$$

$$B = \overline{b}_{yv} - A\overline{b}_{xv} \tag{10}$$

（2）特征曲线法（characteristic curve method）。该方法是基于题目特征曲线的转换方法，其实质是通过减少题目特征曲线的差异实现量表转换。对于量表 J 和量表 I，具有特定能力考生 i 和考生 j 回答不同量表中试题的答对概率是相同的，其数学含义如下：

$$p_{ij}(\theta_{Ji}; a_{Jj}, b_{Jj}, c_{Jj}) = p_{ij}\left(A\theta_{Ii} + B; \frac{a_{Ij}}{A}, Ab_{Ij} + B, c_{Ij}\right) \tag{11}$$

式（11）对于任何一个考生和任何一个题目理论上都是成立的。但是用测验样本的题目参数估计值代入，则会存在误差。求其误差平方有两种方法，由此引出两种基于题目特征曲线等值数据处理方法。

其一，Haebara 法。1980 年黑巴诺（Haebara）首先提出用题目特征曲线法完成量表的转换，此方法是将一定能力的考生对每个题目特征曲线间的平方差进行累加，充分利用了更多参数信息，其数学表达式如下：

$$Hdiff(\theta_i) = \sum_{j:V}\left[P_{ij}(\theta_{Ji}; \widehat{a_{Jj}}, \widehat{b_{Jj}}, \widehat{c_{Jj}}) - P_{ij}\left(\theta_{Ji} + B; \frac{\widehat{a_{Ij}}}{A}, A\widehat{b_{Ij}} + B, \widehat{c_{Ij}}\right)\right] \tag{12}$$

该函数式是锚题 $j:V$ 的总和。等式是将两个测验中每个题目特征曲线间的差的平方进行相加。$Hdiff$ 是在考生的基础上进行加和，其估计方式如下：

$$Hcrit = \sum_i Hdiff(\theta_i) \tag{13}$$

其二，Stocking-Lord 法。该方法是斯托金和洛德（Stocking & Lord）于 1983 年提出。Stocking-Lord 方法与 Haebara 方法稍微不同，它是在固定考生的基础上，对题目 i 进行累加，由式（13）可推知：

$$\sum_i P_{ij}(\theta_{Ji}; a_{Jj}, b_{Jj}, c_{Jj}) = \sum_i P_{ij}\left(A\theta_{Ij} + B; \frac{a_{Ij}}{A}, Ab_{Ij} + B, c_{Ij}\right) \tag{14}$$

式（14）的含义是同一考生在同一批题目上的真分数是相等的，并不受题目参数估计依据哪个群体的影响。代入具体的参数估计值，则两真分数之间存在误差，平方可得：

$$SLdiff(\theta_i) = \left[\sum_{j:V} p_{ij}(\theta_{Ji}; \widehat{a_{Jj}}, \widehat{b_{Jj}}, \widehat{c_{Jj}}) - \sum_{j:V} p_{ij}\left(\theta_{Ji}; \frac{\widehat{a_{Jj}}}{A}, A \widehat{b_{Jj}} + B, \widehat{c_{Jj}}\right) \right]^2 \quad (15)$$

该函数式是锚题 $j:V$ 的特征曲线之和的差的平方。$SLdiff$ 是在题目基础上进行加和，其估计方法如下：

$$SLcrit = \sum_i SLdiff(\theta_i) \quad (16)$$

$SLdiff(\theta_i)$ 表达式为给定能力值考生在锚题上的测验特征曲线在不同量表间差异的平方。相反，$Hdiff(\theta_i)$ 表达式为对某一给定能力的考生在所有锚题上的题目特征曲线差异的平方和。无论是 $Hcrit$ 还是 $SLcrit$，均是在它们最小的条件下计算出 A 和 B。将它们分别对 A 和 B 求偏导，并分别令其为 0，可获得二元非线性方程组。一般采用牛顿迭代法估计出 A 和 B。通常 A 和 B 初值采用均数标准差所估计的值为好（漆书青，2002）。

2.1.3 同时校准法（concurrent calibration，CC）

与链接独立校准法不同，同时校准是将两个测验的数据合并，看成同一个测验，将一组被试未作答的另一个测验中非共同题上的反应当作缺失值，从而一次完成参数估计，得到的不同测验的题目参数自然就在同一个量尺之上。

2.2 等值效果的比较

等值过程会存在误差，等值效果的优劣依赖于不同等值方法引入等值误差的大小。为了评价等值的精确性，一般都采用比较等值误差大小的方法。一种等值设计或者方法产生的误差越小，这种等值设计或等值方法的效果就越好。

为评价等值效果，本研究选择稳定性标准，主要通过计算评价样本敏感度的根均平方差（RMSD）和期望的差异平方根（REMSD）进行跨样本的一致性检验。跨样本一致性从另一个角度来说是等值的一个性质，理论上等值结果不受样本的影响。但实际上等值或多或少都存在样本的依赖性（Holland & Rubin，1982）。如果一种等值方法在不同的子样本中表现一致，虽然我们不能做出该方法是最好方法的结论，但是如果跨样本不一致，即这种方法对样本敏感，则该方法一定不是好的等值方法。

跨样本检验的具体做法是：把总体划分为有限的几个排他的样本，然后用总体和样本分别进行等值，进而比较样本等值结果与总体等值结果的差异。差异最小的方法即在不同样本中表现最为一致的方法就是较好的方法。图 1 以从考生群体 O 等值到考生群体 Q 为例说明跨样本检验框架。

图 1　跨样本检验示意

在 NEAT 设计中涉及两个被试群体，将被试群体 P 和 Q 各划分为不同的样本：$\{P_j\}$ 和 $\{Q_j\}$。w_{P_j} 是指样本 P_j 的相应权重，w_{Q_j} 表示 Q_j 在 Q 中的相应权重。w_{P_j} 和 w_{Q_j} 可被设定为某个值，只要总和为 1。T 是由被试组 P 和被试组 Q 按照一定比例组成的综合组。由此可知：

$$P = \sum_j w_{P_j} P_j, Q = \sum_j w_{Q_j} Q_j \tag{17}$$

对于 P 和 Q 的样本 $\{P_j\}$ 和 $\{Q_j\}$，也有相应的样本综合组 T_j，可以定义为：

$$T_j = w_{P_j} + (1 - w) Q_j \tag{18}$$

RMSD 公式中的权重表示为：

$$W_j = w(w_{P_j}) + (1 - w) w_{Q_j} \tag{19}$$

用 $e_{T_j}(x)$ 表示 T_j 中将 X 卷分数等值到 Y 卷上的分数，$e_T(x)$ 表示综合组 T 上 X 卷分数等值到 Y 卷上的分数。$e_{T_j}(x)$ 和 $e_T(x)$ 的等值方法相同。冯戴维尔等（von Davier et al.，2003）把 NEAT 设计中的 $RMSD(x)$ 定义为：

$$RMSD(x) = \frac{\sqrt{\sum_j w_j \left[e_{T_j}(x) - e_T(x) \right]^2}}{\sigma_{YT}} \tag{20}$$

由于 Y 卷分数在综合组 T 中并不能直接观测到，因此综合组 T 中 Y 卷分数的标准差 σ_{YT} 的计算依赖于所选的等值方法。由公式（20）可知，X 卷上的每一个分数点对应到 Y 卷上都能计算出一个 RMSD 值，有的 RMSD 值比较小，有的则比较大，这样我们就无法直接客观地得出跨样本是否一致的结论。为了得到单一值，可计算 REMSD 指标，即期望的差异平方根。

$$REMSD(x) = \frac{\sqrt{E_T \left\{ \sum_j w_j \left[e_{T_j}(x) - e_T(x) \right]^2 \right\}}}{\sigma_{YT}} \tag{21}$$

式（21）中，$E_T\{\cdot\}$ 是指 T 组在 X 卷上分部的平均数。

在计算统计量时，需要考虑的问题是统计量达到多大就可认为是显著的，即 RMSD 值和 REMSD 值都需要一个标准来衡量。多兰斯等（Dorans et al.，2003）建议用 DTM（difference that matters）这个指标。ETS 多年来也是采用了这个标准。DTM 是指报告分数的半个单位，即我们采用四舍五入时可以忽略的分数的一半。比如在某测验分数中，以 1 为分数单位，此时 DTM = 0.5。由于 RMSD 和 REMSD 这两个统计量通过 σ_{YT} 实现标准化，DTM 也常常用它来实现标准化，标准化后的 DTM 常常用 SDTM 表示。如果 RMSD 值和 REMSD 值均小于 SDTM，则说明等值的跨样本具有一致性。而且 RMSD 值和 REMSD 值越小，说明等值结果越精确、跨样本一致性越高；RMSD 指标的变化趋势越平稳，说明等值结果越稳定、跨样本一致性越高。

2.3　研究工具

本文使用业内公认的处理含有多级记分题目的考试的标准软件 PARSCALE 进行参数估计，其他程序均使用 Visual Foxpro 6.0 自行编写。

3　研究结果

3.1　三份试卷各分测验原始分的 CTT 结果

由表 1 可以看出：新卷的原始平均分都远低于标杆卷；3 个考生群体的分布（标准差）基本稳定；3 份试卷各部分都略微偏难，新卷均比标杆卷稍难；3 份试卷都具有较好的题目区分度；全卷的 α 信度也是比较好的，分测验时 α 信度略有降低，可能与题量的减少有关。

表 1　　　　　　　　各试卷分测验描述统计

项目	分测验一			分测验二			整卷		
	标杆卷	新卷 1	新卷 2	标杆卷	新卷 1	新卷 2	标杆卷	新卷 1	新卷 2
人数	1420	896	906	1420	896	906	1420	896	906
平均分	16.8514	13.0112	13.6512	19.0528	16.2126	14.1827	45.8012	39.7291	36.1849
标准差	5.07837	4.62588	4.79154	6.83111	6.09040	6.21156	13.8150	12.6325	13.4216
平均通过率	0.4298	0.3488	0.3544	0.4797	0.4200	0.3412	0.4216	0.3648	0.3354
区分度[①]	0.3581	0.3419	0.3292	0.3826	0.3483	0.3307	0.3444	0.3298	0.3112
α	0.6885	0.6359	0.6151	0.7773	0.7224	0.7323	0.8404	0.8222	0.8061
标准误	2.8344	2.7897	2.9710	6.4473	6.4142	6.4242	5.5191	5.3267	5.9101

注：①表示 Pearson 相关。

3.2 共同题信息

由于等值设计中，新卷 1 和标杆卷与新卷 2 和标杆卷进行连接的题型不同，故新卷 1、新卷 2 包含的来自标杆卷共同题各不相同，但共同题题目数均在各分测验部分题目总数的一半左右。表 2 和表 3 中列出了两份试卷共同题的相关分析结果。结果显示：该考试中共同题与所在分测验得分之间的相关较高，相关系数的 P 值均小于 0.01。

表 2   标杆卷与新卷 1 共同题与分测验的相关

试卷	分测验一	分测验二
标杆卷	0.838 **	0.905 **
新卷 1	0.834 **	0.896 **

注：** 表示相关系数在 $\alpha = 0.01$ 的水平上显著。

表 3   标杆卷与新卷 2 共同题与分测验的相关

试卷	分测验一	分测验二
标杆卷	0.881 **	0.855 **
新卷 2	0.859 **	0.860 **

注：** 表示相关系数在 $\alpha = 0.01$ 的水平上显著。

3.3 跨样本一致性检验结果

研究以跨样本一致性检验结果作为评价等值方法的标准，所以首先对拆分的子样进行了代表性检验。样本代表性检验步骤如下：将参加新卷 1 的考生群体 O（896 人）、参加新卷 2 的考生群体 P（906 人）和参加标杆卷的考生为群体 Q（1420 人）各随机分为两个独立的人数相等的样本（即 O_1 和 O_2、P_1 和 P_2、Q_1 和 Q_2），然后通过独立样本 T 检验来检验六个样本的代表性。经检验，各样本均是各总体的无差样本，都能很好地代表该总体。

跨样本一致性检验分别从六种方法的 RMSD 值和 REMSD 值的大小，以及 RMSD 指标的变化趋势来比较它们对样本的敏感性。

3.3.1 RMSD 值

将每种方法各个分数点的 RMSD 值与 SDTM 标准的情况作图（见图 2，限于篇幅，文中仅列一图）。结果显示，每种方法对各个部分的等值过程中，每个分数点跨样本的 RMSD 值，除低分段的个别分数点外，都基本低于 SDTM 的标准，即在 RMSD 指标上，四种方法都通过了 SDTM 标准的衡量，由此可见，四种方法都是可以实现跨样本等值的。

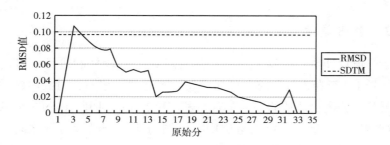

图 2　新卷 1 分测验一同时校准法 RMSD 值

3.3.2　REMSD 值

从以上 REMSD 值表可以看出：新卷 1 和新卷 2 两个分测验四个部分的 REMSD 值都远低于 SDTM 的标准，在 REMSD 指标上，六种方法也通过了 SDTM 标准的衡量，由此可知，六种方法都实现了跨样本一致。另外，比较六种方法 REMSD 值的大小：分测验一时，两份试卷均是平均数平均数法的 REMSD 值最小，Stocking-Lord 法次之；分测验二时，两份试卷均是固定共同题参数法的 REMSD 值最小，同时校准法次之。

3.3.3　六种方法的 RMSD 指标比较

从六种方法各分数点 RMSD 值的大小和变化趋势来看，分测验一时，两份试卷大多数分数点均是平均数平均数法的 RMSD 值最小，同时也是起伏变化最小、最稳定的，Stocking-Lord 法次之（见图 3、图 4、表 4、表 5）；分测验二时，两份试卷大多数分数点均是固定共同题参数法的 RMSD 值最小，同时也是起伏变化最小、最稳定的，同时校准法次之（见图 5、图 6、表 6、表 7）。

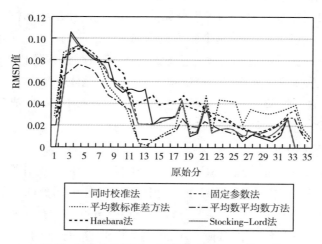

图 3　新卷 1 分测验一四种方法 RMSD 值比较

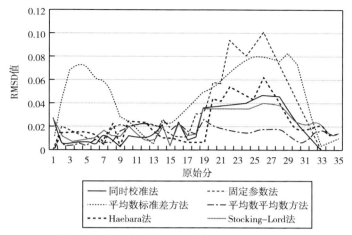

图4　新卷2分测验—四种方法 RMSD 值比较

表4　　　　　　　　　　　　　　新卷1分测验—六种方法的 REMSD 值

项目	同时校准法	固定参数法	平均数标准差法	平均数平均数法	Haebara 法	Stocking-Lord 法
REMSD	0.04657	0.04878	0.04578	0.03486	0.04489	0.04422
SDTM 标准	0.0966	0.0976	0.0591	0.0570	0.0586	0.0588

表5　　　　　　　　　　　　　　新卷2分测验—六种方法的 REMSD 值

项目	同时校准法	固定参数法	平均数标准差法	平均数平均数法	Haebara 法	Stocking-Lord 法
REMSD	0.02777	0.04593	0.05309	0.01547	0.02638	0.02333
SDTM 标准	0.0956	0.0975	0.0662	0.0618	0.0614	0.0618

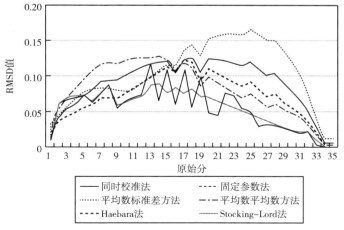

图5　新卷1分测验二四种方法 RMSD 值比较

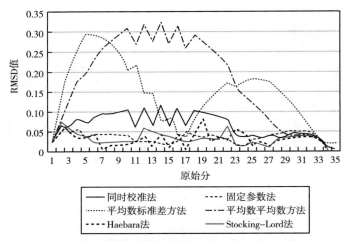

图 6　新卷 2 分测验二四种方法 RMSD 值比较

表 6　　　　　　　　　新卷 1 分测验二六种方法的 REMSD 值

项目	同时校准法	固定参数法	平均数标准差法	平均数平均数法	Haebara 法	Stocking-Lord 法
REMSD	0.06231	0.05976	0.11227	0.08882	0.08894	0.08567
SDTM 标准	0.0915	0.09224	0.0474	0.0443	0.0454	0.0444

表 7　　　　　　　　　新卷 2 分测验二六种方法的 REMSD 值

项目	同时校准法	固定参数法	平均数标准差法	平均数平均数法	Haebara 法	Stocking-Lord 法
REMSD	0.03334	0.03438	0.16778	0.20689	0.03676	0.07079
SDTM 标准	0.0970	0.0994	0.0431	0.0486	0.0488	0.0480

4　结论和进一步的工作

从六种方法的跨样本一致性检验结果可以看出，六种方法在每个分数点的 RMSD 值和平均的 REMSD 值都基本低于 SDTM 的标准，都是可以作为该考试等值备选方法的。通过具体比较六种方法对样本的敏感性，从六种方法在每个分数点的 RMSD 数值、平均 REMSD 数值以及 RMSD 指标的变化趋势的情况来进行优选，无论是精确性还是稳定性，分测验一均以平均数平均数法的等值效果最好，分测验二则以固定共同题参数法为佳。需要注意的是，该考试较高的试卷质量是各种等值方法效果较好的保证，现有的试卷结构是得到这一结论的前提。

　　研究对几种等值方法的探讨和比较都是基于同一个模型——等级记分模型之下进行的，未能涉及其他已有的多级记分模型，基于不同模型之下等值方法的比较仍是一个有待研究的内容。另外，等值效果的评价标准问题一直是等值研究中的难点，研究采用跨样本一致性指标这样的稳定性标准来进行检验。常用的几种评价标准——循环等值、模拟等值、大样本标准和研究采用的稳定性标准都各有其局限性，相比较起来稳定性的标准虽然不失为一种比较有说服力、可操作的标准，但其不能排除等值方法自身存在的"稳定的误差"的局限性，使比较的结果具有一定的不确定性，寻找一种更理想的方法作为评价标准是值得进一步研究的课题。

参考文献

　　[1] 漆书青，戴海崎，丁树良. 现代教育与心理测量学原理 [M]. 北京：高等教育出版社. 2002.

　　[2] 韩宁. 应用项目反应理论等值含有多种题型考试的一个实例 [J]. 中国考试，2008（7）：3 - 8.

　　[3] 谢小庆. 对 15 种测验等值方法的比较研究 [J]. 心理学报，2000（2）：217 - 222.

　　[4] 周骏，欧东明，徐淑媛，戴海琦，漆书青. 等级反应模型下题目特征曲线等值法在大型考试中的应用 [J]. 心理学报，2005（6）：832 - 838.

　　[5] Brennan R L. Educational measurement (4th ed) [M]. Westport：American Council on Education and Praeger Publishers，2006.

　　[6] Dorans N J, Holland P W. Population invariance and the equatability of tests：Basic theory and the linear case [J]. Journal of Educational Measurement，2000，37（4）：281 - 306.

　　[7] Dorans N J, Holland P W, Thayer D T, Tateneni K. Invariance of scoring across gender groups for three Advanced Placement Program examinations [C] //In Dorans N J. Population invariance of score linking：Theory and applications to advanced placement program examinations. ETS RR - 03 - 27，2003：79 - 118.

　　[8] Haebara T. Equating logistic ability scales by a weighted least squares [J]. Japanese Psychological Research，1980（22）：144 - 149.

　　[9] Holland P W, Rubin D B. Test equating [M]. New York：Academic Press，1982.

　　[10] Loyd B H, Hoover H D. Vertical equating using the Rasch model [J]. Journal of Educational Measurement，1980（17）：179 - 193.

　　[11] Marco G L. Item characteristic curve solutions to three intractable testing problems [J]. Journal of Educational Measurement，1977（14）：139 - 160.

［12］ Samejima F. Estimation of a latent ability using a response pattern of graded scores ［J］. Psychometrika Monograph Supplement, 1969: 17.

［13］ Stocking M L, Lord F M. Developing a common metric in item response theory ［J］. Applied Psychological Measurement, 1983, 7 (2): 201 – 210.

［14］ von Davier A A, Holland P W, Thayer D T. Population invariance and chain versus post-stratification methods for equating and test linking ［C］//In N. Dorans (Ed.), Population invariance of score linking: Theory and applications to advanced placement program examinations. ETS RR – 03 – 27, 2003: 19 – 36.

［15］ Wingersky M S, Lord F M. An investigation of methods for reducing sampling error in certain IRT procedures ［J］. Applied Psychological Measurement, 1984, 8 (3): 347 – 364.

（原刊于《中国考试》2013 年第 2 期）

图形推理题型的性别差异研究

陈　理

（北京语言大学）

[**摘要**] 本研究探讨了图形推理题型的性别差异表现特征。结果表明，在图形推理整体，尤其是立体对应式和多线索题目上存在性别差异，但效应值较小。

[**关键词**] 性别差异；图形推理；效应值

1　前言

1.1　关于空间能力性别差异的相关研究

有学者以 12 岁左右的学生为研究对象，探讨了心理学层面的性别差异，部分研究结果表明，男孩在视觉空间能力方面表现更佳（Maccoby & Jacklin，1974）。

还有学者对大量空间能力研究资料进行元分析，结果显示年龄越大，空间能力的性别差异越明显。但不同的空间能力其性别差异显示的年龄也不同，在空间知觉方面，7 岁左右出现男孩优势，而心理旋转能力大约在 10~11 岁时就已显示出性别差异了（Linn，1986）。

许燕（2000）探讨了二年级、四年级、六年级小学生空间能力的性别差异表现特征。结果表明，在空间能力的加工方式、加工精确性及加工策略上均存在着性别差异，而在加工速度上表现为无差现象。在空间能力的发展趋势和空间组合能力方面，女生表现出稳定的优势；在空间旋转能力上，男生的优势随年龄增长表现为减弱并消失的特征。

周珍等（2001）考察了中学生空间图形的折叠、展开、旋转以及图形推理能力发展的性别差异，研究结果表明，在一定的条件下存在男生优势的显著性差异，然而，在哪个年龄段男生在哪个空间指标上明显优于女生尚待实验深入研究。

谢志勇等（2010）选取八年级学生作为研究对象，对不同性别学生的空间与图形直观能力、应用能力、作图能力、逻辑能力和语言表达能力进行了调查，结果发现，在涉及空间想象、逻辑思维能力方面，男生表现出强于女生的优势。

汪夏、陈向阳（2012）以年龄在 18～24 岁之间的大学生为被试，采用眼动技术，选取瑞文图形推理测验作为实验材料，探讨工作记忆对于图形推理过程的影响，结果发现，男性大学生表现出更强的空间推理能力，女性大学生对难度的变化更为敏感。

综上所述，目前尚未有基于行测图形推理题型的性别差异研究，相关研究多从认知能力中的空间能力出发，针对不同学段儿童进行性别差异探讨，研究材料以瑞文推理测验、自编图形推理测验为主。本研究将基于图形推理题型，探讨空间/图形认知能力发展的性别差异。

1.2　图形推理题型说明

图形推理是《行政职业能力测验》判断推理分测验中的一个重要题型，每道题会给出一套或两套图形，要求考生通过观察分析找出图形排列的规律，选出符合规律的一项。

与《行政职业能力测验》其他分测验的考查重点不同，判断推理分测验主要测查考生对各种事物关系的分析推理能力，受考生固有知识背景的影响较小。对图形推理题型来说，国家公务员录用考试及事业单位联考的题目形式基本固定，也有部分地方公务员录用考试的题目形式比较特殊，但目的都是考查考生的抽象思维、空间想象、视觉感知、归纳推理等能力。归纳起来，图形推理题型的题目形式通常可分为以下几种：

（1）横条式。题目会给出横向连续排列的若干图形（一组或两组），要求考生根据这些图形推出下一个未知图形，连续图形之间会有一定的规律性。

（2）九宫格式。题目会给出 3×3 排列的图阵，要求考生推出其中空缺的某图，横向、纵向或整体连接可能都会存在某种规律性。

（3）分组式。题目会给出若干图形（通常为 6 个），要求考生寻找规律将这些图形均匀分为两组，每组图形需具有另一组没有的共性特征。

（4）立体对应式。题目会给出一个立体图形的立体图、平面展开图、三视图、剖视图或截面图等，要求考生选出与之对应的图形。

从图形元素上来看，可构成规律的图形元素较为丰富，线条（直线、曲线、折线等）、平面结构（圆形、三角形、正方形、多边形等）、立体结构（球体、立方体、圆柱体、椎体等）、阴影、角、封闭空间等都可以纳入考查范围。实际题目中出现的图形多是复杂组合结构（笑脸、箭头、花瓣或其他任意组合结构），属于多种图形元素的组合交叉，意在对考生的抽象思维层面进行考查。

从图形规律上来看，推理思路可归纳为数量规律、特征规律、位置规律、组合规律、转化规律等类型，有的题目是多种规律的组合。比如，图形的交点、曲线、直角、封闭空间的数量递增属于数量规律；所有图形都是中心对称图形属于特征规律；阴影部分需每次顺时针旋转180°属于位置规律；两个图形叠加，相同颜色部分为黑色，不同颜色部分为白色属于组合规律；根据所给立体图选择正确的平面展开图属于转化规律。

2　研究方法

2.1　考生

2020～2021年某大型人才选拔类考试，根据不同职位类别分为A、B、C、D四类，各类别不同性别考生人数情况如表1所示。

表1   考生数量分布

卷别	2020 年		2021 年	
	男	女	男	女
A	82227	128086	226663	334507
B	23930	57443	44587	104779
C	38203	24205	74249	47712
D	8018	49304	18690	109434

2.2　测验材料

测验材料为2020～2021年某大型人才选拔类考试试题，每职位类别试题分别含有5道图形推理题目（见表2）。每职位类别的5道图形推理题目中含有不定量立体对应式和多线索题，立体对应式题目为1.2节所提及的第（4）类题目类型，多线索题指至少需要两步推理步骤的题目。

表2   图形推理题量分布

题目类型	总题量	立体对应式题量		多线索题题量	
		2020 年	2021 年	2020 年	2021 年
A 类	5	1（截面）	1（折叠）	2	—
B 类	5	—	—	3	—

题目类型	总题量	立体对应式题量		多线索题题量	
		2020 年	2021 年	2020 年	2021 年
C 类	5	5	5	—	—
D 类	5	1（折叠）	1（折叠）	3	—

3 结果分析

3.1 图形推理题型总体性别差异

各类别考试中，男性考生的图形推理均值均高于女性考生。从独立样本 T 检验结果来看（见表 3），男性考生在 A 类、C 类和 D 类图形推理题型上的表现均在 0.01 水平上（双尾）显著优于女性考生，但效应量（Cohen's D）均属于较低水平。B 类图形推理题型上，男女考生的均值差值未达到 0.01 水平上（双尾）的显著性，可能与其无立体对应式题目有关。

表 3　　　　　不同性别考生图形推理成绩独立样本 T 检验结果

题型	t	df	显著性	均值差值	标准误差值	差分的 95% 信区间		效应量
						下限	上限	
2020 年 A 类	2.897	210311	0.004	0.013	0.005	0.004	0.022	0.01
2020 年 B 类	2.236	44164	0.025	0.018	0.008	0.002	0.034	0.03
2020 年 C 类	3.626	62406	0.000	0.036	0.010	0.016	0.055	0.03
2020 年 D 类	3.591	10648	0.000	0.040	0.011	0.018	0.062	0.04
2021 年 A 类	15.163	483930	0.000	0.050	0.003	0.044	0.057	0.04
2021 年 B 类	1.171	149364	0.242	0.008	0.007	−0.005	0.021	0.01
2021 年 C 类	13.664	104673	0.000	0.096	0.007	0.083	0.110	0.08
2021 年 D 类	12.017	25103	0.000	0.100	0.008	0.084	0.116	0.10

注：男性考生为实验组，女性考生为对照组。

3.2 图形推理题型分类型性别差异

在具有立体对应式题目的考试类别中，男性考生的表现均在 0.05 水平上（双尾）显著优于女性考生，效应量均属于较低水平（见表 4）。

表4 不同性别考生立体对应式题目成绩独立样本 T 检验结果

题型	t	df	显著性	均值差值	标准误差值	差分的95%置信区间		效应量
						下限	上限	
2020 年 A 类	4.824	174585	0.000	0.010	0.002	0.006	0.015	0.02
2020 年 C 类	3.626	62406	0.000	0.036	0.010	0.016	0.055	0.03
2020 年 D 类	2.011	10782	0.044	0.012	0.006	0.000	0.024	0.02
2021 年 A 类	17.389	481370	0.000	0.022	0.001	0.020	0.025	0.04
2021 年 C 类	13.664	104673	0.096	0.007	0.007	0.083	0.110	0.08
2021 年 D 类	3.460	25448	0.001	0.018	0.005	0.008	0.028	0.03

注：男性考生为实验组，女性考生为对照组。

在具有多线索题目的考试类别中，男性考生在 0.01 水平上（双尾）均显著优于女性考生，效应量均属于较低水平（见表5）。

表5 不同性别考生立体多线索题目成绩独立样本 T 检验结果

题型	t	df	显著性	均值差值	标准误差值	差分的95%置信区间		效应量
						下限	上限	
2020 年 A 类	3.676	17486	0.000	0.010	0.003	0.005	0.015	0.02
2020 年 B 类	3.419	44280	0.001	0.019	0.006	0.008	0.030	0.03
2020 年 D 类	3.059	10689	0.002	0.026	0.009	0.009	0.043	0.04

注：男性考生为实验组，女性考生为对照组。

4 讨论与结论

基于前人研究可知，不同年龄段的男性相比女性较多表现出更强的空间推理能力。本研究中，男性考生的图形推理均值均高于女性考生，一定程度上也佐证了此类观点，但要注意效应量均处于较低水平，说明这种差异并不是绝对的。此外，在各种类型的图形推理题目类型中，男性考生在立体对应式题目（立体图形的折叠、截面、堆叠等）方面表现突出，侧面支持了男性在空间想象方面的优势；多线索题目暗含了更高的推理和观察能力要求，男性考生在这方面表现也更佳。

参考文献

［1］李春花，罗献明，王腾飞，徐芬. 瑞文推理测验上的性别差异［J］. 心理科学进展，2011，19（7）：1076－1082.

［2］汪夏，陈向阳．大学生工作记忆容量对图形推理影响的眼动研究［J］．心理与行为研究，2012，10（1）：18－24.

［3］谢志勇，谢鑫，彭健兰．八年级学生空间认知能力性别差异的研究［J］．现代教育科学，2010（10）：43－44.

［4］许燕，张厚粲．小学生空间能力及其发展倾向的性别差异研究［J］．心理科学，2000（2）：160－164.

［5］张涤，张海燕．不同阶段学生图形推理能力的研究现状［J］．东北师大学报（哲学社会科学版），2013（2）：232－234.

［6］周珍，连四清，周春荔．中学生空间图形认知能力发展的性别差异研究［J］．数学教育学报，2001（4）：93－95.

［7］Linn M C，Petersen A C. A meta-analysis of gender differences in spatial ability：Im plications for mathematics and science achievement［M］//In J. S. Hyde，& M. C. Linn. The psychology of gender. Advances through meta-analysis，1986：67－101.

［8］Maccoby E E，Jacklin C N. The psychology of sex differences［M］．Calif：Stanford University Press，1974.

增值理念下的新疆双语教学质量评价

——对小学五年级汉语学科的实证研究

凡细珍[1]　任　杰[2]

（1. 暨南大学；2. 北京语言大学）

[摘要] 增值性评价作为一种新的教育评价思路，近年来得到越来越广泛的关注。它以"增值"作为评价指标，关注学生的进步，能够实现对学校和教师效能的客观评价。本文采用阶层线性模型，利用新疆双语教学小学五年级汉语学科的相关数据进行增值评价研究。研究计算出了学生、教师、学校的不同增值，对影响学生学业成绩的不同层次因素进行了分析。研究发现，学习兴趣、学习策略等学生自身因素，以及教龄、职称等教师因素，对学生的汉语学习起着显著的促进作用。据此，本文提出了相应的教学改进及教学质量评价建议。

[关键词] 增值性评价；阶层线性模型；教学质量评价

20 世纪 80 年代以来，教育评价领域兴起了一种新的评价方式——增值性评价（value-added assessment），即通过追踪研究设计，收集学生在一段时间内不同时间点上的标准化测验成绩，通过比较学生实际的学习结果与预期获得的学习结果之间的差异，即增值，对学生的学习表现及教师和学校的教学效能进行评估的教育评价体系（Tekwe et al.，2004）。与基于一次考试平均成绩的终结性评价相比，增值性评价以"增值"作为评价指标，关注学生的进步和成长，从而保证了更加公平、科学的比较。本文以新疆学业水平监测五年级汉语学科的教学质量评价为例，采用四年级和五年级的汉语学科考试数据进行了增值性评价的实证研究，尝试将增值的理念引入新疆双语教学质量评价的实践中，进一步改进和完善新疆双语教学质量评价体系，促进新疆地区双语教学的蓬勃发展。

1 增值性评价理论综述

1.1 什么是增值及增值性评价

随着学生接受学校教育时间的增加，人们期望学生的成绩会有所提高。"增值"表示学校教育使学生学习成绩超过预期成绩的部分（Andrew，2006）。从数学意义上来说，增值表示学生在某段时间结束时的实际成绩与预期成绩之差。增值性评价即以"增值"为指标对学生、教师和学校进行评估的教育评价体系。

1.2 增值模型建构

在增值性评价中，怎样预测出学生的预期成绩？在预测中最经常使用的一种数学工具是回归（谢小庆，2008）。增值评价关键的一步是根据基础成绩及影响学生学业成绩的各种因素，建立合适的回归方程，预测出学生在一段时间之后的成绩期望值，进而与实际成绩进行对比，求得增值。这个过程即增值模型建构的过程。

传统的回归分析必须满足线性、独立、等方差、正态性四个假设，任何一个假设不能得到满足，使用线性回归所做出的分析都会存在着很大的误差（张厚粲，徐建平，2003）。然而在现实的学校教育情境中，存在着大量的学生嵌套于班级、班级嵌套于学校的层级数据，无法满足传统多重线性回归的条件。阶层线性模型（hierarchical linear modeling，HLM）解决了传统回归的不足，为增值性评价提供了一个更为科学的统计工具。阶层线性模型充分利用了学生层面和学校或教师层面的数据信息，能将影响学生成绩的外部因素与学校或教师的效应分离开来，得到学校或教师的"净效应"，实现对学校或教师效能的科学评价。阶层线性模型的一般表达式如下（温福星，2009）：

第一层：

$$Y_{ij} = \beta_{0j} + \beta_{1j}X_{ij} + \varepsilon_{ij}$$

第二层：

$$\beta_{0j} = \gamma_{00} + \gamma_{01}Z_j + u_{oj}$$

$$\beta_{1j} = \gamma_{10} + \gamma_{11}Z_j + u_{1j}$$

阶层线性模型与传统多重线性回归的最大不同在于它将各个不同层级的变量进行了分层，第二层是针对第一层截距和回归系数的回归分析，第一层有多少的自变量，第二层就会比第一层的自变量个数多一个方程式。通常来说，第一层为低层因素，第二层为高一层次因素。以学校情境中的数据为例，第一层通常为学生个体层次的变量，第二层为班级或学校总体层次的变量。当然，根据实际数据的层级多少，阶层线性模型可以分为相应的层次，这里仅以两层数据结构来对阶层线性模型的一般式进行简单介绍。以上是阶层线性模型的一般式，根据实际应用的需要，可以对每一层的变量进行不同的设置，从而获得不同的变式。

2 实证研究过程与方法

实证研究主要包括数据采集、数据整理、模型建构、增值计算等具体过程。

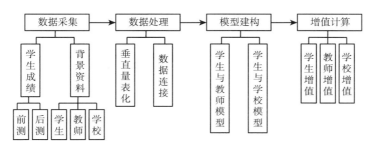

图 1 研究过程示意

2.1 数据采集

2.1.1 学生成绩

本研究收集到新疆学业水平监测汉语学科四年级考试数据和同一批考生在五年级时的考试数据。两次考试中包含了一定数量的共同题，为研究两次考试分数的垂直量表化奠定了基础。

2.1.2 背景资料

本研究采用调查问卷收集学生的背景信息，共有学生问卷、教师问卷、校长问卷三套。根据问卷的调查结果，总结归纳出影响学生学业成绩的学生个体因素、教师层次因素、学校层次因素，并根据问卷题目选项之间的等级差别将其换算成1、2等分值，作为影响学生学业成绩的背景信息变量。为减小误差，我们将上面各个变量的得分求离均差，对其做以各组平均数为基准的中心化处理，再放入模型进行回归与估计。经过中心化处理之后，每一个变量值所代表的是一个相对位置，而不是我们所赋予的绝对数值。

2.2　数据处理

2.2.1　前测成绩与后测成绩的垂直量表化处理

增值评价涉及两个不同年级的分数比较，由于难度等的不同，我们不能将二者直接进行比较，需要对其进行垂直量表化（vertical scaling）处理。利用两个考试中的锚题设计，采用 IRT 同时估计的方法，使用专门的处理软件 BILOG，我们获得了两个年级每一位学生基于同一个量表的阅读能力值、听力能力值和整体能力值，进而可以对两个年级的分数进行比较和分析。

2.2.2　数据连接

将学生的成绩数据与学生的背景信息进行连接，建立增值模型建构所需使用的数据库。

表1　　　　　　　　　　　　　学生信息资料库

学生编号	学业成绩	学生信息	教师信息	学校信息
1001 ⋮	全卷4 听力4 阅读4 全卷5 听力5 阅读5	学生性别 城乡身份 经济条件 学习策略 学习认同 学习兴趣 使用汉语比例	职称 学历 教龄 专业 教师性别 培训经历 教研活动 自我效能 是否师范毕业	所在地区 学校类型 教学模式 教学师资 教学管理 教学资源 学校氛围 教育经费 自我效能

注：全卷5代表五年级的整体能力值，全卷4代表四年级的整体能力值，依此类推。

2.3　模型建构

以学生五年级成绩为因变量，四年级成绩及相关背景信息为自变量构建增值模型。受样本量限制，我们以学生层次的因素为第一层变量，教师和学校因素为第二层变量，通过设置相应的阶层线性模型，逐步筛选出不同层级的显著变量和交互作用项，分别建立起了"学生—教师"和"学生—学校"二层模型。

2.3.1　"学生—教师"二层模型

第一水平模型：

全卷5 = B_0 + B_1×（全卷4）+ B_2×（性别）+ B_3×（城乡身份）

　　　　+ B_4×（学习策略）+ B_5×（学习兴趣）+ 0.33119

第二水平模型：

$$B_0 = 0.362128 + 0.18078$$

$$B_1 = 0.506137 + 0.055827 \times (教研活动) + 0.102399 \times (学历)$$
$$+ 0.090803 \times (教龄) - 0.211371 \times (自我效能感)$$
$$+ 0.055827 \times (专业)$$

$$B_2 = 0.097081$$

$$B_3 = 0.057897 + 0.049509 \times (教研活动) - 0.171185 \times (自我效能感)$$

$$B_4 = 0.080410 + 0.283471 \times (性别)$$

$$B_5 = 0.134416 + 0.123305 \times (职称) + 0.063304 \times (教研活动)$$
$$- 0.235879 \times (自我效能感)$$

2.3.2 "学生—学校"二层模型

第一水平模型：

$$全卷 5 = B_0 + B_1 \times (学生性别) + B_2 \times (城乡身份) + B_3 \times (学习兴趣)$$
$$+ B_4 \times (全卷 4) + 0.07320$$

第二水平模型：

$$B_0 = 0.380788 + 0.07320$$

$$B_1 = 0.129740$$

$$B_2 = -0.087860 - 0.087860 \times (教学资源)$$

$$B_3 = 0.115785 - 0.126041 \times (所在地区) + 0.182691 \times (教学管理)$$

$$B_4 = 0.606915 + 0.168259 \times (所在地区)$$

2.4 增值计算

2.4.1 计算学生增值

利用求得的增值模型可以计算出每一位学生在五年级的预期成绩，学生五年级实际成绩减去预期成绩即可得到每一位学生的增值。

2.4.2 计算教师增值

阶层线性模型能够将影响学生学业成绩的学生因素、教师因素和学校因素分解出来，从而计算出各个阶层的变量对因变量的贡献大小。据此，我们可以利用教师、学校层次的方差成分占总方差的百分比来求得教师和学校的增值。为了使教师之间的增值可以进行比较，我们将教师增值之和除以学生人数。

2.4.3 计算学校增值

与计算教师增值一样，我们采用同样的方法求得每一所学校的增值。

3 实证结果分析讨论

3.1 增值结果报告与分析

增值结果可显示出学生的进步情况、教师和学校的效能情况，既可让学生了解自身的学习进步与否，教师和学校明了自身的教学效果，也可为各级教育机构评价、监管等提供相应信息。

3.1.1 学生进步报告与分析

从表 2 可以看出每个学生在全卷、听力、阅读方面的进步情况。从实际增长情况来看，1001、1002 号学生都实现了能力的增长，但阅读的增长幅度要小于听力，提示他们在以后的学习中，要更加注重阅读方面能力的提升。而从预期增值来看，学生 1001 全卷和听力都实现了增值，但阅读没有，而学生 1002 全卷和阅读实现了增值，但听力没有。说明这两位学生在听力和阅读方面的能力增长均未达到预期的理想水平，尚有待提高的空间。

表 2　　　　　　　　　　　　学生进步报告

学生编号	预期增值			实际增长		
	全卷增值	听力增值	阅读增值	全卷增长	听力增长	阅读增长
1001	0.0949	0.2341	− 0.2750	1.3838	1.5298	0.8251
1002	0.0662	− 0.2124	0.1085	0.6525	1.4656	0.1218
⋮	⋮	⋮	⋮	⋮	⋮	⋮

注：预期增值 = 全卷 5 − 预期成绩；实际增长 = 全卷 5 − 全卷 4。

需要说明的是，表 2 中的预期增长与实际增长的结果并不一致，并且学生的预期增值较之实际增长值要低一些。增值指标对教师和学校提出了更高的要求，更能促使教师、学校发挥其在教学中应有的作用，真正促进学生的发展。

3.1.2 教师效能报告与分析

从表 3，可以看出教师对学生全卷、听力、阅读三方面教学的效能。以教师 T1001 为例，他对学生三方面的能力增长都有正向的贡献，有效促进了学生能力的增长，教学效能较好；教师 T1002 在全卷和阅读方面的效能较好，但听力方面则相对较弱，提醒该教师在以后的教学中，要多加强听力教学的实践与锻炼。

表3   教师增值贡献报告

教师编号	预期增长			实际增长		
	全卷增值	听力增值	阅读增值	全卷增长	听力增长	阅读增长
T1001	0.4689	0.1773	0.6118	0.8573	0.7701	1.0033
T1002	0.0283	−0.1221	0.1930	0.8916	0.4484	1.0591
⋮	⋮	⋮	⋮	⋮	⋮	⋮

3.1.3　学校效能报告与分析

从表4，可以看出学校对学生全卷、听力、阅读三方面教学的效能，以学校 S1001 为例，其对学生三方面的能力增长都有正向的贡献，有效促进了学生能力的增长，教学效能较好；学校 S1002 在全卷和听力方面的效能较好，但阅读方面则相对较弱，提醒学校在后续的教学与管理中，要多加强阅读方面教学的管理与实践。

表4   学校增值贡献报告

学校编号	预期增长			实际增长		
	全卷增值	听力增值	阅读增值	全卷增长	听力增长	阅读增长
S1001	0.1184	0.1816	0.0839	0.1482	0.1048	0.0313
S1002	0.2327	0.0592	−0.0511	0.5363	0.5925	0.3477
⋮	⋮	⋮	⋮	⋮	⋮	⋮

3.2　学生学业成绩影响因素分析

在阶层线性模型中，回归系数代表了自变量对因变量的影响程度。因此，根据回归系数，可看出各自变量对因变量的影响性质与大小（见表5）。

表5   学生学业成绩影响因素分析结果

变量层级	自变量名称	系数	t 值	p 值
学生因素	全卷4	0.498682	19.287	0.000
	学生性别	0.109499	3.249	0.002
	城乡身份	−0.058137	−2.559	0.011
	经济条件	0.118467	1.184	0.237
	学习策略	0.084924	2.345	0.019
	学习认同	0.042965	1.645	0.100
	学习兴趣	0.093395	3.178	0.002
	使用汉语比例	−0.038681	−1.778	0.075

变量层级	自变量名称	系数	t 值	p 值
教师因素	职称	0.164644	3.499	0.001
	性别	0.228541	2.735	0.007
	培训经历	− 0.036660	− 1.003	0.316
	教研活动	− 0.057672	− 0.580	0.562
	学历	− 0.253579	− 6.327	0.000
	是否师范毕业	− 0.034003	− 0.521	0.602
	教龄	0.107997	2.944	0.004
	自我效能	0.338760	4.730	0.000
	专业	0.006155	0.257	0.797
学校因素	所在地区	0.381792	2.873	0.007
	学校类型	0.462825	2.687	0.011
	教学模式	0.584102	4.405	0.000
	教学师资	0.095059	1.106	0.275
	教学管理	0.281839	2.207	0.032
	教学资源	− 0.090541	− 1.536	0.131
	学校氛围	− 0.339877	− 1.485	0.144
	教育经费	0.085196	1.728	0.091
	自我效能	− 0.026281	− 0.285	0.777

从学生因素来看，"全卷4""学生性别""城乡身份""学习策略""学习兴趣"五个自变量均呈现统计上的显著性（$p < 0.05$）。"全卷4"的系数为正，且数值最大，说明基础能力是影响学生后续能力发展的最重要因素，基础越好的学生，其增值越大。"学生性别"系数为正，说明女生在汉语学科中的表现优于男生，这也符合女生语言思维优于男生的常规。"城乡身份"系数为负，说明家住农村地区的学生学业成绩要优于家住城市的学生，这可能是因为农村地区的学生在学习的努力程度上要高于城市学生。"学习策略"和"学习兴趣"均呈现显著的正向影响，说明懂得运用学习策略、汉语学习兴趣越高的学生，成绩增长越快。

从教师因素来看，"职称""性别""学历""教龄""自我效能"五个变量呈现统计上的显著性（$p < 0.05$），且"职称""性别""教龄""自我效能"系数均为正，说明职称越高越能促进学生能力的增长；女老师教学效能优于男老师；教龄长的教师教学效能优于教龄短的；自我效能越高的教师对学生学业增长的促进作用越大；而教师学历对学生的学业增长呈负向作用，这说明学历

越高的教师对学生学业进步的作用越小。这可能是因为学历高的教师一般为年轻教师，教学经验较为欠缺。

从学校因素来看，"所在地区""学校类型""教学模式""教学管理"四个变量呈现统计上的显著性（$p < 0.05$），且系数均为正，说明地处城区的学校，学生汉语能力增长要优于地处乡镇学校的学生；汉族学校学生汉语能力的增长要优于民汉合校和民族学校；所有学科都采用汉语授课的学校，教学效能优于只汉语学科采用汉语授课和所有科目均采用民族语授课的学校；积极组织教师参与培训与科研的学校，学生汉语能力的增长更为突出。

4 结论与建议

4.1 新疆双语教学诊断性分析与建议

（1）学习兴趣、学习策略是影响学生汉语学习的重要因素，教师在实际的教学中要注意汉语学习策略的传授，同时更要注意调动他们学习的积极性，建立对汉语学习的认同感和自豪感，不应只关注语言知识与技能的传授。

（2）使用汉语进行授课的教学模式，教学效果明显优于使用民族语言授课的模式。因此，使用汉语进行授课的教学模式值得更广范围的推广使用。

（3）汉语学校和汉民合校给学生日常接触和使用汉语提供了一个自然的母语语境，将更有利于学生汉语的习得与掌握。

（4）教师职称与教龄对学生学业促进较大，学校应以老带新，借助老教师的教学经验带动新教师的成长，从而提升整个学校的教学水平。

（5）经常组织教师参加培训和科研的学校，教学效果要优于那些不组织或很少组织这些活动的学校。学校应鼓励教师多参与教学科研活动，并为其提供相应的平台。

4.2 新疆双语教学质量评价实施建议

（1）有必要建立教学质量的增值性评价模式。在新疆，教学评价的结果关系到教师和学校的切身利益，因此，我们有必要在新疆双语教学质量评价中引入增值的理念，一方面对学生、教师、学校做出科学、合理的评价，另一方面也发挥出教育评价对教学的促进作用。

（2）研究制定科学合理的增值性评价方案。建立科学合理的增值性评价方案，首先，需要一个科学准确的学业测验，准确获得学生的学业成绩；其次，利用现代化网络建立起学生学籍信息资料库，每学期或每个学年进行信息更新；最后，要不断探索开发增值模型，依据实际选用最优模型。

（3）建立科学的增值指标运用体系。目前来说，增值所反映的还是学生学业成绩的增长。因此，在实际的使用中，应注意将其与其他评价指标相结合，实现对学生、教师和学校科学、全面、合理的评价，从而促进新疆双语教育的全面发展。

参考文献

［1］温福星．阶层线性模型的原理与应用［M］．北京：中国轻工业出版社，2009.

［2］谢小庆．考试分数等值的新框架［J］．考试研究，2008（2）：4－17.

［3］张厚粲，徐建平．现代心理与教育统计学［M］．北京：北京师范大学出版社，2003.

［4］Andrew R. School value added measures in England：A paper for the OECD Project on the Development of Value-Added Models in Education Systems［J］．Department for Education and Skills，2006（10）.

［5］Tekwe C. D，Carter R. L，Ma C. X，Algina J. An empirical comparison of statistical models for value-added assessment of school performance［J］．Journal of Educational and Behavioral Statistics，2004（29）.

（原刊于《中国考试》2013 年第 10 期）

考生能力分布与被试量对
IRT 等值的影响

韩晓杰　任　杰

（北京语言大学）

[摘要] 本文基于项目反应理论（IRT）中 LOGISTIC 双参数模型来研究共同题非等组设计下考生能力分布与被试量对等值的影响。等值方法采用分别校准下的项目特征曲线法——Stocking-Lord 法与 Haebara 法。等值结果采用等值分数标准误、等值系数标准误、共同题参数稳定性三种方法进行评价。研究结果表明考生能力分布越接近，被试量越大，等值误差越小；且 Stocking-Lord 法较 Haebara 法的等值结果更稳定。

[关键词] 项目特征曲线法；等值；能力分布；被试量

1　引言

　　等值是将测验的不同版本分数统一到一个量表内的过程（谢小庆，2000）。等值不仅有利于保证测验的公平，为分数使用者提供来自不同测验版本的具有同等意义的分数，让不同版本的测验分数具有可比性。同时，等值也是题库建设中重要一环，通过等值可以将不同测验版本上的题目参数统一到一个量尺上，让题目参数具有可比性。等值误差越小，越有利于科学化题库的建设。

　　为保证测验的安全性，某些全国性大型测验经常以平行试卷的形式对全国考生进行施测。在题库建设时需对所有平行试卷进行等值。不同地区的考生在平行试卷上得分不同，究其原因，一方面是试卷难度不同，另一方面是地区间考生能力存在差异。徐冬波（2004）指出我国教育存在地区间发展不平衡的问题，且该问题直接造成了地区间人才培养上的差距，即地区教育水平差异很大程度上会影响考生能力。那么，地区间考生能力分布不同是否会影响不同平行试卷等值到基准卷上的结果，这一问题直接关系到题库建设的科学化程度。

　　一般认为，基于项目反应理论（item response theory，IRT）等值的一大优点在于不依赖被试。但是，霍兰德和鲁宾（Holland & Rubin，1982）提出等值或多或少存在样本依赖性。罗照盛等（2007）指出当前关于等值误差问题的研究，基本上都是在固定被试参数总体的情况下，并未系统研究锚题设计情形下，使用不同分布形态的被试组估计项目特征曲线等值系数时可能带来的等值误差，其研究结果表明在实际等值估计过程中不应只考虑样本量的大小，必须重视被试样本的分布形态。吴佳儒和陈柏熹（2008）针对等值过程中不同受试者人数与能力分布形态对试题参数与能力估计精准度的影响进行了研究，研究结果表明能力均等分布时，等值的均方根误差（root mean square error，RMSE）值最高。还有学者基于 IRT 理论根据样本量与被试分布形态对分别估计下的四种等值方法进行了比较研究，研究结果表明 Stocking-Lord 法的等值误差最小且被试样组分布形态越接近等值误差越小（Sevilay & Nukhet，2012）。以往研究中，试卷题目参数与考生能力参数均采用模拟数据。本研究将采用实际题目参数和实际考生能力参数进行模拟。本文意在探讨与基准卷能力分布一致的被试以及与基准卷能力分布差异较大的被试对等值误差的影响，以及研究这种误差是否可以通过增大被试量来解决。

本研究基于 IRT 理论中 Logistic 双参数模型，采用共同题非等组设计。共同题非等组设计是等值设计中最为灵活有效的设计（张建，任杰，2018）。其具体方案是将同一测验的不同版本对两组考生进行施测，两个测验版本之间存在约 20% 的共同题目。两组考生的得分受到考生能力与题目难度两方面的影响，通过考生在共同题上的作答表现可以分离出考生能力的差别，从而可以得到试卷难度差异。

在进行两份试卷等值时，本研究采用项目特征曲线法，该方法的优点在于充分利用了题目参数与考生能力参数的信息，增加了等值结果的可靠性。1980年黑巴诺（Haebara）率先提出了基于项目特征曲线法来完成量表的转换，雷朱和阿伦森（Raju & Arenson，2002）认为对于具有一定能力水平的参与者，项目特征曲线的差值为每个项目的项目特征曲线平方和。黑巴诺提出了使这一差最小的方程常数和方程曲线。1983 年斯托金和洛德（Stocking & Lord）提出与之类似的方法。两种方法均基于以下公式：

$$P_{ij}(\theta_{\alpha j}, a_{\alpha j}, b_{\alpha j}) = P_{ij}(A\theta_{\beta j} + B, a_{\beta i}/A, Ab_{\beta i} + B) \tag{1}$$

其中，θ 为考生的能力参数，a 为题目的区分度参数，b 为题目的难度参数，α 为标杆卷，β 为待等值试卷，P_{ij} 为被试 j 正确作答题目 i 的概率。A 为等值方程中的斜率，B 为截距。将测验样本的项目参数估计值代入，会存在误差 ε，误

差最小时的 A、B 值即为理想的等值系数值。下面将分别介绍 Haebara 法与 Stocking-Lord 法对 A、B 值的估计原理。

Haebara 法首先对误差求平方，可得：

$$\varepsilon_{ij}^2 = \left[P_{ij}(\theta_{\alpha j}, a_{\alpha j}, b_{\alpha j}) - P_{ij}(A\theta_{\beta j} + B, a_{\beta i}/A, AB_{\beta i} + B) \right]^2 \tag{2}$$

若存在 n 个被试，m 个题目，则将式（2）对 i 与 j 进行求和，得到：

$$\sum_j \sum_i \varepsilon_{ij}^2 = \left[P_{ij}(\theta_{\alpha j}, a_{\alpha j}, b_{\alpha j}) - P_{ij}(A\theta_{\beta j} + B, a_{\beta i}/A, Ab_{\beta i} + B) \right] \tag{3}$$

记为：

$$F_1 = \sum_j \sum_i \varepsilon_{ij}^2 \tag{4}$$

Stocking-Lord 法与 Haeraba 法稍有差别。由于同一被试在同一批项目上的正确作答概率是相等的，Stocking-Lord 法首先将被试 j 固定，对题目 i 的正确作答概率进行累加，可得：

$$\sum_i P_{ij}(\theta_{\alpha j}, a_{\alpha j}, b_{\alpha j}) = \sum_i P_{ij}(A\theta_{\beta j} + B, a_{\beta i}/A, Ab_{\beta i} + B) \tag{5}$$

此时再代入参数估计值，计算误差方差，可得：

$$\varepsilon_j^2 = \left[\sum_i P_{ij}(\theta_{\alpha j}, \widehat{a_{\alpha j}}, \widehat{b_{\alpha j}}) - \sum_i P_{ij}(A\theta_{\beta j} + B, \widehat{a_{\beta i}}/A, A\widehat{b_{\alpha j}} + B) \right] \tag{6}$$

若存在 m 个题目，则需要对式（6）中的 j 进行求和，并记为 F_2，可得：

$$F_2 = \sum_j \varepsilon_j^2 \tag{7}$$

当误差方差最小时，即令 F_1 与 F_2 最小，求出 A、B 值即为理想的等值系数。一般方法为求导并采用牛顿迭代法求出最佳 A、B 值。

等值方法不同会带来不同的等值误差。误差分为随机误差和系统误差。随机误差是由抽样造成的，样本量越大，随机误差会随之降低。因此，本研究旨在通过对考生能力分布与被试量以及等值方法的研究，降低等值误差，促进科学化题库建设，从而推动自适应测验的发展。同时采用等值分数标准误、等值系数标准误以及共同题参数稳定性三种方法对等值结果进行评价。

2 研究设计

本研究涉及某汉语考试两个年份的试卷 X 和 Y。这两份试卷为平行试卷，其中 X 试卷为基准卷，Y 试卷为待等值试卷。X 与 Y 包含20%的共同题。作答 X 试卷的考生组记为 P，作答 Y 试卷的考生组记为 Q。模拟不同被试量下 P 考生分布以及 Q 考生分布去作答 Y 试卷，再将 Y 试卷与 X 试卷等值，以此研究不同等值方法下考生分布及被试量对等值结果的影响。

2.1 研究工具

本研究采用 WINGEN3 对考生作答数据进行模拟，采用 R 语言自编程序进行参数估计和试卷等值。

2.2 研究设计

首先利用 R 语言自编程序根据 Q 组考生在 Y 试卷上的作答反应估计出 Q 组考生的能力值，并计算 Q 组考生能力值的平均值与标准差。经计算，平均值 θ_Q 为 -0.064，标准差 θ_Q 为 0.85。再根据 P 与 Q 两组考生在共同题上的作答反应估计出两组考生的能力差异记为 θ_ε。由此可得，与 Q 组考生在同一能力量尺上的 P 组考生的能力为 $\theta_P = \theta_Q + \theta_\varepsilon$。经计算 θ_P 为 -2.7。

利用 WINGEN3 对考生作答进行模拟，试卷参数使用 Y 试卷的真实参数，考生能力参数为正态分布，平均值分别采用 θ_P 与 θ_Q，标准差采用原始能力值的标准差，被试量分别为 500、1000、5000 三个批次，每个批次分别模拟 15 次，共 90 批考生作答数据。将 90 批考生数据分别与基准卷 X 进行等值，采用等值分数标准误、等值系数标准误、共同题稳定性三种方法对等值结果进行评价。

因此，根据考生能力分布与被试量共模拟了以下 6 种情况：

（1）被试量为 500，考生能力分布服从 $[N(-2.7,1)]$。
（2）被试量为 1000，考生能力分布服从 $[N(-2.7,1)]$。
（3）被试量为 5000，考生能力分布服从 $[N(-2.7,1)]$。
（4）被试量为 500，考生能力分布服从 $[N(-0.064,0.85)]$。
（5）被试量为 1000，考生能力分布服从 $[N(-0.064,0.85)]$。
（6）被试量为 5000，考生能力分布服从 $[N(-0.064,0.85)]$。

以下简称 $N(-2.7,1)$ 为 P 分布，$N(-0.064,0.85)$ 为 Q 分布。

3 研究结果

3.1 等值分数标准误

等值分数标准误是在评价等值分数时采取的主要评价标准，其实质是考察样本量对等值分数的影响，一般而言，样本量越大，等值误差越小，等值结果越稳定。Bootstrap 法和 Delta 法均可计算等值误差。戴海崎（1999）认为 Bootstrap 法对等值误差的估计更接近于等值标准误差的定义，Bootstrap 法的计算步骤如下：

（1）分别在参加 X 测验与 Y 测验的考生中抽取样本量为 n_X、n_y 的样本；

（2）采用合适的等值方法将两个样本进行等值，可得：

$$Y_{1i} = e(X_{1i}) \tag{8}$$

（3）将以上两个步骤重复 K 次，K 尽可能大，可得：

$$Y_{ki} = e(X_{ki}) \tag{9}$$

（4）最后求出等值标准误的 Bootstrap 值，即：

$$SE_y = \sqrt{\sum_k \left[e_k(x_i) - \overline{e}(x_i) \right]^2 / (K - 1)} \tag{10}$$

由于抽样的复杂性，一般采用特定的程序进行抽样、等值。等值后不仅会产生等值分数也会产生等值分数标准误。等值分数标准误越小，等值结果越稳定。

由表 1、图 1 及图 2 可知，Stocking-Lord 法与 Haebara 方法等值分数标准误的趋势基本一致，Stocking-Lord 法等值结果更稳定。当考生能力服从 P 分布时，等值分数标准误较 Q 分布低。即考生能力分布越接近，等值分数的标准误越低。两种分布下，等值分数标准误均随样本量的增加呈现出降低趋势。P 分布中的等值分数标准误在不同批次及不同样本量中的变化均较为平稳，Q 分布中的等值分数标准误则波动较大，当样本量增至 5000 时，变化趋于稳定，但是其值仍高于 P 分布中样本量为 500 的等值分数标准误。本研究结果与罗照盛（2007）的研究结果不谋而合。在实际等值中不能仅依靠增加样本量来降低等值误差，更应当关注两组考生的能力分布。当两组被试分布差异较大时，仅靠增加样本量并不能有效降低等值误差。

表 1   等值分数标准误平均值

等值方法	Stocking-Lord 法			Haebara 法		
被试量分布	500	1000	5000	500	1000	5000
P 分布	0.731	0.622	0.514	0.788	0.687	0.593
Q 分布	5.225	3.505	1.989	5.532	4.757	3.539

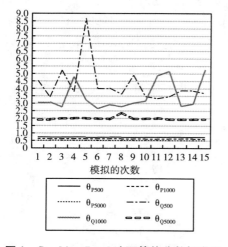

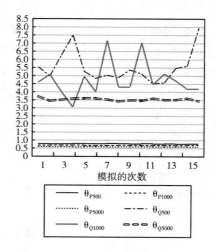

图 1　Stocking-Lord 法下等值分数标准误　　　图 2　Haebara 法下等值分数标准误

3.2　等值系数标准误

　　等值系数是两份试卷之间分数转换与参数转换的关键所在，也是等值的核心环节。等值系数一般用 A、B 表示。两份试卷以及考生能力之间存在以下转换关系（漆书清等，1998）：

$$a_{\alpha j} = a_{\beta i}/A \qquad (11)$$

$$b_{\alpha j} = Ab_{\beta i} + B \qquad (12)$$

$$\theta_{\alpha j} = A\,\theta_{\beta j} + B \qquad (13)$$

　　采用不同的等值方法会求出不同的等值系数，同时也会产生不同的等值系数标准误。等值系数标准误是衡量等值系数稳定性的标准，一般而言，等值系数标准误越小，等值系数越稳定，等值结果越好。

　　从表 2 及图 3～图 6 可知，两种等值方法下等值系数 A、B 的标准误变化趋势一致，均随样本量的增加而降低。不同分布下标准误变化幅度不同，P 分布下的等值系数标准误趋于稳定，Q 分布下的标准误随样本量变化波动较大。Stocking-Lord 法下，Q 分布中样本量为 5000 时等值系数 A 的标准误与 P 分布中样本量为 500 的等值系数 A 的标准误较为接近。此外，Q 分布下的等值系数的标准误均高于 P 分布下的等值系数标准误。样本量一定，无论采用何种等值方法，两种分布下 B 值的标准误均始终高于 A 值的标准误。

表 2   等值系数标准误平均值

等值方法		P 分布			Q 分布		
		N = 500	N = 1000	N = 5000	N = 500	N = 1000	N = 5000
Stocking-Lord	A	0.062	0.055	0.046	0.160	0.111	0.059
	B	0.078	0.070	0.061	0.434	0.310	0.193
Haebara	A	0.072	0.064	0.054	0.313	0.220	0.090
	B	0.076	0.068	0.057	0.926	0.689	0.301

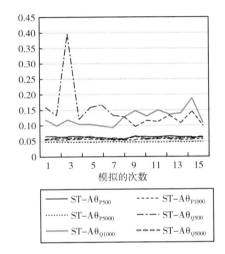

图 3   Stocking-Lord 法下等值系数
A 的标准误

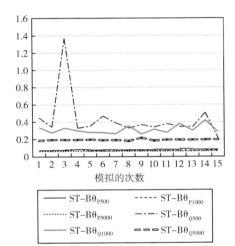

图 4   Stocking-Lord 法下等值系数
B 的标准误

图 7 为 Stocking-Lord 法下的等值系数标准误与 Haebara 法中的等值系数标准误之间的差异。图 7 表明 Stocking-Lord 法下的 A 系数的标准误明显低于 Haebara 法，但 B 系数的标准误略高于 Haebara 方法。图 7 及表 2 表明，在 Q 分布下，Haebara 法中 A 值与 B 值的标准误分别为 Stocking-Lord 法中 A 值与 B 值标准误的 1.5～2 倍，但是这一结论在其他分布情况下是否适用仍需进一步研究。

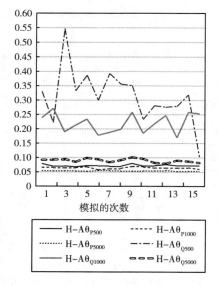

图 5　Haebara 法下等值系数 *A* 的标准误　　　**图 6　Haebara 法下等值系数 *B* 的标准误**

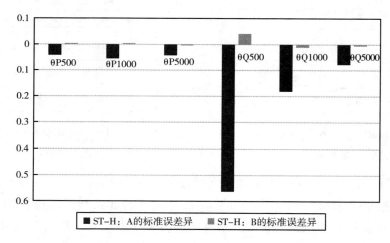

图 7　Stocking-Lord 法和 Haebara 法的标准误差异

3.3　共同题稳定性

　　共同题参数稳定性是项目反应理论（IRT）分别估计方法下独有的等值结果判断标准。不同组考生均作答共同题，会产生不同的作答反应，但是经过分别估计等值后，理论上等值后题目参数应该与基准卷上的题目参数是一致的。但是受到等值误差的影响，等值后的题目参数与基准卷上的题目参数往往不一致，题目参数之间会存在一定的差异。题目参数之间的差异用均方根偏差（root mean square deviation，RMSD）来计算，计算公式如下：

$$RMSD_{common\text{-}item} = \sqrt{\frac{1}{m}\sum_{i=1}^{m}(x_i - x_i')^2} \qquad (14)$$

其中，m 为共同题题目数量，x_i 为基准卷的共同题题目参数，x_i' 为等值后的题目参数。基尔门和德默塔斯利（Kilmen & Demirtasli，2012）研究中采用 RMSD 值评价等值结果。RMSD 值越小，等值结果越好。

表 3 为共同题参数稳定性的 RMSD 值，由表 3 可知，当分布一定，被试量确定时，Stocking-Lord 法下的共同题难度参数的 RMSD 值小于 Haebara 法，区分度参数的 RMSD 值则稍有不同。P 分布下区分度的 RMSD 值波动较小，难度的 RMSD 值变化稍大；Q 分布下难度的 RMSD 值变化较大，不同样本量间 RMSD 变化幅度为 0.078 ~ 0.562。当分布一定，等值方法确定时，共同题参数的 RMSD 值均随被试量的增加而降低。P 分布中的 RMSD 值较 Q 分布更为平稳；Q 分布中的 RMSD 值变化较大，Haebara 难度平均值最大降低了 2.742。当被试量一定，等值方法确定时，P 分布中共同题难度参数的 RMSD 值远低于 Q 分布，区分度参数的 RMSD 值稍低于 Q 分布。

表3　　　　　　　　　　　共同题参数的 RMSD 值

等值方法		P 分布			Q 分布		
		N = 500	N = 1000	N = 5000	N = 500	N = 1000	N = 5000
Stocking-Lord	难度	1.325	1.237	1.190	3.778	2.216	1.520
	区分度	0.516	0.500	0.500	0.775	0.619	0.515
Haebara	难度	1.367	1.293	1.233	4.340	2.397	1.598
	区分度	0.515	0.496	0.501	0.734	0.630	0.518

4　结论

根据研究结果，发现：

（1）考生能力分布差异较大将显著影响等值的准确性。待等值试卷上的考生能力分布与基准卷上的考生能力分布越接近，等值分数的标准误越小，等值系数的标准误越小，共同题参数越稳定。如果两组考生能力差别过大，会严重影响等值结果的精度。

（2）增加被试量可以降低等值误差，但是如果两组考生能力分布差异过大，此时，即使大量增加被试量也不能有效降低等值误差。如果两组考生能力分布非常接近，则只需要少数的被试就可以得到较为准确的等值结果。

（3）不同的等值方法带来不同的等值误差。当两组考生能力分布一致时，在等值系数 B 的标准误以及区分度参数的稳定性方面，Haebara 方法表现略好。但是，整体来看，Stocking-Lord 法较 Haebara 法更加稳定，误差更小。

因此，在实际等值操作中，不能仅关注采用增加被试量来降低等值误差的方法，考生能力差异更值得重视。在题库建设的等值过程中，如果发现两组考生能力差异过大，为获得更加准确的入库题目参数，建议在待等值试卷中抽取一个与基准卷被试分布相似的被试，再与基准卷进行等值，以有效降低等值误差。

5 研究中的不足

本研究仅基于正态能力分布下的两种考生能力分布情况针对考生能力分布对等值精度的影响进行探讨，其他情况因时间与精力有限未加以讨论。此外，在 Q 分布下，Haebara 法中 A 值与 B 值的标准误分别约为 Stocking-Lord 法中 A 值与 B 值标准误的 1.5 ~ 2 倍，这一结果在本研究中不同被试量下均适用，但是在其他情况下是否适用这一结论仍需要进一步讨论研究。

参考文献

［1］戴海崎. 等值误差理论与我国高考等值的误差控制［J］. 江西师范大学学报，1999，32（1）：30 - 36.

［2］罗照盛等. 项目特征曲线等值的抽样误差［J］. 心理学报，2007，39（4）：723 - 729.

［3］漆书青等. 现代教育与心理测量学原理［M］. 江西：江西教育出版社，1998.

［4］吴佳儒，陈柏熹. 受试者人数及能力分布型态对试题与能力参数估计的影响［C］. 全国教育与心理统计与测量学术年会暨第八届海峡两岸心理与教育测验学术研讨会，2008.

［5］谢小庆. 对15种测验等值方法的比较研究［J］. 心理学报，2000，32（2）：217 - 223.

［6］徐冬波. 我国教育发展不平衡现状及其影响因素的量化研究［D］. 南昌：江西师范大学，2004.

［7］张建，任杰. 基于共同题非等组设计的等值结果评价标准研究综述［J］. 中国考

试，2018，311（3）：32 – 37.

［8］Dorans N J，Holland P W，Thayer D T，Tatenenei K. Population invariance of score link-ing：Theory and applications to advanced placement program examinations ［M］. Princeton，US：Educational Testing Service，2003.

［9］Kilmen S，Demirtasli N. Comparison of test equating methods based on item response the-ory according to the sample size and ability distribution ［J］，Procedia Social and Behavioral Sci-ences，2012（46）：130 – 134.

［10］Raju N S，Arenson E A. Developing a Common Metric in Item Response Theory：An Area-Minimization Approach ［C］. National Council on Measurement in Education，New Orleans，LA，2002.

（原刊于《考试研究》2021 年第 1 期）

试卷难度对作弊甄别方法
临界值的影响

孔　祥

（北京语言大学）

[摘要] 目前，在大规模考试结束后，应用作弊甄别方法对考生答卷进行作答雷同分析已经成为一项必不可少的工作。本研究提出一种全新的判定甄别方法临界值的思路，并选取试卷难度这个最主要的评价指标，分析试卷难度变化时作弊甄别方法的临界值的变化情况，从而更准确、更高效地进行作弊甄别工作。

[关键词] 难度；作弊；甄别；临界值

1　引言

最近几年，凡是大规模考试，都会出现考生作弊的现象，从相邻座位的两两抄袭到有组织的集团作弊，这种现象的存在严重损害了考试的公平公正。考试主管部门为制止这种不正之风，也是投入大量人力、物力，通过考前制作变换卷到考试期间的无线电屏蔽仪等措施，对考试作弊起到了一定的遏制作用，但考前和考中构建出的这种平面的防范措施终归是一种略显被动的手段，真正有效的防范是通过加入考后对考生答卷进行作弊甄别构建一种立体网状的防御体系。

在考生雷同答卷的甄别中，我们会事先选取某个作弊甄别方法，而最终决定甄别结果的除了方法本身外，更重要的是甄别方法所选用的判定临界值。如果临界值选取过严，就会漏判作弊的考生，如果临界值选取过松，同样会误判没有作弊的考生。因此，需要找出影响临界值变化的因子，并对其变化规律进行分析。本研究选取 K-index、g_2、ω、Kappa 四种国外常见的作弊甄别方法，并选取试卷难度作为临界值的影响因子，通过实证研究，分析四种作弊甄别方法在试卷难度变化而其他主要试卷参数指标不变时的临界值变化规律。

2 作弊甄别方法介绍

2.1 K-index 方法

ETS 作为美国最大的考试机构，承担着学术能力评估考试（scholastic assessment test，SAT）、美国研究生入学考试（graduate record examinations，GRE）、托福（TOEFL）、研究生管理科学入学考试（graduate management admission test，GMAT）等数十种考试，每年约有上千万考生参加考试。这些都使得 ETS 成为甄别抄袭统计量的潜在的最大使用者。目前，ETS 使用 K-index 方法来评定两个考生错误答案之间的异常一致性，并且估计出考生之间期望的一致性等于或者大于实际的一致性的概率。K-index 方法由克林（Kling）于 1979 年首次提出（Cizek，1999），经过霍兰德（Holland，1996）的分析、解释和推广，目前是 ETS 用于判定多选题考试中考生是否抄袭的方法之一。在 ETS，也常被称为"Kling 指数"。最初的研究以经验数据为基础，其原理是先把与被怀疑抄袭者 C 错题数相同的人归为一组，再建立这一组考生与被抄袭者 S 错同的经验一致性分布，然后把 K 定义为与 C 具有相同能力的考生与 S 的错同数大于或等于 C 与 S 错同的比率，其计算方法为：

$$K = \frac{\sum_{j=1}^{n} I_j}{n} \tag{1}$$

式（1）中：n 指与 C 错同数相等的考生人数；I 是一个指示变量，当某一考生与 S 的错同大于或等于 C 与 S 的错同时，$I = 1$，小于该值时 $I = 0$。当 K 很小时，表明 C 抄袭 S 的答案。但是 K 受样本量影响比较大，当与 C 错同数相同的人数比较少时，就经常达不到事先设定的 I 型错误率 0.01。为此，霍兰德提出对 K 指数进行修正，具体方法是用二项分布来近似估计上述的经验一致性分布。

$$K = P\{wm \geqslant WM^*\} = \sum_{j=WM^*}^{WB} C_{WB}^j \, \bar{p}^j \, (1 - \bar{p})^{WB-j} \tag{2}$$

其中，wm 表示被怀疑抄袭者与抄袭者实际的错同数，WM^* 表示期望的临界水平上的错同数，WB 表示被抄袭者的错题数，$\bar{p}$ 表示成对考生在某道题上错同的概率：

$$\overline{p} = 0.085 + b(WA/T) , \qquad\qquad\qquad 0 < WA/T \leqslant 0.3 \text{ 时}$$

$$\overline{p} = \{0.085 + b(0.3)\} + (0.4)b((WA/T) - 0.3) , \quad 0.3 < WA/T \leqslant 1 \text{ 时}$$

$$(3)$$

式（3）中，WA 表示被怀疑抄袭者，T 为总题数，b 值依据不同的考试和不同的分测验而取不用的值。当 K-index 方法小于事先确定的某一临界水平时（ETS 取 0.0001），则认为考生有抄袭嫌疑。与基于经验方法的统计量相比，基于二项分布的 K-index 方法，参数估计更准确；K-index 方法更注重控制 I 型错误率，估计更为保守，但同时犯 II 型错误率的机会增加，即误判的可能性减少，漏抓的可能性增大，霍兰德的研究也证实了这一点。

2.2 g_2 方法

弗雷里等（Frary et al., 1977）比较了成对考生的实际选同数和期望数。对特定考生来讲，一个为 C（抄袭者），一个为 S（被抄袭者）。假设 C 抄袭了 S，把 S 的作答固定，只关注 C 同 S 一致的概率。弗雷里等给出了计算期望值的公式：

$$
\begin{aligned}
E(h_{cs} \mid \vec{U}_s) &= E(\sum_{i=1}^{n} x_{iCS} \mid u_{is}) \\
&= \sum_{i=1}^{n} E(x_{iCS} \mid u_{is}) \\
&= \sum_{i=1}^{n} P(u_{iC} = u_{is}) \\
&= \sum_{i=1}^{n} P_C(u_{is})
\end{aligned}
\tag{4}
$$

期望值 E 等于 C 给出和 S 相同选项的所有题目的概率之和。

为了评价期望值的偏离程度，需要计算匹配题目的标准误。无论考生作答相同与否，对每题来讲，匹配题目形成一个伯努利公式，方差为 $[P_c(u_{iS})][1 - P_c(u_{iS})]$。在局部独立性的假设下，题目的协方差为零，因此 $\sigma^2_{h_{CS} \mid \vec{U}_s} = \sum_{i=1}^{n} [P_c(u_{iS})][1 - P_c(u_{iS})]$，弗雷里等也通过研究证实了题目间的协方差接近零。最后得出推导公式：

$$
g_2 = \frac{h_{cs} - E(h_{cs} \mid \vec{U}_s)}{s_{h_{cs} \mid \vec{U}_s}} = \frac{h_{cs} - \sum_{i=1}^{n} P_C(u_{is})}{\sqrt{\sum_{i=1}^{n} [P_C(u_{iS})][1 - P_C(u_{iS})]}}
\tag{5}
$$

如前所述，g_2 需要估计考生 C 选择每道题目每个选项的概率。弗雷里提出的方法是利用了题目难度、区分度以及考生 C 的原始分数同所有考生平均分的比率等参数。基本原则是以这个比例乘以所有考生选择这个选项的比例。C 的分数与平均分的大小以及 S 的作答是否正确，都会影响该公式的精确性。如果 C 分数小于平均分，正确作答的概率就等于 C 分与平均分的比率乘以题目难度。为了保证每个题目每个选项的概率和为 1，笔者根据考生选择的频率来分布错误选项的概率。如果大于平均分，先计算错答的概率，正确作答的概率使得整个题目的概率和加起来等于 1。错答概率等于考生选择每个选项的比例乘积（C 的错答题目数量与所有考生错答数量的平均数的比率）。

g_2 包含了考生选择选项的概率，尽管模型有些背离常规理论，且对数据依赖较强，但它明确了作答概率和分数之间的函数关系，利用了所有的题目信息，而非仅仅是错同；同时，它还可以计算一个考生选择另一个考生选项的概率。g_2 是一个基于理论的统计量，考虑了成对考生的实际选同数与期望选同数，计算了近似正态分布下的统计量，是对 Angoff 指数的改进，无论题目如何变化，统计量的分布是不变的。

2.3 ω 方法

沃克尔（Wollack，1997）提出的 ω 方法依据的是考生的作答情况，而不是反应模式与模型的拟合。ω 方法是 CTT 和 IRT 方法的一个连接，和 g_2 方法的计算相似，但利用 IRT 来估计每个作答的概率。ω 方法优于 g_2 方法，因为它利用了一个依据难度和区分度的模型来计算每个选项的概率。g_2 方法优于其他 CTT 方法，因为它考虑了每个题目的选项，但是没有利用区分度。

IRT 提供了很多估计题目和预测考生行为的模型。最常用的是 0 - 1 计分的反应模型，即考生的作答只有对和错之分，如三参数模型：

$$P_i(\theta_j) = c_i + \frac{1 - c_i}{1 + e^{-\alpha_i(\theta_j - \beta_j)}} \tag{6}$$

在三参数模型中，每个题目都有难度（β_i）、区分度（α_i）和猜测度（c_i）。在双参数模型中，每个题目同样都有难度和区分度，但猜测度为 0。在单参数模型中，每道题可以有不同的难度，但区分度都是 1，猜测度都为 0。

在这些模型中，是三参数模型，被应用到拟合测量（appropriateness measurement）。但是二分模型把所有的迷惑项看作是一个错误作答，在这种模型下，考生选择每个选项的信息丢失，比较考生的错答没有意义。在甄别抄袭中，我们所关心的并不在于考生的作答是同对或同错，而在于选择的是否为同一个选项。因此，博克（Bock，1972）的称名反应模型（NRM）可以为甄别抄袭提供更多有用信息。它考虑了考生能力在每个题目的每个选项上的作答概率。称名反应模型为：

$$P_{ik}(\theta_j) = \frac{e^{\zeta_{ik}+\lambda_{ik}\theta_j}}{\sum_{k=1}^{m} e^{\zeta_{ik}+\lambda_{ik}\theta_j}} \tag{7}$$

$P_{ik}(\theta_j)$ 表示能力为 θ_j 的被试在题目 i 的第 k 个选项上作选择的概率（$i = 1,2,3,\cdots,n; k = 1,2,\cdots,m_i$）；$\zeta_{ik}$ 为题目 i 第 k 个选项的截距参数；λ_{ik} 为题目 i 第 k 个选项的斜率参数；m_i 个 $P_{ik}(\theta_j)$ 之和为 1，即对任何一个被试，它在所有选项上的选择概率之和为 1。

由于可以简化参数估计程序，在称名反应模型里，题目参数通常用斜率（λ_{ik}）/截距（ζ_{ik}）的形式来表示。传统的项目反应理论的题目参数可以通过公式（8）获得：

$$区分度：\alpha_{ik} = \lambda_{ik} \quad 难度：\beta_{ik} = -\zeta_{ik}/\lambda_{ik} \tag{8}$$

对于题目参数的估计，沃尔克（Wollack，1997）是使用西森（Thissen）编写的 MULTILOG 软件实现的。在现代测量理论发展初期，参数估计一般均采用伯恩鲍姆（Birnbaum，A.）提出的联合最大似然估计策略，但到 20 世纪 80 年代中期 BILOG 程序推出后，测量学界纷纷改用先进的通过 EM 算法进行边际最大似然估计的策略，MULTILOG 软件采用的也是 MMLE/EM 方法。

成对考生选同的题目数为：

$$h_{CS} = \sum_{i=1}^{n} I[u_{iC} = u_{iS}] \tag{9}$$

ω 在计算时，S 的作答是固定的，因为作弊者选择的是 S 选的任一选项。为了确定 S 和 C 选同的可能性，我们必须确定 C 选择 S 的选项的概率。这个概率的期望值为：

$$\begin{aligned} E(h_{CS} \mid \theta_C, \vec{U}_S, \xi) &= E[\sum_{i=1}^{n} I[u_{iC} = u_{iS} \mid \theta_C, \vec{U}_S, \xi]] \\ &= \sum_{i=1}^{n} [P(u_{iC} = u_{iS} \mid \theta_C, \vec{U}_S, \xi)] \end{aligned} \tag{10}$$

式中，ξ 为包含题目参数的矩阵。

利用称名反应模型，C 选择 S 所选选项的概率可以得到。

ω 符合标准正态分布，其计算公式为：

$$\omega = \frac{h_{CS} - E(h_{CS} \mid \theta_C, \vec{U}_S, \xi)}{\sigma_{h_{CS}-E(h_{CS}\mid\theta_C,\vec{U}_S,\xi)}}$$

$$= \frac{h_{CS} - \sum_{i=1}^{n}\left[P(u_{iC} = u_{iS} \mid \theta_C, \vec{U}_S, \xi)\right]}{\sqrt{\sum_{i=1}^{n}\left[P(u_{iC} = u_{iS} \mid \theta_C, \vec{U}_S, \xi)\right]\left[1 - P(u_{iC} = u_{iS} \mid \theta_C, \vec{U}_S, \xi)\right]}} \tag{11}$$

2.4 Kappa 方法

国外学者提出了用于作弊甄别的 Kappa 统计量，运用该统计量计算两个考生之间作答的一致性有多大，并且利用假设检验，分析这种一致性是否是由机遇造成的，由此来判定考生是否存在抄袭的嫌疑（Sotaridona，van der Linden & Meijer，2006）。

由于考生能力和题目参数的不同，每个考生选择不同题目的同一个选项（如每道题的 A 选项）的概率不同，两个考生选择同一道题的同一个选项的概率也不同，即处在不同的分布之中。因此，采取统计相同选项数目的方法是有缺陷的。Kappa 方法对这种统计方法进行了改善，即依据考生的能力对选项重新进行标记。具体方法：（1）找出和某考生能力（原始分数）相同的一组考生。（2）计算这一组考生选择每个选项的人数比例。把比例最高的选项重新标记为 1，其余依次标记为 2、3、4。例如：同是得 28 分的人有 300 个，对第一题来讲，选 A 的占 8%，B 占 84%，C 占 3%，D 占 5%。则 ABCD 四个选项重新标记为 2143。（3）重新标记所有题目的选项，形成两个考生的反应矩阵。（4）形成一个一致性表格。（5）计算每对考生的 Kappa 值，并进行假设检验。当 Kappa 对应的 Z 值大于临界水平对应的 Z 值时，拒绝零假设，即两考生有抄袭嫌疑。

3 作弊甄别方法临界值的计算

目前，无论是国外还是国内，在进行作弊甄别时，都会预先设定一个 α 水平，在这个条件下来进行各种研究，包括比较各个作弊甄别的甄别率、甄别效力等。然而，这种研究方法只在理论探讨方面可行，在真正的实际应用中，就会暴露出其预先给定误判概率的问题，而对于在现实作弊甄别工作中，到底误判概率设为多少合适还没有人真正研究过，所以为了保证本研究的实际应用价值，必须做到不误判任何一个没有作弊的考生。因此，在进行实证研究时，本文采用实际考试数据，在此基础上模拟作弊考生数据，运用 K-index、g_2、ω、

Kappa 四种甄别方法进行计算，将不误判未作弊考生的最大的一个临界值作为最终方法的临界值，临界值的精度为 0.001，具体临界值计算过程如图 1 所示。

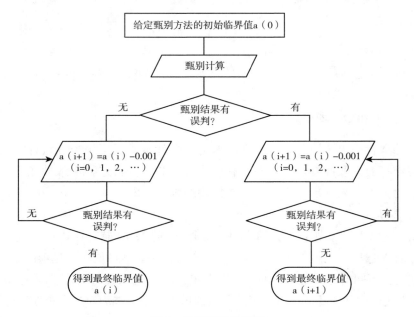

图 1　临界值判定流程

由图 1 可以看出，最终的临界值是在没有误判考生的前提下得出的。为了不误判，可以将临界值设定一个比较高的数值，但会漏判作弊的考生，在误判和漏判之间必须有一个平衡和取舍。虽然实验表明每误判一个考生就有可能提高甄别率，但在实际甄别工作中，必须保证误判率为零，这是甄别工作的前提。

4　实验过程及结果分析

本研究选取某次全国性考试 986457 人的数据，试卷共 120 题，每题 4 个选项，只有一个选项为正确答案，从中抽取难度为 0.3 ~ 0.7 的 9 套试卷作为实验样本，所需要的各个实验样本如表 1 所示。

表 1　　　　　　　　　　　实验样本参数

试卷长度（题）	难度
120	0.30
120	0.35

试卷长度（题）	难度
120	0.40
120	0.45
120	0.50
120	0.55
120	0.60
120	0.65
120	0.70

进行了 100 次重复实验后取平均值，4 种作弊甄别方法在 9 个实验样本中的临界值如表 2 所示。

表 2   4 种作弊甄别方法在各个难度下的临界值

难度	K-index	g_2	ω	Kappa
0.30	−3.10	4.33	5.44	4.28
0.35	−2.89	5.71	5.24	5.24
0.40	−2.98	5.08	5.81	5.31
0.45	−2.74	5.15	5.69	4.85
0.50	−2.72	5.07	5.56	4.36
0.55	−3.12	5.16	6.29	4.07
0.60	−2.06	6.12	4.82	3.40
0.65	−2.58	6.47	5.30	3.23
0.70	−1.73	4.62	5.21	2.64

由图 2 可以看出，K-index 方法在 0.3~0.35 难度区间临界值有比较小的增加，在 0.35~0.4 区间临界值有小幅减小，在 0.4~0.5 区间稳步增加，然后从 0.5 难度临界值开始减小，并在 0.55 难度临界值降到最低点，在 0.55~0.6 区间临界值有大幅的增加，0.6~0.65 区间又有比较大的回落，最后在 0.65~0.7 区间又有比较大的增加。总体来看，从 0.3~0.5 难度区间临界值都是一个相对比较平稳的增加，在 0.5~0.7 区间波动较大，增幅要大于降幅，而且从整个样本区间来看，临界值也是一个随着难度的增加而增加的趋势。

由图 3 可以看出，g_2 方法临界值的整体变化趋势是随着难度值的增加而增加。在难度 0.3~0.35 区间临界值有比较大的增幅，随后到 0.4 时临界值出现回落，在 0.4~0.55 区间临界值一直保持比较平稳的状态，基本保持在 5.0 的

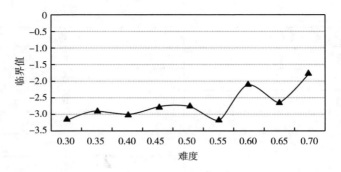

图 2　K-index 方法临界值变化

临界值，当难度值继续增加到 0.65 时，临界值有 1.3 的增幅，并在 0.65 时临界值达到最高点 6.47，随着难度值的进一步增加到 0.7，临界值又出现了 1.85 的较大回落。

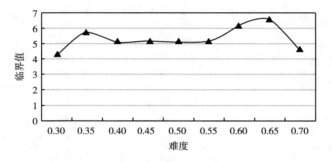

图 3　g₂ 方法临界值变化

由图 4 可以看出，ω 方法临界值总体趋势是随着难度值得增加而减小。在 0.3 ~ 0.35 难度区间，临界值有较小的降幅，在 0.35 ~ 0.4 区间，临界值逐步增加，并在 0.4 ~ 0.5 区间有一个连续的小幅减小，0.5 ~ 0.55 区间逐步增加，而在 0.55 ~ 0.6 区间有较大的降幅，从 0.6 ~ 0.7 区间由小幅增加到逐渐稳定。

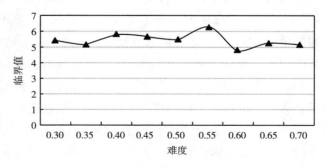

图 4　ω 方法临界值变化

由图 5 可以看出，Kappa 方法的临界值随着难度值的增加而大幅减小。除 0.3~0.4 区间随着难度的增加临界值有所增加外，在 0.4~0.7 区间临界值一直处于下降趋势。

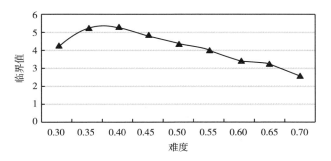

图 5   Kappa 方法临界值变化

基于选同的作弊甄别方法 g_2 和 ω 在区间 0.45~0.55 和 0.6~0.7 临界值有相同的变化趋势，其他区间则呈现相反的变化趋势。K-index 方法和 ω 方法在任何一个区间临界值都是规律性的完全相反的变化趋势。由此看出，在变化趋势上，基于经典测验理论的方法和基于项目反应理论的方法在同一区间上临界值的变化趋势完全相反，而不基于任何一个理论模型的 Kappa 方法则是呈现了和两种测验理论完全不同的变化规律，难度 0.4 之前是逐步增加的，而在 0.4 以后临界值则一直保持减小的趋势。

5   结论

对于真实考试的作弊甄别工作，不存在通常做法上的首先给出一个业界共识的 α 水平，也更不能在所有考试样本的甄别方法中使用一个固定的临界值，首要工作必须根据考试样本的实际参数指标，计算出所采用方法的临界值。本研究采用难度这个自变量，除了其是试卷主要参数指标外，更重要的意义在于说明当实际参数发生变化时，有可能是难度不变，但试卷长度、区分度、标准差、偏度或峰度等其他指标发生变化，即使是很小的变化，临界值也会随之发生变化，如果忽略这种变化而不对临界值做出调整，就有可能误判没有作弊的考生，这在作弊甄别工作中是最不能出现的错误。实际的作弊甄别工作直接决定了考试的公平公正，而只有采用真正科学有效的方法，才能更好地维护整个考试秩序，树立考试的权威性。

参考文献

［1］ Angoff W H. The development of statistical indices for detecting cheaters ［J］. *Journal of the American Statistical Association*, 1974, 69 （345）：44 –49.

［2］ Baker F B. *Two parameter*：*The forgotten model* ［R］. Paper presented at the annual meeting of the National Council on Measurement in Education, San Francisco, CA, 1986b.

［3］ Bird C. An improved method of detecting cheating in objective examinations ［J］. *Journal of Educational Research* , 1929, 19 （5）：341 –348.

［4］ Bock R D. Estimation of item parameters and latent ability when responses are scored in two or more nominal categories ［J］. *Psychomereika*, 1972 （46）：443 –459.

［5］ Cizek G J. *Cheating on tests*：*how to do it*，*detect it*，*and prevent it* ［M］. Mahwah, NJ：Lawrence Erlbaum Associates, 1999.

［6］ Cody R P. Statistical analysis of examinations to detect cheating ［J］. *Journal of Medical Education*, 1985, 60 （2）：136 –137.

［7］ Cohen J. A coefficient of agreement for nominal scales ［J］. *Educational and Psychological Measurement*, 1960 （20）：37 –46.

［8］ Frary R B. Detection of answer copying on multiple-choice tests and interception of g_2 statistics ［J］. *Educational Statistics*, 1977 （2）：235 –256.

［9］ Frary R B, Tideman T N. Comparison of two indices of answer copying and development of a spliced index ［J］. *Educational and Psychological Measurment*, 1997, 57 （1），20 –32.

［10］ Frary R B, Tideman T N, Watts T M. Indices of cheating on multiple-choice tests ［J］. *Journal of Educational Statistics*, 1977 （2）：235 –256.

［11］ Goldsen R K. *What college students think* ［M］. Princeton, NJ：D. Van Nostrand.

［12］ Holland. Assessing unusual agreement between the incorrect answers of two examinees using the K-index：Statistical theory and empirical support ［M］. *Educational Testing Service*, 1996.

［13］ Saupe J L. An empirical model for the corroboration of suspected cheating on multiple-choice tests ［J］. *Educational and Psychological Measurement*, 1960, 20 （3）：475 –490.

［14］ Sotaridona L S, Meijer R R. Two new statistics to detect answer copying ［J］. *Journal of Educational Measurement*, 2003 （40）：53 –69.

［15］ Sotaridona L S, van der Linden, Meijer R R. Detecting answer copying using the kappa statistic ［J］. *Applied Psychological Measurement*, 2006, 30 （5）：412 –431.

［16］ Wollack J A. A nominal response model approach to detect answer copying ［J］. *Applied Psychological Measurement*, 1997, 21 （4）：307 –320.

（原刊于《中国考试》2013 年第 8 期）

矩阵维度对 Kappa 作弊甄别方法性能的影响

孔 祥

（北京语言大学）

[**摘要**] 本文通过对 Kappa 作弊甄别方法中顺序量表的 4×4 矩阵算法进行优化，研究矩阵维度的变化对 Kappa 方法甄别率及 I 型错误率的影响，并提出用于比较甄别性能的 KX 系数及基于矩阵维度选择算法的 Kappa-X 作弊甄别方法。

[**关键词**] Kappa；Kappa-X；矩阵；作弊；甄别率；I 型错误率

1 引言

目前，越来越多的国家级考试中都出现了作弊现象，由于作弊成本极低，导致越来越多的考生铤而走险。因此，一些高利害考试在考试结束后基本都对考生的答卷进行雷同判定，以此检测未被现场抓住的作弊考生。本文通过对目前多个国家级考试普遍使用的 Kappa 作弊甄别方法进行优化，研究矩阵维度的变化对 Kappa 甄别方法甄别率及 I 型错误率的影响，并提出基于矩阵维度选择算法的 Kappa-X 作弊甄别方法。

2 Kappa 作弊甄别方法介绍

科恩（Cohen，1960）于 1960 年首次提出 Kappa 统计量的概念，主要作为信度评价的一种方法，广泛应用于医学领域。后来又有学者提出了用于考试作弊甄别的 Kappa 统计量（Sotaridona et al.，2006），判断考生是否存在作弊的嫌疑，主要方式是计算两个考生之间作答的一致性有多大。由于考生能力和题目参数的不同，每个考生选择不同题目的同一个选项的概率不同，两个考生选择同一道题的同一个选项的概率也不同。可以依据考生的能力对选项重新进行标记（Sotaridona，2006；孔娜，2009）。具体方法是：（1）找出和某考生能力（原始分数）相同的一组考生。（2）计算这一组考生选择每个选项的人数比例。把比例最高的选项重新标记为 1，其余依次标记为 2、3、4。例如：同是得80 分的考生有 200 个，对任意一题来讲，假设选 A 的占 13%，B 占 75%，C占 3%，D 占 9%，则 ABCD 四个选项重新标记为 2143。（3）重新标记所有题目的选项，形成两个考生的反应矩阵。（4）形成一个一致性表格。（5）计算每对考生的 Kappa 值，并进行假设检验。当 Kappa 对应的 Z 值大于临界水平对应的 Z 值时，拒绝零假设，即两考生有抄袭嫌疑。

孔娜（2009）对用于作弊甄别的 Kappa 统计量进行了研究，将改进后的Kappa 方法称为 Kappa2.0 方法，主要的改进为将比较顺序量表形成的 4×4 矩阵转化为 10×10 矩阵。孔娜（2009）发现原有 Kappa 方法是把所有选项重新标记在一个有 4 个等级的顺序量表上，这个量表之间的等级只有顺序之别，无法刻画各选项概率之间的差距大小。为了改进这个量表，孔娜将量表的等级细化到 10 个，即最后形成 10×10 的矩阵。孔娜（2009）的研究结果显示，使用10 个等级的量表不仅能刻画各选项的顺序，而且使得考生选择每个选项的比例具有了可比性，计算更为精确，因而在采用相同临界水平的情况下，细化后的量表 I 型错误率大大低于之前的顺序量表，而且更接近理论临界水平。2010年，Kappa2.0 方法首次应用在我国某大规模国家级考试的作弊甄别中，取得了良好的效果（孔祥，2010）。

3 KX 系数

甄别率和 I 型错误率是相互制约、此消彼长的，雷同答卷甄别最理想的状况是高甄别率低 I 型错误率，但是目前达到这一水平是非常困难的。为了更好地比较甄别方法在各种条件下的甄别性能，本文提出了 KX 系数。KX 系数的计算公式为：

$$KX = I 型错误率/（甄别率 + \alpha 水平）$$

KX 系数可以用来平衡 I 型错误率、甄别率和 α 水平三种之间的关系。KX系数越小，说明甄别方法的性能越好，即具有较高的甄别率和较低的 I 型错误率。任意两组（C1，C2）实验条件下，KX 系数的大小与甄别性能最优组归属的关系见表 1。

表 1   KX 系数与甄别性能对照

Ⅰ型错误率	甄别率	KX 系数	甄别性能最优组
C1 < C2	C1 > C2	C1 < C2	C1
C1 > C2	C1 < C2	C1 > C2	C2
C1 < C2	C1 < C2	C1 < C2	C1
C1 < C2	C1 < C2	C1 > C2	C2

4 实证研究

Kappa2.0 方法将比较顺序量表形成的 4×4 矩阵转化为 10×10 矩阵，并取得了比较理想的Ⅰ型错误率和甄别率。但 Kappa2.0 方法的研究只做了一次矩阵变换，没有给出矩阵维度变化对 Kappa 方法的甄别率以及Ⅰ型错误率规律性的结论，所以有必要继续挖掘 Kappa 方法的甄别潜力。

4.1 实验样本

本研究选取 2012 年某次全国性考试共 239752 人的数据，试卷共 130 题，每题 4 个选项，只有一个选项为正确答案，难度（平均通过率）0.55，从中抽取所需要的各个实验样本。

4.2 实验设计

除已有的 4×4、10×10 矩阵维度外，通过改进算法，增加 Kappa 方法比较顺序量表的矩阵维度，得到 20×20、30×30、40×40、50×50、60×60、70×70、80×80、90×90、100×100 共 9 个矩阵维度的 Kappa 甄别统计量，在实验设计中，主要比较两组情况，第一组 α 水平的变化是从 0.001 到 0.0000001 共 5 种情况，第二组 α 水平的变化是从 0.001 到 0.000000001 共 7 种情况，两组条件矩阵维度的变化均是从 4×4 到 100×100 共 11 个矩阵，总共需要 132 个实验条件的比较。除矩阵维度和 α 水平外的其他实验条件见表 2。

表 2   实验条件

组别	题目数量	试卷难度	被抄袭者水平	抄袭人数比例	抄袭题目比例
第一组	100	0.5	60 百分位	1‰	60%
第二组	130	0.55	30 百分位	1%	40%

4.3 实验结果及分析

本研究进行了 100 次实验，并将结果取平均值，根据最终结果，得到各实验条件下的变化趋势图。

图 1、图 2 中，当 α 水平不变时，Kappa 方法的临界值都是随着矩阵维度的增加而增加，当矩阵维度增加到一定程度时，临界值也趋于稳定。第二组条件下的临界值均高于第一组，在 4×4 到 10×10 矩阵维度下变化幅度也大于第一组。当矩阵维度保持不变时，两组条件下都是随着 α 水平的减小，临界值增加。

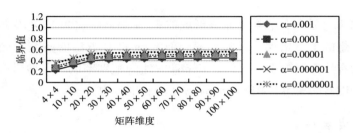

图 1 第一组不同 α 水平下 Kappa 方法临界值随矩阵维度的变化情况

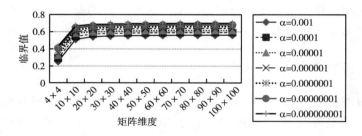

图 2 第二组不同 α 水平下 Kappa 方法临界值随矩阵维度的变化情况

在第一组实验条件中，由图 3 可以看出，在 α 水平和矩阵维度都发生变化时，Kappa 方法的甄别率都没有发生变化，始终保持在 0.8。而在第二组条件下，图 4 中，在各个 α 水平下，除 4×4 到 10×10 变化过程中甄别率有较大降幅外，其他随着矩阵维度的增加都保持不变。当 α 水平增大时，甄别率有小幅提高。

图 5 中，当 α 水平不变时，随着矩阵维度的增加，Ⅰ型错误率有小幅减小的趋势；α 水平越大，减小的幅度越明显。图 6 中，各个 α 水平下，从 4×4 到 10×10 矩阵Ⅰ型错误率都有较大降幅，随着矩阵维度的增加，Ⅰ型错误率基本保持不变。两组实验条件下，当 α 水平增加时，Ⅰ型错误率都增加。

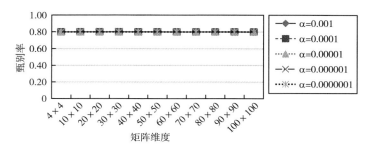

图 3　第一组不同 α 水平下 Kappa 方法甄别率随矩阵维度的变化情况

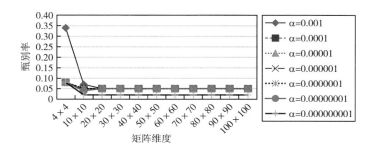

图 4　第二组不同 α 水平下 Kappa 方法甄别率随矩阵维度的变化情况

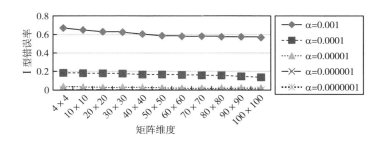

图 5　第一组不同 α 水平下 Kappa 方法 I 型错误率随矩阵维度的变化情况

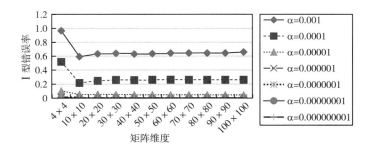

图 6　第二组不同 α 水平下 Kappa 方法 I 型错误率随矩阵维度的变化情况

由图 7 可以看出，KX 系数随矩阵维度的变化情况基本和图 5 中 I 型错误率的变化情况相似，也是随着矩阵维度的增加 KX 系数有小幅减小的趋势，α 水平越大减小的幅度越明显。图 8 中，α 在 0.001 水平时，4×4 到 20×20 矩阵 KX 系数有较大增幅，随着矩阵维度的增加基本保持不变，而在 60×60、100×100 等维度上略有增加。其他 α 水平下的变化规律和图 6 中 I 型错误率的变化相似，从 4×4 到 10×10 矩阵 KX 系数都有较大降幅，随着矩阵维度的增加 KX 系数基本保持不变。两组实验条件下，当 α 水平增加时，KX 系数都增加。

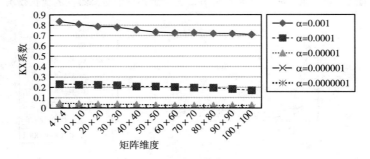

图 7　第一组不同 α 水平下 Kappa 方法 KX 系数随矩阵维度的变化情况

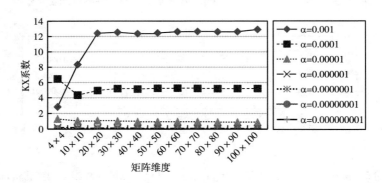

图 8　第二组不同 α 水平下 Kappa 方法 KX 系数随矩阵维度的变化情况

对以上结果的数据分析可以看出，α 越小，随着矩阵维度的增加，I 型错误率减小越明显。当抄袭题目比例在 60% 以上时，且 α 水平保持不变，随着 Kappa 矩阵维度的增加，甄别率不变，但是 I 型错误率降低，KX 系数降低。当抄袭题目比例在 40% 以下，α 水平不变时，随着 Kappa 矩阵维度的增加，甄别率减小，I 型错误率虽有起伏，但总体上是减小的。当其他条件不变，被抄袭者水平、抄袭人数比例、抄袭题目比例的变化对 Kappa 甄别方法在各个矩阵维度上的临界值没有影响，临界值只和设定的 α 水平、总体 Kappa 的平均值和标准差有关。在矩阵维度固定，试卷长度和难度固定的情况下，随着考生人数的增加 Kappa 统计量的平均数和标准差增大。

4.4 基于智能矩阵变化算法的 Kappa-X 作弊甄别方法

在真实数据的基础上，模拟被抄袭者水平、抄袭人数比例、抄袭题目比例，计算各种条件下的 KX 系数，选取在 I 型错误率小于 α 水平时的 KX 值最小的矩阵为 Kappa 方法的最终矩阵维度，基于这种智能矩阵变化算法的 Kappa 方法称为 Kappa-X 方法，图 9 为 Kappa-X 方法的作弊甄别流程，详细给出了如何选取最优的矩阵维度进行甄别计算。

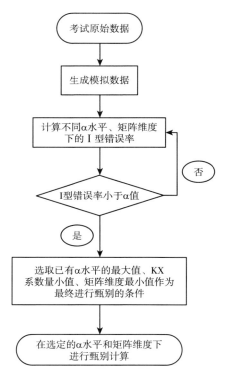

图 9　Kappa-X 作弊甄别流程

5　结论

（1）随着矩阵维度的增加，虽然甄别率并未增加（在某些条件下反而还出现了甄别率降低的情况），但对于 I 型错误率来说，随着矩阵维度的增加，大部分情况下都是降低的。增加矩阵维度可以解决在保证甄别率不降低的情况下减小 I 型错误率，尤其适用于抄袭题目比例较大的大规模集团作弊的甄别，从而可以充分发挥出高维度矩阵 Kappa 方法的甄别性能。

（2）鉴于作弊情况的复杂性，在真实考试作弊甄别应用中最终选择矩阵维度时，应尽量选取多组实验样本，将 I 型错误率小于 α 水平且 KX 值最小时所对应的矩阵确定为 Kappa-X 方法的最终矩阵维度。

（3）Kappa 方法最先应用在医生对病人诊断一致性上，因此，在作弊甄别领域对于矩阵维度的研究成果，也可以应用到病人诊断以及阅卷趋中评分研究、面试官对考生打分一致性等领域。

（4）基于智能矩阵变化算法的 Kappa-X 方法虽然甄别性能上得到提高，但是在运算时间上会随着矩阵维度的增加而增加，所以在维度选择上也要根据实际考试情况，选择适合的维度。

参考文献

［1］孔娜. 甄别答案抄袭的 Kappa2. 0 方法及其与其它方法的比较［D］，北京语言大学硕士论文，2009.

［2］孔祥. 基于五种甄别方法的作弊甄别系统的研究与设计［D］，北京语言大学博士论文，2010.

［3］Cohen，J. A coefficient of agreement for nominal scales［J］. Educational and Psychological Measurement，1960（20）：37 – 46.

［4］Sotaridona L S，van der Linden，Meijer R R. Detecting answer copying using the Kappa statistic［J］. Applied Psychological Measurement，2006，30（5）：412 – 431.

（原刊于《考试研究》2013 年第 6 期）

雷同答卷甄别中显著性水平 α 的标准设定研究 *

孔　祥

（北京语言大学）

[摘要] 在雷同答卷甄别中，显著性水平 α 如何设定直接决定了雷同答卷的甄别结果。本文以某次国家级考试数据为样本，通过选取的错同率、g_2、Kappa-X、K-index 和 ω 五种雷同答卷甄别方法，对雷同答卷甄别领域显著性水平 α 设定的标准进行研究，并针对其在甄别工作中的相关应用问题提出解决方案。

[关键词] 雷同答卷；甄别；显著性水平；标准

1　引言

考试讲求科学性，但前提是能够保证公平公正。目前，在国家级考试中出现的作弊尤其是集团作弊问题已经引起了社会的广泛关注。针对这个问题，各考试主管机构都采取了各种措施加大监管力度，严防作弊行为。其中，在考试结束后通过雷同答卷甄别技术检测在考场未被发现的作弊考生，目前已经成为多个国家级考试的常态化工作，如司法考试、职称外语考试、公务员考试、一级建造师考试等大规模高利害考试都采取了这一措施。雷同答卷的甄别工作遵循的原则是"宁可漏判，绝不误判"，即不能冤枉任何一个诚实守信没有作弊的考生，这就要求在雷同答卷甄别时，在不误判的前提下尽可能多地检测出作弊考生。

在实际甄别工作中，有多种雷同答卷甄别方法可以选择，而无论是基于经典测验理论还是项目反应理论，抑或是未来出现的其他理论，最基本的原理就

---

* 北京语言大学院级科研项目（中央高校基本科研业务专项资金资助）"雷同答卷甄别中的显著性水平 α 设定和甄别方法应用标准研究"（No. 14YJ150005）。

是在一定的显著性水平下，甄别出与未作弊的考生在甄别统计指标上具有显著差异的作弊考生。因此，为保证不误判，就要将 α 的数值设定得比较高，随之带来的问题就是甄别率的降低，这时就会出现 I 型错误率和甄别率之间的矛盾。另外，α 设定过低，虽然甄别率提高，能够检测出较多的作弊考生，但 I 型错误率也会提高（孔祥，2013b）。本研究通过对实际考试雷同答卷甄别中的应用经验，给出了显著性水平 α 设定的标准，并针对雷同答卷甄别工作中的相关问题提出了解决方案。

2 显著性水平 α 的含义及设定

2.1 显著性水平 α 的含义

显著性水平（significance level）是一个统计学中的专有名词，通常用 α 表示。在假设检验中，它的含义是当原假设正确时却被拒绝的概率或风险，即假设检验中犯"弃真"错误的概率，其概率一般用 α 表示，显著性是对差异的程度而言的，程度不同说明引起变动的原因也有不同：一类是条件差异，一类是随机差异。显著性水平不是一个固定不变的数字，其越大，原假设被拒绝的可能性就愈大，原假设若为真则被否定的风险也愈大，它是由人们根据经验的要求确定的，假设检验时需要研究者根据实际情况选择 α 临界值的大小（王创，2013）。

2.2 显著性水平 α 的设定

每种雷同答卷甄别方法使用时都会设定一个判定临界值，由于每次考试试卷难度、区分度甚至长度等参数都会有或多或少的变化，这些变化都会导致判定临界值的变化，因此为了提高雷同答卷甄别的效率，同时也是提高雷同答卷甄别的正确率，有必要找到一个能够快速计算各种甄别方法判定临界值的方法，而由于雷同答卷甄别最基本的原理就是在一定的显著性水平 α 下，甄别出与未作弊的考生在甄别统计指标上具有显著差异的作弊考生，因此，显著性水平 α 的选取应该是在保证不误判的前提下，能够确保较高的甄别率。

通常情况下，许多科学领域中都将显著性水平 α 设为 0.01 或者 0.05，把这作为统计学意义的边界线，但统计上所讲的显著性与实际生活工作中的显著性是不一样的，显著性水平不是一个固定不变的数值，它依据拒绝区间所可能承担的风险来决定。对于考试领域雷同答卷甄别工作中显著性水平的设定，可以参考其他领域中一些概率的设定。实际生活中涉及显著性水平概念的有亲子鉴定，亲子鉴定报告一般都会在最后明确说明证明鉴定结果成立的概率，亲子鉴定结果具有统计学意义。单从亲子鉴定中可以发现，对于雷同答卷甄别这项绝对不能有误判的工作，单个甄别方法显著性水平 α 的设定可以参考亲子鉴定的指标，而更准确的结论还需要进一步的实证研究。

3　实证研究

本研究的目的是制定雷同答卷甄别工作中各个甄别方法适用的显著性水平 α 的标准，在标准确定的前提下，才能更加准确高效地计算出各个甄别方法的判定临界值，从而得出甄别结果。因此，显著性水平 α 的标准是雷同答卷甄别工作中最重要的一环，关系到最终的甄别结果，标准的设定必须在甄别工作开始前完成。

3.1　实验样本

本研究选取 2014 年某次全国性考试共 896374 人的数据，试卷共 130 道题，每题 4 个选项，只有一个选项为正确答案，难度（平均通过率）为 0.55，从中抽取所需要的各个实验样本。

3.2　实验设计

本研究从实验样本中分别抽取题目数为 90、100、110、120 四种试卷长度，且每种试卷长度都分别对应难度为 0.40、0.45、0.50、0.55 的实验样本，总共 16 种（4 种试卷长度 × 4 种难度）实验组合，每种实验组合的样本量为 20000 人。为了保证抽取的实验数据中尽可能没有互相抄袭的作弊考生，本研究采取从不同的考场中只随机抽取一名考生的数据抽取方式，最大限度地保证样本的纯净。选取基于经典测验理论的错同率、g_2、Kappa-X、K-index 作弊甄别方法，以及基于项目反应理论的 ω 作弊甄别方法，同时错同率、Kappa-X、K-index 三种方法是基于错同数，g_2 和 ω 方法是基于选同数，因此，五种甄别方法在选择上也具有代表性（孔祥，2013a）。本实验目的就是找出在各个实验样本下每种甄别方法的判定临界值，通过相应甄别方法甄别数据的平均数和标准差得到每种方法对应的 Z 分数，进而得到显著性水平 α 的数值。

3.3　甄别方法临界值的选取

甄别方法的临界值确定后，就能得到相对应的显著性水平 α，如果实验样本抽取的考生不存在作弊行为，那么以错同率方法为例，所有两两比对考生的错同率数值中最大值即为错同率的临界值，这个临界值也可理解为非作弊考生和作弊考生的界限，大于这个临界值就有作弊的可能。

为了确定临界值，就要选取甄别方法数值最大（对于 K-index 方法是最小）的值，但在实际考试中，会有一些需要处理的问题。针对这些问题，本研究在临界值的选取上制定以下原则：（1）不选取数值最大的。由于高科技作弊，即使实验数据都是不同考场的，也不能完全排除考生作弊的可能，数据中就有可能存在作弊考生，同时，也有可能出现未作弊的高雷同考生，本研究在选取临界值时将不选取实际得到的甄别方法的最大值以及和最大值非常接近（±0.01）的数值，同时最终确定的临界值对应的考生不能同时和两个以上的考生两两成对。（2）不选取有明显猜答的。考生在考试过程中，对于有些题目来不及作答或是不会作答的情况下，就会猜答，如果考试猜答的方式相同，就会造成作弊抄袭的假象。猜答的考生答题特点比较突出，因此比较容易辨认，比如连续数题选同一个答案，或者以 ABCDABCD、AABBCCDD 等方式猜答，因此，在选取临界值时，不能选取由于猜答导致甄别数值很高的考生数据。（3）不选取分数过低的。有的考生并没有作弊，也没有明显的猜答迹象，但是分数很低，错误率高，也可能会造成最后甄别方法异常，在确定临界值时也需要去掉这部分考生。以上原则只是在雷同答卷甄别中最有可能遇到的，同时不排除其他情况可能带来的误差，因此，在本研究中还会参考能利用的所有和临界值判定相关的信息，包括考生的考场座位、所在单位、生源地等信息，最大限度保证结果的准确性。

3.4 实验结果及分析

本研究进行了 100 次实验，并将结果取平均值，根据最终结果，得到表 1 ~ 表 5 各甄别方法临界值对应的 Z 分数情况。

表 1 　　　　　错同率方法临界值对应 Z 分数

项目	试卷难度			
	0.4	0.45	0.5	0.55
90 题	5.04	5.70	5.44	5.85
100 题	5.46	5.26	5.35	5.04
110 题	4.96	5.15	4.61	5.00
120 题	5.49	4.80	4.54	4.31

续表

项目	试卷难度			
	0.4	0.45	0.5	0.55
最小值	4.31			
最大值	5.85			
平均数	5.13			

表 2 g_2 方法临界值对应 Z 分数

项目	试卷难度			
	0.4	0.45	0.5	0.55
90 题	5.14	5.85	5.77	6.38
100 题	5.74	5.35	6.15	6.01
110 题	5.46	5.13	5.23	5.50
120 题	5.44	5.42	5.72	5.38
最小值	5.13			
最大值	6.38			
平均数	5.61			

表 3   **Kappa-X 方法临界值对应 Z 分数**

项目	试卷难度			
	0.4	0.45	0.5	0.55
90 题	5.38	5.17	4.29	4.27
100 题	5.38	5.34	4.46	4.19
110 题	5.41	4.62	4.41	4.11
120 题	5.19	5.04	4.37	4.00
最小值	4.00			
最大值	5.41			
平均数	4.73			

表 4   **K-index 方法临界值对应 Z 分数**

项目	试卷难度			
	0.4	0.45	0.5	0.55
90 题	5.60	5.69	5.62	5.13
100 题	5.72	5.67	5.88	5.69

续表

项目	试卷难度			
	0.4	0.45	0.5	0.55
110 题	5.83	6.64	5.15	5.91
120 题	6.51	5.70	5.65	5.86
最小值	5.13			
最大值	6.64			
平均数	5.77			

表5 ω 方法临界值对应 Z 分数

项目	试卷难度			
	0.4	0.45	0.5	0.55
90 题	6.20	5.71	6.71	6.48
100 题	5.93	5.83	6.4	6.94
110 题	6.77	5.60	6.51	6.19
120 题	6.66	6.32	6.35	6.61
最小值	5.60			
最大值	6.94			
平均数	6.33			

表1~表5结果显示，错同率方法 Z 分数在各个样本上的取值为 [4.31，5.85]，平均数为5.13，最大值出现在试卷长度90题、难度0.55且试卷长度最小难度最低的样本；g_2 方法 Z 分数在各个样本上的取值为 [5.13，6.38]，平均数为5.61，和错同率方法一样，最大值也出现在试卷长度90题、难度0.55且试卷长度最小难度最低的样本；Kappa-X 方法 Z 分数在各个样本上的取值为 [4.0，5.41]，平均数为4.73，最大值出现在试卷长度110题、难度0.4样本中；K-index 方法 Z 分数在各个样本上的取值为 [5.13，6.64]，平均数为5.77，最大值出现在试卷长度110题、难度0.45样本中；ω 方法 Z 分数在各个样本上的取值为 [5.60，6.94]，平均数为6.33，最大值出现在试卷长度100题、难度0.55样本中。基于项目反应理论的 ω 方法 Z 分数在最大值和平均值上都是最大的，Kappa-X 方法的 Z 分数是最小的。五种甄别方法 Z 分数的取值为 [4.0，6.94]，平均数为5.51。根据 Z 分数和 α 的对应关系，可以得出五种甄别方法在所有实验样本上 α 的变化区间，详见表6。

表6　　　　　　　　各种雷同答卷甄别方法的显著性水平 α 变化区间

甄别方法	Z 分数区间	α 区间	α 平均值
错同率	$[4.31, 5.85]$	$[2.5E-9, 8.2E-6]$	$1.2E-7$
g_2	$[5.13, 6.38]$	$[9.0E-11, 1.2E-7]$	$1.0E-8$
Kappa-X	$[4.0, 5.41]$	$[6.0E-8, 3.2E-5]$	$1.1E-6$
K-index	$[5.13, 6.64]$	$[1.5E-11, 1.2E-7]$	$4.0E-9$
ω	$[5.60, 6.94]$	$[2.0E-12, 1.0E-8]$	$1.2E-10$

五种雷同答卷甄别方法长度和难度变化时，Z 分数也同时发生变化，变化幅度不大，但从表6可以看出，α 的变化幅度较大，因此，在雷同答卷甄别工作中，显著性水平 α 标准的设定不是一个数值可以解决的，而是需要一个系统的解决方案。

3.5　雷同答卷甄别解决方案

正如前文所述，雷同答卷最基本的原理就是在一定的显著性水平下，甄别出与未作弊的考生在甄别统计指标上具有显著差异的作弊考生。因此，雷同答卷甄别工作中显著性水平 α 的设定是最重要的一步，决定了最终的甄别结果，是高效开展这项工作的前提。从本文实证研究结果来看，α 随着样本参数变化而变化，基于此，本文结合实证研究结果和多个国家级考试主管部门在雷同答卷甄别中的实际应用经验，从理论和实践出发，针对本文研究的五种雷同答卷甄别方法，提出一个供参考的雷同答卷甄别的解决方案，详见表7。

表7　　　　　　　　　　雷同答卷甄别解决方案

显著性水平 α	雷同答卷甄别方法
$1.0E-7$	错同率，g_2，Kappa-X，K-index，ω
$1.0E-8$	错同率，g_2，Kappa-X，K-index
$1.0E-9$	错同率，g_2，ω
$1.0E-10$	错同率，g_2

表7中给出了在4种显著性水平 α 下，应该采用的雷同答卷甄别方法，只有在每一种条件下对应的所有甄别方法都同时检测出考生作弊，才能最终将其确定为作弊考生。每种显著性水平下，都包含了至少两种雷同答卷甄别方法，分别基于错同数和选同数来判定，在 α 为 $1.0E-7$ 和 $1.0E-9$ 时，甄别方法中

既有基于经典测验理论的方法，也有基于项目反应理论的方法。即使将 α 设置为一个非常低的数值，本文也不建议只采用单一雷同答卷甄别方法来检测，因为每种方法都有各自优缺点，多个方法同时检测可以取长补短，结果更准确。表 7 中的 4 种显著性水平 α 的使用没有具体的前提条件，在使用过程中，使用者可以根据自己掌握其他作弊证据的多少来对 α 进行微调，如果对考生信息掌握比较多，可以适当放宽 α，最后对结果进行核实，反之则要严格将 α 值控制在表 7 中给定的标准之下。

4 结论

（1）在考试结束后对雷同答卷进行甄别，首先应该明确的是，在保证不误判的情况下，雷同答卷甄别技术很难将所有在考试中作弊的考生全部检测出来，这些没有被检测出来的作弊考生有些是因为抄袭比例低（抄袭比例在 20% 以下），有些是因为通过高科技设备接收到枪手答案，且答案没有发送给其他考生。背后有 Ⅰ 、Ⅱ 型错误率相互制约的原因，也有考试主管部门和作弊团伙之间的博弈。考后的雷同答卷甄别主要是检测出在考试进行过程中现场没有被发现的作弊考生，但这项工作最重要的作用应该是对企图在考试中作弊的考生形成震慑，使其不敢作弊，不想作弊。

（2）显著性水平 α 标准的设定是和使用的甄别方法以及方法的数量紧密相关的，结合文中给出的雷同答卷甄别解决方案，在实际应用中，使用者可以结合自身考试的特点以及对相关甄别方法的理解，形成一套自己的雷同答卷甄别方案。直接使用甄别结果对甄别出的作弊考生进行处理，还需要在处理前参考其他证据对结果进行核实。如果甄别结果中出现跨考场同考点的两人以上团伙作弊以及跨考点的三人以上高科技集团作弊，在排除有猜答以及其他因素情况下可以直接进行处理。对于同考场特别是相邻位置的雷同答卷，在处理时需要慎重，不排除有考生在不知情的情况下被抄袭，如果考场有监控，最好通过录像回放进行核实。

（3）显著性水平 α 标准的设定以及其他雷同答卷甄别中的关键技术，除了还需要更进一步的理论研究外，更重要的是将其应用在实践中，只有不断通过实践检验，才能对现有技术进行修正，也只有这种技术在考试行业得到大规模的应用，才有可能更好地促进包括显著性水平 α 标准的统一等相关研究工作，更好地发挥雷同答卷甄别技术的作用。

参考文献

［1］孔祥.矩阵维度对 Kappa 作弊甄别方法性能的影响［J］.考试研究，2013a（6）：53 – 58.

［2］孔祥.试卷难度对作弊甄别方法临界值的影响［J］.中国考试，2013b（8）：9 – 15.

［3］王创.统计假设检验中显著性水平 α 的选择［D］.兰州：兰州商学院，2013.

（原刊于《考试研究》2015 年第 2 期）

基于复合选择题的雷同答卷甄别研究

——以某资格类考试为例

孔　祥[1]　常颖昊[2]

（1. 北京语言大学；2. 北京师范大学）

[摘要] 基于某资格类考试真实数据，对既有单选题又有多选题的复合选择题题型的雷同答卷进行甄别，提出单选甄别、多选甄别和合并甄别 3 种甄别方案，设计不同测验长度、难度、被抄袭考生水平、题目抄袭比率、作弊考生比率以及显著性水平下的实验样本。结果表明，合并甄别和单选甄别方案都表现出较好的甄别性能，多选甄别方案由于多选题题目数量方面的劣势，甄别率低且 I 型错误率高，甄别性能不及其他两种方案。如对甄别出的雷同答卷考生进行违纪违规处理，可将单选甄别和合并甄别两种方案各自甄别出的结果取交集作为最后处理依据，否则，可将两种方案各自甄别出的结果取并集，以此来对考区或考点的考风考纪进行监管。

[关键词] 复合选择题；雷同答卷甄别；甄别率；I 型错误率

根据理论框架的不同，雷同答卷甄别方法大致可以分为基于经典测验理论的方法，如 B 指数、g_2 统计量、Kappa 统计量、ESA（error similarity analysis），以及基于项目反应理论的方法，如 ω 指数、似然指数 l_0、l_g、l_z、l_h 和高斯指数（孔祥，2010）。这些甄别方法主要根据对单项选择题的统计分析得出甄别结果，国内的大规模考试，较多使用四选一的单项选择题，但由于选项少，考生作答的猜测概率增加，在实际甄别过程中可能带来误判，或者为了避免误判而采用保守方法，漏掉部分作弊考生。

相比单选题（4 个选项中只有 1 个选项是正确答案的题型），多选题（多个选项中至少有 2 个选项是正确答案的题型）由于选项更多，能够降低考生作答过程中的猜测度，更好地区分考生，一些大规模高利害考试中采用该题型，如高考理科综合、全国硕士研究生考试政治科及新版 GRE 等。如果按照传统方法只利用单选题甄别的结果判定雷同答卷，有可能会损失影响最终甄别结果的重要信息，并且对结果的影响还会随着多选题数量的增多而增大。为此，本研究以包括单选题和多选题 2 种题型的某资格类考试为例，基于考后数据，尝试探索有效的雷同答卷甄别方案，在不误判的前提下，尽可能多地甄别出雷同答卷考生。

1 研究方法

本研究使用某资格考试考后数据，试卷题型为复合选择题（包含单选题和多选题 2 种题型）。为确保数据中没有作弊考生样本，采用从每个考场中随机抽取一名考生数据的方法获得 2000 份样本，将此作为研究的初始实验样本。

1.1 研究设计

在雷同答卷甄别方案上，设计了只对单选题进行甄别的"单选甄别"、只对多选题进行甄别的"多选甄别"及对单选题和多选题全部甄别的"合并甄别"3 种方案，分别称为方案一、方案二和方案三。本研究设计了 2 种不同的测验长度——120 题（110 道单选题 + 10 道多选题）和 140 题（120 道单选题 + 20 道多选题）、3 种不同的测验难度（0.4、0.5、0.6）、3 种被抄袭考生水平（成绩百分等级分别为 30%、60%、90%）、3 种题目抄袭比率（30%、60%、90%）、2 种作弊考生比率（1%、5%）、7 种显著性水平（10^{-4}、10^{-5}、10^{-6}、10^{-7}、10^{-8}、10^{-9}、10^{-10}）、3 种甄别方案（单选甄别、多选甄别、合并甄别），共 2268 组不同的实验样本。比较在不同条件下，3 种方案的甄别率和 I 型错误率表现情况。

为方便后续分析，实验设计了 10 位编码，1 ~ 3 位表示测验长度，第 4 位表示测验难度，第 5 ~ 6 位表示被抄袭者所处百分等级，第 7 ~ 8 位表示考生抄袭比率，第 9 位表示作弊考生比率，第 10 位表示设定的显著性水平（1 ~ 7 分别对应 10^{-4} ~ 10^{-10}）。例如，实验样本的编号为"1204303011"，其含义是：实验样本测验长度为 120 题，难度为 0.4，被抄袭者的成绩百分等级为 30%，作弊考生比率为 1%，抄袭题目比率 30%，显著性水平为 10^{-4}。

1.2 甄别方法及性能指标

通过对已有甄别方法的分析，发现目前的甄别方法主要用于单选题的检测，并且大多是四选一的选择题，较少有专门针对多选题和复合选择题的甄别方法，而且甄别方法依赖的模型越复杂，对题型的适用性越差。即使根据甄别方法本身的检测原理对参数和算法进行重新调整，也很难应用于所有题型。但错同率方法是个例外，其基于两个考生选择同一个错误选项的题目数量占各自总的答错题目数量的比率，并通过和全体考生错同率的平均值进行比较判断作答是否异常，原理虽简单，但它可以较好地适用于在任何数量备选项中选出任何数量的正确选项的题型，无论是多选题还是复合选择题都能进行甄别，更重要的是错同率方法已经在多个国家级的大规模、高利害考试中得到应用，取得了良好的效果（张颖等，2002；赵世明，2003）。因此本研究采用错同率方法对复合选择题的 3 种检测方案进行分析。

雷同答卷甄别方案性能的优劣，主要看 I 型错误率和甄别率。I 型错误率是指误判考生的概率，其理论值为临界水平 α 的值。雷同答卷甄别的误判概率计算方法为被误判的考生人数与没有作弊的考生人数的比值。对于同一样本，不同的甄别方案得出的 I 型错误率如果在 α 水平以下，表明该方法犯 I 型错误的概率较小；但 I 型错误率并不是越小越好，若 I 型错误率无限小，II 型错误率则会增加，实际表现为漏判掉的作弊考生增多。甄别率是指检测出雷同答卷考生的比率，计算方法为正确判定为雷同答卷的考生人数与所有作弊考生人数的比值。本研究希望甄别方案具有高甄别率和低 I 型错误率，但二者很难同时满足，而是相互制约、此消彼长。

为了更好地比较不同甄别方案在各种条件下的甄别性能，通常会采用计算 KX 系数的方法（孔祥，2013）。KX 系数的计算公式为：

$$KX = I \text{型错误率} / (\text{甄别率} + \alpha \text{水平})$$

KX 系数可以用来平衡 I 型错误率、甄别率和 α 水平三者之间的关系，KX 系数越小，说明甄别方案的性能越好，即具有较高的甄别率和较低的 I 型错误率。任意两组（C1，C2）实验条件下，KX 系数的大小与甄别性能最优组归属的关系见表 1。

表 1   **KX 系数与甄别性能对照**

I 型错误率	甄别率	KX 系数	甄别性能最优组
C1 < C2	C1 > C2	C1 < C2	C1
C1 > C2	C1 < C2	C1 > C2	C2
C1 < C2	C1 < C2	C1 < C2	C1
C1 < C2	C1 < C2	C1 > C2	C2

2 研究结果

通过对 2268 组实验条件下单选甄别、多选甄别和合并甄别 3 种甄别方案进行分析，得到每组样本的甄别率、Ⅰ型错误率和 KX 系数结果。

2.1 甄别率结果

测验长度固定为 120 道题时，其他全部 1134[①] 组实验样本的甄别率结果如图 1 所示。

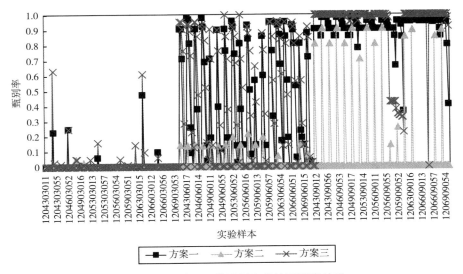

图1　120 道题三种甄别方案的甄别率结果

注：由于横坐标轴无法清晰地显示出全部 1134 个实验样本编号，图中只选取部分编号间隔标记。

从图 1 可知，方案三即合并甄别的甄别率在 3 个方案中整体表现最为突出，甄别率是最高的，并且在题目抄袭比率达到 60% 以上时有比较理想的甄别性能。方案一即单选甄别方案甄别率表现次之，方案二即多选甄别方案表现明显弱于其他两种方案。

测验长度固定为 140 道题时，各实验条件下的甄别率结果如图 2 所示。

从图 2 可知，三种甄别方案的甄别率比单选题 110 道、多选题 10 道时有明显提高，方案三表现出更高的甄别率和稳定性，而方案二始终受到题目数量较

---

① 当测验长度固定为 120 题时，根据研究设计的其他 6 个实验条件（3 种测验难度、3 种被抄袭考生水平、3 种题目抄袭比率、2 种作弊考生比率、7 种显著性水平和 3 种甄别方案）的相互组合，可以得到 $3 \times 3 \times 3 \times 2 \times 7 \times 3 = 1134$ 个实验样本。

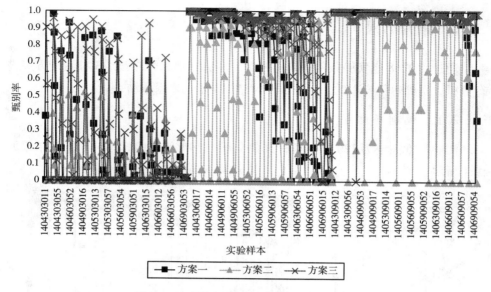

图 2　140 道题三种甄别方案的甄别率结果

少的限制，但其在增加 10 题的情况下甄别率提升了至少 3 倍，表现出较大的甄别潜力。

2.2　Ⅰ型错误率结果

测验长度固定为 120 道题时，各实验条件下的Ⅰ型错误率结果如图 3 所示。

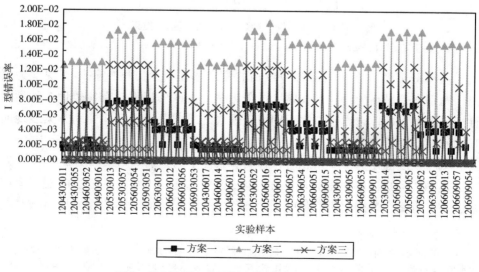

图 3　120 道题三种甄别方案的Ⅰ型错误率结果

从图 3 可知三种方案的 I 型错误率为 0 ~ 1.8% ，方案二的 I 型错误率最高，方案三的 I 型错误率低于方案二，方案一的 I 型错误率最低。

具体来看，显著性水平、抄袭考生比率、题目抄袭比率、被抄袭考生水平的变化对 3 种方案的 I 型错误率均未产生明显的影响。但 I 型错误率随着测验难度的变化而变化，测验越难，3 种方案的 I 型错误率越低；测验越容易，I 型错误率越高，在中等难度时达到最高。

测验长度固定为 140 道题时，各实验条件下的 I 型错误率结果如图 4 所示。

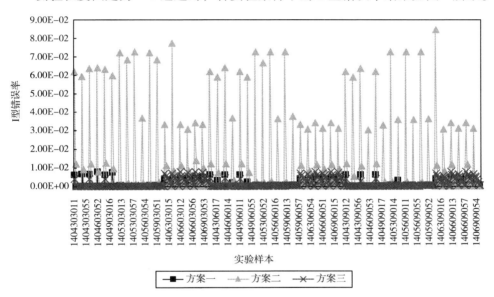

图 4　140 道题三种甄别方案的 I 型错误率结果

从图 4 可知，三种方案的 I 型错误率为 0 ~ 9.0% ，与测验长度为 120 道题时相比，方案二的 I 型错误率提高了 4 ~ 5 倍，方案三的 I 型错误率有了显著下降，方案一的 I 型错误率则是有升有降。

2.3　KX 系数结果

测验长度固定为 120 道题时，各实验条件下的 KX 系数结果如图 5 所示。

从图 5 可知，整体上看，方案二的 KX 系数最高，其次是方案三，最低的是方案一。三种方案的 KX 系数在题目抄袭比率为 30% 的时候比较集中，在题目抄袭比率为 60% 时只有方案二和方案三呈现零星分布，在题目抄袭比率为 90% 时只有方案二的两组数据不为 0。因此，可以发现，随着作弊考生抄袭题目数量的增加，甄别性能会逐步提升。

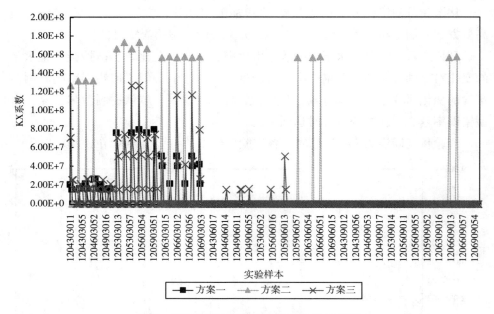

图 5　120 道题三种甄别方案 KX 系数结果

测验长度固定为 140 道题时，各实验条件下的 KX 系数结果如图 6 所示。

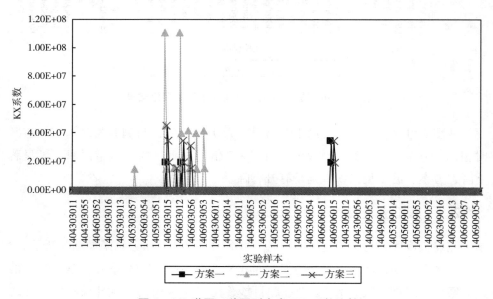

图 6　140 道题三种甄别方案 KX 系数比较

从图 6 可知，当测验长度为 140 道时，方案二的 KX 系数最高，方案三次之，方案一最低。此外，根据 KX 系数越小说明甄别方法的性能越好的原则，可以看到，在 140 道题时，三种方案均表现出了比 120 道题时更好的甄别性能。

3 讨论

根据得到的各组实验结果，综合分析 I 型错误率、甄别率和 KX 系数三个指标值，将三种方案分成三组进行比较，第一组为方案一和方案二，第二组为方案二和方案三，第三组为方案一和方案三，可以发现测验长度为 120 题和 140 题时的最优方案，见表 2 和表 3。

表 2   120 题甄别方案指标对照

组别	I 型错误率	甄别率	KX 系数	最优方案
1	方案一 < 方案二	方案一 > 方案二	方案一 < 方案二	
2	方案二 > 方案三	方案二 < 方案三	方案二 > 方案三	方案一
3	方案三 > 方案一	方案三 > 方案一	方案三 > 方案一	

表 3   140 题甄别方案指标对照

组别	I 型错误率	甄别率	KX 系数	最优方案
1	方案一 < 方案二	方案一 > 方案二	方案一 < 方案二	
2	方案二 > 方案三	方案二 < 方案三	方案二 > 方案三	方案三
3	方案三 < 方案一	方案三 > 方案一	方案三 > 方案一	

从表 2 可知，当测验长度为 120 道题时，三种方案的甄别性能两两比较，方案一的甄别性能最优；从表 3 可知，当测验长度为 140 道题时，三种方案甄别性能两两比较，方案三的甄别性能最优。

表 2 和表 3 呈现出的不同结果说明测验长度对甄别性能有影响，但雷同答卷甄别性能并不是测验长度越长越好，也不是包含的题目类型越多越好。方案二利用多选题进行甄别，在只增加 10 道题目的情况下多选题的甄别率提高了至少 3 倍。方案二的甄别率虽尚不能与单选甄别及合并甄别方案相比，但如果在考试中采用更多的多选题，或许能够用相对较少的题目达到甄别的目的。

不同测验长度下最佳甄别方案的不同也说明将多选题纳入甄别的复杂性。目前来说，多选题甄别显示出了潜力，但在测验总长中占比有限，还不能在复合选择题中单独进行甄别并将结果作为最终判定的依据。此外，虽然方案三在单选题之外加入多选题的合并甄别纳入更多的甄别信息，会提高甄别率减少漏判，有利于将在单选题甄别中临近判定标准的考生甄别出来，但另一方面也可能将原本在单选题甄别中已经达到判定标准的作弊考生的作答反应稀释，导致无法甄别出作弊考生。

4 启示与思考

通过将多选题纳入雷同答卷甄别过程，并对不同的甄别方案进行比较，有利于进一步提升甄别性能，未来可针对不同的考试类型和题目类型进行更细粒度的类别研究。

第一，复合选择题是在单选题基础上增加多选题，多选题具有降低考生猜测度、更好地区分考生水平的优点，合并甄别方案相比单选甄别方案在测验长度上更有优势，收集的作答信息更加全面，有更好的甄别性能。在多选题题目数量远低于单选题的情况下，多选甄别方案的甄别率低且 I 型错误率高，不宜单独进行甄别，增加多选题的题目数量可提高方案二和方案三的甄别性能。在对复合选择题的雷同答卷甄别时，可以根据实际情况，分别进行单选甄别、合并甄别。如果考试主管部门不对甄别结果进行处理，只是对考场和考点的考风考纪进行监管和评价，可以将 2 种方案得到的结果取并集作为最后的甄别结果，尽可能多地检测出雷同答卷考生；如果考试主管部门要对雷同答卷考生取消成绩或禁考，可以将 2 种方案的甄别结果取交集，在控制 I 型错误率的前提下，保证较高的甄别率。

第二，雷同答卷检测研究不能只停留在理论层面，更重要的是运用到实践中，只有将结果应用到实际的作弊考生处理中才能让甄别方法得到检验，继续提高甄别的精细度。目前的雷同答卷检测方法已经可以达到 "3nm"（特指两个考生作答的错同数指标），对高分考生的检测技术也已经相对成熟，并已经应用到实际考试中。考试主管部门应该积极采用雷同答卷甄别技术，制定相关的规定，对有作弊企图的考生或组织作弊的团伙形成威慑，让其不敢作弊、不想作弊。

第三，雷同答卷甄别是在考后进行，由于高科技作弊已经出现在多个大规模高利害考试中，而考前很难预测作弊考生使用哪种作弊器材，根据对多个国家级考试中反作弊器材使用效果的分析，发现现有的反作弊器材应用效果并不理想，通过考后雷同答卷甄别还会甄别出不少高科技作弊考生，标准化考场中的监控系统在防范高科技作弊方面的作用有待进一步完善。雷同答卷甄别应用表明，雷同答卷甄别过程本身不需要现场证据或其他辅助甄别手段，就可以较好地甄别出考试过程中未发现的作弊考生，尤其是针对使用高科技设备作弊考生的甄别效果更佳。因此，随着雷同答卷甄别方法的不断改进，甄别性能会得到进一步提高。

第四，目前的考试安全形势依然严峻，没有看到的作弊行为不代表没有发生，只是现有能力所限无法检测出来。本文只是针对笔试中的客观题进行了探索，而对于笔试中的主观性试题的雷同答卷检测、面试的作伪识别、线下计算机化考试以及线上居家考试的雷同答卷检测同样值得关注，需要考试主管部门花大力气去研究，而且这个工作需要有心理测量学背景并具有相关考试安全研究经验的专家或专业的考试安全机构来参与完成，严谨的实证研究必不可少。需要特别提醒的是，疫情期间有些考试主管部门采用了考生居家在线考试的形式进行，并在考试过程中采用多个摄像头进行多角度监控以防作弊，其实这种防作弊的效果对于高科技作弊来说效果甚微，而且这可能是作弊团伙或者助考团伙最喜欢的一种考试形式，有的考试主管部门也已经通过考后雷同答卷甄别发现了异常，这更需要考试主管部门权衡利弊，提前做好预案。

参考文献

[1] 孔祥. 基于五种雷同答卷判定方法的作弊甄别系统的研究与实现 [D]. 北京：北京语言大学，2010.

[2] 张颖，赵世明，于惊涛. 多选题雷同的判定标准研究 [J]. 中国考试，2002（9）：15－17.

[3] 赵世明. 四选项多选题作弊雷同的判定标准研究 [J]. 中国高等医学教育，2003（2）：31－33.

[4] 孔祥. 矩阵维度对 Kappa 作弊甄别方法性能的影响 [J]. 考试研究，2013（6）：54－58.

（原刊于《中国考试》2021 年第 2 期）

我国考试行业信用风险评估
模型初探

周 璇 孔 祥

（北京语言大学）

[**摘要**] 采用逻辑（Logistic）回归模型建立基于雷同答卷甄别结果的考试信用评估模型，用于预测考试作弊风险，以便有针对性地监督有作弊风险的考生。通过不同预测变量的组合，探索影响考试信用的重要因素以及分类临界值的设定，为未来我国考试行业信用评估的建立提供参考。

[**关键词**] 考试；信用；逻辑回归；风险预测

1 引言

信用风险存在于各行各业，同金融风险一样，考试行业也面临信用缺失的巨大挑战。在我国，招生考试特别是大规模国家考试中，考试作弊尤其是高科技作弊已经成为影响考试安全的关键问题，有作弊记录的考生并未建立信用档案以作警示，而有作弊意图的考生尚无有效模型对其风险进行预测以有效监督这类考生。因此，急需在考试领域建立基于考试大数据的考试信用评级，预测考试信用风险。早在 2011 年公布的《中华人民共和国国民经济和社会发展第十二个五年规划纲要》中就提出要"加快社会信用体系建设"的总体要求。2014 年国务院《关于印发社会信用体系建设规划纲要（2014—2020 年）的通知》中提到，2020 年要建成以信用信息资源共享为基础的覆盖全社会的征信系统，特别强调了几个重点领域的诚信建设问题，在教育科研领域中明确要求将信用评价与考试招生、考试作弊等挂钩，借此解决考试作弊等问题。当前，针对信用的研究主要集中于金融领域，关于其他领域的信用研究较少。本研究选取考试行业大数据建立考试信用评估模型，希望为其他行业的信用体系建设提供有益的参考。

2 变量的选择与说明

与考试相关的数据指标很多，选择哪些变量需要依据一定的标准。另外，还需要选用卡方检验分析其差异的显著性。卡方检验对于样本容量非常敏感，当样本量过大容易拒绝原假设，此时要选择合适的效应值来配合评估假设检验的结果。考试领域的专家对历年国家级大规模考试数据的评估有丰富的经验，能够给出哪些变量可以区分作弊考生和不作弊考生。根据专家经验和假设检验结果，我们筛选出"报考级别""考区""性别""学历""年龄""政治面貌""单位性质""专业职称"8个变量作为进入模型的候选变量。

2.1 报考级别

报考级别是在某国家级考试中表示考生此次考试科目的数目，其中包含"报考全科"和"报考部分科目"两个水平。报考科目在以往的考试中表现出了一些差异，考全科的人往往在作弊考生中人数较多。因为报考全科的考生代表所有科目都未考过或之前考过而未通过，作弊的可能性增大。

2.2 考区

考区作为考生在不同地域参加考试的标记，在近年来雷同答卷甄别统计数据中表现出差异。其中，山东省、安徽省、河南省、贵州省、天津市等省市作弊情况尤为严重，而新疆建设兵团等考区情况良好，几乎无作弊记录。对"考区"这一特征属性做卡方检验，检验结果表明，"考区"变量的卡方值在 $\alpha = 0.05$ 水平下显著，效应值 V 系数为 $0.209 > 0.17$，代表省份考区在不分组的 35 个水平下有显著性差异，具备中等效应，接近大效应。

2.3 性别

以往考试数据表明，女性在某些考试的作弊考生中所占比重较高。我们对"性别"这一因素作差异显著性的卡方检验表明，卡方值在 $\alpha = 0.05$ 水平下拒绝原假设，但是 phi 系数为 $0.014 < 0.10$，没有效应。

2.4 学历

学历包含 7 个水平：博士、大学本科、大学专科、硕士研究生、研究生班、中等专科和技工学校。根据历年考试统计数据和专家经验，中等专科的学生在作弊中比重较高，而高学历的博士相对在作弊考生中占比较少。经卡方检验结果表明，卡方值在 $\alpha = 0.05$ 水平下显著，效应值为 $0.065 > 0.06$，具备中等效应。不同学历背景代表了不同考生的知识层次，知识水平较低层次的考生更有可能通过"作弊"来达到通过考试的目的。

2.5　年龄

在以往考试中，作弊考生多是由 25 ~ 35 岁的考生群体组成，但这一年龄段的考生在总体中比重较大，不能直接说明作弊与否在年龄上是否存在差异。选择箱线图观测年龄在"作弊"与"不作弊"两个类别中的分布差异。图 1 表明年龄在"作弊"与"不作弊"两个类别之间的分布基本一致，两类考生都主要由 25 ~ 40 岁的考生群体组成，差异并不显著。

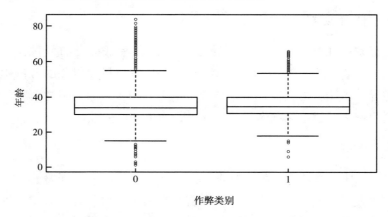

图 1　年龄在两类考生中的分布箱线图

注：横轴中的 0 表示"不作弊"，1 表示"作弊"

2.6　政治面貌

政治面貌包含 13 个水平：群众、中国共产主义青年团团员、中国共产党党员、中国共产党预备党员、中国国民党革命委员会会员、中国民主同盟盟员、中国民主建国会会员、中国民主促进会会员、中国农工民主党党员、中国致公党党员、九三学社社员、台湾民主自治同盟盟员、无党派民主人士。根据专家经验，在以往的考试数据中，群众、中国共产主义青年团团员在作弊考生中占大多数。对政治面貌进行卡方检验，在 $\alpha = 0.05$ 水平下卡方值为 2441.038，拒绝原假设，但效应值低于 0.06，效应不显著。

2.7　单位性质

单位性质包含以下 7 个水平：机关、军队、其他单位、企业、社会团体、事业单位、宗教团体。在以往的考试中，专家根据统计数据发现在作弊考生中企业类的考生占大多数，而军队、机关的考生往往大多数为不作弊考生。对单位性质采用卡方检验，卡方值为 1640.967，在 df = 6，α = 0.05 的水平下显著，但效应值为 0.048 < 0.06，效应不显著。

2.8 专业职称

专业职称是评价考生专业水平的指标，分为 5 个级别，从低到高依次是 1 级、2 级、3 级、4 级和 5 级。根据专家经验，1 级和 2 级考生更容易作弊。卡方检验的卡方值为 2602.344，在 df = 4，α = 0.05 水平下显著，效应值为 0.06，具备小效应。

3 基于逻辑回归的信用评级

奥格尔（Orgler，1970）将线性回归分析首先应用于个人消费信贷的信用风险评估，假设我们要预测的违约风险概率与特征因素存在一种线性关系：

$$P = W_0 + W_1 X_1 + W_2 X_2 + \cdots + W_p X_p + \varepsilon$$

其中，W_0 是方程的截距项，W_p 是每个特征属性 X_p 对应的权重系数，ε 是误差扰动项。线性方程简单易懂，但存在明显的缺陷，方程右边的取值范围是 $[-\infty, +\infty]$，而方程左边是一个概率 P，取值范围为 $[0,1]$，这样的模型不利于解释。如果将左边的取值范围变成 $[-\infty, +\infty]$，模型将更具意义（Orgler，1970）。我们设 P 为违约概率，$1-P$ 则为不违约发生的概率。将 $p/(1-P)$ 称为"发生比"或"优势比"。方程两边取以 e 为底的指数，得到方程：

$$P = \frac{\exp(W_0 + W_p X_p)}{1 - \exp(W_0 + W_p X_p)} = \frac{1}{1 + e^{-(W_0 + W_p X_p)}}$$

这就是逻辑（Logistic）回归的原理。威奇顿（Wiginton，1980）是首先将逻辑回归应用于信用评分的研究人员之一，逻辑回归也是目前金融领域运用最成功的信用评估模型。我们的预测目标是考生是否作弊，属于二值响应类，因此选择二项逻辑回归作为预测模型。

3.1 数据集的选择

选取某年采用雷同答卷甄别技术的某国家级考试作为数据集，去掉"年龄"变量上有异常值的考生，共有 720953 名考生，在 10^{-8} 的显著性水平下选用雷同答卷甄别方法对考生的作答信息进行检测（孔祥，2015），共甄别出42277 名考生为作弊考生。在数据集中，我们将"不作弊"标为 0，"作弊"标记为 1。数据集中正负样本的比例不均衡，"作弊"考生仅占考生总体的 5.9%，说明"作弊"属于小概率事件。将数据集切分为训练集和测试集，保持训练集和测试集中的正负观测比例相当，同时也与总体中正负观测比例相当。按照训练集占总数据的 70%、测试集占总数据集的 30% 进行切分，切分后得到训练集考生总数为 504933 人，测试集考生总数为 216020 人。

3.2 影响因素和分类临界值的探索

模型 1 选择全部 8 个候选变量"报考级别""考区""性别""学历""年龄""政治面貌""单位性质""专业职称"进入模型。模型 2 选择三个在假设检验中有一定效应值的变量组合："省市""学历""专业职称"。

在回归模型中，AIC 赤池信息准则常作为评价模型的一种指标，越小表示模型中的变量预测力越优。结果表明，模型 1 的 AIC 值 200934 远远小于模型 2 的 AIC 值 202285，说明模型 1 的变量组合更有预测力。表 1 的混淆矩阵也表明，在同等临界值的情况下准确率和召回率均低于全变量回归模型。假设检验中具备良好效应值的三个变量组合并没有表现出理想的预测效果，因此不能仅根据假设检验来评价是否应该选用变量进入模型。

表 1 模型混淆矩阵对比

模型	临界值	实际	预测（人）		
			0	1	总计
1	0.11	0	171596	31930	203526
		1	6375	6119	12494
	0.08	0	153845	49681	203526
		1	4500	7994	12494
	0.07	0	146529	56997	203526
		1	3919	8575	12494
2	0.11	0	170932	32594	203526
		1	6537	5957	12494
	0.08	0	154047	49479	203526
		1	4682	7812	12494
	0.07	0	143559	59967	203526
		1	3807	8687	12494

通过表 1 的模型混淆矩阵的对比，可以发现随着临界值的不断降低，预测出来的"作弊"考生也越来越多，但由于数据不平衡，模型预测错误的考生也随之增多。因此，在数据集不平衡的情况下，我们需要更换传统的分类模型评估标准，把传统模型中针对"正类"的准确率和召回率改为针对"负类"的，同时采用 F 值来评估模型在准确率和召回率之间保持的平衡。运用表 1 中数据计算可得，模型 1 在临界值为 0.11、0.08 和 0.07 的情况下准确率分别为 16.08%、13.86% 和 13.08%，召回率分别为 48.98%、63.98% 和 68.63%，F 值分别为 0.24、0.23 和 0.22；模型 2 在临界值为 0.11、0.08 和 0.07 的情况下准确率分别为 15.45%、13.64% 和 12.65%，召回率分别为 47.68%、62.53% 和 69.53%，F 值分别为 0.23、0.22 和 0.21。

4 研究结果

本文对于几种不同变量组合建立了基于考试大数据的考试信用评估模型，研究表明，由 8 个候选变量"报考级别""考区""学历""性别""年龄""政治面貌""单位性质""专业职称"建立的全变量模型效果最佳。说明这些因素对于考生是否作弊有重要影响。

逻辑回归通过预测风险可能性的概率大小，评估考生的信用等级，并选取一定临界值区分是否为作弊考生，在考试前提供"风险名单"，为考试监督提供参考。通过模型可知，考试类数据不适合采用通常情况下 $P = 0.5$ 作为分类临界值，而应该采用更小的概率值作为临界值，以区分两类不同性质的考生。两个模型均在临界值为 0.11 的水平下表现较高的 F 值，在临界值为 0.07 水平下的召回率最优。采取哪一种评估指标要根据实际决策情况来决定。

考试作弊风险预测有行业的特殊性，错判"非作弊"考生不会带来安全风险，但会增加考场监督成本，影响信用评级的结果。因此，如何提高对于"作弊"风险的准确率，探索更具预测力的变量及模型，是未来值得努力的方向。基于全变量回归的考试信用评估模型的初步探索，可为未来考试信用评估指标的建立提供参考。

参考文献

[1] 孔祥. 雷同答卷甄别中显著性水平 α 的标准设定研究 [J]. 考试研究，2015（2）：84 - 89.

[2] 李大伟. 个人信用评分与信用卡风险控制研究 [D]. 2006.

［3］ Refaat M. 信用风险评分卡研究：基于 SAS 的开发与实施［M］. 北京：科学文献出版社，2013.

［4］ 王铁军. 个人汽车消费贷款违约影响因素分析［J］. 征信，2017（1）：72 – 76.

［5］ Orgler Y E. A Credit Scoring Model for Commercial Loans［J］. Money, Credit and Banking, 1970（2）：435 – 445.

［6］ Wiginton J C. A Note on the Comparison of Logit and Discriminant Models of Consumer Credit Behavior［J］. Financial and Quantitative Analysis, 1980（15）：757 – 770.

在高考中采用雷同答卷甄别技术的可行性研究

孔　祥

（北京语言大学）

[**摘要**] 近几年，面对日益严格的监考，在高考中还是出现了群体性的高科技集团作弊现象，诚信教育和功利教育的矛盾再次凸显。如何遏制这种不正之风，严肃考试纪律，维护广大守法考生的合法权益，对考试机构提出了更高的要求。在考试结束后采用雷同答卷甄别技术对作弊考生进行甄别已经应用在司法考试、医师考试、公务员考试等一些国家级考试中，因此，有必要通过高考题型、试卷质量、甄别方法、法律问题等方面的分析，对在高考中采用雷同答卷甄别技术的可行性进行研究，以震慑作弊考生，保证考试的公平公正。本研究结果表明，在高考中采用雷同答卷甄别技术是现实可行的。

[**关键词**] 高考；诚信；雷同答卷；作弊；甄别；可行性研究

据新华网报道，2013 年高考第一天，山西省无线电管理机关在全省范围内共发现各类无线电作弊信号 10 个[①]，而在整个 2013 年高考期间，全国共发现作弊信号 491 个，公安机关查处作弊案件 61 件，查出涉案人员 125 人，查获涉案设备 99 台（套）[②]。从无线电作弊案件来看，有语音类、数字类、图像类等设备，发射频率从 150MHZ 到 1GHZ。最为严重的是，2013 年 6 月 8 日，高考结束后，湖北钟祥市某艺体高考考点监考老师遭到部分考生和家长围堵[③]。原因竟是由于监考老师没收了某考生携带的作弊手机，导致该考生没有考出"正常水平"。高考前，教育部曾表示 2013 年高考全部使用标准化考点并全程监

---

① 高考第一天 山西发现 10 个无线电作弊信号 ［EB/OL］. http：//www. sx. xinhuanet. com/news-center/2013－06/08/c_116081133. htm.

② 2013 年高考查处无线电作弊案件 61 起 ［EB/OL］. http：//www. bj. xinhuanet. com/bjyw/2013－07/13/c_116521982. htm.

③ 湖北钟祥妥善处置高考点考生围堵监考老师事件 ［EB/OL］. http：//news. xinhuanet. com/politics/2013－06/09/c_124835971. htm.

控，对所有涉考违法违纪行为"零容忍"，同时开展打击销售作弊器材的专项行动①。这些措施和规定对我们来说都不新鲜，也可以说是老生常谈，可就是如此强调，还是有考生敢铤而走险，而且都是全家上阵，不惜花大价钱购买先进的作弊器材，有关部门的无线电监管保障工作难度越来越大，作弊市场呈现出供需两旺的局面。这种丑陋的社会现象为什么会出现，应该如何应对，是每一个追求公平公正的人需要思考的。本文试图从雷同答卷甄别的技术角度给出一个应对的解决方案，希望能够净化社会风气，让社会能够更多地关注考试本身。

1 关于标准化考场建设

目前，各地都根据教育部的部署，花费大量的人力物力建设标准化考场。在一个标准化考场里，通常都会配备有摄像头、作弊报警器、作弊仪器探测仪等先进设备，它的主要作用是为了杜绝考生作弊，如果有作弊考生可以及时发现。正常情况下，想要作弊的考生一般都会知道考场内有监控设备，这一点也应该是提前告诉考生不要试图作弊，从而对其进行约束。再加上考场内还有至少两位监控老师在场，在这种情况下考生就不会使用一些传统的作弊手段，比如传纸条、交头接耳、作暗号等。随着科技的发展，当然也是市场需求推动了作弊器材行业的发展，有越来越多的"科技工作者"参与高科技作弊器材的研发，形成了一个产业链，作弊考生往往使用的高科技作弊器材都是平时电视里才能看到的"间谍设备"，而且对于检测来说，通过不断升级，作弊器材一方总是会掌握这种博弈的主动权，作弊器材的检测总是被动的，因为很难知道作弊方采用的哪一种作弊技术手段，当然，这种目前来看不会停止的博弈，最终结果可能对那些使用作弊器材作弊的考生和某些出售检测作弊器材的高科技公司都有益。在作弊器材中，曾经出现过一种米粒大小的答案接收机，这种设备可以通过手术嵌入耳朵，正常人可能永远想不到有这种作弊方式，当然，不是说这种手段发现不了，而是因为这种类似的手法总是防不胜防。所以，只要作弊考生能通过"安检"坐到座位上，标准化考场的威慑力就会打折扣。这里不讨论标准化考场在高考考风考纪上的成效是否显著，而是要找到解决作弊尤其是大规模高科技集团作弊这个顽疾的行之有效的方案。

---

① 教育部：今年高考所有考点全程监控 [EB/OL]. http：//news. xinhuanet. com/edu/2013 - 05/08/c_124677624. htm.

2 雷同答卷甄别技术

标准化考场的作弊防范手段属于考前和考中的范畴，这两个时间点作弊考生都是可以漏网的，可以说这些手段都是一个"有形的手"，对作弊考生来说威慑力并不大，所以我们需要用"无形的手"来震慑作弊考生，这就需要采用技术手段在考后对考生的作答信息进行雷同答卷的甄别。根据对多个大规模国家级考试的雷同检测分析，在大规模高利害考试中，保守估计，考后通过雷同答卷甄别技术还可以检测出占总人数 0.01% ~ 0.05% 的作弊考生，也就是说，如果未采用雷同答卷甄别技术，就会有作弊考生通过不正当的手段获取高于自己真实水平的成绩，而这却未被发现。因此，有必要在高考中应用雷同答卷甄别技术来检测作弊考生，这才是作弊考生最忌惮的手段，而且从其他早已采用雷同答卷甄别技术的国家级考试来看，效果是十分显著的，考风考纪得到了很大改善，这些都是和考后采用的雷同答卷甄别手段分不开的。通过这种方式，考试主管部门可以更好地对各地的考风考纪进行考核，杜绝了某些考点瞒报作弊考生等违规行为，能够更加强化考务管理。目前，国内外采用的雷同答卷甄别方法主要是基于经典测验理论和项目反应理论两种测量理论，在经典测量理论下常用的甄别方法是错同率方法、Kappa-X 方法（孔祥，2013a）、g_2 方法以及美国教育服务中心（ETS）常用的 K 指数方法，而基于项目反应理论常用的方法是 ω 方法（孔祥，2013b），其中，国内较多使用的是错同率方法。每种方法都各有其优缺点，错同率方法运算速度快，但误判概率在相同的 α 水平下偏高，ω 方法运算速度慢但误判概率在相同 α 水平下很低。因此，在实际应用中，应根据考试的实际情况，综合运用多种甄别方法，保证甄别结果的可靠性。需要特别说明的是，国内外对雷同答卷甄别技术的应用在程序上有很大差别，国外高利害考试中，一般都是先通过监考老师在考试现场发现疑似作弊考生，然后对这些发现的疑似作弊考生使用雷同答卷甄别方法以及根据他们考试时所在的物理位置进行综合的判定，可以说是一种"验证性"的方法，而国内在方法应用上却是截然相反，在我国的很多高利害考试中，都出现了高科技集团作弊，雷同答卷的甄别已经突破了物理位置的限制，从公开的报道来看，在现场发现的作弊考生相对考生总体只是很少的一部分，因此，我们需要对所有参加考试的考生同时进行两两雷同试卷的甄别计算，这种雷同答卷的检测可以看成是一种"探索性"的方法，对作弊考生的甄别难度比国外要大很多。

3　在高考中采用雷同答卷甄别技术的可行性

高考是我国最有影响的考试之一，据教育部数据，2013 年全国高考人数为 912 万①，因此，关于高考的任何一项政策都需要经过详细的多方论证方可实施。因此，有必要通过对高考题型、试卷质量、甄别方法、法律问题等方面的分析，对在高考中采用雷同答卷甄别技术的可行性进行研究，以期给主管部门提供一些参考。

3.1　考试题型

雷同答卷甄别技术的发展按题型划分大致可以分为 3 个阶段。第一阶段，雷同答卷甄别只应用在有客观题题型的考试中，客观题可以是四选一或五选一等多选一题型；第二阶段，雷同答卷甄别技术应用在多选多题型中；第三阶段，应用计算机文字处理技术，雷同答卷甄别技术应用在主观题的题型中。虽然按照题型的不同雷同答卷甄别技术划分三个阶段，但是三种题型中应用的甄别方法的原理是一致的，并没有本质上的区别，比如甄别率、Ⅰ型错误率、选同、错同等这些甄别技术在概念上都是相通的。因此，无论什么题型，都是可以对雷同答卷进行甄别的，所以题型上的变化不会给雷同答卷的甄别带来困难。

3.2　试卷质量

试卷质量会对雷同答卷甄别产生影响，在标准参照的测验中，往往由于通过率很高，有很多高分考生，会给甄别带来一定的难度。而高考是属于常模参照测验，考试试卷难度适中，区分度较好，在这一点上满足雷同答卷甄别对试卷质量的要求，可以提高雷同答卷的甄别率，降低Ⅰ型错误率。同时，每年高考一般都会保持相对稳定也给雷同答卷的甄别工作创造了很好的前提条件。

3.3　甄别时间

前文已经提到，根据教育部统计，2013 年全国高考报名人数为 912 万人。由于高考作弊形势异常严峻，不仅有考场内的两两打小抄作弊，而且有大规模

---

① 高考人数连续 5 年下降 2013 仅 912 万人考试 ［EB/OL］. http：//cpc. people. com. cn/n/2013/ 0606/c87228 - 21761786. html.

的高科技集团作弊，因此，在对作弊考生进行甄别时，不能仅仅停留在考场内部、以考场为单位的方式，在作弊考生使用高科技作弊器材的情况下，作弊已经没有物理位置的限制，中国最北边和最南边的考场也可能是雷同卷，因此，应该以考相同试卷的考生为单位进行甄别，换句话说就是每个自主命题的省份为一个单位，全国统一命题的为一个单位。以全国统考为例，每一个参加统考的考生的答卷都会进行两两比对，这样的运算量是非常大的，最后的甄别完成的时间取决于计算机性能、考生人数、甄别方法三个方面，考生人数每年的变化都不会太大，也就是说运算的数量级不会有大的变化。关键就在参与计算的计算机性能和作弊甄别采用的方法，计算机的性能可以通过采用高性能的计算机解决，通常计算机的成本远远低于标准化考场的建设成本。雷同答卷甄别方法的选用和甄别时间有关系，也是整个甄别工作最关键的地方，具体会在接下来的部分进行介绍。

3.4 雷同答卷甄别方法

目前，雷同答卷的甄别方法有很多，从测量学角度划分，有基于经典测验理论的，也有基于项目反应理论的。从甄别方法依据的指标来划分，有基于错同数的，也有基于选同数的。甄别方法的选择应该主要考虑甄别率、Ⅰ型错误率和甄别时间，即高甄别率、低Ⅰ型错误率以及可以接受的甄别时间。目前，还没有一个甄别方法能够满足这三点要求，这是由于每种方法都有自身的优点和缺点，所以，需要综合运用多种方法进行甄别。在高考中，为了提高甄别效率，缩短甄别时间，可以考虑采用错同率方法；为了保证高甄别率可以采用Kappa-X方法；而为了满足Ⅰ型错误率的要求可以采用 ω 方法。这三种方法既有基于经典测量理论的，也有基于项目反应理论的，既有基于错同数的，也有基于选同数的，可以说是一个综合了多个模型的解决方案。甄别流程如图1所示。

3.5 α 水平的设定

高考雷同答卷作弊甄别流程（见图1）第二步涉及了 α 水平的选择，这是一个无法回避的关键问题，也就是说我们要给出结果的精度，就像在亲子鉴定中，会给出亲子关系的概率，而在作弊甄别领域，在国际上还没有一个公认的标准，因此，在实际作弊甄别过程中，会把标准定得非常严格，远远超过亲子鉴定的标准，但是，标准定得过高，将会漏掉一些作弊考生，导致甄别率下降。因此，结合高考的实际情况，在甄别的开始阶段，可以将 α 水平控制在一

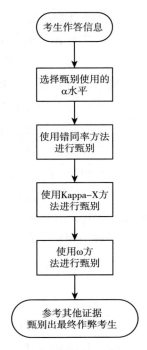

图1 高考雷同答卷作弊甄别流程

个相对适中的范围内，得到甄别结果后，参考其他证据，比如利用标准化考场录像回放功能，对疑似作弊考生进行核查，降低误判概率。

3.6 作弊考生的惩治

通过雷同答卷甄别技术检测出作弊考生后，如何对其进行处理也是区别于其他作弊情况的。雷同答卷甄别技术可以甄别出抄袭题目比例在20%以上的考生，随着技术的不断改进，如果考生哪怕只抄袭了一道题，也是有可能被甄别出来的。因此，对于这部分考生是否根据抄袭题目比例来处理，还是"一刀切"整体对待，这些都是今后需要研究的内容。而根据2012年新修订的《国家教育考试违规处理办法》第七条和第九条规定，评卷过程中被认定为答案雷同的，应当认定相关的考生实施了考试作弊行为，其所报名参加考试的各阶段、各科成绩无效。可以看出，有关部门已经意识到在考试现场发现的雷同卷考生相对于考生总数几乎可以忽略不计，为了让考试更加公平公正，需要加大考后雷同卷的检测。这种情况也是可以理解的，目前学校、家长、政府作为高考的利益共同体，面对考场中的违纪现象，有些就选择了默许。因此，有必要将考后雷同答卷的甄别作为一种常态化的工作。在其他已经使用雷同答卷甄别技术的考试中，作弊考生的处理基本都是取消当次成绩，对于高科技团伙作弊处罚会加重，一般会有至少 2 年的禁考，更有甚者会终身禁考。然而，某些考试只是将雷同答卷甄别技术作为对考场考核的一个指标，并不对作弊考生采取具体的惩罚措施。不管怎么样，对于作弊来说，惩治一定要严厉，只有这样才能加大作弊考生的"犯罪成本"，给打算铤而走险的考生以震慑。

3.7　相关法律问题

由于这种作弊检测方法不是靠现场发现，而是在考试结束后进行，所以势必有心存侥幸的作弊考生对甄别结果提出质疑，甚至会有考生将考试主管部门告上法庭，以期能够借助相关法律来逃脱惩罚。目前，司法考试、国家公务员考试、医师考试、职称外语考试、全国经济考试、一级建造师考试等多个国家级高利害考试均采用了雷同答卷甄别技术，在考后进行雷同答卷的甄别，其中，司法考试、全国经济考试等都发生过检测出的作弊考生将主管部门告上法庭的情况，在这些判决中，无一例外都是作弊考生败诉，从而印证了雷同答卷甄别技术的科学性。这项技术从一开始遵循的原则就是宁可漏掉作弊考生，也绝不误判任何一个诚实守信的考生，而法院对于这一类的案件的审理一般会遵循先例原则，即参考之前类似案件的判决。因此，在法律层面，采用雷同答卷甄别技术对作弊考生进行甄别是可行的。

4　在高考中采用雷同答卷甄别技术的现实意义

查阅最近几年国内外关于考试的文章，提到最多的就是"公平"一词，怎样保证公平是摆在考试主管部门面前的一个重要课题。导致考试不公平的因素有很多，但是在考试中作弊就是对所有诚实守信考生的最大的不公平。因此，有必要对考试作弊进行多方面的防范，形成考前、考中、考后的三维立体网络，从而更好地加强考风考纪管理。在教育部加大建设学生诚信档案的今天，完全可以通过雷同答卷甄别技术，将更多的不守诚信的学生检测出来，加入诚信档案的黑名单。除了高考，同样可以将雷同答卷甄别技术的应用延伸至会考、中考、自考、CET 考试等教育类大规模高利害考试中。更重要的是，通过甄别出的作弊考生的数量、所在地区等信息，教育主管部门可以掌握各个地区的德育教育情况，同时也可以对学校和老师进行相关的考核，让全社会都来关心德育教育问题。在某些考试中，已经有考试主管部门把通过雷同答卷甄别技术手段检测出的作弊考生和异常考场数量作为对各省市考场和相关主管部门的一个考核指标，从而强化各考点的考风考纪建设。

5 总结

  目前，考试监管日益加强，但还是有考生铤而走险，究其原因是因为我国在相关立法上的滞后，缺少一部针对考试的相关法律，所以目前还是一个无法可依的局面，这就需要政府有关部门积极推进这项法律的立法工作，早日让考试行业有法可依。另外，在这里不得不再谈一下高考改革，只有改进现行的人才评价方式，才能从根本上杜绝作弊的发生，重新让教育界认识到诚信教育的重要性，教育的目的呼唤着教育必须诚信，应在教育中摒弃功利主义。在这一切都没有改变前，为了保证考试的公平公正，加大作弊考生的失信成本，在高考中采用雷同答卷甄别技术是现实可行且必要的。

参考文献

  [1] 孔祥. 矩阵维度对 Kappa 作弊甄别方法性能的影响 [J]. 考试研究，2013a（6）：54－58.

  [2] 孔祥. 试卷难度对作弊甄别方法临界值的影响 [J]. 中国考试，2013b（8）：9－15.

（原刊于《中国考试》2014 年第 2 期）

两种高考选考科目计分方法对比研究*

刘　慧

（北京语言大学）

[摘要]　在新一轮高考综合改革中，不少省份采用科目内标准化方法对选考科目进行计分。由于各科目选考考生来自不同总体，这种计分方法可能给选考科目分数带来误导性的表面上的可比性。本文对基于假设总体的量表化方法在选考科目分数量尺调整上的效果进行了研究，结果表明：采用基于假设总体的量表化方法，以统考科目作为锚测验对选考科目成绩进行调整，能够大幅降低选考科目计分上的偏差。

[关键词]　高考改革；选考科目计分；基于假设总体的量表化；量尺调整

2014 年，《国务院关于深化考试招生制度改革的实施意见》提出启动高考综合改革试点，规定"考生总成绩由统一高考的语文、数学、外语 3 个科目成绩和高中学业水平考试 3 个科目成绩组成"，"计入总成绩的高中学业水平考试科目，由考生根据报考高校要求和自身特长，在思想政治、历史、地理、物理、化学、生物等科目中自主选择"①。同年，《教育部关于普通高中学业水平考试的实施意见》明确提出"计入高校招生录取总成绩的学业水平考试 3 个科目成绩以等级呈现"②，并对各等级考生所占比例给出了指导性意见。不难看出，尽管各省（区、市）的高考综合改革实施方案不尽相同，但均包含了对选考科目计分原则的说明。

目前，在进行选考科目计分时，不少省份选考科目成绩直接按照考生在相

---

　*　本成果受北京语言大学院级项目（中央高校基本科研业务费专项资金）资助（No. 16YJ050010）。

　①　国务院. 国务院关于深化考试招生制度改革的实施意见 [EB/OL]. [2014 – 09 – 04]. [2019 – 12 – 24]. http：//www. gov. cn/zhengce/content/2014 – 09/04/content_9065. htm.

　②　教育部. 教育部关于普通高中学业水平考试的实施意见 [EB/OL]. [2014 – 12 – 10]. [2019 – 12 – 24]. http：//old. moe. gov. cn//publicfiles/business/htmlfiles/moe/s4559/201412/181664. html.

应科目所有考生中的排名等级进行赋分。然而，在高考综合改革的框架下，考生自主选择选考科目，各科目实际参加考试的考生群体并非从全体考生中随机抽取，考生往往不属于同一总体，能力水平也会存在差异。在这种情况下，选考科目计分时，直接进行科目内标准化只能带来表面上的可比性，它有可能抹去各科目选考考生群体能力水平上的差异，给分数比较与分数组合带来困难（Angoff，1971；杨志明，2019）。

为了建立选考科目与其他科目成绩之间的可比性，以往研究建议以统考科目为选考科目建立通用量尺（辛涛，2019）。在这一类思路下，不同研究者提出了具体的计算方法。例如，20 世纪中后期有研究者提出了锚量表化的方法，即以统考科目作为锚测量对选考科目进行量表校准（Holland & Dorans，2006）。这种方法中的基于假设总体的量表化方法，计算公式由塔克（Tucker）通过推导证明得到，并且在美国的 SAT 和 GRE 考试上有相关实践（Holland & Dorans，2006；Angoff，1961；Schultz & Angoff，1954），比较成熟。新一轮高考综合改革启动后，我国学者提出的对选考科目进行统计校准的方法（温忠麟，2017），也得到了学界的广泛认可。考虑到大众对"基于假设总体的量表化方法"更为熟悉，本研究为选考科目建立通用量尺时采用基于假设总体的量表化方法（谢小庆，2001）。刘慧（2018）针对当选考考生群体能力水平与考生总体并不一致时，直接采用科目内标准化进行计分的弊端，以及采用基于假设总体的量表化方法进行计分的可行性，进行了理论说明。而对于新一轮高考综合改革实践中改进选考科目计分方法必须回答的问题，即直接采用科目内标准化方法进行计分可能会带来多大的偏差，以及通过统考科目进行分数调整后能够在多大程度上减少这种偏差，还没有相关的研究成果。

因此，本研究尝试对以上问题进行探讨：模拟考生的作答数据，然后分别采用科目内标准化法和基于假设总体的量表化法这两种方法对选考科目进行计分。模拟数据可以获得真值，本研究拟考察选考科目计分在不同条件下科目内标准化方法可能带来的偏差，以及基于假设总体的量表化方法能够在多大程度上减少这种偏差，以期为新一轮高考综合改革中选考科目计分方法的改进提供参考。

1 两种计分方法：科目内标准化法和基于假设总体的量表化法

1.1 科目内标准化方法

在目前公布的各省份高考改革方案中，选考科目的计分方法基本上采用的是按照设置的人数比例，根据原始分的排名划定等级，然后按照等级赋分。这种计分方法实际上是依照考生原始分的高低为考生重新赋等级分，等级分传达的是考生在相应科目内的排名信息。它和以标准差为单位表示考生原始分数在群体中相对位置的标准分本质相同。采用这类计分方法时，决定选考科目成绩的是考生在相应科目全体考生中的排名，排名高则成绩高。

虽然各省份选考科目计分的基本原则相似，但在具体的计分设置上各地的设计并不相同：预先设置的等级数量不同，每个等级预设的人数比例也不相同。考虑到本研究的目的不是比较哪个省份的等级划分更为合理，而是讨论完全依据考生在相应选考科目内的排名信息进行计分的合理性，因此，本研究在使用科目内标准化方法进行计分时，不单独采用某个省份的等级赋分方案，而采用标准分作为科目内标准化方法的计分结果。

1.2　基于假设总体的量表化方法

基于假设总体的量表化方法是两种锚量表化方法之一。在具体实践中，这种方法的关键在于：一门或者多门统考科目基于全体考生群体的均值、方差，选考科目则基于选考考生群体的均值、方差，以此估计该选考科目基于全体考生群体的均值和方差。

假设统考科目和选考科目分别记为科目 A 和科目 B，科目 B 基于全体考生的均值和方差的估计公式，见公式（1）和公式（2）（Angoff，1961）。

$$\hat{M}_{b_t} = M_{b_\alpha} + b_{ba_\alpha}(M_{a_t} - M_{a_\alpha}) \tag{1}$$

$$\hat{S}_{b_t}^2 = S_{b_\alpha}^2 + b_{ba_\alpha}^2(S_{a_t}^2 - S_{a_\alpha}^2) \tag{2}$$

其中，$\hat{M}_{b_t}$ 和 $\hat{S}_{b_t}^2$ 分别是科目 B 基于全体考生群体 t 的均值和方差的估计值，M_{b_α} 和 $S_{b_\alpha}^2$ 分别是科目 B 基于选考考生群体 α 的均值和方差，b_{ba_α} 是依据选考考生群体 α 计算出来的科目 B 对科目 A 的简单线性回归系数，M_{a_t} 和 $S_{a_t}^2$ 分别是科目 A 基于全体考生群体 t 的均值和方差，M_{a_α} 和 $S_{a_\alpha}^2$ 分别是科目 A 基于选考考生群体 α 的均值和方差。

估计出选考科目基于全体考生群体的均值和方差后，对选考科目原始总分进行线性转换，即得到基于科目 A 全体考生原始总分所构建的通用量尺上的选考考生在科目 B 上的成绩，见公式（3）。这时，科目 B 成绩与科目 A 成绩共同放到了通用量尺上，两科目分数可比。

$$Y_b = \frac{S_{a_t}^2}{\hat{S}_{b_t}^2} X_b + M_{a_t} - \frac{S_{a_t}^2}{\hat{S}_{b_t}^2} \hat{M}_{b_t} \tag{3}$$

其中，X_b 为选考考生科目 B 的原始总分，Y_b 为相应原始分在通用量尺上的转换分数。

使用基于假设总体的量表化方法进行计分时，锚测量不局限于一个测验。如果锚测量由多个测验分数组成，我们可以将多个测验分数合并为一个总分作为单变量锚测量来处理，也可以将它们各自作为独立的测量分数代入换算。

2　研究设计

2.1　全体考生在选考科目和统考科目上作答反应的模拟

本研究关注锚测量为单个测验时，单个选考科目的计分情况。因此，研究拟模拟 30000 名考生在 2 个科目上的作答反应。这 2 个科目记为科目 A 和科目 B。研究对选考考生在科目 B 上的观察分数在不同计分方法下所产生的计分偏差进行考查，因为这一考查是基于观察分数进行的，考查过程中不需要确认相应科目上的观察总分是来自多值计分还是二值计分题目，所以，为了简化研究条件，生成模拟数据时科目 A 和科目 B 这 2 个科目中的所有题目均采用"0 - 1"计分，试卷长度分别为 60 题和 30 题。全体考生在 2 个科目上的作答反应采用多维项目反应理论（multidimensional item response theory，MIRT）模型模拟。

MIRT 模型是单维项目反应理论模型在多维情况下的扩展（Reckase，2009），本研究模拟数据时采用实践中更加成熟稳定的补偿型 MIRT 模型（Bolt & Lall，2003）：三参数 Logistic 模型的补偿型多维扩展（multidimensional extension of the three-parameter logistic model，M3PL）模型，见公式（4）。

$$P(U_{ij} = 1 | \theta_j, a_i, c_i, d_i) = c_i + (1 - c_i) \frac{e^{a_i \theta_j' + d_i}}{1 + e^{a_i \theta_j' + d_i}} \tag{4}$$

其中，a_i 是项目 i 在各个维度上的区分度向量，θ_j 是考生 j 在各个维度上的能力向量，c 是题目的猜测度参数，截距参数 d 是一个标量。MIRT 模型下，题目 i 整道题目只有一个难度参数 B_i，MIRT 模型也定义了题目的区分度参数 A_i。B_i 和 A_i 分别见公式（5）和公式（6）。

$$B_i = \frac{-d_i}{\sqrt{\sum_{k=1}^{m} a_{ik}^2}} \tag{5}$$

$$A_i = \sqrt{\sum_{k=1}^{m} a_{ik}^2} \qquad (6)$$

本研究题目参数生成方法如下：合成区分度 A 从（0.7，1.3）的均匀分布中随机抽取，难度 B 从标准正态分布 $N(0, 1)$ 中随机抽取，猜测度 c 的对数形式 logit-c 从均值为 $N(-1.09, 0.5)$ 的正态分布中随机抽取（Houts & Cai, 2012）。被试的能力参数服从均值为（0，0）、协方差阵为 σ 的多元正态分布。

2.2 选考考生群体的抽取

在新一轮高考改革背景下，每门选考科目的考生群体都是全体考生的子集。考生自主选择参加选考科目考试，构成了相应选考科目的选考考生群体。本研究选考考生群体的模拟是按照预先设定的分布通过对全体考生进行分层随机抽样获得的：从全体 30000 名考生在科目 B 上的作答数据中，按照给定分布抽取 5000 人的作答反应作为选考考生群体在科目 B 上的作答。

2.3 实验条件

锚测量与待校准测验的相关越高，量尺校准的结果越好（Holland & Dorans，2006）。因此，统考科目与选考科目相关的强度是本研究关注的一个因素。叶佩华等（1984）研究表明，高考统考科目与其他科目观察分数存在中等或中等以上程度相关。协方差矩阵 σ 的非主对角线元素代表科目之间的相关程度。考虑到观察分数的相关会略低于真值的相关，因此在生成模拟数据时，本研究将协方差矩阵 σ 的非主对角线元素设置为 0.6、0.7、0.8 和 0.9 四个水平。生成模拟数据时，每个实验条件均重复 30 次以获得稳定结果。本研究在协方差阵的四个水平下，30 个复本的科目 A 与科目 B 观察分数相关的均值分别为 0.52、0.61、0.70 和 0.79，记为 $r1$、$r2$、$r3$ 和 $r4$。

在选考科目计分时，科目内标准化方法不适用，是因为各科目考生群体来自不同的总体，其能力水平均与考生总体不一致。因此，选考考生群体能力水平是本研究关注的另一个因素。考虑到全体考生总体正态分布的对称性，本研究只考察选考考生群体能力水平大于全体考生能力水平的情况。将选考考生群体能力水平因素设置为五个水平，具体设置为选考考生群体能力均值分别比全体考生在科目 B 上的能力均值高 0.1、0.2、0.3、0.4 和 0.5 个标准差，记为 $a1$、$a2$、$a3$、$a4$ 和 $a5$。

另外，在选考考生群体能力水平大于全体考生能力水平时，选考考生群体能力还很可能呈现负偏态分布。因此，选考考生群体能力分布是本研究关注的

第三个因素。研究中，选考科目的选考考生能力分布设置为正态分布和 $\beta(5, 2)$ 分布两个水平。

也就是说，本研究关注统考科目与选考科目的相关强度、选考考生群体能力水平和选考考生群体能力分布 3 个因素，共计 $4 \times 5 \times 2 = 40$ 种实验条件。

另外，选考科目选考考生群体是通过对全体考生进行分层随机抽样获得的。在对 30 个复本进行分层随机抽样时，某些条件下，某些复本的某些层待抽样数据量不足，这种情况下当次抽样无效。各实验条件下实际使用的复本数量，如表 1 所示。

表 1　　　　各实验条件实际使用的复本量

选考考生群体能力分布	选考考生群体能力水平	r1	r2	r3	r4
正态分布	a1	30	30	30	30
	a2	30	30	30	30
	a3	30	29	30	29
	a4	29	27	28	25
	a5	23	26	23	21
负偏态分布	a1	30	30	30	30
	a2	30	30	30	30
	a3	30	30	30	30
	a4	30	30	30	30
	a5	30	30	30	30

2.4　评价标准

本研究需要比较通过科目内标准化和基于假设总体的量表化这两种方法（记为 m1 和 m2）计算得到的选考考生科目 B 成绩与考生在科目 B 上真实成绩的差距。这 3 种分数的报告形式不同，m1 方法得到的分数是基于选考考生在科目 B 上真实成绩计算得到的标准分，m2 方法得到的分数和考生在科目 B 上的真实成绩是在通用量尺上的原始分。

为了进行分数比较，报告分数的量尺应该统一，因此，我们将这 3 种分数转换到给定的报告分数量尺上。本研究将报告分数的量尺设为均值为 500、标准差为 100。

通过 m1 方法得到的选考考生的科目 B 成绩为标准分，此标准分通过线性转换调整为均值为 500、标准差为 100 的报告分数。

通过 m2 方法得到的选考考生科目 B 成绩的报告分数，可以首先由公式

（3）计算得到的选考考生科目 B 在通用量尺上的转换分数和全体考生在科目 A 上原始总分的均值和标准差来计算标准分，然后将此标准分通过线性转换调整为均值为 500、标准差为 100 的报告分数。

考生在科目 B 上的真实成绩计算方法如下：本研究为模拟研究，考生在科目 B 上的作答反应已知，因此，首先根据模拟的全体考生在科目 B 上的作答数据，将各考生科目 B 原始总分转换为基于全体考生样本的标准分，其次将此标准分通过线性转换调整为均值为 500、标准差为 100 的报告分数。因为本研究要讨论的是，在选考考生群体能力水平与考生总体不一致的情况下，考生在科目 B 上的观察分数在不同的计分方法下会发生怎样的偏差，所以考生科目 B 成绩的真值是以观察分数而非考生能力真值为基础的。

每种实验条件分别通过科目内标准化法和基于假设总体的量表化法这两种方法计算选考考生的科目 B 成绩，并计算通过这两种方法得到的考生成绩与考生在科目 B 上的真实成绩之间的均方根误差（RMSE），作为这两种方法对考生成绩估计准确性的指标。

假设 x_t 为考生在科目 B 上的真实成绩，x_o 为通过科目内标准化或者基于假设总体的量表化方法计算得到的选考考生成绩，n 为某种实验条件的副本数，那么，该实验条件下的均方根误差为：

$$RMSE = \sqrt{\frac{1}{n} \sum_{o=1}^{n} (x_o - x_t)^2} \tag{7}$$

2.5 数据处理

模拟数据的生成采用 flexMIRT 软件完成，其他的数据整理、数据分析、结果报告采用 R 软件和 Origin 软件完成。

3 研究结果

（1）两种计分方式下，科目 B 成绩的均方根误差均随选考考生群体能力与全体考生能力水平差距的增加而增大；但在所有实验条件下，与采用科目内标准化方法相比，采用基于假设总体的量表化方法进行计分时，科目 B 成绩的均方根误差均较小。

在各实验条件下，通过科目内标准化方法和基于假设总体的量表化方法得到的选考考生科目 B 成绩的均方根误差，如表 2 所示。

表 2   选考考生科目 B 成绩的均方根误差

选考考生群体能力分布	选考考生群体能力水平	科目内标准化				基于假设总体的量表化			
		r1	r2	r3	r4	r1	r2	r3	r4
正态分布	a1	9.07	9.20	9.31	9.06	6.21	5.31	4.18	2.47
	a2	18.15	18.08	18.17	18.15	12.44	10.13	7.63	4.81
	a3	27.19	27.11	26.96	27.10	18.34	14.84	11.30	7.23
	a4	36.05	35.75	35.95	35.74	24.35	19.86	15.10	9.59
	a5	44.54	44.70	44.47	44.46	30.05	24.99	18.22	11.57
负偏态分布	a1	13.03	13.09	13.36	12.97	9.43	8.10	6.31	3.97
	a2	21.94	21.76	21.77	21.87	15.54	12.43	9.63	5.99
	a3	30.42	30.40	30.54	30.36	20.68	17.10	12.93	7.79
	a4	38.77	38.78	38.86	38.74	26.24	21.36	15.79	9.42
	a5	47.02	47.03	47.05	46.88	31.20	25.56	18.61	11.09

由表 2 可知：当选考考生群体能力呈正态分布时，若采用科目内标准化方法计算选考考生科目 B 成绩，选考考生科目 B 成绩与真实成绩会存在较大偏差，而且选考考生群体能力与全体考生能力水平差距越大，科目内标准化方法的均方根误差就越大；科目 A 与科目 B 相关强度对于该方法的均方根误差影响不大。虽然与科目内标准化方法下的情况相似，采用基于假设总体的量表化方法时，选考考生科目 B 成绩的均方根误差也会随着选考考生群体能力与全体考生能力水平差距的增加而增大；但在所有的实验条件下，如果采用基于假设总体的量表化方法对选考考生科目 B 成绩进行计分，科目 B 成绩的均方根误差均会缩小，而且缩小的幅度，会随着科目 A 与科目 B 相关强度的增加而增大。与科目内标准化方法相比，当科目 A 与科目 B 观察分数的相关系数为 0.52 时，使用基于假设总体的量表化方法，选考考生科目 B 成绩的均方根误差会降低约 32%（以选考考生群体的 a1 ~ a5 五种群体能力水平下的平均值来计）；观察分数的相关系数为 0.61 时，降低约 44%；观察分数的相关系数为 0.70 时，降低约 57%；观察分数的相关系数为 0.79 时，降低约 73%。

当选考考生群体能力呈负偏态分布时，两种方法下选考考生科目 B 成绩的均方根误差与其呈正态分布时变化趋势总体一致：两种方法下，选考考生科目 B 成绩的均方根误差均会随着选考考生群体能力与全体考生能力水平差距的增加而增大；科目 A 与科目 B 相关强度对于科目内标准化方法的均方根误差影响不大，而基于假设总体的量表化方法下科目 B 成绩的均方根误差会随着科目 A 与科目 B 相关强度的增加而减小；在所有的实验条件下，采用基于假设总体的量表化方法对选考考生科目 B 成绩进行计分时，科目 B 成绩的均方根误差均会缩小。

不过，选考考生群体能力呈负偏态分布时，科目 B 的均方根误差，与其呈正态分布时也存在一些差异。选考考生群体能力呈正态分布时，选考考生群体的 $a1 \sim a5$ 共五种群体能力水平下，基于假设总体的量表化方法均方根误差与科目内标准化方法降低幅度相似且没有明确的变化趋势；而选考考生群体能力呈负偏态分布时，五种群体能力水平下，均方根误差的降低幅度随群体能力水平的增加而增大。而且，总体上看，两种方法下，科目 B 成绩的均方根误差均较选考考生群体能力呈正态分布时更大，且增幅会随选考考生群体能力与全体考生能力水平差距的增加而减小；当选考考生群体能力较强（如 $a4$、$a5$ 条件下）且科目 A 与科目 B 相关强度较高时（如 $r3$、$r4$ 条件下），若采用基于假设总体的量表化方法进行计分，选考考生群体能力呈负偏态分布时的均方根误差与呈正态分布时差异不大，甚至略小于选考考生群体能力呈正态分布时的均方根误差。

（2）在计分差异的分布上，全部实验条件下，采用基于假设总体的量表化方法来计分时，考生成绩的偏差都比采用科目内标准化方法时更小。

另外，如图 1 所示，为了比较两种计分方式下计分差异的分布情况，我们绘制了四种相关强度下，科目内标准化方法和基于假设总体的量表化方法计分方式下，选考考生科目 B 成绩与真实成绩差异（由"选考考生科目 B 成绩 – 相应考生的真实成绩"计算得来）的箱线图；每个箱线图中的五条线分别表示上下边缘、上下四分位数和中位数，两个"＊"分别表示最大值和最小值，"●"表示均值。图 1 中的两个横轴为具体的实验条件，纵轴为两种计分方式下计分结果与真实成绩的差异。为避免图 1 中箱线图过多导致堆积重叠，每种相关强度仅选取选考考生群体能力的两端水平（$a1$ 和 $a5$）。

从图 1 可以看出，在全部实验条件下，当采用基于假设总体的量表化方法来计分时，考生成绩偏差的中位数、均值、上下四分位数以及最大值和最小值都比相应实验条件下采用科目内标准化方法时更小。从图 1 还可以看出，在两种计分方式下，几乎所有考生科目 B 成绩与真实成绩的差异均为负值（只有个别实验条件下，一些差异为零值或正值）。这意味着，在本研究设置的模拟条件下（科目 B 考生群体能力比考生总体能力水平高 0.1 ~ 0.5 个标准差），几乎所有考生得分均低于真实成绩。最后，选考考生群体的能力，对选考考生科目 B 成绩偏差的离散情况有影响，且对两种方法的影响方向一致：选考考生群体能力与考生总体能力差距为 0.1 个标准差时，两种计分方式下选考考生科目 B

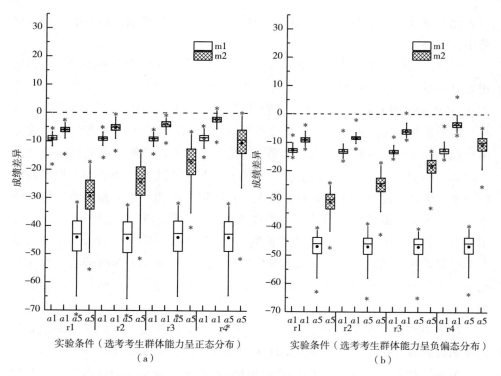

图 1   两种计分方式下选考考生科目 B 成绩与真实成绩的差异

成绩偏差全距均较小，分布均较集中；差距为 0.5 个标准差时，偏差全距均较大，分布均较分散。

4   结论与讨论

（1）本研究结果表明：采用科目内标准化方法进行选考科目的计分存在偏差，采用基于假设总体的量表化方法能够降低这种计分偏差。无论从均方根误差的角度来看，还是从差异分布来看，采用基于假设总体的量表化方法计分，均能够在不同程度上降低选考科目计分上的偏差；偏差降低幅度与统考科目、选考科目的相关强度有关，相关强度越高，偏差降低的幅度越高，选考科目分数量尺调整的效果越好。这一结果和以往研究的理论分析结果一致（Holland & Doranas，2006）。从模拟数据来看，即使统考科目和选考科目的观察分数只存在中等程度的相关，采用基于假设总体的量表化方法仍然可以使得选考科目计分偏差明显降低。因此，在新一轮高考综合改革中，如果采用基于假设总体的量表化方法对选考科目分数量尺进行调整，应该能够产生较好的调整效果。

（2）本研究还显示：无论采用科目内标准化的方法还是采用基于假设总体的量表化方法，选考科目的计分偏差均会随着选考考生群体能力与全体考生能力水平差异的增加而增大。如果选考考生群体能力水平与全体考生总体差异非常大，即使采用基于假设总体的标准化方法进行量尺调整，选考科目的计分还是会有不小的偏差。在实践中，如果出现选考考生群体与考生总体能力水平差异极大的情况，我们不能仅仅依靠基于假设总体的量表化方法进行选考科目的量尺调整。另外，本研究重点关注在选考考生群体分布形态、能力水平和统考科目与选考科目相关强度 3 个因素的影响下，锚测量为单个科目时，单个选考科目的计分情况。在实践中，选考科目的计分除了受本研究关注的 3 个因素的影响，还会受到其他因素的影响。比如，目前有些省份历史、物理科目拟采用原始分计分①，这样各选考科目题目参数（比如难度、区分度）的影响就更加不可忽视。对于这些现实中可能遇到的更为复杂和多变的问题，后续尚需依据实测数据，经研究后制定预案，以期为新一轮高考改革中选考科目的计分提供更多的参考建议。

新一轮高考综合改革提出选考科目以等级形式出现，这一规定的初衷是摒除不同科目原始分数单位不统一的缺陷，建立起不同科目考生成绩的可比性。但在实践中，具体情况比较复杂，不同科目的选考考生群体并非来自同一总体，这就导致了直接采用科目内标准化方法可能会带来额外的偏差。因此，在新一轮高考改革实践中，相关部门仍需对实践中遇到的新问题，进行深入、细致的研究，拿出能够落地的方案，只有这样才能更好地将制度设计落到实处。

参考文献

［1］刘慧．高考选考科目计分方法探讨［J］.中国考试，2018（6）：16-20.

［2］温忠麟．新高考选考科目计分方式探讨［J］.中国考试，2017（12）：23-29.

［3］谢小庆．关于 construct 的译法［J］.心理学探新，2001，21（1）：64-65.

［4］辛涛．国外大学入学考试分数合成方式及其启示［J］.中国考试，2019（6）：28-31.

［5］杨志明．基于大数据的学业水平选考科目赋分方案［J］.教育测量与评价，2019（1）：3-10.

［6］叶佩华，张敏强，李伟明，等．对广东省一九八三年高考成绩的若干统计分析［J］.华南师范大学学报（社会科学版），1984，16（2）：33-41.

---

① 省政府关于印发江苏省深化普通高校考试招生制度综合改革实施方案的通知［EB/OL］.［2019-04-21］.［2019-12-24］.http：//www.jiangsu.gov.cn/art/2019/4/23/art_46143_8315709.html.

［7］Angoff W H. Basic Equations in Scaling and Equating ［A］//WILKS S S. Scaling and Equating College Board Tests ［C］. Princeton, NJ: Educational Testing Service, 1961: 120 – 129.

［8］Angoff W H. Scales, Norms, and Equivalent Scores ［A］//Thorndike R L. Educational Measurement. 2nd ed ［C］. Washington, DC: American Council on Education, 1971: 508 – 600.

［9］Bolt D M, Lall V F. Estimation of Compensatory and Noncompensatory Multidimensional Item Response Models Using Markov Chain Monte Carlo ［J］. Applied Psychological Measurement, 2003, 27 (6): 395 – 414.

［10］Holland P W, Dorans N J. Linking and Equating ［A］//Brennan R L. Educational Measurement. 4th ed ［C］. Westport, CT: Praeger Publishers, 2006: 187 – 220.

［11］Houts C R, Cai L. flexMIRT™ user's Manual Version 1. 0: Flexible Multilevel Item Factor Analysis and Test Scoring ［Z］. Seattle, WA: Vector Psychometric Group, 2012.

［12］Reckase M D. Multidimensional Item Response Theory ［M］. New York: Springer, 2009.

［13］Schultz M K, Angoff W H. The Development of New Scales for the Aptitude and Advanced Tests of the Graduate Record Examinations: ETS Research Report RB – 54 – 15 ［R］. Princeton, NJ: Educational Testing Service, 1954.

（原刊于《教育测量与评价》2020 年第 10 期）

新 HSK 纸笔考试与网络考试比较研究

张晋军[1]　符华均[2]

（1. 教育部中外语言交流合作中心；2. 石家庄教育科学研究所）

[摘要] 新汉语水平考试（HSK）同时提供纸笔考试和网络考试，考生可以自由选择。这样做是否符合新 HSK 的标准化施测原则？不同的考试形式对考生是否公平？参加网络考试是否可以取得更好的成绩？新 HSK 应该怎样处理纸笔考试与网络考试分数之间的关系？我们拟统计、分析相关数据，尝试回答上述问题。

[关键词] 新汉语水平；考试；纸笔考试；网络考试；公平

2009 年 11 月，新汉语水平考试（HSK）正式推出，它沿用了传统的纸笔考试形式。相隔一年，2010 年 11 月，新 HSK 在推行纸笔考试的同时，又在国内外部分考点为考生提供了新的选择——网络考试。新 HSK 网络考试分两种形式：一种基于本地局域网，另一种基于互联网。新 HSK 每年定期举办若干次考试，每次考试，纸笔考试和网络考试使用相同的试卷。

新 HSK 是标准化考试，为减少测量误差，要求给予考生相同的施测媒介、环境、过程等。从施测媒介角度看，新 HSK 纸笔考试中，考生面对的是纸质试卷，要用铅笔将答案填涂在纸质答题卡上，一般通过公共放音设备或录音机收听听力试题，通过手写汉字来完成书写试题；而在新 HSK 网络考试中，考生面对的是电脑，用鼠标直接在电脑上点选答案，通过耳麦收听听力试题，通过键盘输入汉字来完成书写试题。很明显，耳麦的听力播放效果要优于公共放音设备或录音机；键盘输入汉字要比手写汉字容易许多。另外，纸笔考试的试题选项统一按字数由少到多顺序排列，网络考试的试题选项则被随机排列；纸笔考试由主考掌控整个考试流程，主考会向考生发出指令，网络考试则完全交由考试系统掌控。

1 新 HSK 网络考试考生数量

新 HSK 分笔试和口试两部分。新 HSK 口试采用录音形式，基本不存在纸笔考试和网络考试的区别。因此，本文只对新 HSK 笔试做相关统计分析。

2010～2012 年，全球共有 17573 名考生参加了新 HSK 网络考试，占新 HSK 全体考生的 3.56%。虽然所占比例尚小，但考生数量增长迅猛。具体信息见表 1。

表 1 　　　　　　　　　新 HSK 网络考试情况 　　　　　　　　　单位：人

考试名称	2010 年		2011 年		2012 年	
	纸笔	网络	纸笔	网络	纸笔	网络
HSK（一级）	5068	6	8750	181	15188	758
HSK（二级）	8293	38	14477	256	20314	667
HSK（三级）	11957	72	18582	528	30628	1223
HSK（四级）	22177	124	38175	1005	47216	2877
HSK（五级）	38162	241	52871	1634	60054	3804
HSK（六级）	24781	143	35349	1140	41097	2876
共计	110438	624	168204	4744	214497	12205

鉴于部分等级网络考试年度考生数量较小，我们拟先以 HSK（四级）、HSK（五级）、HSK（六级）为研究对象进行统计、分析，其他等级则留待将来考生数量有较大增长后再做研究。

2 研究对象

我们以单次网络考试考生数量达到 300 人为标准，选择了符合这一条件的 18 次考试作为研究对象，其中 HSK（四级）6 次、HSK（五级）7 次、HSK（六级）5 次，这 18 次考试都是 2012 年度考试。具体信息见表 2。

考试名称	卷号	纸笔	网络	总计
HSK（四级）	H41218	6400	366	6766
	H41219	5767	325	6092
	H41220	7114	400	7514
	H41221	5240	457	5697
	H41224	4963	301	5264
	H41225	9446	628	10074
HSK（五级）	H51218	7971	458	8249
	H51219	6591	364	6955
	H51220	8745	499	9244
	H51221	5801	575	6376
	H51222	4771	349	5120
	H51224	6674	386	7060
	H51225	12199	926	13125
HSK（六级）	H61218	5290	415	5705
	H61220	5574	325	5899
	H61221	4062	348	4410
	H61224	4787	392	5179
	H61225	7589	642	8231

表 2   2012 年部分新 HSK 考试人数   单位：人

3 统计结果

我们统计了这 18 次考试纸笔考试和网络考试听力、阅读、书写分测验的平均分（均为原始分线性转换为百分制分数），同时还对这 18 次考试两种考试形式的得分做了 t 检验。具体信息见表 3 ~ 表 5。

表 3   2012 年部分新 HSK（四级）考试分数 t 检验

卷号	听力		阅读		书写	
	纸笔	网络	纸笔	网络	纸笔	网络
H41218	74.40	78.57 **	72.84	76.42 **	67.30	67.72
H41219	76.40 **	73.30	70.91	69.08	64.15	68.20 **
H41220	73.69	77.13 **	69.58	71.02	68.15	71.05 **
H41221	73.59	77.95 **	71.32	70.93	63.24	67.63 **

续表

卷号	听力		阅读		书写	
	纸笔	网络	纸笔	网络	纸笔	网络
H41224	75.39	80.40 **	71.53	75.63 **	61.70	67.47 **
H41225	69.88	74.50 **	72.81	75.40 **	56.79	61.70 **
平均	73.89	76.98	71.50	73.08	63.56	67.30

注：* 表示显著性达到 0.05 水平，** 表示显著性达到 0.01 水平。

表 4　　　　　　　　2012 年部分新 HSK（五级）考试分数 t 检验

卷号	听力		阅读		书写	
	纸笔	网络	纸笔	网络	纸笔	网络
H51218	70.34	79.40 **	62.68	65.47 **	64.56	70.05 **
H51219	78.94	78.49	69.74 **	66.83	69.73	69.93
H51220	73.46	76.87 **	58.85	58.51	63.82	65.74 **
H51221	73.67	81.24 **	66.19	68.38 **	67.81	71.17 **
H51222	68.97	75.72 **	66.00	66.95	61.05	65.92 **
H51224	75.78	80.70 **	64.23	67.01 **	63.08	68.45 **
H51225	70.12	75.94 **	64.49	64.64	61.97	65.21 **
平均	73.04	78.34	64.60	65.40	64.57	68.07

注：* 表示显著性达到 0.05 水平，** 表示显著性达到 0.01 水平。

表 5　　　　　　　　2012 年部分新 HSK（六级）考试分数 t 检验

卷号	听力		阅读		书写	
	纸笔	网络	纸笔	网络	纸笔	网络
H61218	70.77	77.10 **	61.25	66.36 **	61.86	67.45 **
H61220	73.65	75.79 *	67.00	68.13	59.27 **	55.25
H61221	73.03	75.84 **	65.17	63.59	65.51	67.54 *
H61224	74.29	76.90 **	64.58	65.42	67.98	67.65
H61225	72.55	76.04 **	62.87	62.20	50.21 **	47.96
平均	72.86	76.33	64.17	65.14	60.97	61.17

注：* 表示显著性达到 0.05 水平，** 表示显著性达到 0.01 水平。

根据表 3～表 5 可知，三个等级的听力部分，只有两次考试（H41219、H51219）表现异常，其他 16 次考试，网络考试得分均高于纸笔考试，且差异显著。三个等级的阅读部分，虽然有 12 次考试网络考试得分高于纸笔考试，但只有 7 次考试差异性显著。而书写部分，6 次 HSK（四级）考试中，有 5 次网络考试得分高于纸笔考试，且差异性显著；7 次 HSK（五级）考试中，有 6 次网络考试得分高于纸笔考试，且差异性显著；5 次 HSK（六级）考试中，有两次网络考试得分高于纸笔考试，且差异性显著，还有两次纸笔考试得分高于网络考试，且差异性显著。

4　讨论

　　数据显示，上述三个等级听力部分，网络考试得分高于纸笔考试，HSK（四级）幅度在 3 分左右，HSK（五级）在 5 分左右，HSK（六级）在 3.5 分左右。这可能与考生通过耳麦接收听力信息有关，听力内容播放更清晰，考生更不易被打扰，注意力更集中。但我们认为，现实交际不是这样的，纸笔考试的环境更接近现实交际，网络考试可能高估了考生的听力水平。因此，可以考虑适当下调这三个等级的网络考试听力得分。

　　这三个等级的阅读部分，虽然从整体上看，网络考试得分略高于纸笔考试，但可能不具有统计学意义上的显著性差异。这可能意味着，纸笔考试和网络考试从考试形式上，对考生作答阅读试题的影响没什么差别。

　　关于书写部分，HSK（四级）、HSK（五级）网络考试得分高于纸笔考试，幅度都在 3.5 分左右。我们认为，现实交际就是键盘输入，即使不会写汉字，只要能认读即可完成汉语书面表达交际任务，纸笔考试要求考生手写汉字反而可能会低估考生的汉语书面表达能力。因此，可以考虑适当上调纸笔考试书写得分。HSK（六级）则差别不大，这与我们的经验判断不一致。HSK（六级）书写部分是一个缩写题，要求考生阅读一篇 1000 字左右的叙事文章，时间为 10 分钟，阅读时不能抄写、记录；10 分钟后，监考收回阅读材料，要求考生将这篇文章缩写成一篇短文，标题自拟，只需复述文章内容，不需加入自己的观点，字数为 400 左右，时间为 35 分钟。有人认为，HSK（六级）书写题要求考生具有很高的汉语书面表达水平，这个水平已经高到不受考试形式的影响。究竟如何，有待进一步研究。最好的办法是组织一批考生，同时参加纸笔考试和网络考试，统计相关数据，得出结论。

　　有人猜测，网络考试得分高于纸笔考试的原因，可能是报考网络考试的考生群体本身汉语水平偏高，而非网络考试形式有利于考生得高分。是否如此，也有待进一步研究。

　　我们认为，新 HSK 同时提供纸笔考试和网络考试，有悖标准化施测原则；考生参加网络考试有可能取得更好的成绩，这对参加纸笔考试的考生是不公平的。但是，首先，短时期内纸笔考试还有其生命力，其次，网络考试是发展趋势，因此，在未来较长一段时期，新 HSK 仍将为考生同时提供纸笔考试和网络考试两种选择。为保证公平，我们将在进一步研究的基础上，对不同考试形式的分数进行"等值"处理，以减少由考试形式造成的测量误差。

参考文献

［1］张晋军. 新汉语水平考试（HSK）题库建设之我见［J］. 中国考试，2013（4）：21－26.

［2］张晋军，张慧君，张铁英，符华均，黄贺臣. 新汉语水平考试 HSK（六级）试卷难度控制研究［J］. 中国考试，2012（11）：17－19.

［3］Schaeffer G A, et al. Comparability of Paper-and-Pencil and Computer Adaptive Test Scores on the GRE General Test［R］. GRE Board Report No. 95－08P, August 1998.

（原刊于《中国考试》2015 年第 11 期）

新汉语水平考试 HSK（六级）试卷难度控制研究

张晋军[1,2,3]　张慧君[1,2,3]　张铁英[1,2,3]　符华均[1,2,3]　黄贺臣[1,2,3]

（1. 国家汉办；2. 孔子学院总部；3. 汉考国际教育科技

（北京）有限公司）

[摘要] 新汉语水平考试 HSK（六级）是新 HSK 笔试难度最高的等级。HSK（六级）在试卷难度控制方面效果如何？试卷难度信息能为等值提供什么借鉴？通过对 2011 年全球 8 次 HSK（六级）考试数据的统计分析，我们认为，HSK（六级）试卷难度控制具有较好的质量。在"共同题等值法""共同组等值法"都不具有可操作性的情况下，新 HSK 可以尝试使用"平均分等值法"。

[关键词] 新 HSK；汉语；考试；难度；平均分等值法

新汉语水平考试 HSK（六级）是新 HSK 笔试难度最高的等级。为使不同次考试的分数具有可比性，使参加不同次考试的考生得到公平对待，HSK（六级）拼卷人员采取"内容均衡、形式统一、篇幅控制"等措施，努力使不同试卷在难度上保持一致。通过预测，可以更好地控制试卷难度。但预测有试题曝光的风险，须投入一定的人力物力，同时其准确性受各种条件的限制。如果不预测，试卷难度控制就更为关键。考试结束后，统计人员还要对分数进行等值处理。

HSK（六级）在试卷难度控制方面效果如何？试卷难度信息能为等值提供什么借鉴？我们拟通过对 2011 年全球 8 次 HSK（六级）考试的数据进行统计分析，来尝试回答上述问题。

1　研究设想

2011 年，HSK（六级）在全球组织了 8 次考试，使用了 8 套试卷，考生共计 36484 人，其中韩国籍考生 25939 人，占全体考生的 71.10%。具体信息见表 1。

表 1 　　　　　　　　　　 2011 年 HSK（六级）考试人数 　　　　　　　　 单位：人

考试时间	全球考生数量	韩国籍考生数量
3 月	3998	3446
4 月	4235	2685
5 月	5231	3622
6 月	4410	2455
7 月	3758	3360
9 月	2742	2524
10 月	4886	3304
12 月	7224	4543
共计	36484	25939

要考查 HSK（六级）不同试卷的难度差别，有两种方法。一是正式考试时，在不同试卷中安置共同题，通过不同次考生在共同题上的表现来推测不同试卷的难度差。但是为应对应试冲击，新 HSK 试题的使用是一次性的，不同试卷中不包含相同的试题。二是组织一批考生，将多套试卷都考一遍，考生是相同的，考生的水平没有发生变化，则考生在不同试卷上的分差就是试卷难度差。这基本上也不具有可操作性。

通过表 1 可以看出，HSK（六级）每次考试，全球考生数量都在 2700 人以上。如果将不同次考试的考生看作总体考生的若干个随机样本，我们就可以假设他们具有相同或近似的汉语水平。这样的话，不同次考试的考生在不同试卷上的得分差异就可视为试卷难度差。由此，在一定程度上，我们就可以对 HSK（六级）不同试卷难度控制的质量做出评价。

通过表 1 可以看出，每次考试，韩国籍考生数量都在 2400 人以上。因此，我们还可以韩国籍考生为统计对象，评价 HSK（六级）不同试卷难度控制的质量。

HSK（六级）含听力、阅读、书写三部分。本文使用的是这 8 次考试的原始分数据，只对客观题听力分、阅读分进行统计分析，未对主观题书写分做统计分析。

2　统计分析

HSK（六级）听力 50 题，阅读 50 题。我们统计了 HSK（六级）2011 年 8 次考试全球考生、韩国籍考生的听力、阅读平均分。具体信息见表 2。

表2   **2011 年 HSK（六级）考试得分情况**

考试时间	全球考生平均分		韩国籍考生平均分	
	听力	阅读	听力	阅读
3 月	34.60	32.15	34.40	31.94
4 月	39.36	34.18	38.33	32.48
5 月	36.62	30.98	36.47	30.36
6 月	40.60	34.34	38.55	31.90
7 月	37.42	32.32	37.00	31.79
9 月	38.26	31.03	38.25	30.87
10 月	37.64	30.63	36.91	29.00
12 月	34.36	33.09	34.17	32.46
平均	37.36	32.34	36.76	31.35

HSK（六级）听力、阅读原始分满分都是 50 分。通过表 2 可以看出，全球考生听力平均分普遍高于阅读平均分。听力平均分在 34.36~40.60 分波动，波动范围为 6.24 分，均值为 37.36 分。阅读平均分在 30.63~34.34 分波动，波动范围为 3.71 分，均值为 32.34 分。听力平均分与阅读平均分的均值相差 5.02 分。

韩国籍考生听力平均分普遍高于阅读平均分。听力平均分在 34.17~38.55 分波动，波动范围为 4.38 分，均值为 36.76 分。阅读平均分在 29.00~32.48 分波动，波动范围为 3.48 分，均值为 31.35 分。听力平均分与阅读平均分的均值相差 5.41 分。8 次考试全球考生相关数据如图 1 所示。

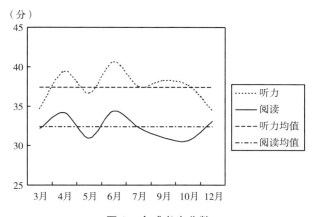

图 1　全球考生分数

新加坡考生汉语水平普遍较高。统计显示，4 月考试，新加坡考生占全体考生的 11.62%；6 月考试，新加坡考生占全体考生的 20.84%；其他 6 次考试的比例则都在 2% 以下。新加坡考生对 4 月、6 月考试全球考生平均分有拉高的影响，会造成对 4 月、6 月使用试卷难度系数的高估。8 次考试韩国籍考生相关数据如图 2 所示。

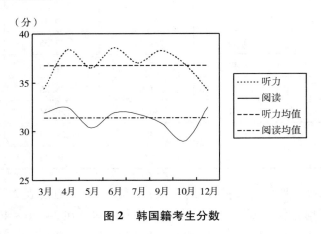

图 2　韩国籍考生分数

3　讨论

根据上述统计分析可以发现，HSK（六级）8 次考试，听力分普遍高于阅读分，相差 5 分左右。听力分在 35～40 分波动，阅读分在 30～35 分波动。这种波动较为稳定，反映了 HSK（六级）试卷难度控制的现有水平。评价 HSK（六级）试卷难度控制的质量，可以韩国籍考生为统计对象，也可以剔除新加坡籍等特殊考生群体的全球考生为统计对象。

新 HSK 最初采用"共同题等值法"实现等值，但很快就在应试培训的冲击下放弃了这种等值方法。"共同组等值法"则因缺少可操作性，一直未能派上用场。在对 HSK（六级）难度控制的研究过程中，我们发现，新 HSK 可以尝试使用"平均分等值法"来实现等值。其假设是，在每次考试有足够数量、足够代表性考生的前提下，不同次考试考生群体的汉语水平相同或相似。如果某次考试听力平均分偏高，意味着听力分测验可能偏易，需要减分；阅读平均分偏低，意味着阅读分测验可能偏难，需要加分。结合图 1 来看，如果下次考试，听力平均分在 35～39 分，可能就不做调整。但如果在这个区间之外，我们就须加分或减分，调整幅度由相关人员集体讨论确定。这是一种粗略的等值方法，但它简便易行，可操作性强。

在听力均值线和阅读均值线的确定上，"平均分等值法"有两种选择。一是将其固定，比如选择近三年来的 20 次考试，获得听力、阅读平均分均值线，今后的考试围绕这两条均值线做调整。二是将其动态化，每次考试都围绕之前所有考试形成的均值线做调整。

参考文献

［1］谢小庆．对 15 种测验等值方法的比较研究［J］．心理学报，2000（2）：217 - 222.

［2］谢小庆．关于 HSK 等值的试验研究［J］．世界汉语教学，1998（3）：88 - 96.

［3］谢小庆．HSK 和 MHK 的等值［J］．考试研究，2005（4）：33 - 46.

［4］谢小庆．考试分数等值的新框架［J］．考试研究，2008（2）：4 - 17.

［5］谢小庆，任杰．关于 HSK 等值改进的一项实验研究［J］．世界汉语教学，2006.

［6］谢小庆，任杰．HSK 等值方法的改进：对外汉语教学的全方位探索［M］．北京：商务印书馆，2005.

［7］约瑟夫·M. 瑞安．基于经典测量理论和项目反应理论的等值与连接（一）［J］．考试研究．2001（1）：80 - 94.

［8］约瑟夫·M. 瑞安．基于经典测量理论和项目反应理论的等值与连接（二）［J］．考试研究．2001（2）：80 - 94.

［9］约瑟夫·M. 瑞安．基于经典测量理论和项目反应理论的等值与连接（三）［J］．考试研究．2001（3）：80 - 94.

［10］张晋军．关于汉语水平考试（HSK）等值设计的新思考［J］．中国考试，2008（8）：10 - 13.

［11］张晋军．国家职业汉语能力测试（ZHC）拼卷工作介绍［J］．中国考试，2007（1）：45 - 48.

（原刊于《中国考试》2012 年第 11 期）

影响 HSK 语料难度的连词因素 *

李靖华

（北京语言大学）

[**摘要**] 词汇是影响语言测试语料难度的重要因素之一，连词是汉语篇章衔接的重要词汇手段。《国际中文教育中文水平等级标准》对收纳的 106 个连词进行了初、中、高等的分类，这为汉语连词的难度划分提供了一个初步的标准，但在真实语料中，连词的运用是复杂的，牵涉到句法衔接、逻辑语义等各方面。本文以"因为"为例，通过对 HSK 考试语料的分析，表明单个连词在不同难度的语料中表现是不尽相同的，总的来说，影响语料难度的连词因素有三个——句法位置、搭配套用、连接能力。

[**关键词**] HSK；文本难度；连词；"因为"

1 问题的提出

在语言测试中，语料的难易程度很大程度上决定了试题的难易程度。对语料文本难易度的研究，即语料可读性研究是语言测试中的一个热点问题。

在语料可读性的研究中，文本的连贯性是一个重要的考量因素，一般从语篇深层衔接模式入手，结合浅层语言指标进行考量，能够较为准确地反映出语料的难度，例如英语测试及教学领域目前较为权威的 "Reading Maturity" "Text Evaluator SM System" "Coh-metix Text Easability Assessor" 等语料可读性公式都增加了句内和跨句的连贯手段的考察（Jessica Nelson et al.，2012），尤其是 "Coh-metix Text Easability Assessor" 设置了专门的深层连贯维度，考察事件、行动、目标、状态之间的因果、时间、空间等关系（McNamara et al.，2014）。

汉语水平考试（HSK）是国际化的汉语能力标准化考试，针对其语料进行的语料文本研究还比较少。江新等（2020）提出了较为准确的预测 HSK 阅读语料的可读性公式，分为字词、句子、语篇等 9 个特征。其在语篇层面主要是

---

* 本成果受北京语言大学院级科研项目（中央高校基本科研业务专项资金）资助（No. 19YJ010105）。

从文本长度、连词数量和人称代词数量进行预测，仍属于语言表面特征，对语篇的连贯性方面的难度考察仍存在深入探讨的空间。

篇章的连贯是一个体系，存在指称、词汇衔接、连接词衔接等多种语法手段（Halliday & Hasan，1976）。连词作为连接前后语言片段的重要桥梁，在保证语义顺畅过渡方面起着重要的作用，是篇章连贯的重要手段，一直是研究的重点。传统的连词研究在逻辑语义（周刚，2002；郭继懋，2008）、句法位置（王维贤，1994；邢福义，2001）、词语搭配（肖奚强，2008；张文贤，2017）、语用环境研究（姚双云，2012）等方面取得了丰硕的成果。

本文在语篇连贯理论的指导下，以汉语连词研究成果为基础，以文本难易度为考量，考察连词的功能和语境运用等方面对 HSK 语料难度的影响因素。

2　研究方法

本文收集了 1 ~ 6 级 24 套 HSK 考试试卷，选取了最常用的因果连词"因为"作为具体的考察对象。由于"因为"在 HSK 大纲中属于 2 级词汇，因此在 HSK（1 级）考试中并未出现相关语料，因此本文实际考察试卷为 20 套，共 20 万字。其中"因为"在 2 级语料中出现 3 次，3 级中出现 6 次，4 级中出现 25 次，5 级中出现 25，6 级中出现 58 次，共 117 次。

连词在实际语篇的运用是复杂的，需要从句法、语义、语用等方面分别进行界定才能较为全面地掌握连词的运用特征。在句法上，连词的基本功能是关联两个分句，因此连词的位置是焦点问题，有些连词的位置较为灵活，在实际运用过程中有不同的标记模式。语义上，两个分句使用不同连词会存在不同的语义关系，某一连词搭配不同的连词在同一逻辑关系中或者不同逻辑关系中会呈现出更复杂的语义关系。从语用上，连词的辖域会存在较大的差异，有时候仅出现在典型的复句中连接分句，有时则会连接更大的语言单位——片段。

因此，本研究从句法、语义、语用 3 个层面考查连词在句法位置、搭配套用、连接能力 3 方面的运用。

3　调查结果

3.1　句法位置与难度

因果复句的两个分句存在两种顺序：先因后果、先果后因，相应地"因为"在句中存在两个位置：前置、后置。如：

（1）【因为前置】<u>因为</u>塑料袋会给环境带来污染，所以现在超市不再免费提供塑料袋。

（2）【因为后置】我喜欢读这份报纸，<u>因为</u>它的内容丰富，而且广告少，最重要的是，经济方面的新闻对我的工作很有帮助。

从功能上说，"因为"位于后一分句这种倒置处理主要是起补充说明的作用（王维贤，1994），如下列三句，但它们在功能上还是存在差异的。

（3）【说明行为】此外，我们酝酿在欧洲建立能全面展示中国真实面貌的电视台，<u>因为</u>欧洲太需要真正了解中国了，中国也同样需要全方位展示自己！

（4）【说明事实】在我心里，姚明叔叔就是我的偶像，不仅<u>因为</u>他的球打得好，更<u>因为</u>他让很多像我一样的孩子有了打球的机会。

（5）【说明论点】但诗歌也是一种脆弱的文体，<u>因为</u>它要通过赋、比、兴，通过隐喻、象征、暗示等手法，在一种具有音乐性的形式中完成内涵远远超出文字量的情感叙事。

从我们的调查结果来看，HSK 的 2~6 级语料中"因为"后置句出现的次数分别为：1、2、17、11、36 次。可以说，这类句子在 HSK 语料中是普遍存在的，且在不同难度的考试语料中的分布存在差异，"因为"后置句在初、中、高级考试①中的出现频次是逐级增加的，依次为 38%、56%、62%。

从语义上能进一步细分：补充说明事实的原因、补充说明行为的理由、补充说明论点的论据。这种功能上的区分在难度上也有所体现。据本文调查，中等难度语料中行为、事实类后置句占绝大多数，高等难度语料中则是论点的后置句为多数。具体调查结果如图 1 所示。

从上述描述性分析我们可以看出：

（1）"因为"在句中的位置与考试语料难度存在一定关系。随着 HSK 考试级别的增加，"因为"后置句出现的比例在增加，也就是说难度越大的考试，"因为"更倾向于出现复句的后一小句。

对于第二语言学习者来说，由果及因的后置句不符合一般真实事件的自然发生顺序，打破了语序的相似性原则，在理解上要难于"因为"前置句。

（2）中、高级考试语料中的"因为"后置句在语义功能上出现分化。从中级到高级呈现两种趋势：一是行为类后置句的减少，一是推理类后置句的增加。

---

① 本文将 HSK2、HSK3 级水平归为初级考试，HSK4、HSK5 级水平归为中级考试，HSK6 级水平归为高级考试。

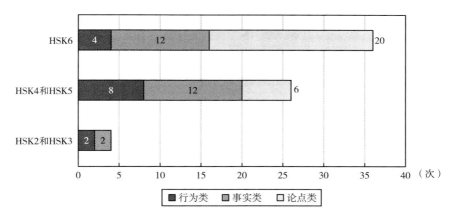

图1 "因为"后置句的功能分布

这种变化我们可以用语域理论来解释。HSK 考试语料中，论点类"因为"倒置句出现的话语范围大多是科普和文化类，就话语的功能基调来说，多是立论、叙述类，包括地理、网络科技、体育、文化传媒、心理健康、世界文化等，功能基调以说明观点、讨论问题为主，话语方式均为书面、正式，不常出现在对话中。行为类、时事类"因为"倒置句话语范围比较广泛，从日常生活到兴趣爱好到中国的地方文化与饮食，功能基调包括说明观点、介绍文化差异，但以叙述事件和个人经历为主，话语方式大多为书面、正式，较常出现在对话中。

论点倒置句主要是说明观点、讨论问题；行为、事实倒置句主要是叙述事件和个人经历，这种差别恰是中、高级考试语料上的差异。

3.2 搭配套用与难度

连词可以单用，也可以和连词、关联副词搭配使用。就"因为"来说，存在"……，（是）因为……""因为……，所以……""因为……而……"等基本常用的搭配形式。除了常用搭配，连词还可以与其他不同逻辑含义的连词进行套用，例如，"因为"可以包孕或者被包孕于转折复句、条件复句、递进复句等。

就搭配情况而言，51％的"因为"单独使用，不出现在其他因果构式中，且随着语料难度的增加而增加。"……，是因为……"是最常出现的因果构式，且随着语料难度增加而增加（见图2趋势线）。"因为……而……"只在中、高级考试中出现。"因为……所以……"仅占8％，在语料中的分布难度差异明显。

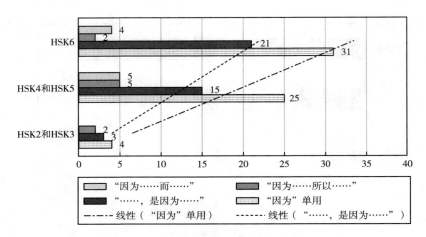

图 2 "因为"搭配情况分布

就套用情况而言，"因为"套用其他连词的情况出现的次数分别为：2（初级）、9（中级）、9（高级）。同类套用出现的次数分别为：2（初级）、1（中级）、2（高级）。因此，可以说难度越高，"因为"套用出现在单一语义关系的句子就越少。异类套用中，"因为"大部分与转折连词和递进连词套用，套用连词的语义类别与难度等级存在区别意义的是条件连词，即表条件的连词要比转折连词和递进连词难度更大，与"因为"合用的套用情况相对较少，仅出现在高级中。另外从数量上说，随着语料难度的增加，与"因为"合用的连词数量在增加。

从上述分析，我们可以发现：

（1）"……是因为……""因为……而……"的出现与考试语料难度存在一定关系。"是因为"中的"是"已经完全虚化为语缀（周刚，2002）。在结构上，"是因为"省略了"之所以"，实际上是一个表示强调的后置因果句，在前文中我们已经发现，后置句本身存在一定的难度，因此增加了虚化词缀"是"的后置句变体仍然是一个高难度构式。

连词"而"在《汉语水平考试 HSK 大纲》中是四级词，"因为……而……"的"而"用于顺序相承的词语之间，表示意义的承接。这是连词"而"众多意义中的一种。"而"的用法之多在于其强大的连接性，在语义上，它能够连接事物的并列关系、时间先后关系、因果关系、转折关系，结构上它能够连接词、词组、小句。因此"而"对汉语学习者来说是一个难点，与"因为"搭配的因果复句也相应成为一个难点。

（2）高级考试中的"因为"套用连词的数量增加，且条件连词套用的难度最大。连词作为语句连接词，决定着复杂命题中各命题之间的逻辑关系。从命题逻辑来讲，转折关系为合取关系"p&q"，虽然在语义上前一分句和后一分句存在逆转关系，但是就真值函项来说，只要任何分句为假，整个复合句即为假，因此对汉语学习者来说，这种关系比较容易理解。同样，递进关系实际上也是一种合取关系。表条件的连词连接的前件和后件的关系则比较复杂，"只要 p 就 q"中的条件是充分条件，即有此条件就有此结果，无此条件则无此结果，用实际蕴涵表示是"p→q"。"只有 p 就 q"中的条件是必要条件，即无此条件就无此结果，有此条件未必有此结果，是一种"逆蕴涵"，可表示为"p←q"。"无论"和"不管"表示的是无条件句，即在任何条件下都会有同样的结果，用符号表示就是"p1p2⋯∨pn→q"，这里 p1p2 代表各种条件，可以看出，无条件句是条件句中最复杂的，兼含合取和蕴涵关系，因此学习者理解起来更难。

3.3　连接能力与文本难度

连词的典型使用环境是复句中连接前后两个分句。但连词与复句并没有必然的联系，有些连词也可以连接更大的语言单位——片段。例如下例中，"因为"就起着语篇连接的功能。

分析结果显示，出车祸时，车内后排乘客的安全指数比前排乘客高出至少59%；如果后排正中间的位置上有乘客，那么车祸时他的安全指数比后排其他座位的乘客高25%。这是<u>因为</u>与其他座位相比，后排正中间的位置与车头和左右两侧的距离最大，撞车时这个位置受到的挤压相对最轻。（HSK6 级样卷）

本文发现，连词的语篇连接数也是与文本难度密切相关的一个指标。在本次考察中，语篇连接的"因为"在各难度中的分布如图 3 所示。

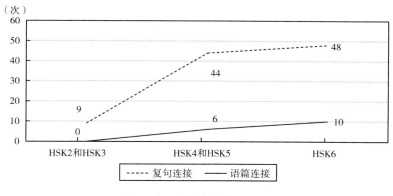

图 3　"因为"连接情况分布

"因为"用于语篇连接的例子随着难度的增加而数量增多，比例变大。这说明语料越难，"因为"的辖域越大，不再是相邻的单个分句，而是相邻的句子甚至段落，有若干个卫星句，理解时需要概括前文大意，难度增加。

从图 3 可以看出，语篇连接是影响连词所在文本难度的一个重要变量。

连词连接复句这一用法可以说是连词功能的原型，是典型用法。连接语篇的"因为"是非原型、非典型用法，在用法和语义上有一些变化。一般来说，在教学中，原型、典型用法容易，非原型、非典型用法更难。

另外，用于语篇连接的"因为"在对话体口语中不具备回应性，听话人并无疑问或者并未期待说话人做出进一步的解释，它的功能是说话人的自我调整，补充信息（张文贤，2017）。因此其对话应该是交互性非常强，说话人不断自我更正、调整，会话中存在不完全句、可多次重复或省略只求达意等情况。此类对话外在和内在语境依赖性较强，连贯性较弱，学习者理解上会存在一定困难。

在书面语中，"因为"语篇连接中引导的核心语句是建立在对前文所有卫星句的理解基础上的，而多个卫星句的理解不仅有词汇、语法的要求，还有学习者概括归纳能力的要求，因此这种背景信息理解的要求增加了"因为"语篇连接所在文本的难度。

4 结语

本文分析了不同 HSK 考试中语料中连词"因为"的不同情况，从句中位置、搭配套用、连接能力三方面，以难易度为标杆进行了多维分析，研究发现连词在实际运用中的不同表现与考试语料难度存在密切的关联。这一发现表明，对于考试难度的界定不能仅仅通过考试大纲中的词汇等级进行掌控，因为词汇运用是语法、语义、语用等多方面作用的结果。对于大规模标准化的外语考试来说，词汇大纲需要摆脱列表模式的束缚，吸取语言本体研究成果，向着立体化、系统化的方向发展。

参考文献

［1］郭继懋．"因为所以"句和"既然那么"句的差异［J］．汉语学习，2008（3）：22 - 29.

［2］江新，宋冰冰，姜悦，翟雨莹．汉语水平考试（HSK）阅读测试文本的可读性分析［J］．中国考试，2020（12）：30 - 37.

［3］王维贤. 现代汉语复句新解［M］. 上海：华东师范大学出版社，1994.

［4］肖奚强. "之所以"小句篇章功能攻略［J］. 世界汉语教学，2008（3）：50－57.

［5］邢福义. 汉语复句研究［M］. 北京：商务印书馆，2001.

［6］姚双云. 自然口语中的关联标记研究［M］. 北京：中国社会科学出版社，2012.

［7］张文贤. 现代汉语连词的语篇连接功能研究［M］. 北京：北京大学出版社，2017.

［8］周刚. 连词与相关问题［M］. 合肥：安徽教育出版社，2002.

［9］Halliday M A K & Hasan Ruqaiya. Cohesion in English［M］. Beijing：Foreign Language Teaching and Research Press. London：Longman Group（Publishers）Limited，1976.

［10］McNamara D S，et al. Automated Evaluation of Text and Discourse with Coh-Metrix［M］. London：Cambridge，2014.

［11］Nelson J，et al. Measures of text difficulty：Testing their predictive value for grade levels and student performance［R］. Report submitted to the Gates Foundation，2012.

基于 SVM 和 BP 神经网络的作文自动评分效果比较

马洪超　郭　力　彭恒利

（北京语言大学）

[**摘要**] 随着人工智能的发展，深度学习方法被广泛应用到图像、语音处理等领域。在教育考试领域，国内外众多机构和研究者对作文自动评分展开研究。基于汉语水平考试（HSK）作文语料库，对已标注作文文本进行特征提取和筛选，在此基础上，采用支持向量机（SVM）和 BP 神经网络两种深度学习方法对作文等级分类，比较两种方法不同训练函数在 HSK 作文预测结果上的差异。

[**关键词**] SVM；BP 神经网络；作文自动评分；语言特征

人工作文评分在组织和评阅阶段需要大量的人力、物力，耗时费力。评分过程存在"趋中现象"，评分结果容易受评分者的主观偏好、疲劳程度、心情等因素的影响，误差现象不能完全避免，复评情况常常出现。因此，高效快捷地进行作文评分，减少评分误差成为关注的重点。

自 1966 年以来，基于计算机文本智能分析技术的作文自动评分（automatic essay scoring）系统及相关应用平台的研发成果已经相当成熟。国外成熟的英语作文自动评分系统有：PEG（Project Essay Grade）、IEA（Intelligent Essay Assessor）、E-rater（Electronic Essay Rater）、IntelliMetric、BETSY（Bayesian Essay Test Scoring System）等（韩宁，2009）。在国内，英语自动评分系统研究（梁茂成，2005）以及相关应用工具也得到广泛的应用，如句酷批改网、冰果英语智能作文评阅系统 TRP 教学资源平台。汉语作为第二语言的作文自动评分研究多围绕 HSK 和中国少数民族汉语水平考试（MHK）展开（张晋军，2004；李亚男，2006；徐昌火等，2015；Hao S et al.，2014）。在国内人工智能领域，科大讯飞开发的智能网上评卷系统已在我国中高考英语和语文作文评分方面得到应用（汪张龙，2018）。

作文自动评分系统采用的技术主要包括多元线性回归、潜在语义分析、深度学习技术、自然语言处理技术和信息检索技术。一方面，作文自动评分系统使用的核心技术的不同，作文自动评分系统和研究在作文评分结果上存在较大的差异（梁茂成、文秋芳，2007）；另一方面，作文自动评分系统的技术内核多属于商业机密，无法了解词语检索、分词方法、文本特征提取、模型选择与参数调试等具体流程对评分结果的影响。本研究基于表层文本特征，探索支持向量机（SVM）和 BP 神经网络不同方法评分的差异，以期为作文自动评分中的文本特征选择和方法应用提供参考。

1 SVM 和 BP 神经网络

现实中的分类问题通常是非线性的，神经网络与 SVM 方法吸收罗森布拉特（Rosenblatt）提出的线性分类模型感知器（perceptron）的基本原理，解决了非线性分类问题。神经网络方法是通过多个感知器的组合叠加来解决非线性的分类问题，SVM 方法则是通过核函数将非线性的数据集转变为核空间中的一个线性可分的数据集。

1.1 支持向量机（SVM）

科茨（Cortes）等在 1995 年提出 SVM 方法，该方法建立在统计学习理论的 VC 维理论和结构风险最小原理的基础上，根据有限的样本信息在模型的复杂性和学习能力之间寻求最佳平衡点，以期获得最好的泛化能力（Haykin，2015）。相比多元线性回归、决策树等线性方法，SVM 在解决小样本、非线性以及高维模式识别方面表现出许多特有的优势，被广泛应用到文本分类、图像识别、生物序列分析和生物数据挖掘、手写字符识别等领域。

针对线性不可分的情况，SVM 首先在低维空间中完成计算，然后通过核函数将输入空间映射到高维特征空间，最后在高维特征空间中构造出最优分离超平面，从而把平面上不好分的非线性数据分开。SVM 的核函数很多，常用的核函数有线性、多项式、径向基和 sigmoid 核函数。在核函数的应用上，往往根据特征和样本数量的大小来进行选择，还可以根据研究需要构造新的核函数。当特征量少、样本不大时，选择多项式或高斯核函数，特征和样本量较大时选择线性核函数；高斯核函数可以把特征映射到无限多维，相对于多项式函数来说，在计算难易程度和参数选择方面均优于多项式核函数。

SVM 具有坚实的数学理论基础，有效地解决了有限样本条件下的高维数据模型构建问题，并具有泛化能力强、收敛到全局最优、维数不敏感等优点，成为近 20 年机器学习领域最热门的研究方向之一。近年随着计算机计算能力的大幅提高，影响神经网络发展的计算资源限制和由样本量少引起的过拟合问题已经迎刃而解，神经网络的研究热度再次超过 SVM。

1.2 BP 神经网络

人工神经网络（artificial neural networks）是受人类大脑的生理结构——互相交叉相连的神经元启发而产生的，它是机器学习中的一个重要的算法，其结构通常由输入层、隐含层和输出层组成。从 1943 年心理学家麦卡洛克（Mc-Culloch）和数理逻辑学家皮茨（Pitts）提出 MP 神经网络模型至今已历经三次浪潮。在第二次浪潮中，1986 年鲁梅尔哈特（Rumelhart）等在并行分布处理理论基础上，提出了多层网络的误差反向传播算法（back propagation，BP）。该方法根据学习的误差大小，从后向前修正各层次之间的连接权值，通过不断的学习和修正使网络学习误差达到最小（史忠植，2009）。

BP 神经网络作为一种前馈性神经计算模型具有强大的计算能力，可表达各种复杂映射，具有自学能力和泛化能力；但 BP 神经网络存在许多固有缺点，比如学习速度慢、局部搜索的优化方法在求解复杂非线性函数全局极值时可能陷入局部极值、网络的学习和泛化能力对训练文本集的依赖性很大、神经网络的结构选择依赖经验、存在过拟合的现象等问题（史忠植，2009）。梯度下降法是最基础的 BP 算法，其特点是线性收敛，速度慢。之后 BP 算法不断得到改进和发展，总体上可以分为两类：一类是包含动量算法和自适应算法的启发式算法；另一类是包含共轭梯度法和牛顿法的数值优化算法。启发式算法虽然易理解，但其性能特征难以满足，因此，在计算机计算能力大幅提升的情况下，数值优化算法要胜于启发式算法。共轭梯度法是用于解决各种最优化问题的著名数值技术，现已发展多种基于共轭梯度法训练多层感知器。表 1 为各种训练算法的基本状况（陈明忠，2010）。

表 1   **BP 神经网络训练函数及特征**

训练方法	训练函数	基本特点
梯度下降法	traingd	收敛速慢
有动量的梯度下降法	traingdm	引入动量项，避免了局部最小值问题，收敛速度比 traingd 快
自适应 lr 梯度下降法	traingda	收敛速度慢、占用内存大
自适应 lr 动量梯度下降法	traingdx	收敛速度比 traingdm 快

训练方法	训练函数	基本特点
弹性梯度下降法	trainrp	收敛速度快、占用内存小
Fletcher-Reeves 共轭梯度法	traincgf	共轭梯度法中存储量要求最小
Polak-Ribiers 共轭梯度法	traincgp	存储量比 traincgf 稍大，但对某些问题收敛更快
Powell-Beale 共轭梯度法	traincgb	存储量比 traincgp 稍大，但一般收敛更快，以上三种共轭梯度法都需要进行线性搜索
归一化共轭梯度法	trainscg	唯一一种不需要线性搜索的共轭梯度法、速度快
拟牛顿法	trainbfg	存储空间比共轭梯度法要大，迭代时间长，但通常在其收敛时 所需的迭代次数要比共轭梯度法少，比较适合小型网络
一步正割法	trainoss	为共轭梯度法和拟牛顿法的一种折中方法
Levenberg-Marquardt 法	trainlm	对中等规模的网络来说，速度最快、占用内存较大

2 实验设计

纸笔考试主观题智能评卷技术的应用流程大致包括：图文转写、作答内容特征提取与聚类、根据典型样本集进行计算机学习、依据训练后的计算机从不同维度进行评分等步骤（汪张龙等，2018）。SVM 和 BP 神经网络属于 20 世纪 90 年代发展起来的深度学习技术，主要根据特征值进行计算，因此实验设计主要集中在作文文本特征选择与抽取、模型选择与训练两部分。

2.1 作文文本特征及数值化

人工作文评分经常从流畅性、准确性、复杂性、是否贴题等维度进行评分，这些维度既有语言表层特征，也涉及内容方面的深层语义特征。然而，传统的自动评分特征多集中考查语法、句法等最容易获取也最容易评分的内容，有些原始特征仅能依赖一些非直接的统计因素（彭恒利，2019）。因此，提取的语言特征能否真实体现文章的特点及层次差别，能否与人工评分的维度一致，将直接影响评分的效度。

作文文本选自北京语言大学的 HSK 动态作文语料库。作文语料库从字、词、句、篇、标点符号等角度，标注作文语料存在的各类偏误，能全面反映汉语作为第二语言的写作技能状况。在语言特征的选择上，根据人工评分的经验并考虑第二语言写作重点关注语言的熟练程度和交流的实际情况，主要从流利性、准确性、复杂性三个方面考虑具体量化指标，涉及不同等级词汇及比率、句子数量和长度、作文长度、无错误词汇及句子总数、无错误词汇比例、无错误句子比例、不同难度复句数量、语法正确率、去重词数、去重词比例（徐昌火等，2015；Foster P & Skehan P，1996；Wolfe-Quintero K et al.，1998；Norris J & Ortega L，2009；秦晓晴、毕劲，2012）。

上述语言特征指标有的可以直接统计，有的需要间接统计。在对各项指标进行数值化的过程中，比较开源分词软件的精确度和可操作性（黄翼彪，2013），优先使用哈尔滨工业大学语言云 LTP 平台进行分词，采用 Python 编程统计词汇、语法、句子、偏误、句子长度等具体语言指标值。在标注文本分词和词性的基础上，参照《汉字水平词汇大纲》甲、乙、丙、丁及超纲词词表，计算作文文本不同等级的词汇数量、总词汇量、去重词数、各类等级词汇比例、去重词比例；计算实词和虚词中各类词性的数量及比例，统计长短句子数量及比例、句子平均用词量；根据标注作文文本，统计词汇、语法、句子的错误数量，将其转换为正确使用率；依据《汉语水平等级标准与语法等级大纲》，通过语法衔接方式和语义连贯的形式标记，统计与复杂性和流利性相关的文本结构特征值，使各类特征值能够体现出作文的等级差异。

2.2 模型选择与训练

SVM 与 BP 神经网络分属两个不同的技术路线，在使用 SVM 进行文本分类时首先将数据转换成 SVM 包规定的格式，然后对数据进行缩放，接着考虑使用具体核函数，使用交叉验证获取最佳参数 C 和 γ，最后使用最佳 C 和 γ 训练整个数据集。鉴于线性核函数实际上是一种特殊的 RBF（高斯）核，多项式核比 RBF 核具有更多的超参数，sigmoid 核在特定的参数下也会表现得与 RBF 核类似这些情况，在 DOS 系统下调用 Libsvm 软件包时，选择 RBF 核[1]。

与 SVM 相比，BP 神经网络模型可以通过控制模型的层数和每一层函数的类型，设计出各种灵活的分类器。但是这些在学习过程中不能获得的超参数需要提前设定，比如，学习率、隐含层的层数、隐含层神经元个数、激活函数、损失函数、优化函数、批大小、训练的 epoch 数量等。正是由于这些超参数的组合并不具有统一的固定模式，BP 神经网络的分类效果往往因人而

---

[1] Hsu C W, Chang C C, Lin C J. A Practical Guide to Support Vector Classification [EB/OL]. [2016 - 05 - 19]. https：//www. csie. ntu. edu. tw/ ~ cjlin/ papers/ guide/ guide. pdf.

异。因此，实验主要关注隐含层神经元个数、激活函数、优化函数、学习函数这几个主要超参数。激活函数设定为 sigmoid 函数，训练函数只选择梯度下降法中优化的 trainscg 法和 Matlab 系统默认的 Levenberg-Marquardt 法，学习函数采用梯度下降权值学习函数（learngd）和梯度下降动量学习函数（learngdm）。实验所用软件为美国 MathWorks 公司出品的商业数学软件 MATLAB。

2.3 实验作文文本设定

实验时，只从作文语料库中选一个作文题目的所有文本作为实验文本，该作文体裁类型为记叙文，文本集共有 739 篇作文。作文均来自正式考试的考生作答，均已按照作文评分标准经人工评分给出评分等级，作文分数等级由 5 个基准级（1～5 级）和 7 个辅助级（2 −、2 +、3 −、3 +、4 −、4 + 和 5 −）构成（聂丹，2009），共 12 级。其中，500 篇作文文本为训练集，239 篇作文为待预测文本，训练作文文本等级分数与待预测作文文本等级分数均值分别为 6.45 和 6.26，标准差分别为 2.391 和 2.554，均呈正态分布，两作文文本集等级分数分布如图 1、图 2 所示。

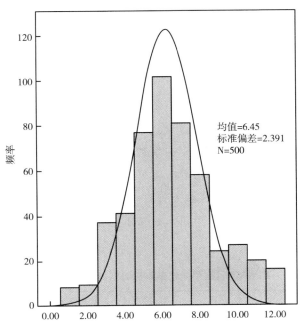

均值=6.45
标准偏差=2.391
N=500

图1 训练作文文本等级分布

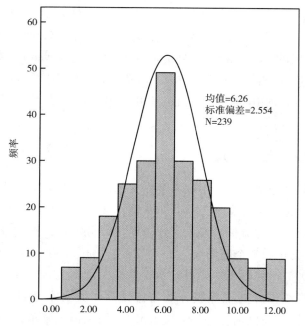

图 2　特预测作文文本等级分数分布

3　结果与讨论

根据实验设计共确定 65 项语言特征指标，经过相关分析发现很多语言特征与等级分数相关很低，有的甚至是负相关。基于 65 项语言特征指标，采用 BP 神经网络进行预测得到的等级分数与原始等级分数相关非常低，为此，在研究过程中逐步剔除与等级分数相关系数较低的语言特征，最终确定 38 个语言特征作为自动评分依据。在固定语言特征、激活函数和传输函数的情况下，影响 BP 神经网络预测效果的因素主要有：隐含层神经元个数、训练函数、学习函数等。38 个语言特征，不同训练函数和学习函数预测等级分数与原等级分数相关系数见表 2。

表 2　　　　　　　　　BP 神经网络预测结果与原等级分数相关系数

项目		预测等级分数与原等级分数相关系数			
隐含层神经元个数		2	3	4	6
训练函数	Trainscg	0. 720 **	0. 746 **	0. 732 **	0. 709 **
学习函数	Learngd				

项目		预测等级分数与原等级分数相关系数			
隐含层神经元个数		2	3	4	6
训练函数	TrainLM	0.707 **	0.717 **	0.616 **	0.697 **
学习函数	Learngdm				

注：** 表示 0.01 水平上显著。

表 2 表明，隐含层神经元个数为 3 时，两种组合方法预测的等级分数与原等级分数相关最高，相关系数为 0.746，增加神经元个数并不能提高预测精确度；如果将等级分数误差控制在 1 个等级分数范围内，准确率为 87%。由于隐含层的神经元个数类似于语言特征的降维，神经元个数为 3 与当初从流利性、准确性、复杂性三个方面获取作文表征相一致。隐含层神经元数设定为 3，采用 Trainscg 函数可以被认为是依据语言特征进行评分的最优方案。

梯度下降权值学习函数和梯度下降动量学习函数主要是在训练函数求得权值或阈值之后进行调整，然后再由训练函数训练新的权值或阈值，然后再调整，属于整体调整后的局部优化，影响并没有训练函数那么大。从表 2 可知，总体上归一化共轭梯度法的预测结果相关系数优于 Levenberg-Marquardt 法。

相较于 BP 神经网络，SVM 并没有那么多超参数需要设定。调用 Libsvm 软件包选择 RBF 核进行预测时，只做了 C 和 γ 参数的优化，数据结构并没有变化。结果发现采用 SVM 预测的等级分数与原等级分数相关性为 0.674，明显低于 BP 神经网络采用 Trainscg 函数获得的结果。

SVM 和 BP 神经网络需依赖具体语言特征的量化值，影响两种方法评分效果的因素主要可以归纳为四个方面。一是分词软件的准确度。分词是否准确、歧义词处理是否恰当，将直接影响词性标注、词汇等级统计、句子统计等后续工作，分词会因精度差之毫厘而使结果谬以千里。二是语言特征的获得。语言特征的确定都是基于经验或先验的知识，有时很难找到区分不同等级文本的表征特征，加之有些语言特征只能通过间接方式进行表示，因而，所选语言特征并不一定都能在模型训练和预测时起到作用，有必要对语言特征进行筛选，减少与等级分数相关较低的特征，适当对特征值进行调整。三是方法的调用和参数设定。目前，BP 神经网络和 SVM 的函数及参数选择还没有统一的模式，最优方法选择只能根据具体情况，凭借经验进行实验对比或者利用现有软件包提供的交互检验功能进行寻优。四是训练作文文本量和待预测作文文本量。两种方法都是依据训练文本进行学习训练，固化模型。训练文本量应该足够大、具有代表性，使不同等级的作文文本分布合理，另外，预测文本与训练文本应具有相同的结构特征。

本研究只围绕复杂性、流利性、准确性三个方面分析语言表层形式特征，在此基础上，比较采用 SVM 和 BP 神经网络两种方法自动评分的差异，对作文文本的整洁程度、语义、文章结构、句子优美程度、写作风格等因素缺乏深入分析。未来不仅可以在注重语言形式特征的基础上，兼顾作文的内容和结构，探索提高自动评分准确度的途径和办法，而且可以从语义角度入手，采用潜在语义分析方法（latent semantic analysis，LSA）进行自动评分。随着卷积神经网络（conventional neural network，CNN）与递归神经网络（recurrent neural network，RNN）的提出，神经网络的学习能力越来越强，也为作文自动评分研究提供新的技术支持和研究思路。

参考文献

［1］陈明忠．BP 神经网络训练算法的分析与比较［J］．科技广场，2010（3）：24 – 27.

［2］韩宁．几个英语作文自动评分系统的原理与评述［J］．中国考试，2009（3）：38 – 44.

［3］黄翼彪．开源中文分词器的比较研究［D］．郑州：郑州大学硕士论文，2013.

［4］李亚男．汉语作为第二语言测试的作文自动评分研究［D］．北京：北京语言大学硕士论文，2006.

［5］梁茂成，文秋芳．国外作文自动评分系统评述及启示［J］．外语电化教学，2007（117）：18 – 24.

［6］梁茂成．中国学生英语作文自动评分模型的构建［D］．南京：南京大学博士论文，2005.

［7］聂丹．汉语水平考试（HSK）写作评分标准发展概述［J］．云南师范大学学报：对外汉语教学与研究版，2009，7（6）：15 – 20.

［8］彭恒利．计算机自动评分技术在高利害考试中应用的前景分析［J］．内蒙古教育，2019（1）：4 – 6.

［9］秦晓晴，毕劲．二语写作流利性指标的效度：一项基于文本特征的研究［J］．外语教学与研究：外国语文双月刊，2012，44（6）：899 – 911.

［10］H S．神经网络与机器学习［M］．申富饶，等译．北京：机械工业出版社，2015：191 – 192.

［11］史忠植．神经网络［M］．北京：高等教育出版社，2009：5 – 56.

［12］汪张龙，徐俊，李晓臻，朱玮琳．纸笔考试智能网上评卷系统的设计和应用：智能教育应用之"考试评价"篇［J］．现代教育技术，2018，28（3）：5 – 11.

［13］徐昌火，陈东，吴倩，谢沚蓝．汉语作为第二语言作文自动评分研究初探［J］．国际汉语教学研究，2015（5）：83 – 88.

［14］张晋军，任杰. 汉语测试电子评分员实验研究报告［J］. 中国考试，2004（4）：27 – 32.

［15］Foster P，Skehan P. The influence of planning and task type on second language performance［J］. Studies in Second Language Acquisition，1996，18（3）：299 – 323.

［16］Hao S D，Xu Y Y，Peng H L，et al. Automated Chinese Essay Scoring From Topic Perspective Using Regularized Latent Semantic Indexing［C］. 22nd International Conference on Pattern Recognition，2014：3092 – 3097.

［17］Norris J，Ortega L. Towards an organic approach to investigating CAF in instructed SLA：The case of complexity［J］. Applied Linguistics，2009（30）：555 – 578.

［18］Wolfe-Q K，Inagaki S，Kim H-Y. Second language development in writing：Measurements of fluency，accuracy and complexity［M］. Honolulu，HI：University of Hawaii Press，1998.

（原刊于《考试研究》2019 年第 5 期）

国际中文教师证书面试信度研究

——基于多侧面 Rasch 模型

李亚男[1,2]，王艾琳[2]，王之岭[2]

（1. 北京语言大学语言科学院；2. 汉考国际教育科技
（北京）有限公司）

[摘要] 面试是一种被广泛应用的评价技术，面试的成绩受多方面影响。多侧面 Rasch 模型（MFRM）可对影响成绩的多个侧面（参数）进行分析，因而适用于面试的信度研究。本文对 2019 年某次国际中文教师证书面试中 12 位考官给 128 位考生在 5 个打分项上的分数进行了 MFRM 分析，研究发现：考官在面试打分过程中能够有效区分不同水平的考生；考官打分宽严度虽存在显著差异，但对考生成绩不会产生决定性影响；考官自身打分一致性总体上处在可接受的范围，但也存在一定程度的趋中现象；考官在不同打分项上给出的分数存在显著差异，在"试讲"这一打分项上打分最严。

[关键词] 国际中文教师证书面试；多侧面 Rasch 模型；信度研究

1 引言

面试是一种人员评价技术，其考查方式直观、灵活，具有良好的效度，因而被广泛应用于各类人才选拔。吴志明等（1997）将面试定义为评委通过与考生面对面的交谈，或将后者置于一定情境中进行观察，从而了解、考查考生是否满足条件要求的一种人员评价技术。面试评价的过程是复杂而间接的。首先应试者对测量潜在知识结构或技能的项目或任务做出回答；然后评分者根据评分标准，按照对潜在结构的理解，对应试者的表现做出评价；最后，根据评分者的评分估计考生的能力（丁树良等，2012）。因而，面试成绩将受到评分者（考官）、试题（打分项）、评分标准等多种因素的影响，对测试信效度提出了更高的要求。

本研究使用多侧面 Rasch 模型对某次"国际中文教师证书"面试考官的打分数据进行分析，试图探究：考官在面试过程中能否有效区分考生能力？打分宽严度、评分标准、考试时间等因素对考官打出的分数会产生什么影响？这些影响考试信度的各因素之间是否有交互作用？另外，也希望通过这些分析结果，为考官培训和考试改进等提供一点建议。

2 研究背景

2.1 国际中文教师证书面试

国际中文教师证书考试是由教育部中外语言交流合作中心主办的一项标准化考试。考试通过对汉语教学基础、汉语教学方法、教学组织与课堂管理、中华文化与跨文化交际、职业道德与专业发展等五个方面的考查，评价考生是否具备国际汉语教师能力。考试包括笔试和面试两部分，笔试成绩合格者方能报名参加面试。笔试、面试均合格者，可获得证书。

面试着重考查考生综合运用各种方法设计教学方案、组织实施教学过程、完成教学任务以及用外语辅助教学的能力，同时考查考生的沟通交际、心理素质、教姿教态等基本职业素养。面试采用结构化面试和情景模拟相结合的方法，考生经过 30 分钟的准备后，需在 25 分钟内，根据试卷内容进行说课、试讲，并回答考官提出的问题。

面试采取考官小组评分的方式，每小组由三名考官组成，分别为主考官、考官和外语考官。所有考官均为具有多年教学经验、副教授以上职称或博士以上学历的高校教师，均参加过考前培训并通过了考核。面试过程中，考官小组按照统一的指导语、时间安排和标准化流程，根据试卷内容对考生进行提问，在"说课""试讲""中文问答""外语水平""总体印象"等 5 个打分项上对考生表现进行打分。

2.2 多侧面 Rasch 模型

在一项面试中，为提高考试信度，开发者会使用多种方式，如随机匹配考生和考试题目、对考官进行考前培训、对同一考生进行多考官评分、报告成绩取多考官均值等。研究结果表明，经过培训，考官评分的内部一致性[①]会有所

[①] "内部一致性"指对相同表现的被试，考官始终以相同的标准来评价，前后打分能基本保持一致。

提升，但仍存在显著的宽严度①差异（丁树良等，2012；Weigle，1998）。评分过程中，会产生一些考官效应，如趋中效应②、光环效应③及偏差④等（范鹏，2017；刘耀中，2009；张洁，2014；Myford & Wolfe，2003；Myford & Wolfe，2004）。因而，要提高面试的信度，就要对这些影响因素进行研究和处理。

多侧面 Rasch 模型（many-facet rasch model，MFRM），最早由利纳克尔（Linacre）在 1989 年提出，是单参数 Rasch 模型的延伸。单参数 Rasch 模型处理的测验情境中，只有被试特质参数和项目难度参数。而在面试中，考生在题目上得到某一特定分值的概率，不仅取决于考生自身能力的高低和题目难度的大小，也受到考官对评分标准的理解程度和评分宽严程度等因素的影响。MFRM 在单参数 Rasch 模型基础上，引入了更多可能对考试成绩产生影响的参数（也叫侧面），如考官特质、评分标准等，因而更适用于面试的信度研究。

MFRM 在分析某个侧面对考试成绩的影响时，能够剔除其他因素的影响，将此侧面的影响单独剥离出来，从而可以使研究者更好地理解每个侧面对考试成绩是如何产生影响的。在进行 MFRM 分析时，所有侧面的相关数据都会通过线性逻辑斯蒂克方程转换到一个量表模型（scaling model）上，因而其估计出来的侧面值（如考生能力值、考官宽严度）是在一个等距量表上的，每个侧面值拥有相同的单位，可以相互比较。另外，MFRM 还可以通过偏差/交互分析（bias/interaction analysis）侦测各因素之间可能存在的交互效应，进而探究某个侧面在不同情境下对考试成绩的影响模式，如考官给不同性别的考生打分时的宽严程度变化。这将有助于提高考试的信度，让决策更加公平。

3　研究方法

3.1　数据来源

MFRM 分析要求相互比较的个体之间存在联结（Linacre，2012）。在本研究中，我们以不同评分小组中的同一考官作为联结点，选取同一考官给不同考

① "宽严度"指考官对评分标准的把握程度，如果考官打分宽松，则倾向于给水平较差的考生打出不符合其能力值的高分。
② "趋中效应"是指考官在打分时避免使用极值，所打的分数高度集中在某个狭小区间内，使得高水平和低水平的考生在分值上无法很好地区分开。
③ "光环效应"是指当考官对考生的某种特质形成好或者不好的印象后，会倾向于根据这个特质去推断该考生其他方面的特质，影响其他部分打分的客观性。
④ "偏差"指考官针对某个特定群体或特定打分项产生了系统性的过于宽松或过于严厉的行为，影响了打分的公平性。用 MFRM 对偏差进行分析在概念上类似于调查项目功能差异（DIF）。

生的打分数据，以达到比较多位考官、考生的目的。数据来源于 2019 年的某次面试，通过以共同考官为联结点的方式，抽取了符合 MFRM 分析要求的 12 位考官的打分数据，由这 12 位考官打分的考生共有 128 位，考官打分数据包括说课分、试讲分、中文问答分、外语水平分和总体印象分，共 5 项。考官按类型分为主考官 4 人（编号为 1A、2A、3A、4A）、考官 4 人（编号为 1B、2B、3B、4B）、外语考官 4 人（编号为 1C、2C、3C、4C），考生编号为 1 ~ 128 号。12 位考官平均教龄为 21.83 年（$SD = 7.95$），其中 11 位女性，1 位男性。128 位考生中包括女性 115 人，男性 13 人。抽取方案如表 1 所示，每一组考官都与其他组考官存在一个或以上的相同考官，如通过主考官 3A，考官 3A、4B、4C、1B、3C 等 5 位考官可以相互比较，考生 1 ~ 30 号与 45 ~ 58 号共 44 位考生也可以相互比较。另外，一次面试通常会持续 2 ~ 4 天，考生是按事先抽签决定的时间段（批次）参加考试的，考官可以选择参加一天或者多天的面试，每天的面试时间约 8 小时（上午 4 小时，下午 4 小时），考虑到工作时长可能对打分产生些许影响，我们在收集数据时也收集了考官打分数据产生的时间。

表 1　　　　　　　　　　　**联结数据抽取方案**

考生号	主考官	考官	外语考官
1 ~ 30	3A	4B	4C
31 ~ 44	4A	1B	2C
45 ~ 58	3A	1B	3C
59 ~ 73	2A	3B	3C
74 ~ 87	4A	3B	2C
88 ~ 102	2A	2B	3C
103 ~ 128	1A	2B	1C

3.2　数据处理

要探究面试过程中考官能否有效区分考生能力这一问题，在 MFRM 分析前我们定义了三个侧面。首先是"考生"侧面，每位考生会得到三位考官在五个打分项上给出的分数，通过这些分数可估计出考生能力值；第二个侧面是"考官"，每位考官在面试过程中会给多位考生打分，通过分析考官打出的所有分数，可得出每位考官自身的打分一致性、考官之间打分一致性、是否存在光环效应以及不同考官之间的打分宽严差异；第三个侧面是"打分项"，考官会在说课、试讲、中文问答、外语水平和总体印象这五个打分项上给出分数，通过分析每个打分项上所有考官给出的分数，可以得到不同打分项的难易度（考官打分高低）。

将上述三个侧面的数据进行估值和模型建立，用到的计算公式如下：

$$\ln\left(P_{njik}/P_{nji(k-1)}\right) = B_n - S_j - D_i - F_k$$

式中，B_n 是考生 n 的能力参数，S_j 是考官的宽严程度，D_i 是项目难度参数，F_k 是评分标准中 k 分与 $(k-1)$ 分之间的相对阶梯难度。P_{njik} 为考官 j 给考生 n 在项目 i 上打 k 分的概率，$P_{nji(k-1)}$ 为考官在此情况下打 $(k-1)$ 分的概率。

目前，研究者在 MFRM 分析时使用较多的统计软件是 Facets，本研究使用的是 Facets 3. 83. 2①（Linacre，2020）。

4　研究结果与讨论

本研究的结果分析和讨论主要从以下三个方面展开：一为总体分析，即三个侧面的总体分布情况，这是数据的可视化、总结性表达；二为分侧面分析，分别从考生、考官、打分项三个侧面进行侧面内的分析和讨论；三为交互分析，分析各个侧面之间的交互关系和不同情境对考官打分宽严度的影响。

数据分析结果包括两个主要部分：个体统计量和层面统计量。个体统计量主要包括度量值（measure）、拟合统计量（fit statistics）和拟合统计量转化而来的标准 Z 值。层面统计量主要包括分隔系数（separation）、信度（reliability）、层度系数（stara）和卡方检验（chi-square）。除此之外，在考官侧面，还用到了评分者间一致性系数（inter-rater）进行考官间一致性的分析。

4.1　总体分析

总体分析主要说明本研究定义的三个侧面在统一量表上的分布情况。如图 1 所示，第一列的"Measr"代表的是 MFRM 分析的度量值（measure），单位是"logits"，它是三个侧面的共同标准，每个侧面中的个体（如考生 127 号、考官 3B）都在这个统一量尺上有确定的值。考生侧面的度量值代表考生的能力值，考官侧面的度量值代表考官的打分宽严，打分项侧面的度量值代表打分项得分的难易度，也就是考官在这一打分项上给出分数的高低。每个侧面在

---

① 软件来源：https：//www. winsteps. com。

MFRM 分析中是有方向性的，可以正向发挥作用（用"＋"号表示），也可以反向发挥作用（用"－"号表示）。在教育领域中，通常的惯例是"能力为正向，其他方面为反向"（Linacre，2012）。据此，本研究中的考生侧面是正向的，考官和打分项这两个侧面是反向的。

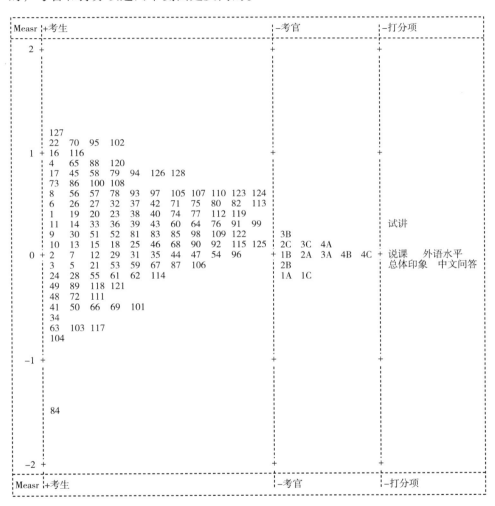

图 1　各侧面总体分布情况

注：Facets 软件导出语言为英文，为便于读者理解，本文将输出结果中的侧面和个体名称编辑为中文。

考生能力值由大到小自上而下排列，位于最上方的 127 号考生能力值最高，位于最下方的 84 号考生能力值最低，考生的能力基本呈正态分布。考官打分宽严度由严至宽自上而下排列，考官 3B 位于最上方，说明他在评分过程中最为严厉，给考生的打分最低；考官 1A 和 1C 位于最下方，说明他们在评分过程中最为宽松，给考生打分最高。打分项根据考官给出的分数由低至高排列，"试讲"位于最上方，说明这一打分项最难，考官打分最严格，给出的分数最低；"总体印象"位于最下方，说明这一打分项最容易，考官打分最宽松，给出的分数最高。

4.2 分侧面分析

分侧面分析主要说明本研究定义的每一个侧面的内部情况，主要包括侧面内个体的度量值、个体的拟合统计量、每个侧面的层面统计量。在考官侧面，还包括评分者间一致性系数。分侧面将用到以下几个指标进行分析。

拟合统计量用于分析各侧面中的每个个体与模型之间的拟合程度。MFRM 使用均方拟合统计量和标准 Z 值来表示数据和模型的拟合程度。拟合统计量包括加权均方拟合统计量和未加权均方拟合统计量，因后者更易受到个别值的影响，一般以前者作为判断个体是否拟合模型的依据（张洁，2014）。一般认为，0.5 ~ 1.5 是加权均方拟合统计量的可接受范围。而对于高风险测试，应采取更严格的控制（Linacre，2012；孙晓敏、张厚粲，2006）。因此，本研究选用 0.8 ~ 1.2 的严格范围（Linacre，2012），加权均方拟合统计量大于 1.2 为不拟合，小于 0.8 为过度拟合。标准 Z 值是由加权均方拟合统计量转化而来的符合正态分布的标准值。利纳克尔（Linacre，2012）指出，$|Z| \geqslant 2.6$ 可作为数据与模型不拟合及过度拟合高度显著的指标。

层面统计量主要包括分隔系数、信度、层度系数和卡方检验，用于分析该侧面中个体之间的差异大小。分隔系数标志着测量分数整体的有效性，如果来自考生的真实变异与来自测量误差的变异相等，则分隔系数等于 1（孙晓敏、薛刚，2008）。一般认为，分隔系数大于 2，意味着个体间有明显差异（Myford & Wolfe，2004；Linacre，2012），数值越大，说明有越大的把握认为该层面个体之间存在显著的差异。信度说明了在总观测变异中真实变异所占的比例（孙晓敏、张厚粲，2006）。信度值的取值范围在 0 ~ 1 之间，越接近于 0，说明该侧面个体之间差异越小；越接近于 1，说明该侧面个体之间差异越大。通过分隔系数可以把侧面内的个体分成几层，用层度值表示，其计算方法为 Strata = $(4 \times Separation + 1)/3$（Myford & Wolfe，2000）。卡方检验用于统计样本的实际观测值与理论推断值之间的偏离程度，数值越大，说明有越大的把握认为该层面个体之间存在显著的差异。

评分者间一致性系数包括 Exact Agreement Expected%（以下简称 Expected%）和 Exact Agreement Observed%（以下简称 Observed%），其中 Expec-ted% 是 MFRM 估算出的，它是在每个考官都独立打分的情况下，考官组之间的一致性评分占所有评分的比例；Observed% 则是考官组在实际打分过程中所出现的一致性评分在所有评分中所占的比例。如果 Observed% 与 Expected% 数值相近，则说明在打分过程中考官是独立打分的。如果 Observed% 数值高于 Expected% 数值，则说明考官在打分过程中有意与其他考官达成一致（Linacre，2012）。

4.2.1　考生侧面

考生侧面代表的是考生的能力水平，在 MFRM 分析中是正向的。如表 2 所示，样本中能力值最高的考生为 127 号，其度量值为 1.20 logits，84 号考生能力值最低，度量值为 -1.44 logits，考生的能力跨度为 2.64 logits。考生侧面的分隔系数为 4.48，信度值为 0.95，卡方值为 2435.4，接受各考生能力度量值在统计上全部相同这一假设的概率 $p < 0.001$。这说明考分的差异具有显著意义，且该差异绝大部分可由考生的被考查能力得到解释。从考官打分角度说，就是考官能够区分考生的能力水平。考生侧面的层度值为 6.30，说明考生能力水平最少可分为 6 级。

表 2　　　　　　　　　　　　　考生侧面数据分布

考生号	度量值（logits）	加权均方拟合统计量	标准 Z 值
127	1.20	0.7	-0.6
95	1.13	0.74	-0.5
22	1.12	0.14	-3.4
70	1.10	0.99	0.1
102	1.10	0.3	-2.2
...	...	...	...
63	-0.66	1.52	1.2
117	-0.66	0.31	-2.2
103	-0.73	1.67	1.5
104	-0.75	2.35	2.6
84	-1.44	1.6	1.3

Separation 4.48，Strata 6.30，Reliability 0.95
Model，Fixed（all same）χ^2：2435.4，Sig.（pro.）：0.00

注：共有 128 行数据，篇幅原因仅展示部分，如需全部考生侧面数据请联系作者。

从考生个体的角度来看，|Z|≥2.6 的考生有 23 位，其中 12 人的加权均方

拟合统计量高于 1.2，表现为不拟合，11 人的加权均方拟合统计量低于 0.8，表现为过度拟合。不拟合的原因一方面可能跟不同考官对同一考生的评分不一致程度高有关，另一方面可能是由于不同打分项测查的是作为一名合格的国际汉语教师在不同方面的能力，而考生在不同方面的能力水平并不一致。过度拟合则说明考官给考生的评定过于一致，可能有考官间一致性过强或评分趋中的问题。后面我们还将分别对考生和考官、考生和打分项进行偏差/交互分析，寻找考生数据不拟合的原因。

4.2.2　考官侧面

面试的主观性使得多个考官之间的评分一致性成为面试理论和实践中长期关注的一个重要问题。经典测量理论中的评分者信度只能提供多个考官之间的一致性信息，而 MFRM 则可以对考官个体的宽严程度、自身评分一致性、与其他考官的一致性、与各因素之间的交互/偏差等多个角度进行分析。以下将从考官的打分宽严度、自身一致性和考官间一致性进行分析。

考官侧面代表的是考官打分情况，在 MFRM 分析中是反向的。从表 3 的考官度量值可以看出考官打分宽严度，考官 3B 打分最严，其度量值为 0.17 logits，考官 1A 打分最松，其度量值为 −0.20 logits。考官侧面的分隔系数为 3.45，信度为 0.92，卡方值为 125.9，接受考官的评分宽严程度在统计上全部相同这一假设的概率 $p < 0.001$。这说明考官打分的宽严度有显著的差异。考官的宽严跨为 0.37 logits，考生能力跨度（2.64 logits）是考官宽严跨度的 7.14 倍。通常认为，考生能力跨度在考官宽严跨度 4 倍以上时，考官在宽严度上的差异总体上不会对考生的成绩产生决定性的影响（何莲珍、张洁，2008；张新玲、曾用强，2009）。所以，虽然此次考官打分宽严度有显著差异，但不会对考生成绩造成太大影响。

表 3　　　　　　　　　　　　　　考官侧面数据分布

考官编号	度量值（logits）	加权均方拟合统计量	标准 Z 值	未加权均方拟合统计量	标准 Z 值
3B	0.17	1.49	2.9	1.47	3.2
4A	0.08	1.12	0.8	1.02	0.2
2C	0.08	1.04	0.3	0.93	−0.5
3C	0.05	1.08	0.7	0.92	−0.8
4B	0.05	0.66	−2.6	0.56	−4.1
3A	0.04	0.66	−3.3	0.56	−5.1
4C	0.04	0.67	−2.5	0.55	−4.2

续表

考官编号	度量值（logits）	加权均方拟合统计量	标准 Z 值	未加权均方拟合统计量	标准 Z 值
1B	−0.01	1.06	0.4	0.94	−0.4
2A	−0.02	1.86	4.9	1.77	5.1
2B	−0.11	1.3	2.2	1.09	0.8
1C	−0.17	1.29	1.8	1.13	1.0
1A	−0.20	1.44	2.5	1.23	1.6

Separation 3.45, Strata 4.93, Reliability (not inter-rater) 0.92
Model, Fixed (all same) χ^2: 125.9, Sig. (pro.): 0.00

考官打分的自身一致性可依据加权均方拟合统计量进行分析，这里的"一致性"并不是指不同考官之间需要达成相互一致，而是指某一位考官是否能够对所有考生保持稳定的打分宽严程度。如表3所示，从考官个体角度来看，$|Z| \geqslant 2.6$ 的考官有4位，其中2A、3B两位考官的加权均方拟合统计量高于1.2，表现为不拟合，说明他们在打分过程中自身稳定性较差；3A、4B两位考官的加权均方拟合统计量低于0.8，表现为过度拟合，说明他们在打分过程中给出的分数差异太小，存在一定的趋中性，也许是采用了"安全策略"，在打分过程中仅仅使用了少数几个等级分数对不同表现的考生进行评分。

除了考官自身一致性，我们又根据三人考官小组对同一批考生的打分情况分析了考官间评分的一致性，结果如表4所示。

表4 **考官间评分一致性** 单位:%

考官组	成员	Expected%（1）	Observed%（2）	Observed%-Expected%（3）
1	3A 4B 4C	25.70	66.00	40.30
2	4A 1B 2C	22.30	39.50	17.20
3	3A 1B 3C	22.80	41.00	18.20
4	2A 3B 3C	14.2	14.7	0.50
5	4A 3B 2C	23.50	37.60	14.10
6	2A 2B 3C	21.10	24.40	3.30
7	1A 2B 1C	16.40	32.30	15.90

表4为考官组（分组情况见表1）内的三位考官之间的评分一致性系数，列（1）为Expected%，即MFRM估计的独立打分时的一致性打分占比，列（2）

为 Observed% 实际打分中的一致性打分占比，列（3）为前两列差值。从中可以看出 2、3、5、7 组的 Observed% 值均比 Expected% 值高百分之十几，这与考官在面试中并不是完全被要求独立打分的情况相吻合。根据打分要求，考官在打分过程中可以对考生的表现进行一定程度的讨论，因而 Observed% 值往往会高于 Expected% 值。同时，如表 3 所示，这几组的考官也大都表现出了稳定的自身一致性。第 4 组和第 6 组考官的 Observed% 均与 Expected% 数值相近，说明这两组的考官打分时偏向于独立打分，但也有可能是与 2A、3B 两位考官打分过程中自身稳定性较差有关。第 1 组考官的 Observed% 值远大于其 Expected% 值，差值达到了 40.3%，远远大于其他组，这可能与 3A、4B 两位考官打分过程中存在一定的趋中性有关。第 4 组和第 6 组体现出来的打分独立性和自身稳定性之间的因果关系，有待进一步讨论，可能是由于考官们未按照要求进行一定程度的讨论导致考官评分稳定性较差，也可能是评分不稳定的考官无法与评分稳定的考官达成一致，因而使评分者一致性系数呈现出独立打分的状态。第 1 组考官打分也是如此，可能是考官间的过度讨论使得组内考官均给出了趋中性的打分，也可能是由于三位考官各自打分的趋中性使得组内评分者一致性系数过高。未来可针对此问题进行进一步研究。

4.2.3　打分项侧面

打分项侧面代表的是各打分项的难易度情况，也就是考官在不同打分项上的打分高低情况，在 MFRM 分析中是反向的。根据表 5 所示，在排除了不同考官宽严程度差异、考生能力差异的影响后，考官打分最严格的是"试讲"这一项，度量值为 0.26 logits，最宽松的是"总体印象"这一项，度量值为 -0.14 logits。打分项侧面的总体跨度为 0.40 logits，分隔系数为 5.70，信度为 0.97，卡方值为 308.5，接受各打分项的难度在统计上全部相同这一假设的概率为 $p < 0.001$，说明考官在"说课""试讲""中文问答""外语水平""总体印象"这五个打分项上的宽严程度有明显差异，"试讲"最严格，其次是"外语水平""说课""中文问答"，考官对"总体印象"这一项的打分偏慷慨。

表 5　　　　　　　　　　　　　　打分项侧面数据分布

打分项	度量值（logits）	加权均方拟合统计量	标准 Z 值
试讲	0.26	1.02	0.3
外语水平	-0.02	1.19	2.3
说课	-0.03	0.74	-3.6

打分项	度量值（logits）	加权均方拟合统计量	标准 Z 值
中文问答	−0.07	1.43	5.1
总体印象	−0.14	0.67	−4.3

Separation 5.70，Strata 7.94，Reliability 0.97
Model，Fixed（all same）χ^2：308.5，Sig.（pro.）：0.00

打分项侧面的加权均方拟合统计量代表了某打分项的考官打分一致程度，从表5可以看出，"说课"和"总体印象"的|Z|≥2.6，加权均方拟合统计量低于0.8，表现为显著的过度拟合，说明考官在对这两项打分时存在过度一致的情况，这可能与"说课"的程式化和"总体印象"比较容易趋中性给分有关。"中文问答"的|Z|≥2.6，加权均方拟合统计量高于1.2，数据呈现显著的不拟合，说明考官在这一打分项存在较大分歧，这可能与考官对"中文问答"的评分细则的理解和尺度把握不同有关，也可能是由于考官对这一部分参考答案的理解和侧重有所不同所致。"试讲""外语水平"这两项则拟合较好，说明考官在这两个打分项上总体来讲能恰当地把考生水平区分开。

为进一步探究考官在每个打分项的打分质量，我们又分别计算了考生在这五个打分项上的分隔系数和信度，以考查考官在不同打分项上对考生的区分能力如何。如表6所示，在各打分项上接受考生能力度量值在统计上全部相同这一假设的概率 p 均小于 0.001，也就是说，每个打分项上考生的差异均具有显著意义，且该差异绝大部分可由考生的被考查能力得到解释，这就说明考官在所有打分项上均能有效地区分考生能力。考官在"试讲"这一项上至少能将考生能力水平分为9层，区分能力最强；在"外语水平"和"总体印象"这两项上均可以将考生能力水平分出6个以上的层次，区分能力较强；在"说课"和"中文问答"这两项上考生能力水平都是仅能分为4个层次，区分能力相对较弱。"说课"的区分能力较弱可能与前文提到的"说课"具有较强的程式化有关，"中文问答"的区分能力较弱的原因，我们将在后面的偏差分析中进一步讨论。

表6　　　　　　　　　考官在不同打分项上对考生的区分能力

打分项	分隔系数	信度	卡方值	层度系数	Sig.
说课	3.00	0.90	2607.7	4.34	0.00
试讲	6.91	0.98	4450.4	9.54	0.00
中文问答	2.86	0.89	1051.6	4.15	0.00

续表

打分项	分隔系数	信度	卡方值	层度系数	Sig.
外语水平	4.74	0.96	2604.2	6.68	0.00
总体印象	4.63	0.96	4187.0	6.50	0.00

4.3 偏差/交互分析

在用 MFRM 进行考试信度研究时，实际考试数据若完全符合假设，则与模型出现不拟合的偏差应该是完全随机的，但在实际面试中各侧面是极可能发生交互作用的，从而导致实际考试分数偏离模型预测的分数。这就有必要通过偏差分析来找到各侧面的偏差所在，相当于进行项目功能差异（differential item functioning，DIF）研究，并通过交互分析来找到各侧面之间的交互关系。本研究分析了考生、考官和打分项三个侧面之间的交互关系，并关注了考官在考生性别、考试时间等两个情境下是否会产生系统性的打分宽严度变化。分析结果如表 7 所示。

表 7 偏差/交互分析汇总结果

分析对象	交互总数	显著偏差数 *	显著偏差占比（%）	Sig.
考官和考生	384	1	0.26	1.00
考官和打分项	60	11	18.3	0.00
考生和打分项	640	108	16.9	0.00
考官和考试时间	96	0	0	1.00
考官和考生性别	21	0	0	1.00

注：本研究共有 1201 条数据，篇幅原因这里仅展示汇总数据，如需查阅全部偏差/交互分析数据请联系作者。

* 在判别偏差是否显著时，我们采用了利纳克尔（Linacre，2012）的参考标准，即个体出现 $|Z|>2$ 的情况，则认为存在显著偏差。

考官和考生之间显著偏差的数量为 1，占所有交互总数（384）的 0.26%。除考官 3C 在给 119 号考生打分时出现了与往常打分宽严略有不同的情况之外，无其他偏差情况。根据麦克纳马拉（McNamara，1996）的观点，显著偏差占比在 5% 以下，属于可接受的范围。关于测量误差的假设检验 p = 1.00，说明此次偏差很可能是偶然情况。也就是说，总体上考官能够有效、一致地区分不同能力考生，不存在偏差。

考官和打分项在交互总数为 60 的情况下，显著偏差为 11 个，占到了18.3%，大于麦克纳马拉提出的 5% 的范围。关于测量误差的假设检验 p <

0.001，说明偏差并非偶然产生。在 11 个显著偏差中，"中文问答"的偏差占到了 6 个。结合表 6 的打分项分隔系数和层度系数看，"中文问答"的分隔系数、层度系数均相对较低，说明考官在打分项上的给分确实存在偏差。这可能是由于评分细则的可操作性不足，或考官对参考答案的理解有偏差所致。另外，在分析考官和打分项交互作用时，我们还会综合考官侧面数据来检查考官打分是否存在光环效应。如果考官侧面的加权均方拟合统计量小于 1 且未加权均方拟合统计量大于 1，同时考官与打分项的交互作用显著，则可认为存在光环效应（Myford & Wolfe，2004；Farrokhi & Esfandiari，2011）。虽然这里考官和打分项交互作用显著，但表 3 所示的考官侧面数据中却没有加权均方拟合统计量小于 1 且未加权均方拟合统计量大于 1 的情况，所以还是可以说明考官在打分过程中并不存在光环效应。

考生和打分项在交互总数为 640 的情况下，显著偏差为 108 个，占到 16.9%，大于麦克纳马拉提出的 5% 的范围。关于测量误差的假设检验 p < 0.001，也说明偏差并非偶然产生。显著偏差中，除"总体印象"的偏差数量较少外，其余打分项偏差数量较多，且分布较平均。这说明考生在各打分项所代表的国际汉语教师应具备的各方面能力上，水平发展并不均衡，而由于"总体印象"的给分是在综合考量其他 4 个打分项基础上给出的分数，且考官在打分时可能会存在较大趋中性，因而显著偏差较少。

在考官和考试时间、考官和考生性别之间的偏差/交互分析中，都没有发现显著的差异，即考官的打分宽严度不会随着工作时间长度的变化产生一致的变化趋势，考官在给不同性别的考生打分时也不会产生一致的变化趋势。对考生而言，不论他们在一天中的哪个批次参加面试，也不论他们是男性还是女性，考官都能够一视同仁地根据他们的面试表现进行打分，考生得到了公平的对待。

5　结论

此次 MFRM 分析结果表明：在该次面试中，考官能够有效地区分不同水平的考生，考官的打分宽严度存在显著差异，但该差异不会对考生成绩产生决定性的影响；考官打分的自身一致性总体上处在可接受范围，存在一定程度的趋中现象；大部分考官小组内部的三位考官之间打分一致性略高于独立打分时的一致性，与考试打分流程要求相吻合。考官在不同打分项上对考生的区分能力存在差异，在"试讲"这一项上打分最严，对考生水平的区分效果最好，在

"总体印象"这一项上打分最慷慨，但也都能够较好地区分考生水平；考官在评分时不存在光环效应，基本做到了性别公平，打分稳定性不受考试时间的影响。

本次研究的成果可为考官培训和考生能力培养了提供一些参考意见。部分考官的打分一致性不高，在面试评分标准、细则以及试题参考答案的理解和把握上存在一定程度的偏差，不能在打分过程中有效区分考生能力水平。为改善这一状况，一方面需要对考官有针对性地加强考前培训和考后反馈，另一方面需要考试开发者对评分标准和试题参考答案等进行一定的调整和优化。根据考生和打分项的偏差分析结果显示，考生在国际中文教师能力的各个方面上发展并不均衡，可有针对性地加强提高相应能力的培养，尽量做到全面发展。

参考文献

［1］丁树良，罗芬，涂冬波．项目反应理论新进展专题研究［M］．北京：北京师范大学出版社，2012.

［2］范鹏．大规模考试网上评卷中趋中评分的成因探析［J］．中国轻工教育，2017（5）：34－37.

［3］何莲珍，张洁．多层面 Rasch 模型下大学英语四，六级考试口语考试（CET－SET）信度研究［J］．现代外语，2008，31（4）：388－398.

［4］孔子学院总部/国家汉办．国际汉语教师证书考试大纲［M］．北京：人民教育出版社，2016.

［5］刘耀中．人员选拔面试中的晕轮效应［J］．心理科学，2009，32（6）：1388－1390.

［6］孙晓敏，薛刚．多面 Rasch 模型在结构化面试中的应用［J］．心理学报，2008（9）：1030－1039.

［7］孙晓敏，张厚粲．国家公务员结构化面试中评委偏差的 IRT 分析［J］．心理学报，2006，38（4）：614－625.

［8］吴志明，张厚粲，杨立谦．结构化面试中的评分一致性问题初探［J］．应用心理学，1997（2）：8－14.

［9］曾秀芹，孟庆茂．项目功能差异及其检测方法［J］．心理科学进展，1999，17（2）：41－47.

［10］张洁．语言测试研究中的多层面 Rasch 模型——原理简介和研究综述［J］．外语测试与教学，2014（3）：50－59.

［11］张新玲，曾用强．读写结合写作测试任务在大型考试中的构念效度验证［J］．解放军外国语学院学报，2009，32（1）：56－61.

［12］Farrokhi F & Esfandiari R. A Many-facet Rasch Model to Detect Halo Effect in Three Types of Raters［J］. Theory and Practice in Language Studies，2011，1（11）：1531－1540.

［13］ Linacre J M. Many-Facet Rasch Measurement：Facets Tutorial ［EB/OL］ https：// www. winsteps. com/tutorials. htm.

［14］ McNamara T F. Measuring Second Language Performance ［M］. London：Longman，1996.

［15］ Myford C M & Wolfe E W. Detecting and measuring rater effects using many-facet Rasch measurement：Part II ［J］. Journal of Applied Measurement，2004，5（2）：189－227.

［16］ Myford C M & Wolfe E W. Detecting and measuring rater effects using many-facet Rasch measurement：Part I. ［J］. Journal of Applied Measurement，2003，4（4）：386－422.

［17］ Myford C M & Wolfe E W. Monitoring Sources of Variability within the Test of Spoken English Assessment System ［R］（TOEFL Research Report NO. 65）Princeton，NJ：Educational Testing Service，2000.

［18］ Weigle S C. Using FACETS to model rater training effects ［J］. Language Testing，1998，15（2）：262－287.

（原刊于《华文教学与研究》2021 年第 2 期）

国际汉语教师证书考试的效度研究[*]

张 洁[1] 李亚男[2,3]

（1. 中国人民大学；2. 北京语言大学；3. 汉考国际教育科技
（北京）有限公司）

[**摘要**] 效度是教育测量的核心内容。在考试实践中，必须进行效度验证，提供证据，支持考试用于特定目的后所产出分数的解释。国际汉语教师证书考试是由孔子学院总部/国家汉办主办的一项标准化考试。本文根据基于证据的效度研究范式，积累了国际汉语教师证书考试基于内容的证据，以及基于测验结果的证据，为该考试的效度提供了支持。

[**关键词**] 国际汉语教师证书考试；效度；效度验证；证据

1 前言

国际汉语教师证书考试是由孔子学院总部/国家汉办主办的一项标准化考试[①]，包括笔试和面试。"考试主要面向海外孔子学院（课堂）从事汉语教学的教师、志愿者；同时面向有志于从事汉语国际教育工作的各类人员，包括海内外各类教育机构的教师及相关专业学习者。考试可以作为孔子学院（课堂）选拔和评价汉语教师、志愿者的重要参考标准，可以作为海内外学校、教育机构选聘和评价汉语教师的参考依据"[②]。从理论上讲，一种测评工具是否可靠和有效，关键在于该测评工具的信度和效度，具备良好的信度和效度是一个有效的测评工具的必备条件，因此，有必要对国际汉语教师证书考试的信度、效度展开研究。

国际教育与心理测量界广泛采用的《教育与心理测量标准》（*Standards for*

---

* 本文为汉考国际科研基金项目"国际汉语教师证书考试的效度研究"（No. CTI2017B04）的研究成果。

① 2021 年 1 月起，"国际汉语教师证书"更名为"国际中文教师证书"；2020 年 7 月起，"孔子学院总部/国家汉办主办"改名为"中外语言交流合作中心"。——编者注。

② 孔子学院总部/国家汉办. 国际汉语教师证书考试大纲 [M]. 北京：人民教育出版社，2016.

Educational and Psychological Testing）（2014 版），对效度、效度验证及效度证据进行了说明。效度是指所积累的证据对考试用于特定目的后所产出分数的解释提供支持的程度，是教育测量的核心内容，是开发、运作和评估考试时应该考虑的一项最为基本的内容（刘庆思，2018a）。效度验证则是收集相关证据为特定分数解释提供科学依据的过程，是考试研究实践中必须要面对的问题。效度证据包括：基于内容的证据（evidence based on test content）；基于反应过程的证据（evidence based on response processes）；基于内部结构的证据（evidence based on internal structure）；基于与其他变量之间关系的证据（evidence based on relations to other variables）；基于测验结果的证据（evidence for validity and consequences of testing）。该标准细化了效度验证所需的类似于检查清单的标准条目以及效度验证的基本模式，"证据"成为效度研究的核心概念。效度研究被视为一种通过积累"证据"对测验的效度提供支持、对测验分数做出合理解释的过程（刘庆思，2018b）。

本研究基于《教育与心理测量标准》（2014 版）中效度研究的基本流程，搜集国际汉语教师证书考试基于内容的证据、基于测验结果的证据，为其效度提供支持。

2 基于内容的效度证据

从考试设计的步骤来说，在考试试卷编制之前，需要对考试的内容范围进行界定，如考试考察的知识点、能力要素或任务等，并确定各部分内容的比例。通过系统比较一份试卷的实际内容与考试大纲中对考试内容范围的界定，通过比较实际测试各个部分的内容比例与测试说明所确定的比例，可以得到重要的效度证据。基于内容的效度证据通常以专家评定的方式进行。专家可以对题目的覆盖程度进行评价，也可以对各部分内容的相对比重或相对重要性进行评价；可以是对试卷内容总体代表性的评价，也可以是试卷所包含的一组任务对一个任务总体代表性的评价。

基于国际汉语发展的需要，国家汉语国际推广领导小组办公室（简称国家汉办），组织汉语教学领域的专家学者研发，于 2007 年正式发布了《国际汉语教师标准》，并于 2012 年 12 月 12 日正式推出新标准①。新标准更为凝练，突出汉语教学、中华文化传播和跨文化交际三项基本技能，注重学科基础、专业

---

① http：//www. chineseteacher. org. cn/readyExamGuide. do.

意识和职业修养，增强了实用性、操作性和有效性；构建了国际汉语教师的知识、能力和素质的基本框架，形成了较为完整、科学的教师标准体系。目前，这一标准不仅是国家汉办选拔和培训海外孔子学院汉语教师和志愿者的标准，也是汉语国际教育专业学位研究生培养以及国际汉语教师资格考试制定的依据，对国际汉语教学领域有重要的指导意义。国际汉语教师证书考试正是基于该标准中汉语教学基础、汉语教学方法、教学组织与课堂管理、中华文化与跨文化交际、职业道德与专业发展五个标准所包含的知识与能力的考查，评价考生是否能够成为一名合格的国际汉语教师。

从考试性质上来说，国际汉语教师证书考试属于标准参照考试。《国际汉语教师标准》（以下简称《标准》）明确了该考试所考察的标准，因此，需要评价该考试的试题对《标准》中的内容总体的代表性或任务总体的代表性。试题考查的知识与能力既要在《标准》考查目标的范围之内，也对《标准》要有较好的覆盖率。这是基于内容的重要效度证据，通常依靠专家判断，基于一定规则，对题目和"标准"的匹配程度进行经验判断。

国际汉语教师证书考试的笔试全部为客观题，分为基础知识、应用能力和综合素质分三部分。基础知识和应用能力两部分主要采取源于教学实际的案例导入式形式，重点考察应试者的汉语交际能力、语言分析能力、教学设计能力、教学资源应用能力、课堂活动组织能力、课堂管理能力、中华文化阐释与传播能力、职业发展能力、现代教育技术应用能力等，以及对相关理论知识和应用方法的掌握；综合素质部分采用情境判断测验的形式，重点考查应试者的跨文化适应性及交际能力。笔试试卷结构见表1。

表1　　　　　　　国际汉语教师证书考试笔试试卷结构

试卷结构	考察内容	题量	分数
第一部分 基础知识	标准1：汉语教学基础 标准2：汉语教学方法	50	50
第二部分 应用能力	标准3：教学组织与课堂管理 标准4：中华文化与跨文化交际 标准5：职业道德与专业发展	50	50
第三部分 综合素质	跨文化交际	50	50
总计		150	150

为了获得国际汉语教师证书笔试基于内容的证据，本研究对某次笔试客观试题（共计100道题），逐一进行了考查（仅包括笔试第一、二部分，第三部

分综合素质不在分析范围内）。在试题审定的过程中，每个案例及案例下的每道试题都由 3～4 位专家（主要为国内外长期从事汉语教学的一线教师，语言学、汉语教学及相关研究领域研究者）根据《国际汉语教师标准》进行了标定，由专家共同判定每道试题考查的知识或能力属于哪一标准，随后对该套试卷中针对各标准设计的题量进行统计。

在这次笔试试题中，考查较多的是"标准 2 汉语教学方法"（31 题）与"标准 3 教学组织与课堂管理"（31 题）；其次是"标准 1 汉语教学基础"（23题）和"标准 4 中华文化与跨文化交际"（中国文化部分 13 题）[①]，考察最少的是"标准 5 职业道德与专业发展"（2 题）。从题量来看，《国际汉语教师标准》中的五大标准在全卷中均有分布，在笔试前 100 题中，主要考察的是标准 1～标准 3 中对教师的知识与能力要求，共有 85 题。第一部分共 54 题，第二部分共46 题，基本符合笔试试卷结构中有关第一部分和第二部分的题量设计要求。

3　基于测验结果的证据

考试结果的使用者或者根据考试结果所做的评价或评判，是一个与效度有关的问题。如果考试的用途已明确，那么就需要提供支持其用途的相关证据。《国际汉语教师证书》考试可以作为海内外学校、教育机构选聘和评价汉语教师的参考依据，也用于评价国际汉语教学机构师资和水平及教学实例的参考。试卷以及题目的质量会影响测试目的的实现。高质量的试卷及题目可以为效度提供支持，试卷信度、试题的难度、区分度都是重要的效度证据。

如前所述，国际汉语教师证书考试属于标准参照测验，其目的在于考察被试所预测之目标的掌握程度，如果测验目标所要求的知识与技能比较简单，那么试题难度应该相对较小，反之也是如此。对于某些难度为 1 或 0 的试题，若其内容是测量目标范围的，也不能认为其存在问题，同时，这些试题的区分度相应不高，甚至可能为 0，也仍不能认为试题质量存在问题，由于标准参照测验的题目分析关键在于题目与目标之间一致性的分析，删去此类看上去质量不佳的题目反而会影响效度。不过尽管如此，仍需要对测试进行一些定量的分析（赵世明、刘景轩，2001）。

3.1　考试质量分析

本研究中的数据为某次国际汉语教师证书考试的实测数据，共有 6540 人

---

① 标准 4 中的跨文化交际能力重在第三部分考察，共 50 题。

参加考试，本次试卷的 α 信度为 0.746。由于信度系数易受考生群体影响，当考生群体的同质性高时，信度会降低。从本次考生的基本信息来看，考生专业集中为汉语国际教育、语言学及应用语言学，多数为本科毕业，可以认为考生群体的同质性较高，这在一定程度上影响了本次考试的信度系数，可以认为该试卷的信度较好。

3.1.1　难度分析

考生成绩分布的偏态系数为 - 0.488，高分者较多，本次考试相对简单。本次考试试题的平均难度为 0.632。从全卷难度分布统计来看，难度 0.6 以上的，即中等难度到容易的题目共有 60 题；难度小于 0.3 的，即较难的题目有 7题。从标准参照考试的考试性质出发，这一考试以《国际汉语教师标准》为衡量尺度，考查考生所具备的知识与能力水平。在这样的情况下，难度有难、有易更为合理，难度差异大是可以接受的，但是对于过难或者过易的题目应引起重视，需要专家从内容上做进一步定性分析。

将试题按标准分类后，统计各标准的题目难度。标准 1 与标准 5 大致相同，较难，平均难度分别为 0.56，0.57；标准 2 与标准 3 大致相同，平均难度分别为 0.66，0.67；随后是标准 5，平均难度为 0.62。

3.1.2　区分度分析

标准参照测验的区分度计算并没有公认的最佳方法。在这里，仍计算每题的题目得分与总分的相关度作为区分度质量指标。经统计，全卷平均题总相关为 0.199，平均点双列相关为 0.286。将试题按标准分类后，统计各标准题目区分度。标准 1 ~ 标准 4 的平均区分度大约为 0.19、0.20、0.21、0.19，大致相同；标准 5 为 0.12，略低。

难度是影响区分度的重要因素。考生水平如果差异不大，题目会过难或是过易，也会在一定程度上影响区分度。根据实测数据，低于 0.3 的题目，对考生来说过难，高于 0.9 的题目对考生来说过于容易，区分度都低于 0.2。在一般的证书和资格考试等标准参照考试中，题目区分度只需大于零并具有很好的内容代表性即可（刘晓瑜，1996；黄锐、虞秋玲，2004）。对于国际汉语教师证书考试这一标准参照的考试来说也是如此。

3.2　与面试成绩相关分析

国际汉语教师证书考试分为笔试和面试两部分。面试是对笔试合格的考生进行的考官小组面试。该小组由主考官、考官和外语考官组成。与笔试这种间接测量考生能力的方式相比，面试更直接、真实，更有效。考官都由资深汉语教师担任，面试试题为教学中的教材，或是一个有关教学的真实案例。通过对考生反应情况的观察，考官所做出的对于考生教学设计能力、教学实施能力和跨文化交际能力的评价更为真实有效。因此，对于国际汉语教师证书考试笔试来说，以面试为效度研究标准，也可以获得关于笔试的效度证据。

3.2.1　面试基本情况

国际汉语教师证书考试的面试采用结构化面试和情景模拟相结合的方法，包括说课、试讲、问答和外语能力考查。面试卷试题结构及评分维度如表2所示。

表2　　　　　　　　　　　　　　面试卷试题结构及评分维度

汉语					外语			
A	B	C	D	E	F	G	H	I
说课	教学基本功	教学活动组织与实施	案例1	案例2	语言水平	问答1	问答2	整体印象
说课	试讲		中文问答		外语能力			整体印象
10	20	20	15	15	30	10	10	20

三位考官均需根据考生面试过程中的表现，进行综合评分。面试题目按作答语言可分为汉语和外语两个部分，其中汉语部分从5个方面进行评价，分别评价考生的教学设计能力、教学实施能力和跨文化交际能力，而外语部分从3个方面进行评价考生的外语跨文化交际能力，整体印象主要评估考生的心理素质、教姿教态等职业素养。

本研究中采用了某次面试数据，共有2164位考生（缺考考生不计算在内，该批考生均已参加前文中的笔试且笔试合格）。按照面试流程，每个考场配置三位考官：主考官、考官及外语考官。每个考场每天可以容纳15位考生考试。同时，为了避免考生之间互相提示，每一个考试日使用两份不同的面试试卷，分别用于当天上午与下午。本次面试共进行了8天，使用了16套试卷，约有145个考场，435名考官参与评分。由于缺乏考官信息，仅对主考官、考官及外语考官的总体评分一致性情况进行评估，三位考官评分的皮尔逊相关系数如表3所示，统计分析显示，三位考官的评分相关系数呈显著性相关，一致性程度较高。三位考官评分维度之间的相关性如表4所示，统计分析显示，三位考官在各维度上的评分相关系数呈显著性相关，一致性程度较高。

表3　　　　　　　　　三位考官评分的皮尔逊相关系数

考官	M	SD	主考官	考官	外语考官
主考官	90.92	19.06	1	0.88 **	0.87 **
考官	90.99	18.55	0.88 **	1	0.87 **
外语考官	91.35	18.76	0.87 **	0.87 **	1

注：** 表示 p < 0.01，* 表示 p < 0.05。

表4　　　　　　　　　三位考官各评分维度之间的相关性

项目	M	SD	A	B	C	D	E	F	G	H	I
A 说课	6.48	1.32	1								
B 教学基本功	11.21	3.41	0.71 **	1							
C 教学活动组织与实施	11.19	3.46	0.70 **	0.91 **	1						
D 案例1	9.57	2.16	0.47 **	0.53 **	0.53 **	1					
E 案例2	9.13	2.25	0.43 **	0.47 **	0.47 **	0.62 **	1				
F 语言水平	17.76	4.68	0.38 **	0.43 **	0.41 **	0.39 **	0.40 **	1			
G 问答1	6.01	1.72	0.36 **	0.39 **	0.40 **	0.37 **	0.39 **	0.76 **	1		
H 问答2	5.70	1.96	0.31 **	0.34 **	0.34 **	0.33 **	0.37 **	0.74 **	0.70 **	1	
I 整体印象	14.04	2.64	0.54 **	0.64 **	0.65 **	0.53 **	0.52 **	0.62 **	0.55 **	0.54 **	1

注：** 表示 p < 0.01，* 表示 p < 0.05。

对面试成绩进行初步因素分析，KMO 值为 0.873，分析显示适合进行因素分析。检查所得数据之后，对数据进行因子提取和因子旋转。因子提取采用主成分分析法的初始分析，因子旋转使用方差最大化正交旋转，得出旋转后的矩阵，抽取三个公共因子，特征值均大于 0.5。旋转在 5 次迭代中收敛，共解释 81.079% 的总方差。表5反映的是各变量与公共因子之间的相关系数，也反映了各个变量与公共因子之间相关的重要性，因子载荷量的绝对值越大，表示该变量与公共因子的相关密切程度越高。

表5　　　　　　　　　旋转以后的因子载荷矩阵

项目	公共因子		
	1	2	3
A 说课	0.803	0.179	0.217
B 教学基本功	0.895	0.198	0.243
C 教学活动组织与实施	0.895	0.199	0.239
D 案例1	0.341	0.180	0.806

项目	公共因子		
	1	2	3
E 案例 2	0.235	0.232	0.848
F 语言水平	0.232	0.870	0.175
G 问答 1	0.199	0.855	0.170
H 问答 2	0.131	0.876	0.150
I 整体印象	0.552	0.526	0.344

由表 5 可知：

（1）A、B、C 评分维度在第一个因子上载荷的绝对值较大，三个变量之间有共同的因子，关系比较密切，构成第一个因子。因子 1 可命名为汉语教学设计与实施能力。

（2）F、G、H 评分维度在第二个因子上载荷的绝对值较大，三个变量之间有共同的因子，关系比较密切，构成第二个因子。因子 2 可命名为基于外语的教学组织与管理能力及跨文化交流能力。

（3）D、E 评分维度在第三个因子上载荷的绝对值较大，两个变量之间有共同的因子，关系比较密切，构成第三个因子。因子 3 可命名为基于汉语的教学组织与管理能力及跨文化交流能力。

结合面试评分维度及因素分析的结果，以及《国际汉语教师标准》中对各标准的定义，可以看出笔试与面试所考察的能力存在相关性，两者之间的相关性可以作为效度证据。

3.2.2 笔试成绩与面试成绩的相关分析

根据考试流程，笔试合格的考生才会参加面试，因此面试数据中，不包括笔试未合格的考生，样本数据的同质性提高，个别差异减小，计算出来的相关系数会变小，预测效度总是会低估测验的效度，从而弱化效度证据（张敏强，1996）。经统计，笔试总成绩（100 题）与面试总成绩的相关系数为 0.21［在 0.01 水平（双侧）上显著相关］，表明笔试（100 题）可以预测面试表现。

根据面试成绩因子分析的结果，以因子 1 为效标，计算与标准 1、标准 2、标准 3（分别为考生在笔试中考查标准 1、标准 2 和标准 3 的试题得分）的相关系数。以因子 3 为效标，计算标准 3、标准 4（分别为考生在笔试中考查标准 3、标准 4 的试题得分）的相关系数。根据表 6 的分析结果，考生在笔试中标准 1、标准 2、标准 3 上的得分与因子 1 各维度成绩之间存在相关关系，且达到显著性相关。根据表 7 的分析结果，考生在笔试中标准 3 上的得分与因子 3 各维度成绩之间存在相关关系，且达到显著性相关。但在标准 4 上的得分与因子 3 各维度成绩之间存在的相关关系较小。

表 6　　　　因子 1 及其各维度与标准 1、标准 2、标准 3 的相关系数

项目	标准 1	标准 2	标准 3
因子 1	0.17 **	0.16 **	0.15 **
A 说课	0.14 **	0.11 **	0.11 **
B 教学基本功	0.16 **	0.15 **	0.16 **
C 教学活动组织与实施	0.16 **	0.17 **	0.15 **

注：** 表示 p < 0.01，* 表示 p < 0.05。

表 7　　　　因子 3 及其各维度与标准 3、标准 4 的相关系数

项目	标准 3	标准 4
因子 3	0.12 **	0.04
D 案例 1	0.10 **	0.04
E 案例 2	0.12 **	0.04

注：** 表示 p < 0.01，* 表示 p < 0.05。

3.2.3　笔试的正命中率

若笔试及面试成绩合格，则认为考生已达到国际汉语教师标准，考生将被授予"国际汉语教师证书"。考生在该考试上的成绩为是否授予证书这一决策的重要依据，因此可以通过计算正确决定的比例来评价效度。比较依据笔试成绩分数和面试分数做出的决策，即比较预测结果和实际结果，可以得到"预测成功而且实际成功（正确授予）""预测成功而事实上不成功（错误授予）""预测失败而事实上成功（错误拒绝）""预测失败而事实上失败（正确拒绝）"四个组。对于决策者来说，更关心的是正命中率，即"预测成功而且实际成功（正确授予）"所占的比率，可以此来评价测验效度（张敏强，1996）。

对此，本研究以考生笔试成绩（100 题）60 分为合格线（满分 100 分），面试成绩 90 分为合格线（满分 150 分），粗略地将考生按笔试与面试成绩，分为合格与不合格两类，对这一数据进行卡方拟合度检验。检验结果显示，根据学生笔试成绩做出的判断与根据学生面试成绩做出的判断之间存在显著关联（$\chi^2 = 15.422$，df = 1，p < 0.05）。具体说来，如表 8 所示，如果学生在笔试（100 题）上合格，面试也很有可能被判定为合格（1113/1961 = 56.8%）；当学生笔试（100 题）被判定为不合格，面试也很有可能被判定为不合格（117/203 = 57.6%）；正中率为 1113/1961 = 56.76%。

表8   卡方独立性检验变量列联表

项目			面试		行总计
			不合格	合格	
笔试	不合格	观测个数	117	86	203
		期待个数	90.5	112.5	203.0
	合格	观测个数	848	1113	1961
		期待个数	874.5	1086.5	1961.0
观测个数列总计			965	1199	2164

3.2.4 合格与不合格团体的差异性

考试分数可以区分以效标行为定义的不同群体，也可以用于评估效度。一般的标准参照测验将要求掌握的最低知识或能力水平作为分界标准。根据国际汉语教师证书考试的笔试或面试的考试设计，考生分数若达到合格线，即达到了最低的效标水平。根据考试成绩将考生群体分为"合格"和"不合格"两组，如果两组之间在测验分数上存在显著差异，那么可以认为该考试是有效的，即考试可以对效标分数的高低进行区分，否则可认为考试是无效的。对此差异进行统计上的显著性水平检验的结果，也可作为测验效度的指标（张敏强，1996）。因此，可以考生笔试成绩（100题）60分为合格线（满分100分），粗略地将考生按笔试成绩，分为合格与不合格两类，对面试成绩进行独立样本t检验；以考生面试成绩90分为合格线（满分150分），粗略地将考生分为合格与不合格两类，对笔试（100题）成绩进行独立样本t检验。

统计结果显示：笔试（100题）成绩合格、不合格两组考生的面试（ABC维度）成绩有显著性差异（$t = 5.618$，$df = 2162$，$p < 0.05$）：笔试（100题）合格的考生面试（ABC维度）成绩显著高于笔试未达到合格的考生面试（ABC维度）成绩。对面试得分（DE维度）进行独立样本t检验，结果显示：笔试（100题）成绩合格、不合格两组考生的面试（DE）成绩有显著性差异（$t = 5.618$，$df = 2162$，$p < 0.05$），笔试合格的考生面试（DE维度）成绩显著高于笔试（100题）未达到合格的考生面试（DE维度）成绩。同样对面试得分（ABCDE维度）进行独立样本t检验，结果显示：笔试（100题）成绩合格，不合格两组考生的面试成绩有显著性差异（$t = 5.388$，$df = 2162$，$p < 0.05$），笔试（100题）合格的考生面试得分（ABCDE维度）显著高于笔试（100题）成绩未合格的考生面试（ABCDE维度）得分。

以考生面试成绩90分为合格线（满分150分），粗略地将考生分为合格与不合格两类，对笔试（100题）成绩进行独立样本t检验。结果显示，面试成绩合格、不合格两组考生的笔试成绩有显著性差异（$t = 8.714$，$df = 2162$，$p < 0.05$）：面试达到合格标准的考生笔试成绩显著高于面试成绩未达到合格标准的考生笔试成绩。

4 小结

基于国际汉语教师证书考试笔试的效度验证过程，可以认为：

（1）国际汉语教师证书考试笔试的考试内容合理，较好地满足了《国际汉语教师标准》中对于教师应具备的知识与能力考查范围。

（2）从笔试试卷及试题质量分析上来看，在考生同质性较高的情况下，该套试卷的信度、试题的难度与区分度基本达到了试题质量的评价标准，可以认为该试卷的信度较高，试题质量较好。

（3）以面试成绩为效标衡量笔试的效度，可以发现，笔试成绩与面试成绩之间有较高的相关性，笔试成绩可以较好地预测面试成绩。根据笔试成绩所做的决策较为有效。

参考文献

［1］孔子学院总部/国家汉办．国际汉语教师证书考试大纲［M］．北京：人民教育出版社，2016.

［2］刘庆思．考试的构念界定及验证探析［J］．中国考试，2018a（10）：30－34.

［3］刘庆思．效度验证：教育考试亟需补齐的短板［J］．中国考试，2018b（4）：16－21.

［4］刘晓瑜．标准参照考试的若干理论与质量分析方法［J］．华南师范大学学报（社会科学版），1996（6）：69－74.

［5］谢小庆．效度：从分数的合理解释到可接受解释［J］．中国考试，2013（7）：3－8.

［6］赵世明，刘景轩．标准参照考试的题目分析方法与适用性［J］．中国高等医学教育，2001（5）：15－16.

［7］张敏强．教育测量学［M］．北京：人民教育出版社，1996.

［8］American Educational Research Association，American Psychological Association，National Council of Measurement in Education. Standards for Educational and Psychological Testing［M］. Washington，D. C. ：American Educational Research Association，2014.

（原刊于《华文教学与研究》2020 年第 2 期）

汉语口语考试（SCT）的效度分析

李晓琪[1]　李靖华[2]

（1. 北京大学；2. 北京语言大学）

[**摘要**] 汉语口语考试（spoken Chinese test，SCT）是由北京大学和培生公司（Pearson）合作开发的一项自动化口语考试。为了验证该考试的有效性，项目组花一年的时间收集了各方面数据。本文对考试的信度、试卷内部结构和共时效度进行了分析和考察。结果表明，SCT 与 OPI、HSK 的结果基本一致，能有效预测考生的口语能力，是可靠、有效的。

[**关键词**] 口语考试；SCT；效度研究；共时效度

汉语口语考试（spoken Chinese test，SCT）由北京大学和培生公司（Pearson）协作开发，旨在运用自动信息处理技术测量汉语口语水平。该考试可以在任何时间、任何地点通过电话或计算机进行，而且不需要人工进行评分，自动评分可即时生成客观、可靠的结果，可以说是汉语口语考试领域的一次革新。

效度研究是一个关于考试有效性资料的积累过程，是通过积累证据对考试提供支持的过程，我们需要从多种角度对考试的有效性进行检验，积累资料。每一个考试项目都是在不断累积支持效度证据的过程中走向成熟的，本文将从信度、试卷的内部结构以及与外在效标的关联等方面对口语考试的共时效度研究进行考查。

1 汉语口语考试（SCT）

汉语口语考试（SCT）总时长约 25 分钟，在计算机或电话上进行。考试共 8 个题型——声调词语、朗读、重复、问答、声调识别（词）、声调识别（句子）、组句、短文重述，共 80 道试题，题型的题量分布如表 1 所示。

表1   SCT 的题型

	题型	题量（道）
A	声调词语	8
B	朗读	6
C	重复	20
D	问答	22
E	声调识别（词）	5
F	声调识别（句子）	5
G	组句	10
H	短文重述	4

以上 8 个题型的 80 道试题，进行计分的有 75 道，除了声调识别（词）、声调识别（句子）和短文重述外，其他题型的第一题都做演练之用，不计入总分。

考试完成后，SCT 将报告 1 个总分和 5 个诊断子分数：语法、词汇、流利度、发音和声调。所有的报告分数均在 20～80 分之间①。这 6 个报告分数的具体内容如下：

总分：考试的综合成绩代表了理解汉语口语的能力和在类似母语者的对话速度下，针对一般话题使用易使人理解的汉语口语的能力。综合成绩是基于 5 个诊断子分数的加权组合（40% 语法，20% 词汇，20% 流利度，10% 发音，10% 声调）。

语法：语法反映理解、回忆并生成完整句子中的短语与子句的能力。考生表现取决于对句法的准确处理，对有意义的句子结构中的词语、短语及子句的正确使用。

词汇：词汇反映了理解句子及对话语境中常使用的词语的能力，以及根据需要生成词语的能力。考生表现取决于对在连续谈话中常见词语的形式与意义的熟练程度。

流利度：流利度反映了在组织、朗读和重复句子的过程中考生所表现出的节奏、用词和时间把握。

发音：发音反映了考生在句子语境中以类似母语者的方式生成元音、辅音和重音的能力。考生表现取决于对常用词的音韵结构的了解。

声调：声调反映在词项和短语中，对基频（F0）的准确感知与同步生成。

---

① 考生的实际得分为 10～90 分，本研究所用数据均为实际得分，非报告分数。

考生的表现取决于在单独的词语和短语语境中是否能准确识别、生成和区分声调。

各题型对该 5 项子分数的贡献率如图 1 所示。

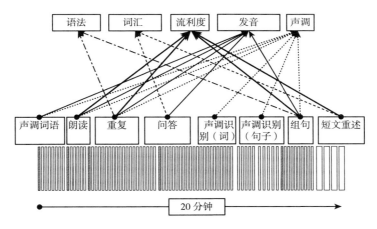

图 1　五个子分数计分来源

2　SCT 共时效度的研究设计

分析测验分数与测验外部变量之间的关系是效度研究一直沿用的一个重要手段（AERA，1999）。所谓共时效度是要考察本考试与其他测量相同或者无关构念的测验之间的关系。验证共时效度首先要找到一个效标，这个效标需与本考试测量构念相符，并且有效。需要说明的是，共时效度的一个局限是可能导致循环论证（张凯，2002）。一个测试用来证明另一个测试有效，而这个被证明有效的测试可能又用于验证其他测试的效度，有时这个其他测试又用来证明最初那个测试的有效性。这种循环论证是很难避免的，这是由语言测试的本质决定的：语言能力作为一种心理特质是无法直接测量的，因此任何一个语言测验的效度都不可能绝对地确定。

SCT 的共时效度研究选择了两个在汉语口语考试领域运行时间较长，结果比较受大家认可的考试作为外在标准：一是跨机构语言圆桌口语能力考试（ILR-OPI），二是汉语水平考试口试（HSK 口试）。OPI 自 1982 年公布初稿开始试测以来，在美国已经广泛采用，中文版自 1986 年中文能力考试大纲发表后也有近三十年的历史。有学者采用多特质多方法报告 OPI 的构念效度（Dandonali & Henning，1990）。另外 OPI 已多次运用于对自动化口语考试的效度验证中，这些自动化考试项目包括西班牙语、英语、阿拉伯语、荷兰语（Jared

Bernstein et al.，2010）。本研究采用的另一效标是 HSK 口试，虽然其效度研究还未见相关文献，但该考试自 2009 年以来已在世界范围内推广使用，并由国家汉办颁发证书，可以为 SCT 的效度验证提供一定的参考。

SCT 共时效度验证的数据搜集经历了 3 个阶段：2010 年 11 月中旬至 2011 年 1 月（N[①] = 10）；2011 年 10 月中旬至 2011 年 11 月中旬（N = 56）；2011 年 12 月上旬至 2011 年 12 月下旬（N = 64）。

在此 3 个阶段中，所有的被试均参加了 2 次 SCT、2 次 HSK 口试以及 1 ~ 5 次 OPI，参加考试的时间间隔不长，考生的汉语水平一般不会出现大的波动。在前两个阶段，考生先参加 HSK 口试，再参加 SCT 和 OPI。在第 3 阶段，考生先参加 SCT 和 HSK 口试，再参加 OPI。

被试来自旧金山海岸地区高校（旧金山州立大学、斯坦福大学、加州大学伯克利分校等）和北京大学，共 173 名汉语学习者，其中 43 人的数据不全，因此正式纳入分析的数据来自 130 名被试，包括 52 名男同学和 78 名女同学。

另外，被试的母语背景多样，以英语为母语的为 34 人，占 26.15%；以韩语为母语的为 17 人，占 13.08%；以日语为母语的为 9 人，占 6.92%；以泰语、马来语等其他语言为母语的有 19 人，占 14.62%。除此之外，还有部分以粤语和普通话为母语的被试，共 31 人，占 23.85%。剩下的被试均为英语和其他语言的双语或多语者。

3 SCT 的信度分析

信度（reliability）或可靠性是反映考试结果受到随机误差影响程度的指标，是评价考试质量最基本的指标。高信度是高效度的前提，没有信度，效度也无法保证。根据经典测验理论（classical test theory，CTT），信度可以被解释为真分数方差与实得分数方差的比值（谢小庆，1988）。

对于客观化程度较高的考试来说，应用最广的信度指标是标示同质性信度、根据 Cronbach 公式计算的 α 系数。而当测验的客观化程度较低时，评分者之间的差异就是主要误差来源之一，此时需要考察评分者之间的一致性程度，即考察评分者信度。传统的口语考试一般由多名评分员评分，评分员评分的稳定性和一致性是高信度的前提，但 SCT 是计算机化的口语考试，不存在评分者误差，因此设计了两次考试，主要考察的是再测信度（李晓琪、李靖华，

---

① N 为被试人数。

2012）。

我们首先分析了两次 SCT 考试成绩的基本情况。这两次考试的平均分分别为 58.48 分和 58.47 分，标准差为 18.52 分和 18.57 分，标准误为 1.62 和 1.63，最低分为 14 分和 13 分，最高分为 89 分和 92 分。可以看出参加考试的被试整体分布比较均匀，水平从低到高，基本上覆盖了 SCT 的全距分数，具有样本代表性。

然后，我们采用皮尔逊积差相关的公式分别计算了总分和 5 个子分数的再测信度，另外还计算了各个子分数部分的平均标准误，代表对真分数范围的估计。结果见表 2。

表 2   **SCT 的信度指标**

项目	再测信度	标准误
语法	0.926	1.63
词汇	0.937	2.03
流利度	0.928	1.70
发音	0.912	1.56
声调	0.886	1.47
全卷	0.960	1.63

从表 2 可以看出，全卷及各子分数的再测信度均较高，表明 SCT 在测量被试汉语口语水平时受随机误差影响较小，结果可信。

4　SCT 的内部结构分析

SCT 测量的是考生对普通话口语自如运用的能力，其报告分数包含语法、词汇、流利度、发音和声调子分数。在此次效度检验中，这 5 个子分数的描述性统计结果如表 3 所示。

表 3   **各子分数描述性统计结果**

项目	最低分（分）	最高分（分）	平均分（分）	标准误	标准差（分）	方差
语法 1	10.00	90.00	58.6462	1.61485	18.41210	339.006
语法 2	10.00	90.00	58.3923	1.64473	18.75278	351.667
词汇 1	10.00	90.00	56.2000	2.02655	23.10623	533.898
词汇 2	10.00	90.00	57.4385	2.02221	23.05672	531.612
流利度 1	14.00	90.00	59.5846	1.69793	19.35943	374.787

项目	最低分（分）	最高分（分）	平均分（分）	标准误	标准差（分）	方差
流利度 2	14.00	90.00	59.2538	1.68664	19.23067	369.819
发音 1	21.00	90.00	62.4462	1.54337	17.59716	309.660
发音 2	16.00	90.00	61.7692	1.56667	17.86276	319.078
声调 1	24.00	90.00	63.4077	1.44151	16.43578	270.135
声调 2	19.00	90.00	62.6462	1.50304	17.13732	293.688

它们之间的皮尔逊相关系数如表 4 所示。

表 4　　　　　　　　各子分数之间的相关系数（SCT－1）

项目	语法 1	词汇 1	流利度 1	发音 1	声调 1	总分
语法 1	1	—	—	—	—	0.96 **
词汇 1	0.915 **	1	—	—	—	0.97 **
流利度 1	0.829 **	0.860 **	1	—	—	0.93 **
发音 1	0.847 **	0.883 **	0.921 **	1	—	0.94 **
声调 1	0.807 **	0.833 **	0.870 **	0.954 **	1	0.92 **

注：** 表示在 0.01 水平上相关显著。

第二次 SCT 各分测验的相关系数如表 5 所示。

表 5　　　　　　　　各子分数之间的相关系数（SCT－2）

项目	语法 2	词汇 2	流利度 2	发音 2	声调 2	总分
语法 2	1	—	—	—	—	0.96 **
词汇 2	0.897 **	1	—	—	—	0.95 **
流利度 2	0.818 **	0.820 **	1	—	—	0.92 **
发音 2	0.833 **	0.815 **	0.913 **	1	—	0.93 **
声调 2	0.798 **	0.776 **	0.848 **	0.951 **	1	0.90 **

注：** 表示在 0.01 水平上相关显著。

从表 4 和表 5 可以看出相关性比较高的是语法和词汇（0.915，0.897）、流利度和发音（0.921，0.913）、发音和声调（0.954，0.951），相关相对低一些的是语法和声调（0.807，0.833）、词汇和声调（0.833，0.776）、流利度和语法（0.829，0.818）。这和 SCT 的试卷设计是吻合的。SCT 重在测量汉语口语能力，并且设计了从两个方面进行考察：语言表达的形式和语言表达的内容。作为承载语言交际中意义表达的语法和词汇属于内容，作为口语表达的载体，发音、声调和流利度都属于形式。语言表达的形式和内容，在实际的汉语交际过程中两者缺一不可，共同构成汉语口语表达能力，但两者又相互彼此独立。我们从研究结果可以发现，虽然各部分之间的相关性均较高，但是语法和词汇的相关性高于语法和发音、流利度、声调的相关性，词汇和语法的相关性也高于词汇和发音、流利度、声调的相关性，这一定程度上能说明词汇和语法部分考查的能力更接近、相似。反之，也发现流利度、发音和声调考查的能力有别于词汇和语法。

虽然我们认为题型之间相关性上的细微差异可以从语言表达内容和形式两方面来解释，但是，子分数之间的相关性基本上是低于与整体的相关性的。我们采用主成分因素分析，发现它们考查的仍是同一个因素：汉语的口语表达能力。首先 KMO 和巴特利球形检验的结果显示本研究的数据适合进行因素分析（见表6）。然后我们采用最简单常见的主成分分析法来提取因素，第一次 SCT 因素分析的结果如表7所示，第二次 SCT 因素分析的结果如表8所示。两次因素分析的结果都得到了一个主要的因素。从两次因素分析各分测验在主因素上的负荷（见表9），可以看到，每个题型在这个主因素上的负荷都很高，我们可以将其命名为汉语的口语表达能力。

表6　　　　　　　　　　　**KMO 和巴特利球形检验**

项目		SCT1	SCT2
KMO 采样充足度检验		0.851	0.832
巴特利球形检验	卡方	980.861	907.837
	自由度	10	10
	显著性	0.000	0.000

表7　　　　　　　　　　　**因素分析结果 SCT - 1**

因素	特征值		
	特征值	可解释方差	累积方差
1	4.489	89.773	89.773
2	0.266	5.320	95.093
3	0.130	2.595	97.689
4	0.082	1.633	99.322
5	0.034	0.678	100.000

注：因素抽取方法为主成分分析法。

表 8   因素分析结果 SCT – 2

因素	特征值		
	特征值	可解释方差	累积方差
1	4.389	87.771	87.771
2	0.325	6.506	94.277
3	0.151	3.014	97.291
4	0.100	1.998	99.289
5	0.036	0.711	100.000

注：因素抽取方法为主成分分析法。

表 9   两次因素分析各分测验在主因素上的负荷

时期	因素	语法	词汇	流利度	发音	声调
第一次	1	0.928	0.948	0.946	0.973	0.943
第二次	1	0.927	0.919	0.940	0.964	0.934

　　需要说明的是，从表 4 和表 5 可以看出各子分数之间的相关性似乎过高，表 7 ~ 表 9 也表明，第一主因素可以解释的方差比例似乎过高。据此可以得到的推论是：测验长度冗余。但是，为了提供诊断性的成绩报告，为了报告分测验成绩，这种冗余可能是必要的。关于 SCT 的长度问题有待进一步研究。

5　SCT 和 HSK 口试的关系

　　效度验证常需要分析测验分数与测验外部变量之间的关系，一般选择的外部变量是测量构念相同的测试。本研究选择了 HSK 口试和 OPI 作为外在的效标进行共时效度的验证。

　　HSK 口试共有三个级别：初级、中级和高级，各级别的报告分数全距均为 0 ~ 100 分，获证分数均为 60 分及其以上。为了更准确地了解被试 HSK 口试的级别，每个被试均参加了两次连续级别的 HSK 口试，即同时参加了 HSK 口试初级和中级，或者同时参加了 HSK 口试中级和高级。我们选取被试获证的级别进行比较，如果被试同时获取了两个级别的证书，那么选取高级别的那一个。最后得到 4 个级别：未获证、初级、中级、高级。将 HSK 口试成绩和 SCT 成绩进行斯皮尔曼等级相关性分析，结果如表 10 所示。

表 10 SCT 和 HSK 口试的相关性

项目	HSK 口试等级	SCT 总分 1	SCT 总分 2
HSK 口试等级	1.000	—	—
SCT 总分 1	0.854 **	1.000	—
SCT 总分 2	0.847 **	0.958 **	1.000

注：** 表示在 0.01 水平上相关显著。

从表 10 可以看出，HSK 口试结果和两次 SCT 成绩之间的相关系数为 0.854、0.847，都达到了 0.001 显著水平，说明 SCT 能有效地区分口语表达能力为初、中、高级的考生。

6 SCT 和 OPI 的相关

OPI 的实测共经历了三个阶段，其分数的全距为 0 ~ 5 分，半级以 "＋" 表示，因此 OPI 报告分数一般为：0，0＋，1，1＋，…。为了更好地进行量化统计，我们将一级记为 1 分，将 "＋" 记为 0.5 分。

6.1 第一阶段（n = 10）

第一阶段的被试为 10 名，他们通过电话同时接受了 2 名有认证的评分员的面试，采用的是标准的 OPI 考试形式，长达 20 ~ 45 分钟。面试后两名评分员分别递交评定结果，不得商议。这 10 名被试都接受了两次这样的面试，即每位被试有四名不同的评分员对其评分，因此他们有 4 个 OPI 分数。

我们用肯德尔相关系数作为评分员的信度指标，这四位评分员的信度如表 11 所示。

表 11 第一阶段评分员信度（n = 10）

项目	评分员 1	评分员 2	评分员 3	评分员 4
评分员 1	1.000	—	—	—
评分员 2	1.000 **	1.000	—	—
评分员 3	0.816 **	0.816 **	1.000	—
评分员 4	0.909 **	0.909 **	0.933 **	1.000

注：** 表示在 0.01 水平上相关显著。

这四个评分员之间的相关系数为 0.816 ~ 1，说明评分员之间的评价标准较一致，其评分结果可信。

SCT 成绩和此次 OPI 成绩的关系如表 12 所示。

表 12　　　　　　第一阶段 SCT 成绩与 OPI 成绩的相关（n = 10）

项目	OPI	SCT1	SCT2
OPI	1	—	—
SCT – 1	0.864 **	1	—
SCT – 2	0.920 **	0.984 **	1

注：** 表示在 0.01 水平上相关显著。

6.2　第二阶段（n = 56）

在第二次数据收集中，一个被试首先由一位 OPI 评分员评分，然后再由另一位评分员评分，采用的是简版 OPI 形式，时长 20 ~ 25 分钟。每位考生参加两次简版 OPI 考试，因此有 4 个 OPI 成绩。为了检验简版 OPI 的结果是否和标准 OPI 结果一致，在 56 位被试中有 17 位被试同时也参加了标准 OPI 的考试，因此他们有 6 个 OPI 分数。从他们的成绩看，简版 OPI 的 4 个评分员分数（平均分）与标准 OPI 的 2 个评分员的分数（平均分）的相关系数为 0.87。两种形式的 OPI 相关很高，说明简版 OPI 的成绩跟标准 OPI 成绩一样是有效的。

在此次 OPI 考试中，一共有 8 名评分者参与了评分。为了检验评分者信度，我们计算了 8 名评分员之间的两两相关，使用的仍是肯德尔相关系数。由于相关系数不是等距的，我们对所得的评分员之间的相关进行了费舍尔转换，然后计算费舍尔 Z 分数的均值，最后再次转换得到每一位评分员与其他评分员相关系数的平均数，结果见表 13。

表 13　　　　　　　　第二阶段评分员信度（n = 56）

评分员	原始相关系数							费舍尔 Z 分数的平均数	转换后的相关平均数
评分员 1	0.769	0.723	0.854	0.782	0.935	0.848	0.897	1.24	0.84
评分员 2	0.770	0.092	0.924	0.801	0.866	0.944	0.883	1.19	0.83
评分员 3	0.723	0.092	0.884	0.800	0.791	1.000	0.855	1.26	0.85
评分员 4	0.866	0.924	0.884	0.421	0.804	0.723	0.905	1.19	0.83
评分员 5	0.782	0.801	0.800	0.421	0.813	0.830	0.742	1.00	0.76
评分员 6	0.935	0.866	0.791	0.804	0.813	0.887	0.866	1.30	0.86
评分员 7	0.848	0.944	1.000	0.723	0.830	0.887	0.790	1.52	0.91
评分员 8	0.897	0.883	0.855	0.905	0.742	0.866	0.790	1.28	0.85

从表 13 可以看出，评分员与其他评分员的相关性比较高，说明他们之间的评价标准较一致，评分结果可信。

SCT 成绩和此次 OPI 成绩的关系如表 14 所示。

表 14　　　　　第二阶段 SCT 成绩与 OPI 成绩的相关（n = 56）

项目	OPI 成绩	SCT – 1	SCT – 2
OPI	1	—	—
SCT – 1	0. 853 **	1	—
SCT – 2	0. 824 **	0. 926 **	1

注：** 表示在 0. 01 水平上相关显著。

6.3　第三阶段（n = 64）

第三阶段共有 64 名被试参加。每名被试通过电话参加了一次标准的 OPI 考试，每次有两位评分员独立评分，因此每名被试有两个 OPI 分数。此次评分有 9 名评分员参与，共有 64 对分数，其中 60 对分数完全一致，占 93.8%，4 对的分数存在半个等级分数的差异，这说明 9 名评分员对评分标准把握非常一致、稳定，评分结果可信。

SCT 成绩和此次 OPI 成绩的关系如表 15 所示。

表 15　　　　　第三阶段 SCT 成绩与 OPI 成绩的相关（n = 64）

项目	OPI 成绩	SCT – 1	SCT – 2
OPI	1	—	—
SCT – 1	0. 899 **	1	—
SCT – 2	0. 884 **	0. 974 **	1

注：** 表示在 0. 01 水平上相关显著。

从表 12、表 14、表 15 可以看出，SCT 和 OPI 的成绩比较一致，相关系数为 0. 82 ~ 0.984，均达到了显著水平，表明 SCT 也能有效区分各口语水平的考生。

7　小结

此次效度研究在短时期内进行了两次 SCT，为信度验证提供了有力数据，结果显示，再测信度系数为 0.96，表明 SCT 的考试结果是稳定、可信的。考察 SCT 的内部结果发现，SCT 报告的五个诊断子分数实际上测量了联系密切又相互独立的几个方面。语法、词汇、流利度、发音和声调既是汉语口语能力的五个不可分割的要素，又分别独立：语法和词汇作为语言表达的内容因素，相关性较高，流利度、发音和声调作为语言表达的形式因素，相关性较高，两个因素之间的相关性较低。同时我们也注意到各子分数之间的相关性似乎过高，因素分析的结果也表明，第一主因素可以解释的方差比例似乎过高，这可能是测验长度冗余造成的，但是，为了提供诊断性的分测验成绩，这种冗余可能是必要的。

　　本报告分析了效度研究三个阶段的数据，这三个阶段中，北大和培生安排了 130 名被试同时参加了 SCT、HSK 口试和 OPI。这些数据用以分析 SCT 的共时效度。结果表明，HSK 和 OPI 的成绩均与 SCT 成绩有显著的相关性，说明它们考查的是同一特质变量。SCT 作为计算机化的客观性口语考试，与汉语口语方面以传统方式进行的测量结果相一致，其结果是可靠、有效的。

参考文献

　　[1] 李晓琪，李靖华. 计算机语言测试效度研究——对汉语口语自动化考试效度研究的构想 [C]. 第七届国际汉语电脑教学研讨会，夏威夷大学，2012.

　　[2] 谢小庆. 心理测量学讲义 [M]. 武汉：华中师范大学出版社，1988.

　　[3] 燕娓琴，谢小庆 译. 教育与心理测试标准 [M]. 沈阳：沈阳出版社，2003.

　　[4] 张凯. 语言测试理论与实践 [M]. 北京：北京语言文化大学出版社，2002.

　　[5] American Educational Research Association（AERA），American Psychological Association（APA）& National Council on Measurement in Education（NCME）. Standards for educational and psychological testing [M]. American Educational Research Association，1999.

　　[6] Dandonoli，P.，G. Henning. An investigation of the construct validity of the ACTFL proficiency guidelines and oral interview procedure [J]. Foreign Language Annals，1990，23（1）：11 - 21.

　　[7] Bernstein，Jared，Alistair Van Moere，Jian Cheng. Validating automated speaking tests [J]. Language Testing，2010（27）：355 – 377.

（原刊于《世界汉语教学》2014 年第 1 期）

美国华裔、非华裔学习者汉语
口语表达对比研究

李靖华

（北京语言大学）

[**摘要**] 华裔学生是在汉语水平、汉语学能、学习策略、学习态度等诸多问题上不同于普通的、没有汉语背景学习者的独特群体。本文利用自动化汉语口语考试（SCT）和跨机构语言圆桌口语能力考试（OPI）的数据，通过比较美国华裔学生和非华裔学生在考试中的表现，对比研究了他们在口语能力各方面不同的分布、发展性等特征。本文最后对这些结论进行了原因分析及深入讨论。

[**关键词**] 华裔；口语表达；语法习得；词汇习得；声调习得

1 引言

近年来，世界范围内的华裔学生逐渐增多，学习汉语一方面是海外华人传承中华文化的自发选择，另一方面也是华人家长为子女升学就业而进行的有力选择。从 20 世纪 80 年代开始，汉语教学界就逐步意识到华裔学生是在汉语水平、汉语学能、学习策略、学习态度等诸多问题上不同于普通的、没有汉语背景学习者的独特群体。随着汉语教学在世界范围内的推广，华裔学生的汉语学习问题得到的关注越来越多，成果也日益丰富。

同时，我们也发现对华裔学习者的考察还有很大的研究空间：首先，已有个案研究较多，已有的研究成果多基于小规模的调查研究，如邵忆晨（2013）以美国大学同一汉语初级班中的 5 名华裔学生为例；柳兰（2001）的研究以 5 个华裔学生为对象等，他们的研究虽然新颖并且引人深思，但其结果是否有普遍性和代表性还有待验证。其次，在研究方法上可进行多样化的尝试。已有研究中的调查法多为自测性的，例如，通过让学生做自测性的调查问卷进行量化研究（吴建玲，1996；Jin Sook Lee，2005；魏岩军等，2013），这样会导致学生对自己的水平做出过高的评价，造成调查结果的虚假高估，以此为基础描述华裔学生的习得状态和难点就比较难得出客观的结论。最后，研究的对比性不够突出。对华裔学习者汉语习得的特征描述需要在与非华裔学习者的对比中方能得到更准确的描述，目前已有的很多研究仅仅将华裔学习者作为研究对象，很少将之与水平相当的非华裔汉语学习者进行对比。

2　研究设计

出于规模化、客观性的考虑，本文利用自动化汉语口语考试（SCT）和跨机构语言圆桌口语能力考试（OPI）的数据，进行了华裔学生和非华裔学生的对比研究。

由于数据主要采集于美国，因此本文所称的华裔学生指美国华裔，即那些在中国以外的国家出生、居住在美国且在中文的家庭环境中长大的学习者。另外，SCT 和 OPI 都是以口语表达为主要考查内容的标准化考试，因此本研究的主要对比内容为华裔学生和非华裔学生在口语表达能力上的不同分布、发展特征等。

2.1　研究方法

汉语口语考试是由北京大学和培生公司协作开发的一项自动化口语考试。该考试运用了先进的计算机中文信息处理技术，通过计算机对考生语音信息的识别、分析及时评估考生的汉语口语水平。该考试可以在任何时间、任何地点通过电话或计算机进行。其考试的信度及效度均达到了一定的水准（李晓琪、李靖华，2014）。

汉语口语考试总时长约 25 分钟，8 个题型——声调词语、朗读、重复、问答、声调识别（词）、声调识别（句子）、组句、短文重述、共 80 道试题。考试完成后，SCT 将报告 1 个总分和 5 个诊断子分数——语法、词汇、流利度、发音和声调。本研究主要采用 SCT 的数据进行华裔和非华裔学生总体水平分布、分模块、分阶段等的比较。

OPI 自 1982 年公布初稿开始试测以来，在美国已经被广泛采用，是一项成熟、有效的口语测试，其构想效度得到了丹多罗力和亨宁（Dandonoli & Henning，1990）研究的支持。本研究主要采用 OPI 的数据进行华裔和非华裔学生总体水平分布的比较。

2.2　被试及过程

研究的被试是来自旧金山海岸地区的高校（如旧金山州立大学、斯坦福大学、加州大学伯克利分校等）和北京大学的汉语学习者，共 130 名。[①] 每位被试都参加了 SCT 和 OPI。在选取被试时，为了使我们的研究更符合不同背景学习者共同学习的自然状态，我们没有刻意区分华裔组和非华裔组，没有先分组再选取被试，而是先随机选取被试再分组，因此华裔和非华裔被试数量并不完全对等。

在语言背景上，非华裔学生的母语主要是英语（占非华裔组的 50%），华裔学生的家庭语言主要是非普通话（占华裔组的 64%），普通话背景有 18 人（详见表 1）。

表 1   被试语言背景组成   单位：人

华裔组		非华裔组	
语言	人数	语言	人数
广东话	28	英语	40
普通话	18	韩语	17
上海话	2	日语	9
其他方言	2	其他语言	14
总计	50	总计	80

所有被试都参加了 SCT 和 OPI。两种考试同一天进行，因此考生的水平不会因为时间差而产生大的变动。

3 华裔学生和非华裔学生总体水平比较

我们首先分别对两组学生在 SCT 和 OPI 两次考试中表现的口语表达水平的整体分布进行比较。

在 SCT 中，非华裔组学生的分数跨度大于华裔组。基本的描述性统计数据为：华裔组学生的 SCT 总分全距为 54 分，标准差为 15.91 分；非华裔组学生 SCT 总分全距为 75 分，标准差为 19.84 分（详见表 2）。

表 2   华裔和非华裔学生 SCT 总分描述性统计

组别	数量（人）	全距（分）	最小分（分）	最大分（分）	平均数（分）	标准差（分）
华裔组	50	54	35	89	61.60	15.91
非华裔组	80	75	14	89	56.54	19.83

---

① 本文中的相关数据均来自北京大学自动化汉语口语考试项目组。

为了更好地比较两组学生 SCT 总分的离散程度，我们用平均分和标准差计算了变异系数，华裔组的变异系数为 25.83%，非华裔组的变异系数为 35.08%，也就是说非华裔学生比华裔学生在 SCT 总分上的离散程度大，表现出来的水平差异更大。

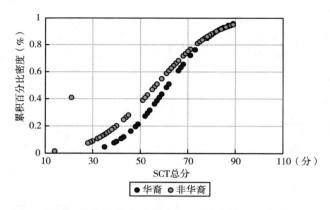

图 1　华裔和非华裔学生 SCT 总分的累积分布

从两组学生 SCT 总分的累积分布图（见图 1）可以直观地看出，华裔组的分数相对集中，上升较陡，非华裔组分数相对分散，上升较为平缓。从分数段上看，如果将低于 40 分的划为低分组，高于 70 分的划为高分组，那么华裔组的低分组人数占 8%，非华裔组的低分组则占 31%，两者的差别较大。同时，华裔组的高分组占 30%，非华裔的高分组占 31.25%，差别不大。这表明更多的华裔学生分数集中在中等水平，而非华裔组学生在各个分数段的分布较均匀。

对比两组学生总分的概率分布（见图 2），也能发现非华裔学生的分布更广，华裔学生的分布稍窄。实际上，华裔组总分分布的偏度系数为 0.239，是正偏离，也就是说得分位于均值右边的比位于左边的少，右边的尾部相对于与左边的尾部要长；非华裔组总分分布的偏度系数为 −0.046，属于负偏态，得分位于均值左边的稍多，但更接近于正态分布。

两组在 OPI 中的总体表现与 SCT 也相吻合。在 OPI 考试中，华裔组没有 0 和 0＋的得分，并且 64% 的学生得分为 1 和 1＋。相比之下，非华裔组的水平分布更为平均，20% 的学生被评为 0＋，41% 的学生被评为中级水平，得分为 1 或者 1＋，32% 的学生被评为高级或更高水平。

图 3 展示了两组学生 OPI 分数的分布。所有学生的分数分布近似于正态分布，表明我们的抽样具有一定的代表性，能代表自然状态下两组学生的真实混合情况，但其各自的分布并不相同。

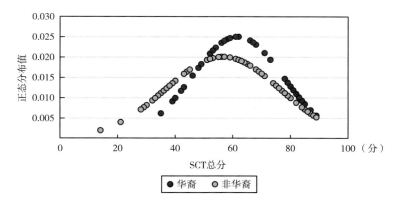

图 2　华裔和非华裔学生 SCT 总分的正态分布曲线

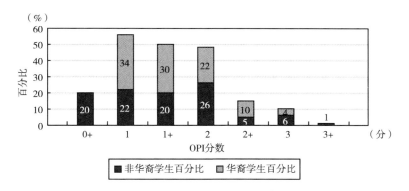

图 3　华裔和非华裔学生的 OPI 分数直方图

在我们调查的样本中，华裔学生的"起点"较高，水平较为集中，处于初级阶段的学生并不多见，大部分集中在中级和高级水平。非华裔学生的分布则更为"正态化"：初级和高级阶段的学生较少，中级阶段的学生最多。不过值得注意的是，就高级阶段的比例来说，两组学生的比例相当，也就是说，虽然华裔学生的"起点"较高，但是他们达到高级水平的概率并没有增加。

4　华裔学生和非华裔学生口语表达能力的分项比较

除了总分外，SCT 还报告五个子分数，这五个子分数来自对多个题型试题的评分，并不与某个题型一一对应。一个题型也会贡献多个子分数的得分。各题型对子分数的贡献率如图 4 所示。

我们将各子分数作为因变量，将语言背景因素分为华裔和非华裔两组、口语水平因素按照 OPI 成绩分为 0、1、2、3 四组，进行了多元方差分析。方差

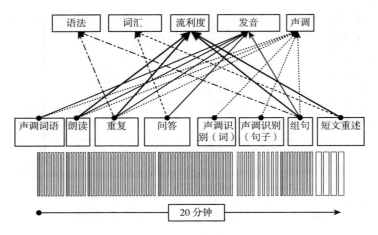

图 4　SCT 子分数的来源

资料来源：北京大学自动化汉语口语考试项目组.2012 汉语口语考试考试说明和效度验证总结报告 [R].北京：北京大学。

齐性检验的结果显示自变量在 5 个子分数因变量的方差符合方差齐性假设。方差分析的结果显示，语言背景因素（$F_{(5,124)} = 4.646$，$p = 0.001 < 0.05$）和口语水平因素（$F_{(15,334)} = 8.821$，$p = 0.000 < 0.05$）皆有统计学意义。不同语言背景的学生在子分数的均分不全相等，同样，不同水平的学生在子分数上的均数也不全相等。

通过进一步的方差分析，我们发现华裔组和非华裔组在语法（$F = 4.288$，$p = 0.040 < 0.05$）和词汇（$F = 4.553$，$p = 0.035 < 0.05$）两项子分数上存在显著差异，在流利度（$F = 2.531$，$p = 0.114 > 0.05$）、发音（$F = 0.175$，$p = 0.676 > 0.05$）和声调（$F = 0.560$，$p = 0.456 > 0.05$）三项子分数上差异并不显著。不同 OPI 级别在 5 个子分数上均有显著差异，这说明 SCT 的各项子分数能较好地区分出不同口语水平的学生。也就是说，OPI 和 SCT 对两组学生水平的划分是有意义的，并且华裔组学生的明显优势主要表现在语法和词汇上。

从图 4 可以看出，语法分数来源于"句子重复"和"组句"两个题型，"句子重复"要求考生听到一个汉语母语者说的句子，然后把该句子完整重复出来。"组句"要求考生在听到三个被打乱了顺序的语言片段后，将它们重新组织成一个正确的句子。这两种题型实际上都是一个"组块"的过程，即被试利用短时记忆把单个信息组成更大单位的过程。在"句子重复"题型中被试会主动对句子进行分解感知、记忆存储然后组合表达，在"组句"题型中，三个语言片段可以是任意意义完整的词、词组或分句，因此在这两个题型中，"语块"的感知和表达都十分重要，只有对汉语词汇、搭配、短语结构等意义和形式结合体十分熟练，才能较好地完成这两部分试题。另外，在"组句"题型中，汉语重要的语法手段——语序也得到了重要的体现，这部分试题考查了考生对"语块"的熟练程度以及"语块"建构的自动化程度。对华裔学生来说，汉语的"语块"习得是其汉语习得的基础，特别是从小接触汉语环境的华裔学生，他们在自由组建语言之前，会本能地将语言输入当作整体来接受并且使用。有学者研究五个说西班牙语的美国小孩的语言时就发现，小孩子很早就使用语块并且十分频繁（Wong-Fillmore，1976）。华裔学生在中文的语言环境下，或多或少地接触、模仿了各种语块，然后才开始内化这些语块并且产生分析性的语言。这一儿童语言习得模式使得华裔学生天然地比非华裔学生在汉语语块感知和产出上有更多的优势，进而表现出更强的语言片段的建构能力，因此在语法项的得分上更高。

词汇分数来自题型"简短问答"和"短文重复"。在前一题型中，被试需要就听到的问题进行简短的回答，这些问题都是与日常生活相关的，并不涉及历史、文化等任何知识性的问题，例如回答"今天星期几?"等简单问题，考生一般会使用到的词汇为时间、数字、日用品、日常生活、常见运动等。在后一题型中，被试需用自己的话将听到的话重复出来，这一部分的语料大多数是叙述性故事，故事简短，情节单一，结构清楚。部分说明性的短文通常以日常事物或活动为对象，说明或解释其用途或运作方式等。这两部分题型在词汇上的一大特点为半封闭式的日常生活词汇。华裔学生在词汇使用上的一大特点即为口语化倾向严重，词汇量不够丰富，描述和叙述类词汇比议论和说明类词汇使用频率高。因而不难解释华裔组在这两种题型中表现出的词汇分数显著高于非华裔组。

5 华裔学生和非华裔学生的分级别比较

为了给 SCT 分数使用者提供更多可供参考的等级信息，SCT 课题组对 SCT 跟欧洲语言共同框架（CEFR）等级的匹配情况进行了研究。[①] CEFR 是欧洲理事会制定的关于语言学习、教学及评估的整体指导方针与行动纲领，该框架将语言能力分为 A1、A1、B1、B2、C1、C2 六个等级。根据这一研究的结论，我们将 130 名被试分为了初级（A1、A2）、中级（B1、B2）、高级（C1 及以上）

---

① 研究细节详见：北京大学自动化汉语口语考试项目组 . 2012 汉语口语考试考试说明和效度验证总结报告［R］. 北京：北京大学。

三个级别，各级别的具体人数见表 3。

表 3 　　　　　　　　不同等级的两组学生子分数平均分

级别	项目	语法	词汇	流利度	发音	声调	总分
初级（A）	华裔（15）	45.33	39.47	43.33	47.33	50.60	43.60
	非华裔（30）	36.77	25.40	36.50	41.00	44.27	34.53
	差异是否显著	是	是	是	是	否	是
中级（B）	华裔（20）	61.20	60.95	58.55	63.90	63.30	60.42
	非华裔（24）	56.21	60.13	63.96	63.04	62.63	60.02
	差异是否显著	否	否	否	否	否	否
高级（C）	华裔（15）	85.73	84.93	77.00	79.07	77.67	82.07
	非华裔（26）	77.31	80.58	81.08	81.54	81.85	79.23
	差异是否显著	是	否	否	否	否	否

单因素方差分析显示，就总分来说，只有初级水平的两组被试存在显著差异，而中、高级水平的两组被试是不存在显著差异的，这与我们在"总体分布的比较"中谈到的两组被试水平整体分布的特征是契合的。

具体到各个子分数，不同水平的两组被试间各有不一样的特点。

初级水平的华裔组在语法（$F_{(1,43)} = 17.409$，$p = 0.000$）、词汇（$F_{(1,43)} = 33.538$，$p = 0.000$）、流利度（$F_{(1,43)} = 4.447$，$p = 0.041$）和发音（$F_{(1,43)} = 4.356$，$p = 0.043$）上的得分均显著高于非华裔组，仅在声调（$F_{(1,43)} = 3.953$，$p = 0.053$）这一项上两组的平均分之间不存在统计学上的显著差异。

中级水平的华裔组和非华裔组学生的各项子分数都不存在显著差异。具体的统计结果是：语法，$F_{(1,42)} = 0.784$，$p = 0.381$；词汇，$F_{(1,42)} = 2.643$，$p = 0.111$；流利度，$F_{(1,42)} = 2.658$，$p = 0.111$；发音，$F_{(1,42)} = 0.024$，$p = 0.878$；声调，$F_{(1,42)} = 0.104$，$p = 0.748$。

高级水平的华裔组和非华裔组学生仅在语法（$F_{(1,39)} = 9.499$，$p = 0.004$）上的平均分存在显著差异，在词汇（$F_{(1,39)} = 3.261$，$p = 0.079$）、流利度（$F_{(1,39)} = 2.443$，$p = 0.126$）、发音（$F_{(1,39)} = 1.444$，$p = 0.237$）和声调（$F_{(1,39)} = 3.639$，$p = 0.064$）上的平均分都无统计学上的显著差异。

表 3 汇总了单因素方差分析的结果，非常有意思的是，华裔学生和非华裔学生，无论处于何种水平，他们在"声调"这一分项上的差异均不显著。而一般人的印象中，"声调"是汉语的一大特色，华裔学生从小接触汉语，应该比后天学习的非华裔学生在声调上有天然的优势，两者的差异应该是存在的，尤

其是初级阶段，那为什么在 SCT 中的"声调"得分却显示无差异呢？我们认为这需要从内、外两个原因分析。

首先，华裔学生的声调本身存在一定缺陷。很多学者都谈到华裔学生由于受到汉语方言或者所在国通用语的影响，语音面貌并不尽如人意（Ramsey，1987；吴建玲，1996；朱志平，2009）。如表 1 所示，在本研究华裔组中，64% 的学生是非普通话语言背景的，因此华裔组自身口语表达中的声调就存在一定问题。

其次，考试环境中的声调专项考察可能会过高估计考生的声调掌握和运用情况。SCT 声调的子分数来源于多个题型，除了简短问答和短文重述不计分，其他六个题型对声调的分数均有贡献，其中声调词语、声调识别（词语）、声调识别（句子）这三种题型是专门针对声调设计的，旨在考查考生在口语表达中对词语、短语和句子中声调的准确识别和表达。从题型设置可以看出 SCT 十分重视声调这一汉语口语表达独特的语音特征。并且在声调词语、声调识别（词语）、声调识别（句子）三个题型中，考生要求生成、识别词或句子中的声调，所有任务的完成都是辅以拼音的。只要学生受过初步的拼音训练，那就有可能在这三种题型上得到高分。另外，这三部分试题考查的是学生理想状态下的声调运用水平。有经验的教师都有感受：学生在读单个词语或者纠音状态下均能较准确地说出四声，但在成句成段的表达，尤其是自由表达时，声调则完全处于放任状态，实际上，此时表现的才是学生真实的声调自动化水平。因此，声调是汉语区别其他语言的一大特征，在真实交际中起着至关重要的作用，是口语表达的一个重要能力，但在考试环境中，以"放大镜"的方式考查声调则可能过高估计考生的声调水平（实际上，在 SCT 总分的加权系数中，声调的系数较低，题型上对声调的强调并没有影响最后总分的效度）。

华裔组学生的声调本身存在问题、非华裔组学生的声调可能被过高估计，使得三个水平组学生在声调项的分数上趋同、差异不明显。

6   研究的主要结论及讨论

本文通过比较华裔组和非华裔组学生在 SCT 中的表现，参照其 OPI 成绩，得到以下主要结论。

6.1   华裔学生和非华裔学生口语表达水平的总体分布不同

华裔学生的汉语口语水平多集中在中级和高级水平，学习汉语的起点一般较高。即便是同处于初级阶段，他们在语法、词汇等各方面的表现普遍好于非华裔学生。

非华裔学生的水平分布较广，个体差异较大，有水平较低的处于起步阶段的学生，也有接近母语者水平的超高水平的学生。

本研究在选取被试时控制了总体被试的水平分布，但并未刻意控制两组被试的水平分布，这主要是出于保留华裔学生和非华裔学生自然分布状态的考虑。不过由于研究在美国选取的被试主要来自旧金山海岸地区，该地区的华裔群体庞大，华裔学生的数量和水平可能异于美国其他地区，因此本研究对华裔学生整体水平分布推论的有效性有可能会因为采样的代表性不够而受到影响。

6.2 华裔学生在汉语口语表达上的优势更多体现在语言内容，而非语言形式

对于任何考试来说，明确界定考试构念是非常重要的。什么是汉语的口语表达能力？这个问题是研究人员在 SCT 研发之初要面临的首要问题。

在生成语法看来，能力是母语说话人和听话人共同拥有的关于母语的共同的知识；在功能语言学家看来，对语言能力的理解还应考虑到"合适性"，语言的接受度与语言运用有关。生成语法强调的是同一母语使用者的共同点；功能语言学看到的是使用同一语言的不同说话人，看到的是现实中存在的母语者之间的差异。两者的共同点在于都以说话人为出发点，无论这个"说话人"是作为母语者的整体，还是作为不同的个体，他们解析的都是说话人在进行语言表达时需要哪些能力。

SCT 是一项自动化的考试，计算机是考生答题情况的接受者、分析者和反馈者，因此在对汉语口语能力进行建构时，更多选择了听话者的角度。一个听话者从感知到理解语言信号，是语音到语义的深化过程，这个过程与说话者语言表现的两个方面息息相关：知识方面（话语内容）和控制方面（说话方式）。作为承载语言交际中意义表达的语法和词汇属于内容，作为口语表达的载体，发音、声调和流利度属于形式。语言表达的形式和内容在实际的汉语交际过程中缺一不可，共同构成汉语口语表达能力，但两者又相对独立。

本研究中，总体来说，华裔组和非华裔组在分项上的差异体现在语法和词汇上，这在 SCT 的考试设计中属于语言内容部分，它表明华裔学生比非华裔学生更能理解问题并以适当的内容做出回应。在流利度、发音、声调这三项子分数上，两组学生没有显示出显著的差异，也就是说，他们在说话是否流畅、发

音是否准确、停顿是否恰当等语音面貌上没有太大的差异。

从图 5 可以清楚地看出，两组学生只有在语法和词汇两个子分数上表现为较为独立的两条发展趋势线，而在语言形式方面的子分数上表现出的两条发展趋势线都呈现出难分彼此的"黏着"状态。可以说，语言内容才可以更有效地区分华裔和非华裔学生。

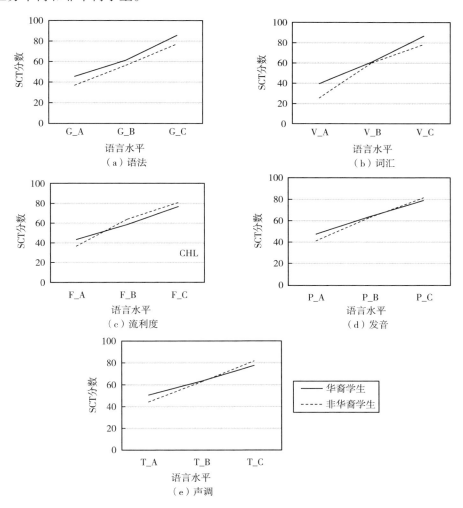

（a）语法　　　　　　　　　（b）词汇

（c）流利度　　　　　　　　　（d）发音

（e）声调

图 5　华裔学生和非华裔学生不同水平的分项分数发展趋势

6.3　初、中、高级阶段华裔学生和非华裔学生之间的差异各不相同

两组学生在中级阶段的差异并不大，在初级和高级阶段的差异比较显著。

初级阶段两组的差异体现在语法、词汇、流利度和发音上。高级阶段两组的差异体现在语法上。可以说，非华裔学生的口语水平在中级阶段发展较快，与华裔学生持平，但在高级阶段仍与华裔学生存在距离。

初级水平的学生在声调上显示不出明显差异，这一方面与华裔组自身的方言背景有关，另一方面与考试形式高估了非华裔组的声调掌握情况有关。应该说，不管是华裔组还是非华裔组，声调仍然是口语表达中应该重视的问题。

对于高级阶段的非华裔学生来说，语法仍然是其相对较弱的一环。华裔学生组在 SCT 考试中表现出较强的语法能力源于其高自动化的汉语"组块"能力，这一能力是其在汉语背景中自然习得的。对非华裔学生，尤其是高级阶段的非华裔学生来说，提高对汉语"语块"的感知、理解和生成能力，继而提高其语法能力的自动化水平应是一种有效的途径。

7　小结

本研究对美国华裔和非华裔汉语学习者的口语表达能力进行了比较，发现两组被试在水平分布、词汇、语法发展性等方面都存在不同特点。本研究所依赖的研究手段主要是汉语口语考试，考试环境下的口语输出与真实交际表达是存在一定距离的，如前文所讨论的，单项声调、发音测试可能会高估非华裔被试的水平，因此虽然 SCT 考试本身的考试效度已得到研究证明，但本研究的结论可能会受到试测环境、考试构念等因素不可避免的影响。

参考文献

［1］李晓琪，李靖华. 汉语口语考试（SCT）的效度分析［J］. 世界汉语教学，2014（1）：103 - 112.

［2］柳兰. 对有粤语背景的华裔学生习得普通话被动句的研究［D］. 北京：北京大学，2001.

［3］邵忆晨. 美国华裔初级学生汉语口语能力案例研究［D］. 上海：华东师范大学，2013.

［4］魏岩军，王建勤，魏惠琳. 美国华裔母语保持与转用调查研究［J］. 华文教学与研究，2013（1）：46 - 53.

［5］吴建玲. 对一百名华裔学生语言文化情况的调查报告［J］. 语言教学与研究，1996（4）：122 - 132.

［6］朱志平. 美国华裔学生在汉语课堂中的优势和问题［J］. 北京师范大学学报（社会科学版），2006（6）：98 - 104.

［7］ Dandonoli P, Henning G. An investigation of the construct validity of the ACTFL proficiency guidelines and oral interview procedure ［J］. Foreign Language Annals, 1990 (23): 11 – 12.

［8］ Jin Sook Lee. Through the Learners' Eyes: Conceptualizing the Heritage and Non-Heritage Learner of the Less Commonly Taught Language ［J］. Foreign Language Annals, 2005 (38): 554 – 563.

［9］ Ramsey R S. The language of China ［M］. Princeton, NJ: Princeton University Press, 1987.

［10］ Wong-Fillmore. The Second Time Around: Cognitive and Social Strategies in Second Language Acquisition ［D］. Stanford University, 1976.

（原刊于《华文教学与研究》2019 年第 4 期）

汉语分级测试分数线划分研究[①]

罗 莲

（中央民族大学）

[**摘要**] 本文将专家教师对老生样组汉语学习表现的评价作为因变量，将新学期分级测试的分测验成绩作为自变量，建立多元回归模型。之后，将该模型应用于新学期入学的所有考生，确定考生的初始等级。最后，考察新生初始预测等级与教师评价等级的差异。结果表明，采用多元回归方法与简化的以学生为中心的专家判定方法可以为下一步的口语分级测试提供考生的预测等级信息，有利于最终做出精确的分班决定。

[**关键词**] 汉语作为第二语言；分级测试；分班测试；分数线划分；标准设定

1 问题的提出

第二语言教学中的分级测试要求利用一张试卷考查所有第二语言学习者的水平。设计分级测试试卷时，首先需要充分研究语言教学内容及大纲。试卷中的试题应属于不同级别的题目，这样能够将不同级别学习者的能力放在一张量表上，并将所有的学习者分配到与之水平相适应的班级。该测试的分数效度如何，需要收集一系列的效度证据来证明。其中，分数线界定是分级测试效度研究的一个重要方面。

如何确定分数线是教学机构或测验设计单位面临的难题之一，而分数线的划分在某种程度上可以说是分级测试成败的关键。想象这样一种情况：多次使用并被证明与教材匹配较好的试卷，如果在某次测试后分数线划错，学习者会被分配到不适合的等级，而这个等级配备的教材对学习者来说并不合适，会造成一系列的后果。第一，一些成绩高的学生被分配到较低等级，他们会觉得教

---

① 本文系教育部人文社会科学研究项目基金资助的"对外汉语分级测试研究"课题（No. 09YJC740074）的研究成果之一。

材过于容易，课堂枯燥无味，没有挑战性，而且在其他同学面前"没有面子"。同时，也会导致这些学生进步缓慢、教育费用增加、学习时间延长、结业时间推迟。第二，成绩较低的学习者被分配到较高的等级，可能会因为听不懂而跟不上进度，越落越远。教师虽然尽力让每个学生在课堂上的练习机会均等，但这些学生常常无法做出正确的反应，久而久之，对他们的心理产生了影响。有的教师不愿意在课堂上提问这些学生，他们成了被忽视的学习者。而且，很可能一些学习者会失去继续学习汉语的兴趣。第三，对教师来说，为了照顾水平较高或较低的学生，不得不增补教材之外的材料，上课时调整教学策略，增加了他们备课的工作量。即使这样，要求他们按时完成教学进度也会显得困难重重。第四，一些学习者提出调班也给负责教学管理的工作人员增加了工作量。因此，即使分级测试的试卷是经过科学的程序设计而得到，并且与教材匹配良好，但一旦分数线划分错误，之前付出的努力可能都会付之东流。

2　相关研究

国外关于分数线的确定有很多研究，其中相当一部分是关于及格线的确定研究。但在分级测试中，不是只划一个及格线就可以了，而是要确定多个等级的分数线。而且，依照划定的分数线，学习者的能力必须与相应的教材和教学内容相匹配。这可能是分级测试研究与水平测试研究的差别之一。

美国心理学家格拉泽（Glaser，1963）建议将测验分为"常模参照测验"和"标准参照测验"两种，并提出不同于"常模参照分数"的"标准参照分数"。将学习者的能力与相应的教材以及教学内容相匹配，这更贴近标准参照分数的解释。在格拉泽提出的标准参照理论下，分数线划分有了另外一个名称：标准设定（standard setting）。

标准设定的目的是确定一个科学的划界分数，以区别应试者中的合格者和不合格者。这是一个非常困难的问题，教育和心理测量学家已经提出了数十种（有研究者认为是甚至上百种）标准设置的方法，但至今仍然没有一种可以被认为是唯一合适的最佳方法（曹怡，2003；余嘉元，2008；李珍等，2009）。这些方法有很多分类，最常见的有以考生为中心的方法和以测验为中心的方法（武晓宇等，2003，2006）。很多方法都离不开教学专家的参与。其中，国内对以测验为中心的Angoff方法以及以考生为中心的边缘组法有较多介绍及研究。也有文献将标准设置的方法归纳为三大类：以测验或题库的整体印象为基础的判断、以个别题目的内容分析为基础的判断、以受试者的测验成绩为基础的判断。在各种方法中，由于 Angoff 方法易于理解，在发展过程中还出现了许多便于操作的变式，是目前国内外运用最为广泛的进行标准设置的方法（余嘉元，2008）。

国外研究者对第二语言分级测试分数线划分的一致意见是：应该使用多种分数或变量来确定分数线，同时也应该将主观的方法与客观的方法相结合（Willingham，1974；Weber，1985；Fulcher，1997）。在国内，对语言水平测试的标准界定有一些研究，例如，民族汉语水平考试分级标准（武晓宇等，2003，2006）、HSK 汉语水平考试某些级别分界标准（徐静，2004；武晓宇、徐静，2005）、商务汉语水平考试与欧洲语言共同参考框架的研究（鹿士义，2011）等，但分级测试分数线划分的研究还尚未引起人们的注意。

无论是以考试为中心的分数线界定方法，还是以考生为中心的分数线界定方法，都需要专家的参与，而专家参与需要花费人力、物力、财力和较多的时间。在何佳等（2007）的研究中，提出合适的专家难找、专家对方法信心不足、题量大的时候专家感到厌倦以及专家培训较难的问题。因此，研究者们也并不完全依赖专家法，而是将专家判断的方法与其他一些统计方法相结合对学生进行分级。一般是从专家判断开始，再基于学生的分数利用统计方法进行分析，最后确定学生的能力等级。回归分析是这些统计方法中的一种。

本文将利用专家教师对考生样组上一学期期末汉语学习表现的评价，基于多元回归方法预测新招考生初步等级，为笔试之后的口语分级测试提供信息，以确定考生最终级别。

3　研究目标、思路与方法

由于语言学习者的听说读写能力发展不均衡，因此在本研究中分级测试是将笔试与口试结合，在笔试成绩的基础上分组进行口试。笔试的任务是提供考生所在的大致级别，之后基于这个级别，口试考官参考考生口试表现将考生上调或下调到相应班级。因此，如果能够依据笔试成绩将考生确定到其真实水平附近的级别，笔试的任务就完成了。

3.1　教学项目等级以及试卷设计

本研究中分级测试笔试试卷分为听力、语法、词汇、阅读以及写作五种题型（以下称分测验）。其中前三个部分，每个部分由 20 个四选一的选择题组成。阅读部分为三段由易到难的短文，带 15 个四选一的题目，总分为 15 分。

这些题目都是依照教学大纲以及教材命制，并请教学专家对这些题目的级别进行了判断。从两套已经施测过的试卷中挑选出来优质题目拼成一套试卷，题目难度以及区分度指标都是合格的。这些题目都是先按照 A、B、C、D 四个级别排列，在大级别内按照难易度排列。作文命题的出发点是让各个级别的学生有话可说，又能有一定的区分度。

在本研究的教学项目中，级别分为 A、B、C、D 四个大的等级。各个大的级别下面有小的级别：A0、A、A＋、B－、B、B＋、C－、C 和 D－共 9 个级别。依据经验，A0 级一般为完全零起点考生；A 级为仅仅学会一些简单句子，刚到中国的新生；A＋级为一些上个学期在 A0 级和 A 级的学习动机不强、成绩较差的老生，以及一些水平相当的刚到中国的新生。在没有猜测的理想状况下，A0 级考生不得分，分数一般以 0 分计；A 级考生在每个题型上可能得分是 1 ~ 3 分，一般以 10 分计；A＋级考生在每个题型上可能得分为 3 ~ 5 分，一般以 20 分计。但是，由于存在猜测因素，对一个完全零起点的考生来说，如果他仅凭猜测回答题目，每个四选一的选择题有 25％ 的答对概率。据此，他凭借随机猜测可能在一份有 75 个选择题的试卷中答对 19 题而得到 19 分。因此，0 ~ 20 分这个分数段区分等级 A 和 A＋受到猜测因素的很大影响。同时，由于很多 A 级和 A＋级考生不写作文，对那些写了作文的考生，其细微差别也不好把握，其分数也可能受到评分误差影响而对这两个等级无法做出精确区分。再加上很多有经验的教师认为，对初级阶段的学生级别的确定应该主要依赖口语测试。因此，在本研究中的等级数字最后定为 1 ~ 8，将 A 和 A＋定为一个级别。

3.2　多元线性回归分析方法

本研究考查采用多元回归分析方法预测新生初始水平等级的可行性。多元线性回归是分析一个随机变量与多个变量之间线性关系的最常用的统计方法。这种方法用变量的观察数据拟合所关注的变量和影响它变化的变量之间的线性关系式，检验影响变量的显著程度和比较它们作用的大小，进而用两个或多个变量的变化解释和预测另外一个变量的变化（郭志刚，1999）。

设因变量 Y 与 k 个自变量 X 线性相关：

$$Y = B_0 + B_1X_1 + B_2X_2 + \cdots + B_kX_k + \varepsilon \qquad (1)$$

其中：Y 为可观察的随机变量；$X_1, X_2, \cdots, X_k$ 为可观察的一般变量；ε 为不可观测的随机误差；$B_0, B_1, B_2, \cdots, B_k$ 为待定模型参数，其中 B_0 为截距（郭志刚，1999）。

在本研究中，以教师对老生的评价等级为因变量 Y，以老生在分级测试各分测验的成绩为自变量，建立多元回归方程，并利用该回归方程计算每个考生应分到的初始等级。在这个初始等级的基础上，进行口语测验，根据情况调整考生级别。最后，将专家教师对新生的评价作为效标，与回归方法得到的预测等级进行对比。

一些分级测试将调班率作为效度分析的指标。但是，实际上学生提出调班可能有各种原因。例如，教材、教师、学习者的朋友、班上本国人的多少等，都是调班的影响因素。在本研究的学习项目中，由于文化因素或者学习动机差异，有的老生跟不上所在班级。为避免他们使用已学过的教材，分班时一般让这些学生顺升一个等级。这些考生实际能力虽然未达到这一等级的要求，但一般不会提出降级要求。另外，有的学习者想多学一些，愿意去等级较高的班级；有的学习者想轻松一些，愿意去较容易的班级；而有的学习者即使在某个级别听不懂或者跟不上学习进度，也一定要待在那个班级。因此，本文将不考虑学习者实际所在等级或调班后等级的改变，而是以教师评价作为因变量进行分析。

3.3　研究步骤

第一步，请各班的各科教师在上一学期期末对老生表现进行评价，并将评价的等级标为 1~8 的数字；第二步，全部考生参加新学期的分级测试，并利用老生在各个分测验上的成绩建立多元回归方程；第三步，利用该方程计算每个考生的初始预测级别；第四步，在口语测试最后确定考生水平等级后，分析教师对新生的评价情况，与笔试的回归预测等级进行比较。

4　研究过程、结果与讨论

4.1　期末等级评价以及分级测试实施

在 2011 年秋季学期期末考试结束后，请各个班的任课教师在上报期末成绩时对学生等级进行评价。在汇总教师评价时，发现有的教师对少数老生的评价与分级测试成绩有不尽相符之处。原因可能是有的班任课教师是在读的研究生，对学生的水平判断不准确。经过观察与访谈，还发现学生中存在几种情况。第一种是经常不来上课者。这些学生可能比正常水平低 1~3 个等级，但他们每次分班时都顺升一级，教师对他们的评价大多比所在级别只低 1 个等级。第二种是学生学习动机很强，考试成绩很高，有的在 2011 年秋季期末考试结束后，仍然坚持学习，水平有较大提高。虽然教师认为他们可以跳级，但对跳级的级别数判断精确性不够。第三种情况是，一些考生上个学期末成绩较好，但是在寒假期间回国而没有学习汉语，导致汉语水平出现了较大下滑（初级水平学生更明显。笔者曾经在期末考试时做过一次分级测试的后测实验，其中有的同学后测成绩较高，而开学的分级测试中分数却较低）。因此，为了保证回归模型的解释力，对教师评价级别进行了个别调整。

分级测试在2012年春季开学时实施，共有114名考生参加了测试（描述统计数据见表1）。其中，有73名考生为上个学期在该校学习的老生，1名为本科生，40名为2012春季学期报到入学的新生。零起点考生大部分未参加考试，只有两名零起点考生填涂了几个试题之后放弃了考试。我们将这两名考生的数据也放入程序进行分析。在建立回归模型前，删去几名抄袭者以及分测验成绩异常考生的数据，最后以67名老生在5个分测验上的成绩为自变量，以等级数字作为因变量建立多元线性回归方程。

表1　　　　　　　　　　　分班测验描述统计数据

测验	总测验	听力	语法	词汇	阅读
题目数（道）	75	20	20	20	15
考生数（人）	114	114	114	114	114
均值（分）	31.982	9.167	8.325	8.614	5.877
标准差（分）	14.717	4.718	3.946	4.099	3.664
最小值（分）	1	0	0	0	0
最大值（分）	69	19	19	18	15
α	0.939	0.847	0.782	0.792	0.799
SEM	3.634	1.843	1.84	1.871	1.644
均值 P	0.426	0.458	0.416	0.431	0.392
题目与总分相关均值	0.421	0.505	0.434	0.445	0.508
平均点双列相关系数	0.551	0.662	0.578	0.588	0.652

表中可以看出，总测验和各分测验的 α 信度系数都比较高，平均区分度也比较好。

4.2　建立多元回归方程

本步将根据教师对老生的评价以及分测验成绩建立回归方程。

首先，绘出2012年春季教师评定等级与考生在5个分测验上成绩的散点图（图略）。结果发现，4个分测验变量与评定的等级均存在比较明显的线性关系，只有阅读部分的线性关系不太明显。因此，可以使用回归的方法。各个分测验与教师评定等级的相关性都比较高（见表 2）。

表 2   各分测验成绩与等级相关性

项目	等级数	听力	语法	词汇	阅读	写作
等级数	1.000	0.925	0.880	0.857	0.832	0.884
听力	0.925	1.000	0.837	0.799	0.774	0.769
语法	0.880	0.837	1.000	0.804	0.736	0.747
词汇	0.857	0.799	0.804	1.000	0.790	0.768
阅读	0.832	0.774	0.736	0.790	1.000	0.788
写作	0.884	0.769	0.747	0.768	0.788	1.000

其次，将教师评定等级作为因变量，将分测验分数作为自变量，选择逐步回归法。结果，听力、写作、语法、词汇变量进入了模型（见表 3）。

表 3   模型汇总[e]

模型	R	R^2	调整 R^2	标准估计的误差	R^2 更改	F 更改	df1	df2	Sig. F 更改	Durbin-Watson
1	0.925[a]	0.855	0.853	0.80463	0.855	383.614	1	65	0.000	
2	0.964[b]	0.929	0.927	0.56814	0.074	66.374	1	64	0.000	
3	0.971[c]	0.943	0.940	0.51367	0.014	15.293	1	63	0.000	
4	0.973[d]	0.946	0.943	0.50180	0.003	4.017	1	62	0.049	1.337

注：a. 预测变量：（常量），听力。b. 预测变量：（常量），听力，写作。c. 预测变量：（常量），听力，写作，语法。d. 预测变量：（常量），听力，写作，语法，词汇。e. 因变量：等级数。

从表 3 中可以看出，模型 4 的解释力接近 95%，是相当高的。

依据表 4 的非标准化系数（0.05 的水平上显著）建立的回归方程模型为：

$$Y = 0.520 + 0.18 \times 听力 + 0.135 \times 写作 + 0.096 \times 语法 + 0.057 \times 词汇 \quad (2)$$

表 4   模型 4 的系数[a]

项目	非标准化系数 B	非标准化系数 标准误差	标准系数 试用版	t	Sig.	B 的 95.0% 置信区间 下限	B 的 95.0% 置信区间 上限	相关性 零阶	相关性 偏	相关性 部分	共线性统计量 容差	共线性统计量 VIF
（常量）	0.520	0.169		3.077	0.003	0.182	0.857					
听力	0.180	0.026	0.421	6.937	0.000	0.128	0.232	0.925	0.661	0.204	0.235	4.254
写作	0.135	0.020	0.335	6.584	0.000	0.094	0.176	0.884	0.641	0.194	0.335	2.984

项目	非标准化系数		标准系数	t	Sig.	B 的95.0% 置信区间		相关性			共线性统计量	
	B	标准误差	试用版			下限	上限	零阶	偏	部分	容差	VIF
语法	0.096	0.031	0.185	3.099	0.003	0.034	0.158	0.880	0.366	0.091	0.242	4.127
词汇	0.057	0.029	0.114	2.004	0.049	0.000	0.115	0.857	0.247	0.059	0.269	3.714

注：a. 因变量是等级数。

由于这四个分测验刚好都是 20 个四选一的选择题，分数都是 20 分，便于比较。从该方程可以看出，这些题型的重要性依次分别为：听力、写作、语法、词汇。

最后，依据郭志刚（1999）及卢纹岱（2003）书中的标准，发现各分测验成绩自变量不存在明显的共线性。

4.3 考生等级确定

第一步，将在 4.2 节中建立的回归方程应用于所有学生。方法是：将每个考生的分数代入该回归模型，计算得到其应在等级 Y。计算得到的 Y 值是小数（连续数据），将小数四舍五入处理为整数（离散数据），也就是考生的等级。

第二步，得到各个考生的等级后，计算各等级的描述统计数据（见表 5）。

表 5　　　　　　　　　　　**各等级的组描述统计量**

等级	分测验	最高分	最低分	均值	标准差	有效的人数
1	听力	1	0	0.50	0.71	2
	写作	0	0	0.00	0.00	2
	语法	1	0	0.50	0.71	2
	词汇	0	0	0.00	0.00	2
2	听力	8	1	4.11	1.82	19
	写作	4.5	0	1.53	1.48	19
	语法	7	1	3.95	1.75	19
	词汇	7	1	4.05	1.72	19
3	听力	8	3	5.56	1.98	25
	写作	12	0	3.16	2.95	25
	语法	9	3	6.24	2.01	25
	词汇	12	3	6.36	2.22	25

续表

等级	分测验	最高分	最低分	均值	标准差	有效的人数
4	听力	12	6	9.05	1.62	22
	写作	9	0	4.68	2.54	22
	语法	11	4	7.59	1.68	22
	词汇	13	5	9.05	2.42	22
5	听力	16	6	11.20	2.62	15
	写作	11	0	6.23	2.95	15
	语法	14	6	9.93	2.19	15
	词汇	14	7	10.33	2.23	15
6	听力	17	9	13.35	2.29	17
	写作	14	1	9.26	3.45	17
	语法	16	9	11.71	1.90	17
	词汇	16	7	10.82	2.86	17
7	听力	18	13	15.57	1.62	7
	写作	14.5	9.5	11.57	2.07	7
	语法	15	11	13.29	1.70	7
	词汇	17	10	13.43	2.23	7
8	听力	19	16	17.71	1.38	7
	写作	18	12.5	15.64	2.10	7
	语法	19	12	15.57	2.64	7
	词汇	18	13	16.29	1.60	7
合计	听力	19	0	9.17	4.74	114
	写作	18	0	5.72	4.69	114
	语法	19	0	8.32	3.96	114
	词汇	18	0	8.61	4.12	114

从表 5 中可见，各个级别分测验分数从低到高呈上升趋势，同时每个级别都有一些考生不做作文。

第三步，对每个等级在四个分测验的均值进行差异检验，结果如表 6 所示。

表 6　　　　　　　　组均值的均等性的检验

项目	Wilks 的 Lambda	F	df1	df2	Sig.
听力	0.162	67.709	8	105	0.000
写作	0.299	30.786	8	105	0.000

项目	Wilks 的 Lambda	F	df1	df2	Sig.
语法	0.205	50.883	8	105	0.000
词汇	0.278	34.045	8	105	0.000

从表6中可见,8个等级的各个分测验均值差异显著,说明分类是有意义的,4个自变量也能够说明分类特征。

4.4 对新生依据笔试初步分班情况的分析

在开学后3~4周,请各科任课教师对各班学习者的水平做出评价。由于我们关心的是根据对老生的评价而建立的回归模型是否能用于预测新生的等级,因此本步中只对40名新生的情况做出分析。

经统计,不考虑口语分级测试因素,40名新生中有21名新生依据笔试回归模型得到的等级与各个教师评价等级汇总情况完全相符,这说明考生口语测试确定的水平与笔试成绩较为一致。有19名考生等级有不一致的情况。考生预测等级与教师评价等级差异情况见表7。

表7 考生预测等级与教师评价差异情况

编号	国籍	原始预测等级	预测等级四舍五入	教师评价	等级差异
22	吉尔吉斯斯坦	2.48	2	3	−1
24	美国	2.73	3	2	1
27	日本	2.71	3	2	1
38	日本	2.75	3	2	1
41	日本	2.61	3	2	1
46	澳大利亚	2.85	3	4	−1
54	日本	3.52	4	3	1
57	韩国	4.23	4	3	1
58	韩国	4.08	4	3	1
60	爱尔兰	4.24	4	3	1
62	日本	3.96	4	3	1
63	日本	4.35	4	3	1
76	日本	4.16	4	3	1
77	韩国	5.50	6	4	2
81	日本	4.54	5	4	1
83	日本	4.53	5	4	1

编号	国籍	原始预测等级	预测等级四舍五入	教师评价	等级差异
91	韩国	6.05	6	5	1
99	日本	5.87	6	5	1
102	韩国	6.97	7	6	1

　　分析这 19 名考生的情况，总结等级差异的原因，可能有如下几种。第一，回归等级四舍五入造成的误差。例如，22、41、54、77、81、83 这几名考生回归等级都在等级数 +0.5 左右的区间，属于可上可下的考生。第二，答题策略。有的考生没有答听力，如 46 号；有的没有答作文，如 22 号。这些都导致预测等级较低，而听力部分影响更大。另外，从分测验分数看，考生可能在某一题型花费时间较长，如 60 号和 77 号均在阅读上少花时间，多花时间用于写作文而导致预测等级较高。第三，技能差异。根据口语测试结果、对教师的访谈以及笔者的观察，大部分考生的能力发展不平衡，听说与读写能力有一定的差距，这可能是导致差异的重要原因。第四，教师评价的准确性。虽然本文以教师评价作为标准，但教师在教学中往往采用差异化教学策略，导致他们对学生的差异不是那么敏感。同时，教师对评价标准把握也不同，有的教师评价较为严格，有的则较为宽松。此外，新教师对学生水平把握不是很准确，也会造成等级评价不够准确。第五，预测等级较多。本研究中每个分测验题目数很少，分数分布较为集中，而划分的等级达到 8 个，也容易出现差异。

　　从考生国籍分析，表 7 中有 10 名为日本学生。日本学生来到中国第一个学期最大的问题是听说能力差。他们的分测验分数也很不平衡，最终教师的评价都比回归方法预测的等级低。韩国有 4 名考生的情况与日本考生类似，而只有第 77 号考生情况比较特殊。该考生的预测等级除涉及四舍五入误差外，他可能多花时间写作文而放弃了阅读。经访谈综合课教师得知他性格内向，不爱表达，导致教师评价较低。几个因素综合起来，使得他成为唯一一个被预测高了两级的考生。分析 4 名其他国家学生的分级测试成绩，可能都是由于答题策略造成差异。其中，24 号和 60 号考生阅读分数都只有 2 分，可能多花了时间在其他四种题型上，从而预测等级数较高；22 号考生没有写作文，语法分数也较低；46 号考生则没有听力成绩，导致计算得到的初始预测等级较低。

　　新生与老生的特点是不同的，因此根据老生的数据得到的回归模型用于预测新生等级会有一定的差异。但是，在不考虑教师评价误差的情况下，该模型能够正确预测一半的新生等级，余下新生的预测等级则与正确等级差一个级别，这已经为接下来的口试提供了非常有意义的信息。接下来需要通过依据教材精心设计的口语测试，在该预测等级基础上对考生的级别进行调整。

5 结论及将来的研究

在本研究中，首先请专家教师对 2011 年秋季学期的老生的表现进行评价，汇总各科教师的评价后得到某老生下一个学期可以进入的实际等级。该方法实质上是一种以考生为中心的简化的专家判定方法。这种方法基于教师对学生一个学期的观察，有一定的可靠性，同时实施起来较为简便。此外，从本研究还可以看出，以老生的数据建立多元回归模型并预测新生的水平等级，可以为后来的口语测试提供信息，使得口试教师能够在此基础上对考生的等级进行微调，提高分班的精确度。

本研究的不足之处在于：首先，新生和老生必须一起参加分级测试，这样才能根据老生的数据建立回归方程并预测新生初始等级；其次，教师评价以回收电子邮件方式进行，没有进行当面的说明，其评价有可能存在一定的误差；最后，老生的回归模型用于新生时，预测精度还有提高的空间。因此，将来的研究在收集教师对学生的评价时，需要首先对教师进行较为详细的说明；在提高新生预测等级精确性方面，可以考虑因新生听力较差而将听力部分的回归系数提高，或者可以利用调查问卷收集考生信息，将其中的一些项目，例如在国内外学习时长、周学时数等作为自变量建立回归模型。

参考文献

［1］曹怡. 若干标准设定方法的心理计量学比较初探［D］. 上海：华东师范大学，2003.

［2］郭志刚. 社会统计分析方法［M］. 北京：中国人民大学出版社，1999.

［3］何佳，何惧，于惊涛，高靖. 语言考试中标准设置过程的评价分析［J］. 中国考试，2007（2）：34－37.

［4］李珍，辛涛，陈平. 标准设定：步骤、方法与评价指标［J］. 考试研究，2010（2）：83－95.

［5］鹿士义. 商务汉语考试（BCT）与欧洲语言共同参考框架（CEFR）的等级标准关系研究［J］. 华文教学与研究，2011（2）：56－63.

［6］卢纹岱. SPPSS for Windows 统计分析［M］. 北京：电子工业出版社，2003.

［7］武晓宇，徐静. 对 HSK 部分等级的验证性研究［J］. 考试研究，2005（3）：49－60.

［8］武晓宇，徐静，赵玥. 民族汉考三级分界标准的探索与分析［J］. 汉语学习，2003

（5）. 58 – 62.

［9］武晓宇，徐静，赵玥. 民族汉考三级分界标准确立初探［C］//谢小庆，彭恒利. 考试研究文集（第 2 辑）. 北京：经济科学出版社，2006：187 – 198.

［10］徐静. 对 HSK 三、六级发证标准的验证性研究［D］. 北京：北京语言大学，2004.

［11］余嘉元. Angoff 方法有效性的检验研究［J］. 教育研究与实验，2008（1）：54 – 57.

［12］Fulcher G. An English Language Placement Test：Issues in Reliability and Validity［J］. Language Testing，1997，14（2）：113 – 138.

［13］Glaser R. Instructional Technology and the Measurement of Learning Outcomes［J］. American Psychologist，1963，18（8）：519 – 522.

［14］Weber J. Assessment and Placement：A Review of the Research［J］. Community College Review，1985（13）：21 – 32.

［15］Willingham W W. College Placement and Exemption［M］. College Entrance Examination Board，1974.

（原刊于《语言文字应用》2012 年第 3 期）

汉语分级测试与 CEFR 等级的连接研究

罗 莲

（中央民族大学）

[摘要] CEFR 已在欧洲得到了广泛认可，研究国内语言测试与其等级对应关系，可以更好地了解学生水平，有利于促进学生的学习和教师的教学，同时对国内语言标准的制定也有启发意义。目前，这类研究还非常少。本文将分级测试数据、学生自评、教师评价相结合，对某汉语项目分级测试与 CEFR 等级进行初步连接研究。

[关键词] CEFR；汉语分级测试；连接；语言交际能力标准

1 问题的提出

20 世纪八九十年代，随着欧洲一体化进程的加快，欧盟各国合作交流的增加，学生到其他国家学习的情况越来越普遍，人们也越来越认识到学习不同语言的重要性。因此，有必要建立一个共同的纲领，将各个国家不同的外语能力要求及标准进行接轨。在这种情况下，欧洲理事会组织各国语言学家、语言教育专家百余人，用了十年时间（1991~2001 年）研制开发欧洲语言共同框架。该组织 2001 年发布的《欧洲语言共同参考框架：学习、教学、评估》（A Common European Framework for Reference of Languages，CEFR）是一个关于语言教学、学习及评估的整体指导方针与行动纲领，它系统地总结了欧洲的语言教学理论和实践，体现了欧洲现代语言教学、学习和评估的新理念（白乐桑、张丽，2008）。

除了学校环境中的语言能力，CEFR 还强调其他环境中的多元语言能力，同时还为语言学习者建立终身的语言档案；在语言学习中，注意培养跨文化知识、意识及技巧；在评估中，强调语言交际能力，特别注意学习者在特定的领域和话语环境中完成语言任务时的语言表现，重视自我评估；倡导终身学习理念；制定了交际策略评估量表；同时，以行动为导向，将任务贯穿于教学、学习与评估中（白乐桑、张丽，2008）。

CEFR 为评测学习者每一阶段的进步制定了不同的能力等级。它将学习者的语言交际能力从理解（听与读）、说（口语会话及交互）以及写作能力几个方面分为三等六级：A 等为基础使用者（A1 入门级和 A2 初级），B 等为独立使用者（B1 中级和 B2 中高级），C 等为熟练使用者（C1 高级和 C2 精通级），每个等级下都有对"能做（can-do）行为"的详细描述，并据此设计了自我评价量表（Council of Europe，2001）。CEFR 的使用范围很广，包括欧洲多种语言地区、多层次教育机构以及不同的使用对象。

CEFR 已经得到了欧洲乃至国际语言教学界的广泛认可，被认为是"迄今为止最具代表性的语言能力量表，为各国语言教学大纲编写、课程设置、教材编写和考试设计提供了共同的基础"（韩宝成，2006）。欧盟专门发布了使用说明和连接手册（Council of Europe，2006，2009）。除了欧洲各国，亚洲的数个国家也开始使用 CEFR，如日本参考 CEFR 对日语水平考试进行改革（孙守峰，2008），新加坡（范静哗，2015）也在依据 CEFR 设计测验或制定语言教学标准。显而易见，上述这些测验需要说明与 CEFR 的等级对应关系。

由于不同的测验和 CEFR 都是测量工具，但是测量内容、方式和难度不同，因此学界使用"连接"这一术语（Kolen & Brennan，2004）。目前，将各类语言测试与 CEFR 连接或匹配已成为国际上语言测试领域一个值得关注的研究方向（闵尚超，2012）。而且，中国和欧洲之间的教育交流也越来越深入，2016 年 10 月召开的第四届中国—中东欧国家教育政策对话讨论的五大议题中，就有学分互认、语言教学合作。这些也直接推动着语言测试与 CEFR 连接的研究。

鉴于 CEFR 在语言教学、学习以及评估中具有多种用途，研究汉语教学项目分级测试与 CEFR 等级的对应关系，可以帮助我们借鉴 CEFR 制定分级教学语言交际能力标准或教学大纲，还可以让我们更好地了解学生的水平，有利于分级教学工作的顺利进行，最终推动国内汉语教学工作与国际的衔接。因此，本文将介绍国内某高校国际留学生汉语项目分级测试的情况，并对该分级测试与 CEFR 等级进行连接研究。

2　相关研究

自 CEFR 发表以来，国内涉及 CEFR 的研究共有五类：第一类是介绍和评价类研究，数量较多；第二类是基于 CEFR 对其他语言能力标准、大纲以及测试的研究，包括研制方案的提出、研制完成之后的实证研究，或者对它们的介绍；第三类是基于 CEFR 对语言教学、学习或评估的研究；第四类是关于 CEFR 与《国际汉语能力标准》及其他量表或标准的比较；第五类为 CEFR 与其他测试的匹配或连接研究。限于篇幅，笔者简要介绍第五类研究。

为了保证匹配的有效性，CEFR 专门公布了《连接语言测试与欧洲语言共同参考框架手册》（以下简称《手册》），提出四个步骤（熟悉阶段、考试说明阶段、标准设定阶段以及效度验证阶段）。同时，《连接测试与欧洲语言共同参考框架》（Waldemar Martyniuk，2010）提供了不少研究实例，闵尚超（2012）对该书进行了述评，指出这些研究对语言教学与评估本身是非常有意义的。由于 CEFR 是一个一般性的框架，因此，对一些使用较广的语言，一些连接研究采用了基于 CEFR 的 DIALANG 量表作为效标。对某些语言，CEFR 没有提供各级别语言范本，因此在连接时会遇到难题。同时，一些研究者认为《手册》中也存在一些问题。例如，连接工作分为四个步骤，耗费较多人力、物力、财力，因此多个研究只探讨其中的某个或某几个步骤。此外，有研究者认为，《手册》应鼓励方法上的改革（Jones，Ashton & Walker，2010）。

国内外语和汉语教学界均出现了连接或匹配研究。鹿士义（2011a）主要依据《手册》所制定的研究方法和技术路线对商务汉语考试（Business Chinese Test，BCT）的阅读能力与 CEFR 在"内容说明"上进行匹配研究，探讨了商务汉语考试阅读能力与 CEFR 之间的对应和联系。研究结果表明，就"内容说明"而言，无论是 CEFR 的"交际行为量表"还是"交际能力量表"都在 BCT 的阅读测试任务中得到了充分体现。鹿士义（2011b）主要运用标准设定的方法将 BCT 与 CEFR 进行了匹配。此外，王昕（2014）对新 HSK 四级听力能力实际要求与 CEFR 的 B2 听力技能要求的对应关系提出疑问，在对《新汉语水平考试大纲》《国际汉语能力标准》《国际汉语教学通用课程大纲》和 CEFR 的听力能力文字描述做比较研究的基础上，还用以学生为中心的方法对留学生的新 HSK 四级听力三次考试成绩和 CEFR 标准等级进行数据比较分析，从而提出新 HSK 四级听力水平考试实际要求与 CEFR 的 B1 听力技能要求更吻合的观点。在该研究中，每个学生的 CEFR 的标准等级是由授课教师确定的。

外语教学界也有一些研究。黄婷和贾国栋（2012）从内容评定的角度探讨了大学英语（CET）四、六级考试与 CEFR 匹配的可行性，发现可以实现 CET – 4、CET – 6 考试与 CEFR 在内容上的匹配。刘静观（2012）则将学生的大学英语四级考试成绩与 TOFEL 考试成绩进行分析，发现 TEM – 4 合格考生的英语听、读、写能力，达到了 CEFR 中 B1＋等级所描述的语言能力标准。此外，颜巧珍（2015）运用 CEFR 欧洲语言档案（European Language Portfolio，ELP）语言能力自我评估量表从听力、阅读、口语交际、口语输出、策略、语言素质和写作七个方面测量某高校英语专业学生的英语能力，并给出了不同年级的对应等级。王伯韬（2015）则从内容评定的角度探讨了 CEFR 与英语专业四、八级考试阅读理解考试内容试题对接的可行性。

以上研究采用的方法有一定差异。匹配研究一般涉及标准设定，而标准设定有几种方法：以测试任务为中心、以考生为中心以及两种方法相结合。鹿士义（2011a，2011b）的研究主要采用以测试任务为中心的方法，且遵照 CEFR 颁布的程序进行。王昕（2014）则从国际汉语能力标准、汉语国际教学通用课程大纲、HSK 等级和 CEFR 两表的文字描述以及以学生为中心的实测成绩比较两个角度进行。颜巧珍（2015）也采用了以学生为中心的方法。对于 CET－4、CET－6 考试与 CEFR 的匹配关系，黄婷和贾国栋（2012）、王伯韬（2015）完全从内容角度探讨，而刘静观（2012）遵照了 CEFR 颁布的程序，并且采用 TOFEL 考试成绩与 CET 四级考试成绩进行匹配。这是一种间接的匹配，可能会有连接损失。

白乐桑（2008）认为，由于 CEFR 是一个纲领性的文件，因此不可避免地过于一般化。要想应用 CEFR，其抽象的描述和分级如何转化到具体的教学和评估中去是一个关键的问题，还需要长期的研究、探讨和试验。我们也可以看到，国内上述连接研究均为大型的水平测试与 CEFR 关系的探讨，尚未见到以指导教学为目的的、校本的测试与 CEFR 等级关系的研究，也没有见到旨在基于 CEFR 编写教学机构语言项目的交际能力标准或教学大纲的研究。因此，本研究的目的是初步考察某汉语教学项目分级测试与 CEFR 的关系，以便将来利用 CEFR 的量表描述进一步编制该项目的教学大纲或语言交际能力量表。

3 研究思路、方法与测量工具

本研究中的分级测试是某高校为语言项目的留学生设计的。与上述的一些大型标准化水平测试相比，匹配研究有一定难度。这是因为：首先，作为一项校本的分级测试，还未能形成一个描述性的能力标准，因此从等级描述内容角度的比较就不可能。其次，CEFR 在开始时，是为欧洲语言设计的，未涉及在欧洲范围内使用的语言特点，包括汉语。因此，其他语种有基于 CEFR 的成熟的大纲、量表或者测验，但现在暂时还没有与 CEFR 具有对应关系的、完整的、针对汉语特点的汉语能力标准描述和汉语言测试可用（见表1）。最后，专家评定法需要授课教师对试题内容或学生能力进行评价，由于请全体教师熟悉 CEFR 并不容易，这就使得专家评定工作不易进行。

表1 　　　　　　　　　　CEFR 与分级测试连接示意

项目	CEFR	媒介	分级测验
交际能力标准	+		?
汉语大纲/范本	−	共同的学生	−
汉语测试	−		+

经过综合考虑，本研究决定采用以学生为中心的方法。首先，收集学生的分级测试数据，请学生进行 CEFR 量表自评，同时请教师根据平时的观察对学生进行评价，这样每个学生就有了三种数据；其次，将教师评价和分级测试分数作为外部效标，计算 CEFR 自评数据与两者的相关；最后，根据教师评价将学生分为不同的等级小组，再对不同等级小组的 CEFR 自评分数和分级测试分数的均分进行比较分析。即，以共同的学生作为媒介将分级测试与 CEFR 进行连接。

三种评估测量工具情况如下：

（1）分级测试。分级测试笔试共95分，由听力（20题20分）、语法（20题20分）、词汇（20题20分）、阅读（3篇，15题15分）、作文一篇（20分）组成。除作文外，其他均为四选一选择题。口试是在笔试基础上进行的，由于其分数参考了笔试成绩，因此未纳入本研究中。

（2）CEFR 自我评估量表。收集 CEFR 已发表的各种语言的自我评估量表（简称自评表）标准译本（英、俄、韩、日语版本）并改造为5点量表，这样学生可以使用最熟悉的语言，减少理解损失。此外，关于自我评价这种测量工具，颜巧珍（2015）文中进行了综述和讨论，认为自我评价是一种引导和促进学习的有用的测量工具，特别能提升自主学习。

（3）教师评价。由于需要所有教师对班上的学生进行评价，因此本研究设计的教师评价量表仅询问某个学生是否适合留在该班，如果不适合应该升或降几级。这实际上是一种简化的以学生为中心的专家判定方法。

4　研究过程、结果与讨论

学期开学时，收集了分级测试的数据、CEFR 自评量表的数据，以及教师评价结果。

4.1　分级测试及 CEFR 自评表信度

分级测试共有 114 人参加。篇幅所限，这里仅列出 α 信度系数：总测验的 α 信度系数为 0.939，其中听力 0.847，语法 0.782，词汇 0.792，阅读 0.799。

学生入班学习后，请教师对学生是否适合该班级水平进行评价。对个别评价不准确的进行调整后，将评价结果编为 1~8 的数字汇总到分级测试成绩表中。这些数字在该校语言项目分别对应 A0、A 和 A + （两者差别很小，合为 1 个等级）、B－、B、B+、C－、C、D－，共 8 个等级。

在教师对学生进行评价的同时，笔者请各个班的学生填写了经改造后的 CEFR 的 5 点自我评估量表问卷。由于各种原因，收回的问卷共有 70 份，经筛选后得到的可用的有效问卷为 58 份。将这 58 份问卷汇总到分级测试成绩表以及教师评价表中。CEFR 自我评价量表总表的 α 信度系数 0.954，其中听力自评表 0.866，阅读 0.847，口语互动 0.848，口语产出 0.852，写作 0.831。

4.2　CEFR 自评、分级测试成绩及教师评价的关系

我们可以计算 CEFR 的自评、分级测试成绩和教师评价的相关，考查它们之间的关系。同时以教师评价作为分级标准，考查各个等级达到了 CEFR 何种水平。

4.2.1　相关分析

由表 2 中可见，自评分、分级测试分数以及教师评价相关性并不太高。而且，阅读与写作两项的自评，不是分别与分级测试中的阅读与写作部分相关性最高，而是分别与语法部分相关性最高。学生对口语交互和产出的自评与分级测试的评价相关性不高可以理解，因为分级测试分数中不含口语分数，但是这两项和教师评价的相关性也比较低，且很多项目没有呈现显著相关。

表 2　　问卷得分与分级测试分数、教师评价的相关性（58 人）

项目	听力	语法	词汇	阅读	作文	分级测验总分	教师评价
听力自评	0.389 **	0.349 **	0.232	0.032	0.154	0.276 *	0.373 **
阅读自评	0.391 **	0.455 **	0.399 **	0.309 *	0.310 *	0.432 **	0.405 **
交互自评	0.338 **	0.275 *	0.112	－ 0.114	－ 0.017	0.147	0.236
产出自评	0.259	0.256	0.062	－ 0.122	0.031	0.123	0.198
写作自评	0.489 **	0.502 **	0.456 **	0.208	0.373 **	0.477 **	0.505 **
自评总分	0.429 **	0.421 **	0.288 *	0.069	0.193	0.333 *	0.394 **

注：** 在 0.01 水平（双侧）上显著相关。* 在 0.05 水平（双侧）上显著相关。

这究竟是什么原因呢？在问卷数据录入过程中，笔者发现在所教班级的学生中，来自某些国家的学生自评整体上远远超出了其实际水平，猜测这与这些国家的文化有关。因此，将来自这些国家的学生数据去除重新计算，共删除了9名学生的数据（见表3）。

表3   问卷得分与分级测试分数、教师评价的相关（49人）

项目	听力	语法	词汇	阅读	作文	分级测验总分	教师评价
听力自评	0.506**	0.475**	0.345*	0.156	0.335*	0.433**	0.522**
阅读自评	0.435**	0.540**	0.502**	0.448**	0.470**	0.554**	0.494**
交互自评	0.507**	0.458**	0.262	0.017	0.182	0.345*	0.424**
产出自评	0.355*	0.375**	0.170	−0.023	0.180	0.259	0.315*
写作自评	0.607**	0.613**	0.587**	0.361*	0.554**	0.639**	0.650**
自评总分	0.562**	0.576**	0.420**	0.210	0.385**	0.510**	0.555**

注：** 和 * 分别表示在 0.01 和 0.05 水平（双侧）上显著相关。

由表3可见，问卷自评分、分级测试分数以及教师评价相关系数和显著性都提高了。但是，自评结果与分级测试和教师评价的相关性并没有达到高相关，某些相关项目仍然较低。这一结果可能与量表的设计、学生填写自评表的动机以及对学生自评培训不够有关。

4.2.2 分级测试与 CEFR 的连接

按前面的方法将学生分为 1~8 个级别，然后分别计算这 8 组学生在分级测试中各题型的平均分数，以及 CEFR 问卷上的自评平均分（见表4）。

表4   各级别分级测试平均分与 CEFR 问卷自评平均分对应

组号	级别	分级测试各级别平均分数 听力	语法	词汇	阅读	作文	测试总分	CEFR 问卷 听	读	交互	产出	写	问卷总分
1	A0	—	—	—	—	—	—	—	—	—	—	—	—
2	A, A⁺	3.33	3.67	3.67	3.00	2.42	16.08	14.50	12.83	14.17	14.67	12.50	68.67
3	B−	6.00	4.17	7.17	4.83	2.50	24.67	14.67	12.83	15.33	15.50	12.33	70.67
4	B	7.91	8.55	11.27	8.00	5.95	41.68	15.09	16.36	14.36	15.00	15.36	76.18
5	B+	10.40	9.00	8.60	5.60	6.00	39.60	19.40	17.00	20.00	17.80	17.80	92.00
6	C−	12.42	9.92	9.74	6.66	6.27	45.01	19.18	17.08	19.08	17.06	17.60	90.00
7	C	12.63	12.38	11.25	8.75	12.81	57.81	19.00	16.75	17.25	16.63	17.50	87.13
8	D−	17.83	15.17	16.00	11.33	15.17	75.50	20.50	20.67	19.83	18.83	20.67	100.50

注：由于零起点学生没有参加分级测试，因此本表中没有 A0 班的数据。

可以看出，CEFR 分数偏高且分数全距不大。由于样本人数较少，得到的分级测试均值分有在较低级别高于较高级别的现象，这可能与笔试之后的口试有关（分级的一个原则是：A 级和 B 级更强调口语成绩，中高级 C 级和 D 级更强调笔试成绩）。CEFR 问卷自评表也存在低级别分数高于高级别的情况。可以看出，学生在 B + 级别最为自信，会高估自己的水平，而在 C − 及 C 水平对自己的评价都偏低。这可能和语言学习的"平台期"以及教材难度有关：中等级别的学生，由于教材难度提高，学习的汉语语言更复杂，自我感觉进步不明显，对自己能力的评价反而更谨慎，自评分数显得较低，而实际能力高于自评。此外，C − 班和 C 班的综合课教材一直被学生认为是非常难的。

那么，表 4 中 A0、A +、B −、B、B +、C −、C、D − 的学生达到了 CE-FR 哪一级别？根据 CEFR 自评表问卷，一项技能分为 6 个等级，每个等级满分是 5 分。由于本研究是开学初进行的，经过一个学期的学习后，学生都会有进步，因此我们设定 CEFR 自评在某一级别超过 2.5 分就算达到该级别的要求。结果得到如表 5 所示的数据。

表 5　　　　　　　　分级测试级别与 CEFR 听力自评分数

组号	级别	听 A1	听 A2	听 B1	听 B2	听 C1	听 C2	听总分	听均值
1	A0	—	—	—	—	—	—	—	—
2	A, A +	4.00	3.00	2.00	1.80	1.80	1.80	14.40	2.40
3	B −	3.83	3.17	2.67	1.67	1.67	1.67	14.67	2.44
4	B	4.00	3.55	2.73	1.64	1.64	1.55	15.09	2.52
5	B +	4.80	4.20	3.40	3.00	2.20	1.80	19.40	3.23
6	C −	4.80	4.80	3.60	2.80	2.20	2.00	20.20	3.21
7	C	4.63	4.00	3.88	2.50	2.13	1.88	19.00	3.17
8	D −	4.83	4.67	4.33	2.83	2.00	1.83	20.50	3.42

注：由于零起点学生没有参加分级测试，因此本表中没有 A0 班的数据。

可见，随着分级级别的提高，自评等级呈现上升趋势，但不同等级的学生在同一 CEFR 级别下对自己的听力水平评价并不是线性上升的。我们发现，这可能跟不同等级中新老生的比例有关。当新生比例较高时，该级别有可能得到的分数比更高等级还要高一些，例如 B + 等级就是这种情况。另外一个原因可能是前述中级学生平台期及教材难度造成的。

表 6 ~ 表 9 为其他几种能力的 CEFR 自评均分表。

表 6　　　　　　　　　**分级测试级别与 CEFR 阅读自评分数**

组号	级别	读 A1	读 A2	读 B1	读 B2	读 C1	读 C2	阅读总分	阅读均值
1	A0	—	—	—	—	—	—		
2	A，A +	4.00	**3.00**	1.80	1.40	1.40	1.40	13.00	2.17
3	B −	3.33	**3.00**	2.33	1.50	1.33	1.33	12.83	2.14
4	B	4.00	4.18	**3.36**	1.82	1.64	1.36	16.36	2.73
5	B +	4.20	3.40	**3.60**	2.20	2.00	1.60	17.00	2.83
6	C −	4.27	3.87	**3.80**	2.10	1.75	1.38	17.17	2.86
7	C	4.38	4.00	**3.13**	2.25	1.50	1.50	16.75	2.79
8	D −	4.83	4.83	4.00	**2.67**	2.17	2.17	20.67	3.44

表 7　　　　　　　　　**分级测试级别与 CEFR 口语交互自评分数**

组号	级别	交互 A1	交互 A2	交互 B1	交互 B2	交互 C1	交互 C2	交互总分	交互均值
1	A0	—	—	—	—	—	—	—	—
2	A，A +	4.20	**3.40**	2.20	1.80	1.40	1.40	14.40	2.40
3	B −	4.00	3.50	**2.83**	1.67	1.67	1.67	15.33	2.56
4	B	3.55	3.45	**3.09**	1.55	1.36	1.36	14.36	2.39
5	B +	4.80	4.00	3.40	3.20	**2.60**	2.00	20.00	3.33
6	C −	4.73	4.25	3.70	**2.77**	2.05	1.50	19.00	3.17
7	C	4.13	4.00	**3.38**	2.25	1.88	1.63	17.25	2.88
8	D −	4.83	4.67	4.33	**2.67**	1.83	1.50	19.83	3.31

表 8　　　　　　　　　**分级测试级别与 CEFR 口语产出自评分数**

组号	级别	产出 A1	产出 A2	产出 B1	产出 B2	产出 C1	产出 C2	产出总分	产出均值
1	A0	—	—	—	—	—	—	—	—
2	A，A +	4.20	**3.80**	2.40	2.00	1.40	1.40	15.20	2.53
3	B −	4.17	3.83	**2.50**	1.83	1.67	1.50	15.50	2.58
4	B	4.00	3.91	**2.64**	1.55	1.45	1.45	15.00	2.50
5	B +	4.20	3.80	**3.40**	2.40	2.20	1.80	17.80	2.97
6	C −	4.27	3.90	**3.45**	2.20	1.68	1.48	16.98	2.83
7	C	4.25	3.75	3.13	**2.50**	1.38	1.63	16.63	2.77
8	D −	4.83	4.50	**4.00**	2.33	1.67	1.50	18.83	3.14

表 9 分级测试级别与 CEFR 写作自评分数

组号	级别	写 A1	写 A2	写 B1	写 B2	写 C1	写 C2	写作总分	写作均值
1	A0	—	—	—	—	—	—	—	—
2	A，A +	3.80	3.40	2.20	1.20	1.20	1.40	13.20	2.20
3	B −	3.33	3.00	2.00	1.33	1.33	1.33	12.33	2.06
4	B	4.09	3.36	3.00	1.73	1.55	1.64	15.36	2.56
5	B +	4.60	4.40	3.20	2.20	1.80	1.60	17.80	2.97
6	C −	4.63	4.20	3.52	2.10	1.57	1.30	17.32	2.89
7	C	4.00	4.13	3.50	2.50	1.88	1.50	17.50	2.92
8	D −	4.83	4.67	4.50	3.00	2.00	1.67	20.67	3.44

在表 7 中，B + 级对自己的口语交互能力评价偏高，而 C 级又偏低。前述口语交互自评分数与分级测试成绩和教师评价相关性都比较低，因此考生这一项的自评可靠性可能不够高。表 8 中，D − 级学生对自己在 B1 级口语产出的评价为 4 分，在 B2 级为 2.33 分，可能在这一级别的评价偏低了。

从表 5 ~ 表 9 可以看出：第一，以前述均值超过 2.5 的标准判断，该语言学习项目学生对自己的平均自评分数，除了口语产出外，其他技能最高均停在了 B2 级；第二，口语交互与产出的分数未呈现台阶式下降，原因可能涉及量表设计、学生动机、学习是否处于平台期、教材难度、在国内学习的时间长短、个人性格等方面；第三，有的级别学生技能发展较为均衡，如 A 和 A + 级，但其他级别技能发展常常不均衡。

按照 CEFR 自评表某一技能等级分数大于 2.5 的标准汇总后得到表 10。

表 10 分级测试级别与 CEFR 技能自评最高等级对照

技能	级别						
	A，A +	B −	B	B +	C −	C	D −
听力	A2	B1	B1	B2	B2	B2	B2
阅读	A2	A2	B1	B1	B1	B1	B2
口语交互	A2	B1	B1	C1	B2	B1	B2
口语产出	A2	B1	B1	B1	B1	B2	B1
写作	A2	A2	B1	B1	B1	B2	B2

注：零起点班级没有计入本表。

如何利用 CEFR 设计教学项目的交际能力量表呢？从表 10 可以看出，该校语言项目的分级对应 CEFR 的 A1 到 B2 水平。根据这个结果，在设计教学项目的交际能力量表时，A 级和 A + 级对应 CEFR 的 A2 级，可重点参考 CEFR 的 A2 级的描述；B –、B 和 B + 级与 CEFR 的 B1 级大体上对应，可以参考 CEFR 的 B1 级别设立三个不同的分支级别：B11、B12、B13；C –、C 和 D – 与 CE-FR 的 B2 级大体上对应，可以参考 CEFR 的 B2 级设立三个不同的分支级别：B21、B22、B23。当然，由于技能发展不均衡，对同一等级的学生，不同的技能标准应有高有低。

5 结论、启示与将来的研究

本文采用以学生为中心的方法，收集了学生的分级测试、教师评价、CEFR 自评数据，对某语言项目分级测试与 CEFR 进行了初步连接研究。结果发现：第一，该语言项目最高级别可能与 B2 级相当；第二，同一级别学生的技能发展不均衡，应根据情况分别设立语言交际能力标准；第三，学生的自我评价明显受到文化因素的影响。

CEFR 是目前最具代表性的语言能力标准。在全球化的今天，汉语作为第二语言教学界应该开发自己的语言能力量表，并注意与知名语言标准或量表的衔接。不同的汉语教学机构也要注意设立实用的语言教学交际能力量表，作为语言学习、习得与评估的指导。此外，以 CEFR 来衡量，教材编写或课程设计目标可能需要一些调整。只有这样，才能做到教学以学生为中心、目标明确，且与国际接轨。

这次实证研究是为了基于 CEFR 建立某教学项目语言交际能力标准的一个初步研究，存在许多不足之处，如样本量较小，自评分数与作为外部效标的分级测试分数、教师评价相关性不够高，问卷的每个问题所陈述内容较多。在将来，还有待在更大的样本上，将以测试任务为中心的方法与以考生为中心的方法相结合，严格按照 CEFR 规定的方法和步骤，利用欧盟公布的自我评估档案工具，对该测试与 CEFR 的匹配程度进行进一步的研究。

参考文献

［1］白乐桑，张丽.《欧洲语言共同参考框架》新理念对汉语教学的启示与推动——处于抉择关头的汉语教学［J］. 世界汉语教学，2008（3）：58 – 73，3.

［2］范静哗. 语言能力描述与华文教学及评估的接口——以《新加坡小学一年级华文口语能力诊断量表》为例［J］. 华文教学与研究，2015（1）：47 – 56.

［3］傅荣.《欧洲语言共同参考框架：学习、教学、评估》述评［J］. 国际汉语教学动态与研究，2008（4）：11 – 22.

［4］韩宝成．国外语言能力量表述评［J］．外语教学与研究，2006（6）：443 - 450，480.

［5］黄婷，贾国栋．语言测试与《欧洲语言共同参考框架》匹配的可行性研究——以大学英语四、六级考试为例［J］．外语测试与教学，2012（1）：38 - 49.

［6］刘静观．英语专业四级测试与欧洲语言共同参考框架的匹配研究［D］．新乡：河南师范大学，2012.

［7］鹿士义．商务汉语考试（BCT）与欧洲语言共同参考框架（CEFR）的等级标准关系研究［J］．华文教学与研究，2011b（2）：56 - 63.

［8］鹿士义．商务汉语考试（BCT）阅读能力与欧盟框架的匹配研究［J］．语言文字应用，2011a（1）：81 - 90.

［9］闵尚超．《连接测试与欧洲语言共同参考框架》述评［J］．外语测试与教学，2012（1）：57 - 59.

［10］孙守峰．"CEFR"理念下的软件日语能力量表制定初探［J］．亚太教育，2016（9）：103.

［11］万玉凤．第四届中国—中东欧国家教育政策对话聚焦五大议题［N］．中国教育报，2016 - 10 - 12（1）.

［12］王伯韬．英语专业四、八级考试与《欧洲语言共同参考框架》对接的可行性研究［D］．扬州：扬州大学，2015.

［13］王暄博，蔡雅，郭伯臣，赵日彰．以 CEFR 为基础之华语文初级能力测验研发与应用［J］．华文教学与研究，2012（1）：32 - 41.

［14］颜巧珍．英语专业学生英语语言能力现状探究［D］．重庆：重庆大学，2015.

［15］赵日彰，蔡雅薰，郭伯臣，林振兴．基于语言知识模式之汉语交际能力评量研究［J］．华文教学与研究，2014（3）：53 - 64.

［16］Council of Europe. Common European Framework of Reference for Languages：Learning, Teaching, Assessment［M］. Cambridge：Cambridge University Press，2001.

［17］Council of Europe. Relating Language Examinations to the Common European Framework of Reference for languages：Learning, Teaching, Assessment – A Manual［On-line］. Available：www. coe. int/lang，2009.

［18］Council of Europe. The Use of the Common European Framework of Reference for Languages（CEF）［EB/OL］. Available：www. coe. int/lang.

［19］Kolen M J & Brennan R L. Test Equating, Scaling, and Linking：Methods and practices［M］. New York：Springer-Verlag，2004.

［20］Waldemar Martyniuk. Aligning Tests with the CEFR［M］. Cambridge：Cambridge University Press，2010.

（原刊于《语言文字应用》2017 年第 2 期）

基于判别分析的汉语分级测试
标准界定研究*

罗 莲

（中央民族大学）

[**摘要**] 现行的很多分级测试利用总分确定分数线，这种做法可能忽略了考生对不同技能及语言层次掌握的差异，从而影响教学效果。本文基于某次分级测试的成绩，将专家教师对老生样组的评价作为因变量，将分级测验的分测验成绩作为自变量，建立了判别分析模型。之后，将该模型应用于新学期入学的所有考生，计算得到考生的初始预测等级。最后，以教师评价等级为效标来评价两者之间的差异。

[**关键词**] 分级测试；分班测试；效度；标准界定；分数线；判别分析

1 问题的提出

分级教学已经成为第二语言教学界普遍认可的做法。语言分级教学项目一般以分级测试作为起点。在实施分级测试之后，教学机构可根据考生的成绩将学生分到不同的班级。那么如何根据考生的成绩分级？分级时应该采用哪些原则呢？

在对外汉语教学中，很多教学机构现行的分级方法是：分别对考生实施笔试和口试，笔试中有多种题型，即多个分测验，阅卷后得到成绩，按照口试加笔试的总分人为划分一个总的分数线。结果，我们常常发现，由于考生的能力发展不均衡，有时候学生汉字能力强被分到了较高的班级，却因听不懂教师讲课而不得不到等级较低的班级学习；另外一些考生因口语能力较强而笔试成绩较低，被分到较高级别后无法跟上学习进度。因此，这种统一划分分数线的做

---

* 本文系教育部人文社会科学研究项目基金资助的"对外汉语分级测试研究"课题（No.09YJC740074）的研究成果之一。

法可能会忽略考生对听、说、读、写技能或汉字、词汇、语法、语篇等语言元素掌握情况的差异，造成教师教学困难。

对语言水平测试的分数线划分又称为标准界定（standard setting），属于测验的效度研究范畴。效度概念是教育测量的核心概念。凯利（Kelly）早在 1927 年指出，效度的问题实际上是测试是否真的测到了它想要测试的内容，或者在多大程度上实现了测量的目标。一个测量只有在确实测得了它想要测的东西才能是有效的。经常提及的效度概念有：内容效度、结构效度、表面效度、同时效度、后果效度等。根据传统的观点，分数线的划分属于后果效度。近年来，人们对效度概念的认识不断发展，构念效度越来越得到重视，在很大程度上，它已经取代了内容效度这一概念，有人认为它包含了所有其他效度概念。效度应该是"分数使用的效度"（Friesbe，2005），而分数线划分属于分数使用，也属于效度研究的范围。

在国内，对语言水平测试的标准界定有一些研究，例如，民族汉语水平考试分界标准（武晓宇等，2003，2006）、HSK 汉语水平考试某些级别分界标准（徐静，2004；武晓宇、徐静，2005）、商务汉语水平考试与欧洲语言共同参考框架的研究（鹿士义，2011），但分级测试分界标准的研究还尚未引起人们的注意。

分数线界定问题是分级测试研究的重要问题。在国内汉语教学界，对分级测试研究不多，对其效度研究也很少，只有个别研究提及根据笔试分级的原则。陈作宏、邓秀均（2005）探讨了分班测试等级与标准、分班测试的方式以及分班的具体原则，认为分级应将笔试与口试相结合；任春艳（2007）的实证研究中，利用汉语语法习得的顺序，探讨减缩的语法测验作为分班测试的可行性；辛平（2007）研究中依据总分将 400 余名考生分到 29 个班中，29 个班分别对应不同的级别，分数较低的考生对应的班号数字较小。该研究最后认为试卷总体难度不应过大，同时应该将作文题目作为选作题，以区分高水平考生。赵秀娟（2012）考虑到考试时间的限制，针对不同水平的学生共设计两套水平不同的试卷，尝试采用两套试卷区分 5 个不同级别的考生，不过该研究未提及试卷的等值问题。对于考生选做哪套试卷，其做法是在施测前，先询问考生能做哪套试卷，根据考生的回应再发给相应试卷，最后以调班率作为效标进行了分析，未涉及分数线划分问题。这些研究中，任春艳（2007）和辛平（2007）的分级测试实证研究中未提及分数线如何划分的问题。

国外研究者对第二语言分级测试分数线划分的一致意见是：应该使用多种分数或变量来确定分数线。这多种变量包括考生在多个分测验上得到的成绩。

同时，也应该将主观的方法与客观的方法相结合（Weber，1985；Willingham，1974；Fulcher，1997）。其中主观的方法主要是指专家判定方法，包括了以测验为中心以及以学生为中心的两大类（余嘉元，2008），而判别分析是客观方法中的一种。本文将尝试采用分级测试中多种分测验分数，将主客观方法相结合，确定分级测试的分数线。具体做法是：根据专家教师对老生样组的评价以及分级笔试分测验分数（以学生为中心的方法），利用 SPSS 软件建立判别分析模型对留学生水平进行初步划分，最后以教师评价等级作为效标评价分级的结果。

2 研究方法

2.1 关于教学项目以及分级测试试卷

在本研究的教学项目中，教学级别分为 A、B、C、D 四个大的等级，新生和老生共同参加考试。依据综合课教材的水平，各个大的级别下面有小的级别：A0，A、A＋、B－、B、B＋、C－、C 和 D－共 9 个级别（由于高级学生较少，因此未设 D 级）。依据经验，A0 级一般为完全零起点考生；A 级为仅仅学会一些简单句子，刚到中国的新生；A＋级为一些上个学期在 A0 级和 A 级的学习动机不强、成绩较差的老生，以及一些水平相当的刚到中国的新生。

本研究中分级测试笔试试卷分为听力、语法、词汇、阅读以及写作五种题型（以下称分测验）。其中前三个部分，每个部分由 20 个四选一的选择题组成。阅读部分为三段由易到难的短文，带 15 个四选一的题目，总分为 15 分。这些题目都是依照教学大纲以及教材命制，并请教学专家对这些题目的级别进行了判断。除听力部分的前 5 题，其他题目都是从两套已经施测过的试卷中挑选出来优质题目拼成一套试卷，题目难度以及区分度指标都是合格的。题目都是先按照 A、B、C、D 四个级别排列，在大级别内按照难易度排列。作文命题的出发点是让各个级别的学生有话可说，又能将水平不同的学生区分开来。由于选择题有猜测因素，75 题的试卷完全凭借随机猜测可答对 19 题，同时写作题目对 A 级考生区分能力不大，因此，对 A 和 A＋级别的区分主要通过口语测试来进行。

2.2 判别分析方法简介

根据郭志刚（1999），判别分析是一种进行鉴别和统计分组的手段。它可以就一定数量案例的一个分组变量和相应的其他多元变量的一致信息，确定分组与其他多元变量之间的数量关系，建立鉴别函数（discriminant function），然后便可以利用这一数量关系对其他已知多元变量信息、但未知分组类型所述的案例进行鉴别分组。判别分析要求在分析之前就根据理论或实际的要求对于分组的意义和分类数目进行确定，以此为标准来建立判别函数，对未知分组类型的案例进行鉴别分组。因此，判别分析具有预测的意义。

采用判别分析方法的基本要求是：分组要在两种以上，每个组的案例数要至少在 1 个以上；各自变量（用于鉴别的变量）的变量等级至少为等距变量，各组的案例在各鉴别变量的数值上能够体现差别；同时，案例个数需大于变量个数两个以上。此外，使用判别分析方法需满足一定的假设条件。其假设之一是，每个鉴别变量不能是其他鉴别变量的线性组合；假设之二是，各组案例的协方差矩阵相等；假设之三是，各鉴别变量之间具有多元正态分布。一般说来，不能用分测验的分数相加后的总分作为鉴别变量，否则将会出现多重共线性问题而违反第一个假设；同时要进行协方差矩阵检验以考查是否符合第二个假设；关于第三个假设，进行统计研究一般都认为各科学习成绩呈现多元正态分布。

判别分析的基本模型是判别函数，可表示为分组变量与满足假设条件的鉴别变量之间的线性函数关系：

$$y = b_0 + b_1x_1 + b_2x_2 + \cdots + b_kx_k \tag{1}$$

其中，y 是判别函数值；x 为各判别变量；b_i 为相应的判别系数。通常当判别变量较多时，也会有较多的判别函数。但是判别分析可以精简那些用处不大的判别变量。在统计软件中，往往先推导得到的鉴别函数作用较大，对方差的解释力也较大。

进行判别分析时，首先处理已知分组的案例，分析和解释各组的指标特征之间存在的差异，并建立鉴别函数；其次，处理未知分组的案例，以第一阶段的分析结果为根据将这些案例进行鉴别分组。SPSS 统计软件提供了几种判别分析的方法，包括 fisher 系数、贝叶斯方法、马氏距离等。在某些条件下，这些方法计算的结果是一致的（陈希镇、曹慧珍，2008）。本研究将采用 fisher 系数。应该指出，判别分析模型中涉及考生在不同分测验上的得分，也就是说，在判别分析中考生对不同技能或语言元素掌握情况的差异被考虑到了。

2.3 研究步骤

第一步，请各班的各科教师在上一学期期末对老生表现进行评价，并将评价的等级标为 1~8 的数字；第二步，在全部考生参加新学期的分级测试后，就可以计算得到该测试的描述统计数据，包括总测验和分测验的 α 信度系数、题目的难易度和区分度等；第三步，利用判别分析方法以及老生的等级数据，建立判别函数并计算所有老生和新生的预测等级数；第四步，在口语测试对考生水平等级进行调整后，分析教师对新生的评价情况，与笔试的判别分析分级结果进行比较。

3 研究过程、结果与讨论

3.1 对老生的评价

按照研究步骤一，在 2011 年秋季期末考试结束后，请各科教师对所有学生进行评价，推荐其是否能够进入下一等级，或者是否可以跳级，可以跳几级；之后对这些信息进行汇总。

3.2 全体考生的分级测试描述统计

分级测试在 2012 年春季开学时实施，共有 114 名考生参加了测试（描述统计数据见表 1）。其中，有 73 名考生为上个学期在该校学习的老生，1 名为本科生，40 名为 2012 年春季学期报到入学的新生。零起点考生大部分未参加考试，只有两名零起点考生填涂了几个试题之后放弃了考试。

表 1   分班测验描述统计数据

项目	总测验	听力	语法	词汇	阅读
题目数	75	20	20	20	15
考生数	114	114	114	114	114
均值	31.982	9.167	8.325	8.614	5.877
标准差	14.717	4.718	3.946	4.099	3.664
最小值	1	0	0	0	0
最大值	69	19	19	18	15
α	0.939	0.847	0.782	0.792	0.799
SEM	3.634	1.843	1.84	1.871	1.644
均值 P	0.426	0.458	0.416	0.431	0.392
点双列相关均值	0.421	0.505	0.434	0.445	0.508
双列相关均值	0.551	0.662	0.578	0.588	0.652

表 1 中可以看出，总测验和各分测验的 α 信度系数都比较高，难易度均值

也比较合适，除阅读部分的较难外，其他部分都在 0.4 以上，接近 0.5，比较理想。区分度指标双列相关以及点双列相关系数均值都比较高。

3.3 判别分析过程

在得到全体考生成绩后，调出教师在上个学期末对所有老生评价的等级数据，发现由于新教师对等级把握不准、学生回国后成绩下降、留下来的学生假期努力学习等原因，教师的评价与分级测试成绩有不尽相符之处。由于每名老生有 3~4 名教师对之进行评价，因此，多考虑了有经验的老教师评价情况，对教师评价级别进行了个别调整，并删去抄袭者以及分测验成绩异常考生的数据。最后汇总了 67 名老生在 5 个分测验上的成绩，加上两名新生的成绩（目的是使 1 级有考生），作为建立判别函数的依据。

收集 114 名考生（包括 67 名有等级数据的老生、2 名零起点等级为 1 的新生、38 名未给出等级新生以及 7 名未给出等级的老生）所有数据，以老生的等级作为因变量，其分测验成绩作为自变量，选择步进式方法进行判别分析。建立模型时，加入了 2 名零起点考生的分测验以及等级数据。最后用于建立模型的考生数一共是 69 名。

首先，对老生各个等级均值进行检验（见表 2）。

表 2　　　　　　　　　　　　　　**组均值的均等性的检验**

项目	Lambda	F	df1	df2	Sig.
听力	0.126	60.545	7	61	0.000
语法	0.195	36.033	7	61	0.000
词汇	0.186	38.106	7	61	0.000
阅读	0.236	28.134	7	61	0.000
写作	0.175	41.142	7	61	0.000

结果表明，老生各等级在各个分测验的均值差异显著。之后采用步进分析法选择进入模型的变量。选用的标准采用软件默认 F 值。只有听力、写作、词汇变量进入了判别分析的模型（见表 3）。

表 3　　　　　　　　　　　　　　**分析中的变量**

步骤		容差	要删除的 F	Lambda
1	听力	1	60.545	
2	听力	0.932	20.511	0.175
	写作	0.932	12.364	0.126

步骤		容差	要删除的 F	Lambda
	听力	0.927	11.708	0.081
3	写作	0.924	9.279	0.071
	词汇	0.989	4.4	0.052

第二步，如前所述，对各等级的协方差矩阵相等的零假设进行检验。其中，零假设是各等级的协方差矩阵相等，而研究假设则相反（见表 4）。

表 4   **F 检验结果**

Box's M	
近似	1.296
df1	36
df2	1453.193
Sig.	0.114

从表 4 可以看出，不能拒绝各等级协方差矩阵相等的零假设，因此可以采用 SPSS 软件 fisher 判别分析方法，并利用该方法对新生进行判别分析。

第三步，得到分类函数系数并建立判别函数式，计算各个考生的等级。fisher 线性判别分类函数系数如表 5 所示。

表 5   **分类函数系数**

项目	等级							
	1	2	3	4	5	6	7	8
听力	0.149	1.460	2.361	3.317	4.156	4.804	5.252	6.569
词汇	0.010	1.290	1.797	2.464	2.500	3.290	3.478	4.830
写作	0.033	0.633	1.163	1.554	2.229	2.876	3.607	4.553
（常量）	−2.117	−8.565	−17.424	−31.541	−44.293	−64.979	−80.838	−133.206

注：使用 fisher 的线性判别式函数。

依据表 5，可以建立 8 个函数式。其中第一个函数式为：

$$F1 = -2.117 + 0.149 \times 听力 + 0.010 \times 词汇 + 0.033 \times 写作 \quad\quad (2)$$

第二个函数式为：

$$F2 = -8.565 + 1.460 \times 听力 + 1.290 \times 词汇 + 0.633 \times 写作 \quad\quad (3)$$

其他依次类推，共得到 8 个等级的判别函数（其他函数式略）。之后，将每个考生在三种分测验上得到的分数代入得到的 8 个等级的函数式中，挑出分值最大的等级，就确定了该考生的预测级别。

在得到所有考生等级分类结果后，得到的各级别描述统计结果如表 6 所示。

表 6 　　　　　　　　　**判别分析考生预测分级情况汇总**

预测组		听力	语法	词汇	阅读	写作	总分
1	均值	0.50	0.50	0.00	0.00	0.00	1.00
	标准差	0.71	0.71	0.00	0.00	0.00	0.00
（2 人）	极小值	0.00	0.00	0.00	0.00	0.00	1.00
	极大值	1.00	1.00	0.00	0.00	0.00	1.00
2	均值	3.70	5.30	4.35	2.74	2.17	18.26
	标准差	1.64	2.44	1.85	2.18	2.04	5.31
（23 人）	极小值	0.00	1.00	1.00	0.00	0.00	10.50
	极大值	7.00	9.00	8.00	8.00	7.50	29.50
3	均值	6.38	5.19	6.14	3.90	2.90	24.52
	标准差	1.53	1.97	1.90	2.10	3.07	3.78
（21 人）	极小值	3.00	3.00	3.00	0.00	0.00	19.00
	极大值	8.00	9.00	10.00	8.00	12.00	30.00
4	均值	8.77	8.23	9.82	6.05	4.48	37.34
	标准差	1.93	2.00	2.44	3.55	2.86	6.80
（22 人）	极小值	6.00	6.00	5.00	0.00	0.00	29.50
	极大值	12.00	14.00	14.00	12.00	9.50	48.50
5	均值	11.69	9.38	8.69	5.69	5.88	41.35
	标准差	2.56	2.47	1.84	1.89	2.47	3.92
（13 人）	极小值	9.00	4.00	6.00	2.00	0.00	34.00
	极大值	16.00	12.00	12.00	9.00	11.00	49.00
6	均值	13.85	11.23	11.31	8.54	7.77	52.69
	标准差	2.03	2.74	1.93	1.94	2.70	3.96
（13 人）	极小值	10.00	6.00	9.00	5.00	1.00	46.50
	极大值	17.00	15.00	15.00	12.00	11.50	58.00
7	均值	12.50	11.90	11.70	9.20	12.45	57.75
	标准差	1.90	1.97	2.83	2.20	1.54	5.41
（6 人）	极小值	9.00	10.00	8.00	4.00	11.00	46.00
	极大值	15.00	16.00	16.00	11.00	14.50	64.00
	全距	6.00	6.00	8.00	7.00	3.50	18.00
8	均值	17.50	14.90	16.00	11.50	14.10	74.00
	准差	1.27	2.60	1.56	2.22	3.03	6.89

预测组		听力	语法	词汇	阅读	写作	总分
（10人）	极小值	16.00	11.00	13.00	9.00	10.00	65.50
	极大值	19.00	19.00	18.00	15.00	18.00	85.00
总计	均值	9.17	8.32	8.61	5.88	5.72	37.71
	标准差	4.74	3.96	4.12	3.68	4.69	18.40
	极小值	0.00	0.00	0.00	0.00	0.00	1.00
	极大值	19.00	19.00	18.00	15.00	18.00	85.00

从表6可见，各个等级的分数段均呈现逐渐增高趋势。

3.4 教师评价结果与判别分析结果的比较

在根据笔试成绩分组进行口试后，将学生分入各个班级。在学生入班学习3~4周时，请各个班的任课教师对学生是否适合留在该班级进行评价，并对评价进行汇总。将汇总的等级（见表7）作为效标，考查判别分析预测等级与该教师评价等级的差异。

表7　　　　　　　判别分析等级与教师评价等级差异汇总

等级差异	老生		新生		汇总	
	人数	百分比（%）	人数	百分比（%）	人数汇总	百分比（%）
0	55	75	19	48	74	65
1	16	22	17	43	33	29
2	1	1	2	5	3	3
3	0	0	2	5	2	2
4	1	1	0	0	1	1
总计	73	100	40	100	113	100

注：（1）表中去除了自愿参加分级考试的1名本科生。
（2）表中等级差异栏中，0表示判别分析与教师评价无差异，1为相差一个等级，其他依此类推。

从表7中可看出，相差4级的考生有1名，为作弊的老生。该生作文只得到1分，但选择题部分抄袭1名高班考生，经过判别分析后被分到较高班级，这样的学生完全能够通过考查其分测验中作文的分数、口语测试甄别出来。第二，相差3级的为两名新生。1名考生没有回答听力部分。另外1名考生作文分数高，听力猜答，阅读分数低，而且可能考试时花很多时间写作文，最后总分尚可而被分到较高班级。但是，后来发现其听力较差，教师对他评价等级较低，导致差异较大。第三，相差2级的有1名老生，2名新生。其中老生没有写作文，用判别分析方法被分到了低等级，两名新生均为日韩学生，可能因答题策略问题在阅读上多花了时间，而判别分析中阅读、语法均没有进入模型，因此被分到较低班级。第四，相差 1 级有 33 名考生，老生 16 名，新生 17 名，分析可能是由于判别分析误差、教师评价误差以及新生与老生差异造成。

本研究需要在分级测试笔试的基础上进行口试，最后确定考生级别。通过对笔试分测验进行判别分析后得到的预测等级与教师评价对比，接近一半的新生预测级别是合适的。其他考生的最终级别还需通过口语测试题来进行区分和确定。

4 结论及将来的研究

本研究实际上采用了简化的专家判定方法；首先请专家教师对上个学期的老生表现进行评价，汇总各科教师的评价后得到某老生下一个学期可以进入的实际等级。这种方法基于教师对学生一个学期的观察，有一定的可靠性，同时实施起来较为简便。以老生的数据建立判别模型并预测新生的水平等级，考虑了考生在不同分测验上的得分，即考虑了考生对不同技能或语言成分掌握的差异，可以为之后的口语测试提供较为准确的信息。

我们也看到，在平时的分级测试的工作中，考生在不同方面的能力差异被忽略，或者需要教师凭借经验对考生的分测验成绩一个一个进行分析后再确定其等级。而在本研究中，一些考生在听力、写作和词汇三个方面能力不均衡的情况被综合纳入了判别分析模型进行分析，其复杂的计算和判断过程由 SPSS 软件后台的计算程序进行，减少了凭借人工判断的工作负担。

标准界定是分级测试的关键问题。采用专家判定结合判别分析这一统计方法有助于我们得到分级结果，但这些方法往往要求掌握一定的统计学知识并进行统计软件操作才能实现。因此，在将来可以考虑编制专门的分级测试软件，将判别分析这种统计方法编入软件作为备选的方法，方便教学单位进行操作，简化对学生的分级工作。

参考文献

［1］陈希镇，曹慧珍. 判别分析和 SPSS 的使用［J］. 科学技术与工程，2008（13）：3567 – 3571.

［2］陈作宏，邓秀均. 外国留学生汉语进修班分班测试初探［J］. 云南师范大学学报（对外汉语教学研究版），2005，3（5）：32 – 37.

［3］郭志刚. 社会统计分析方法［M］. 北京：中国人民大学出版社，1999.

［4］鹿士义. 商务汉语考试（BCT）与欧洲语言共同参考框架（CEFR）的等级标准关

系研究［J］. 华文教学与研究，2011（2）：56 – 63.

　　［5］任春艳. 关于简化分班测试的实验研究［J］. 语言教学与研究，2007（6）：45 –
50.

　　［6］武晓宇，徐静. 对 HSK 部分等级的验证性研究［J］. 考试研究，2005（3）：49 –
60.

　　［7］武晓宇，徐静，赵玥. 民族汉考三级分界标准的探索与分析［J］. 汉语学习，2003
（5）：58 – 62.

　　［8］武晓宇，徐静，赵玥. 民族汉考三级分界标准确立初探［C］//谢小庆，彭恒利
（第 2 辑）. 考试研究文集. 北京：经济科学出版社，2006：187 – 198.

　　［9］徐静. 对 HSK 三、六级发证标准的验证性研究［D］. 北京：北京语言大学，2004.

　　［10］辛平. 安置性测试的跟踪研究［J］. 汉语学习，2007（6）：76 – 81.

　　［11］余嘉元. Angoff 方法有效性的检验研究［J］. 教育研究与实验，2008（1）：54 –
57.

　　［12］赵秀娟. 来华留学生分班测试的笔试试卷建构研究［J］. 语言文字应用，2012
（1）：117 – 124.

　　［13］Fulcher G. An English Language Placement Test：Issues in Reliability and Validity［J］.
Language Testing，1997，14（2）：113 – 138.

　　［14］Friesbe D A. Measurement 101：Some Fundamentals Revisited［J］. Educational Meas-
urement：Issues and Practice，2005（Fall）：21 – 28.

　　［15］Kelly E L. Interpretation of educational measurements［M］. New York：Macmillan，
1927.

　　［16］Weber J. Assessment and Placement：A Review of the Research［J］. Community Col-
lege Review，1985（13）：21 – 32.

　　［17］Willingham W W. College Placement and Exemption［M］. College Entrance Examination
Board，1974.

（原刊于《汉语应用语言学研究》2014 年第 3 辑）

跨文化交际能力测试（ICCT）的开发与模式研究

杨　洋

（深圳职业技术学院）

[**摘要**] 本文介绍了跨文化交际能力测试（ICCT）的开发过程与试卷质量研究。文章在调查问卷的基础上定义了跨文化交际能力测试的构念，编制了跨文化交际能力测试试卷，通过测试结果和试题质量的研究，证实了进行大规模跨文化交际能力测试的可能性并初步提出了此类考试的开发模式。

[**关键词**] 跨文化交际能力；测试；模式

1　问题的提出

近年来，跨文化交际在外语学习中的作用正受到充分的重视。跨文化交际能力的培养也开始成为外语教学的重点之一。在培养跨文化交际能力的同时，需要探讨如何对此种能力进行评价，因为教学评价不仅可以检验教学成果，对教学过程也有一定的反拨作用（washback effect）。

王振亚（1990）的《社会文化测试分析》是国内较早涉及文化测试的研究。他使用了一套长度为 60 题的社会文化测试卷，测查了被试在"普通文化"（即社会习俗）和"正式文化"（即政治、地理、历史、文学、宗教等学科）两方面的知识和能力。此后也有不少学者对不同层次学生的跨文化交际能力进行过评价，例如钟华（2001）、刘宝权（2004）、刘建达（2006）等。这些研究主要是通过自编的测试来讨论被试的跨文化交际能力。然而，测试的质量如何？是否能够测出被试的跨文化交际能力？国内还鲜有学者对于跨文化交际能力测试本身的开发和质量进行探讨。本文将着眼于"跨文化交际能力测试（ICCT）"本身，介绍其开发过程与质量检测。

2 试卷的编制

2.1 跨文化交际能力测试的构念（construct）

对于任何一项考试而言，确定考试的构念是首要的任务。构念，也被译作"结构概念"，是指考试所要测量的特质，即被试在考试中体现出的能力或能力组合（Davies，2002）。对于跨文化交际能力测试而言，考试的构念就是跨文化交际能力。何谓跨文化交际能力，它包括哪些方面的内容？

为了弄清这一问题，在文献综述和深度访谈的基础上笔者编制了"跨文化交际能力调查问卷"。全卷由124题组成，其中111题调查有关跨文化交际能力的构成，10题调查有关被调查者个人信息，3题对问卷本身的内容代表性进行调查。1~35题调查意识部分；37~74题调查交际者的技能方面；76~113调查交际者应具备哪些方面的知识。调查问卷的对象主要分为企业组和高校教师组。企业组选取的对象是外企人力资源部门的员工，高校教师组选取高校英语教师作为调查对象。这两个群体与其他文化进行接触比较频繁，因此他们的意见具有代表性。

通过调查问卷，笔者确定了跨文化交际能力的组成，归纳了影响跨文化交际能力的因素。对调查问卷项目的重要性分析是跨文化交际能力测试试题命制的重要参考依据。

2.2 试题的编制

2.2.1 试卷结构

分卷数：ICCT用中文进行测试，按顺序分为知识、技能和意识三个分卷。知识分卷又分为文化常识和交际常识。不同分卷测试考生跨文化交际能力的不同组成部分。

题量与考试时间：知识分卷中的文化常识部分30题，交际常识部分25题，共计55题，建议答题时间为25分钟；技能分卷共20题，建议答题时间为25分钟；意识分卷共45题，建议答题时间为10分钟（见表1）。

表1　　　　　　　　　　ICCT试卷构成

测试内容		试题数量（道）	答题时限（分钟）
知识	文化常识	30	25
	交际常识	25	

测试内容	试题数量（道）	答题时限（分钟）
技能	20	25
意识	45	10
总计	120	60

题型：ICCT 的所有题目均采用客观题型。其中知识和技能分卷采用多项选择的题型；意识部分采用是非判断的题型。在知识分卷中，考生被要求从 A、B、C、D 四个选项中选出最恰当的答案；在技能分卷中，考生需要先阅读案例，然后根据案例所给出的情境，在 A、B、C、D 四个选项中选出最恰当的答案；在意识分卷中，每道题都给出了一个描述，考生被要求根据自己的实际情况选择"是"或者"否"，这一部分的题目涉及考生性格特质，没有对错之分。

2.2.2　题目的命制

知识分卷：可分为文化常识和交际常识两个部分。常识题的编制经常会处于两难的境地。如果题目过于简单，通过率高，会降低题目和全卷的区分度，不能将高水平的考生与低水平的考生区分开；如果题目太难，大部分考生不能正确作答，就超出了常识题的范围。然而，ICCT 是偏向于标准参照的考试，知识部分所考查的常识都是进行基本的跨文化交际所需要具备的，如果考生都对这些题目能正确作答，说明考生确实具备了进行跨文化交际所需的基本知识，达到了标准。因此，对于常识题的编制，区分度不是首要因素，要充分考虑题目取样的内容代表性。调查问卷对跨文化交际中所需涉及的知识范围进行了深入的调查，其结果对解决知识分卷中题目的内容代表性有重要的借鉴作用。

技能分卷：技能部分主要考查被试对所掌握知识的运用情况。具备较高跨文化交际能力的被试能在特定的场景下对某些现象做出合理的解释和判断，从现象看到本质，并制定出适当的交际策略，做出得体的反应。技能分卷主要采用了情景题和案例分析题。此类试题主要考查：（1）被试是否能认识和理解某些特殊的文化现象；（2）被试能否解释某些特殊的文化现象；（3）被试是否能在不同的情景下根据交际双方的角色关系制定交际策略，进行得体、有效的交际；（4）被试对交际对象是否了解，在交际中能否从对方的角度考虑问题。

意识分卷：意识分卷主要考查交际者对其他文化的态度，对文化差异的敏感性以及在交际中的积极性与主动性。意识部分采用判断题，要求被试按照自己的情况选择"是"和"否"。意识部分的题目主要考查 6 个方面的因素：（1）自我认识；（2）自我控制；（3）移情（empathy）意识；（4）好奇心与求知欲；（5）交际意愿；（6）交际松弛度。

3　施测与测试结果

试卷施测于某大学英语系一年级和三年级的学生，其中一年级被试 123 名，三年级被试 125 名。测试随堂进行，分数记作一次平时成绩。可以认为被试具备一定的考试动机，并认真完成测试。以下将就测试数据进行分析和讨论。

用"ASC Item and Test Analysis Package"专用试卷分析程序分别对全体被试、一年级组、三年级组的测试结果进行处理，从得到的结果可以看出，两个小组在各部分的平均数水平都非常接近。对两个小组在知识方面的得分情况进行 t 检验，得到 t = 2.147，设定单尾检验，则 p > 0.05，两个小组在知识方面的得分无显著差异。同法在技能和意识方面对两个小组进行 t 检验，得到技能分卷 t = −0.077，意识分卷 t = −1.676，两个小组在技能和知识两方面得分均无显著差异。将两个小组的原始总分进行 t 检验，得到 t = 0.049，无显著差异。综上所述，一年级和三年级考生在知识、技能和意识三个分卷上的表现均无差异。

研究者假设英语系一年级学生和三年级学生的英语语言能力有显著的差别，两个小组的考生在跨文化交际能力测试中的得分没有显著差异，说明跨文化交际能力与外语语言能力并非同一种能力，这与许多学者"语言能力与跨文化交际能力不是同一种能力""语言能力和社会文化能力之间不存在相关关系，需要分别对待，单独培养"等观点相符。王振亚（1990）、刘建达（2006）等验证了跨文化交际能力与语言能力的独立性。

4　题目质量分析

4.1　项目分析（item analysis）

跨文化交际能力测试整卷共 120 道题，用"ASC Item and Test Analysis Package"专用试卷分析程序进行分析，整卷的通过率在 60% 左右，在正常范围之内。知识部分的平均通过率约为 60%，该部分难度起伏较大，共有 12 道题通过率超过 80%，为知识分卷所有题目的 1/5 强，是比较简单的题目；共有 4 道题通过率低于 30%，是难度非常高的题目（猜测率为 25%）。知识分卷过难和过易的题目较多，因而题目区分度不高，近一半题目的区分度小于 0.2。技能分卷的通过率最低，只有 57.1%，共有 4 道题通过率低于 30%，仅有 1 道题通过率高于 80%，与知识部分相比，技能分卷题目区分度较好，仅有 5 道题区分度低于 0.2。

由于意识部分是二选一的对错题，因而通过率较高，达到了 66.7%。其区分度也是三个分卷中最好的，区分度低于 0.2 的题目有 4 道题，约占 24.4%，但其中 3 道题为测谎题，所以意识部分区分度低于 0.2 的题目实际上只有 1 道题，占所有题目的 2.4%（意识部分除测谎题外共 41 道题）。

知识分卷的难度起伏较大，区分度较低主要有以下原因：首先，跨文化交际能力测试是更偏向于标准参照的测试，故在编制试题时应更多考虑题目的内容代表性而不是难度和区分度。部分题目因为难度过大或过低而缺乏区分度，只要这些题目考查的是进行跨文化交际所应该具备的知识，就应该考。标准参照性的分数解释不一定要求高区分度，仅仅要求区分度非负。其次，上述参数分析基于经典考试理论，对于样本的敏感性较大，目标群体的差异也会导致题目参数变化。当然，考试的试卷编制在内容方面也需加强。对于"什么样的知识是常识，什么样的知识会影响跨文化交际"这类问题，还需进行深入的研究。

技能部分难度与区分度参数相对较好，过难和过易的题目较少，区分度低于 0.2 的题目也较少，该部分没有题目报警，试题质量总体较好。但技能分卷的通过率在 3 个分卷中最低，说明被试在面对跨文化交际活动时，分析和解决实际问题的能力还比较缺乏，这是跨文化交际能力的重要部分，也是无法从学校和书本上获取的。

意识部分的通过率较高，说明英语系的学生普遍具备较好的跨文化意识，愿意也希望和其他文化背景的人交往。

4.2 信度

4.2.1 ICCT 各分卷之间的一致性

表 2 显示了 ICCT 各分卷及总分的相关性，由表 2 可见，"知识"和"技能"部分的相关性在 0.01 水平上显著；而"知识""技能"分别与"意识"的相关性都很低；三个分卷与总分的相关性较高，都在 0.01 水平上显著。以上数据说明"知识"与"技能"具有较高的内部一致性，考查的是被试同一个方面的特质；而意识考查的则是另一方面的特质。

表 2   ICCT 各分卷及总分相关性对照

项目	知识	技能	意识	总分
知识	1.000			
技能	0.291**	1.000		

项目	知识	技能	意识	总分
意识	0.029	0.018	1.000	
总分	0.673 **	0.476 **	0.702 **	1.000

注：** 表示在 0.01 水平显著。

三个分卷的原始分分别是 55 分、20 分和 45 分，会在很大程度上影响原始总分，故与总分的相关性都在 0.01 水平上显著。意识分卷原始分为 45 分，比知识部分少 10 分，但与总分的相关性却比知识部分高，主要是因为意识部分分数的标准差较大，其差异对总分产生了更大的影响。

意识分卷与知识、技能两个分卷的相关系数都很低，说明考查的不是同一种特质，根据考试的单维性原则不应同时考查，但跨文化交际意识是跨文化交际能力的重要组成部分，必须以某种方式进行评价。笔者认为对知识和技能的测试可以了解被试在受试时的跨文化交际能力，对意识的测试可以了解被试的跨文化交际潜力。意识部分是否应该包含在跨文化交际能力测试中？这一问题今后可以进行深入的探讨。

4.2.2 ICCT 的信度

估计测验的信度可以计算其再测信度、复本信度和内部一致性信度。这里主要考察 ICCT 的内部一致性信度和分半信度（见表3）。

表 3　　　　　　　　　　　　　ICCT 的信度系数

项目	α 系数	标准误	分半信度
知识	0.458	3.237	0.418
技能	0.207	2.064	0.204
意识	0.709	2.846	0.617
全卷	0.616	4.815	0.468

从表 3 可以看出，ICCT 全卷的 α 系数偏低，为 0.616，但仍处于可以接受的范围之内。其中，意识部分的 α 系数最高，为 0.709，说明意识部分题目具有较好的内部一致性。知识和技能部分 α 系数偏低，尤其是技能部分，仅为 0.207。研究者认为主要有以下几个方面的原因：（1）这两部分题目涉及范围较大，容易产生取样误差，致使 ICCT 试卷中包含部分对跨文化交际能力影响不大的题目；（2）技能部分题目数量较少，而 α 系数对题目数量比较敏感，故导致系数偏低；（3）考生同质性水平较高；（4）知识和技能部分确实需要对被试不同方面的特质进行考查，因而内部一致性较低。

综上所述，ICCT 的信度偏低，但仍在可接受的范围之内。若大范围正式施测，需要聘请内容专家对题目取样进行进一步研究，减少取样误差，提高 ICCT 的信度指标。

4.3　ICCT 的效度

效度是衡量考试质量最重要的指标之一。效度研究是考试有效性资料积累的过程，需要从多方面搜集效度证据，是一个长期的过程。

在上述 ICCT 结果报告中可以看到一年级组与三年级组的成绩并无显著差异，说明跨文化交际能力与外语语言能力并非同一种能力，这与许多学者"语言能力与跨文化交际能力不是同一种能力""语言能力和社会文化能力之间不存在相关关系，需要分别对待，单独培养"等观点相符，也为 ICCT 测试提供了效度证据。其他关于效度的证据还需要通过长期的积累获得。

5　结论

语言能力和跨文化交际能力有着不同的范畴，不能用语言能力来评价跨文化交际能力。对跨文化交际能力的评价必须同语言测试分离（杨洋，2009）。独立的跨文化交际能力测试可以包含知识、技能和意识。对知识和技能的考察可以了解被试在受试时所具备的跨文化交际能力。对意识的考察可以了解被试的跨文化交际潜力。本研究对 ICCT 的模式进行了探索。讨论了考试内容范围和质量监控体制；确定了试卷的分卷构成、题型、试卷长度、考试时间、分数体系等。试测的结果也表明该类型的测试具备一定的信度与效度，也具备大规模实施的可行性。需要指出的是，本研究只是 ICCT 研发的最初尝试，许多方面还有待日后完善。

参考文献

［1］戴维斯等．语言测试词典［M］．北京：外语教学与研究出版社，剑桥大学出版社，2002．

［2］刘宝权．跨文化交际能力与语言测试的接口研究［D］．上海：上海外国语大学，2004．

［3］刘建达．中国学生英语语用能力的测试［J］．外语教学与研究，2006（38）：259－265．

［4］王振亚．社会文化测试分析［M］．北京：外语教学与研究出版社，1990．

［5］杨洋．谈跨文化交际能力测试与语言测试的分离［J］．中国考试，2009（7）：48－52．

（原刊于《中国考试》2013 年第 12 期）

跨文化交际能力的构成与模型研究

杨 洋

（深圳职业技术学院）

[摘要] 基于自行设计编制的问卷，本文对跨文化交际能力的组成要素分别进行了验证性因素分析和探索性因素分析，并从知识、态度、能力等三方面对跨文化交际能力的构成进行了界定，继而提出了深层素质、关键素质和外显素质的跨文化交际能力模型。

[关键词] 跨文化交际能力；构成；模型

近年来，跨文化交际在外语教学界已经受到了充分的重视。我国各级外语教学大纲中，都有涉及跨文化交际能力的论述和规定（胡文仲，2013），有关跨文化交际的文章数量近年来也增长迅速。胡文仲（2013）统计了中国知网中国学术文献网络出版总库中 2003~2012 年有关跨文化交际能力的论文，其总数达 6942 篇，他指出，从文章题目和内容来看，一般性讨论较多，涉及如何培养跨文化交际能力的论文较多，而对于概念和理论的探讨较少。本文试图通过实证研究对跨文化交际能力的构成和模型进行探讨。

1 问题的提出

何谓跨文化交际能力？定义跨文化交际能力是一个非常复杂的过程。在过去的几十年间，不少学者对跨文化交际能力的定义提出了不同的见解。陈国明（1990）的定义是"在特定环境中有效、得体地完成交际行为以获得预期回应的能力"。斯皮茨贝格（Spitzberg，2000）提出："跨文化交际能力的判定是认定某一行为在给定环境下是否得体、有效。"他认为交际环境是判定跨文化交际能力的一个重要的因素。怀斯曼（Wiseman，2003）将跨文化交际能力界定为"与来自其他文化的成员进行得体、有效交际所需具备的知识、动机和技能"。拉斯廷格和凯斯特（Lusting & Koester，1996）则认为，成功的跨文化交际是在一定的情境之中发生的得体有效的行为，需要具备丰富的知识、合理的动机和有技巧的行动。尽管不同学者对跨文化交际能力所包含的要素观点不一，但从他们所列的要素中可以归纳出共同的部分，即认知、感情（态度）和行为（胡文仲，2013）。

在认知层面，学者们指出要进行成功的跨文化交际，交际者不仅需要一般文化的知识，还需要具备特定文化的知识以及关于本国和其他国家的政治、经济、地理、历史、人文、宗教、习俗等各方面的知识。感情层面包括交际者对于文化差异的敏感、对于不同文化的包容、对于自己文化的理解及对其他文化的尊重。行为层面主要指交际者的各种能力（胡文仲，2013）。

那么，究竟哪些方面的知识、态度和能力影响或决定了跨文化交际能力？这些因素相互之间有何关系？为此，笔者设计了"跨文化交际能力调查问卷"对这些问题进行细化、深入的研究。

2 研究设计

2.1 "跨文化交际能力调查问卷"的编制

问卷分别从知识、态度和能力三方面详细列举了与跨文化交际能力密切相关的内容。其中，知识部分分为一般知识和交际知识。一般知识中既包括文、史、哲、宗教和地理等常识，也涵盖了有关欧美流行文化的内容；交际知识包括有关语言的知识、有关交际过程的知识、有关交际习惯的知识等。态度部分主要是调查一个良好的跨文化交际者在个性特征方面的行为倾向以及对其他文化的态度。能力部分探讨一个良好的跨文化交际者所应具备的相应能力。研究者在问卷中要求受访者对每个项目的重要性进行评价，从 0～5 分六个等级中进行选择。上述等级分别对应"不重要""有一点重要""较重要""重要""很重要""非常重要"。问卷全卷由 124 题组成，其中 114 题调查跨文化交际能力的构成，10 题有关受访者的相关文化、交际等背景信息。

2.2 数据的采集

问卷调查的对象主要为企业员工和高校教师。企业组主要选取北京和上海的外企员工，包括不少人力资源部门的员工。他们对职员的录用和培训都具有一定的决定权，所以其观点具有一定的代表性和指导意义。企业组问卷共发出50 份，回收 45 份，有效问卷共计 38 份。

高校教师组主要选取大学英语教师。研究者对湖南、湖北两所高校英语系的部分老师实施了问卷调查。英语教学除了语言知识的传授和语言技能的培养以外，另一个重要的任务就是使学生对英语文化有所了解，这样才能真正达到与外籍人士进行得体有效沟通的目的。因此，英语教师的观点对于跨文化交际活动的研究也有极其重要的参考作用。此外，部分被调查的教师具有在英语国家学习和生活的经历，他们来自自身经验的感悟也更具说服力。高校教师组的问卷共发出 40 份，实际回收 35 份，有效问卷共计 32 份。

所有问卷回收后，以人工输入的方式将所有数据录入计算机。运用 Excel 和 SPSS 软件对调查数据进行了频数统计、均数统计。对构成跨文化交际能力的诸多因素进行了因素分析，并根据因素分析的结果构建跨文化交际能力模型。

3　问卷调查结果与分析

3.1　问卷质量分析

信度是衡量调查问卷稳定性和内部一致性的重要指标。在考查调查问卷信度时经常使用克伦巴赫 α 信度系数进行评价。用 SPSS 软件对问卷全卷进行 α 系数的计算，本项调查得到整卷信度系数为 0.9736，各分卷的 α 信度系数如表 1 所示。

表 1　　　　　　　　　　调查问卷全卷与分卷 α 信度系数

分卷	α 信度系数
态度	0.9248
能力	0.9426
知识	0.9653
全卷	0.9736

可以看出，调查问卷的 α 信度系数水平较高，因而，问卷具有较好的内部一致性信度。

为了解问卷内容的代表性，在设计问卷时，研究者请受访者对每一个分卷的内容代表性从 1~5 分进行了评价，其中 1 表示"很差"，5 表示"非常好"。结果表明，各分卷的平均得分都在 4 分左右，说明被调查者一致地认为问卷内容"好"或者"非常好"地反映了一个良好的跨文化交际者在知识、能力和态度等方面所需要具备的素质。

3.2　问卷项目的"重要性"分析

总体上说，问卷中的大多数项目在受访者看来对跨文化交际有重要的影响（见表 2）。

表 2   重要性评价均分 4 分以上的项目

项目号	项目内容	均分
111	有关两国社会禁忌的知识	4. 391
43	外语表达能力	4. 348
48	语用能力（在不同场合下得体表达的能力）	4. 333
110	有关两国社会交往礼仪的知识	4. 304
3	对交流有兴趣的人	4. 203
99	外语语用知识（在不同场合下得体表达的知识）	4. 203
1	一个自信的人	4. 188
74	应变能力	4. 188
73	倾听能力	4. 174
112	有关两国社会习俗的知识	4. 174
52	传递信息的能力	4. 159
17	愿意倾听他人谈话的人	4. 130
23	愿意以平等身份寻求与其他文化接触或交流的人	4. 116
37	观察力	4. 101
106	有关两国日常生活习惯的差别及影响的知识	4. 043
53	分析信息的能力	4. 029
70	根据交际环境制定交际策略的能力	4. 014

具体来看，态度部分重要性评价均分最高的是项目 3 "对交流有兴趣的人"，其次是项目 1 "一个自信的人"和项目 17 "愿意倾听他人谈话的人"。这说明受访者普遍认为交际意愿对于交际至关重要。

能力部分重要性评价均分最高的是项目 43 "外语表达能力"，其次是项目 48 "语用能力"和项目 74 "应变能力"。这表明受访者普遍认为具备良好的外语能力对跨文化交际非常重要。受访者认为"应变能力"是除语言能力以外最重要的能力，说明他们认定在跨文化交际中"不确定性（uncertainty）"是一个严重的障碍，要进行良好的跨文化沟通，必须很好地解决或规避这一障碍。

知识部分重要性评价均分最高的是项目 111 "有关两国社会禁忌的知识"，其次是项目 110 "有关两国社会交往礼仪的知识"和项目 99 "外语语用知识"。这说明受访者在进行跨文化交流时不希望触犯对方的文化禁忌，而且希望在交往过程中尽量表现得礼貌得体。禁忌和礼仪的知识体现了行动上的得体，语用知识则体现了语言上的得体。值得一提的是，知识部分有 7 道题的均分未达到 3. 0，这个指标显示，受访者认为有些方面的知识对跨文化交际能力影响甚微，例如"有关行政区划的知识""有关自然资源的知识"等。

3.3　调查问卷的因素分析

因素分析是多元统计中处理降维的一种统计方法。进行因素分析是为了从众多"变量"中概括和提取出尽量少的"因素"，从而建立起最简洁、最基本的概念系统，揭示事物之间的本质联系。对本问卷进行因素分析主要有两个目的：首先，通过验证性因素分析，验证问卷设计时态度、能力和知识划分的合理性；其次，通过探索性因素分析，分别提取态度、能力和知识分卷的因素，建立跨文化交际能力构成模型。

3.3.1　对问卷进行验证性因素分析

一般来说，进行因素分析要求受试人数不少于100，或受试人数至少为变量数的两倍（秦晓晴，2003）。受样本数量（n＝69）限制，无法对问卷所有题目进行因素分析，研究者选择了重要性评价均分在4分以上的项目进行因素分析。由表2可知，共有17个项目的重要性评价均分在4分以上，这些项目是被访者认为"很重要"或"非常重要"的项目。

对这些项目进行分析，经检验，KMO值为0.833，Bartlett球型检验的卡方统计量为623.830，自由度为136，差异显著，适合进行因素分析。对这些项目用SPSS统计软件进行主成分因素分析，并采用方差极大方式进行旋转，共有四个因子解释了66.555%的方差。因子4仅包含一个项目（43），题项数量小于3，可以考虑删除（秦晓晴，2003）。

将项目43删除，进行第二次因素分析，得到三个因素，解释了62.952%的方差变异。项目37在因子2和因子3上的负荷量分别是0.331和0.350，也可考虑删除（Stevens，2002）。将项目37删除后进行第三次因素分析，得到三个因素，解释了65.486%的方差变异。参看调查问卷内容可知，因素1为知识，因素2为能力，因素3为态度（见表3）。进行因素分析的所有项目中，除项目48（语用能力）以外，其他项目都分别归属于相应的分卷。而项目48（语用能力）与知识部分的99（外语语用知识）有重复，可归在一类。

表3　　　　　重要性评价均分4以上项目因素分析结果

项目	成分		
	1	2	3
1			0.773
3			0.649
17			0.664

项目	成分		
	1	2	3
23			0.540
48	0.689		
52		0.749	
53		0.786	
70		0.577	
73		0.691	
74		0.872	
99	0.774		
106	0.787		
110	0.856		
111	0.815		
112	0.761		

通过上述验证性因素分析，研究者认为对跨文化交际能力进行知识、态度和能力的划分是合理的。

3.3.2　对各分卷进行探索性因素分析

对各个分卷进行探索性因素分析是为了对跨文化交际能力的态度、能力和知识三个方面进行进一步的研究，确定影响每个方面的重要因素，构建跨文化交际能力模型。

态度部分重要性平均得分在 3 分以上的项目共有 25 个，这些项目是被访者认为"重要"的项目。用 SPSS 统计软件进行主成分因素分析，并采用方差极大方式进行旋转，得到六个因素，解释了 68.294% 的方差变异。其中因子 6 包括的项目数太少，只有一项。将此项目删除进行第二次因素分析得到 5 个因素，解释了 62.952% 的方差变异。

参照问卷内容，研究者将影响态度部分的 5 个因素分别命名为：（1）自我意识；（2）移情意愿（empathetic motivation）；（3）好奇心；（4）交际主动性；（5）交际意愿。如表 4 所示。

表 4　　　　　态度部分因素与调查项目对应

因素	项目	内容
1. 自我意识	1	一个自信的人
	4	关心身边的人和事的人
	5	能调节和控制自己情绪的人

因素	项目	内容
1. 自我意识	6	对自己有正确认识的人
	8	愿意寻求帮助的人
	9	能从交流中获得满足的人
	10	信任他人的人
2. 移情意愿	16	尊重他人想法的人
	17	愿意倾听他人谈话的人
	23	愿意以平等身份寻求与其他文化接触或交流的人
	28	能够允许别人的看法与自己有所不同的人
	29	在另一种文化的交际中，愿意遵守该文化习惯的人
3. 好奇心	14	对新事物有好奇心的人
	19	对未知领域具有冒险精神的人
	24	喜欢以新的角度看待和解释问题的人
	21	具有强烈求知欲望的人
4. 交际主动性	11	对重大事件有着积极参与性的人
	15	身处另一种文化中，积极改变自己，适应该文化的人
	32	喜欢结交朋友的人
	33	喜欢主动与人交流的人
	34	愿意让别人了解自己的人
5. 交际意愿	3	对交流有兴趣的人
	7	对交流有耐心的人

能力部分重要性平均得分在 3 分以上的项目共有 34 个，对这些项目进行因素分析，经检验，KMO 值为 0.766，Bartlett 球型检验的卡方统计量为 1689.984，自由度为 561，差异显著，适合进行因素分析。用 SPSS 统计软件进行主成分因素分析，并采用方差极大方式进行旋转，得到结果，共有 8 个因子解释了 72.841% 的方差。

对照项目内容分别将其命名为：（1）情节能力；（2）认识与理解的能力；（3）辨别与解释的能力；（4）核心思维能力；（5）移情能力（empathetic ability）；（6）行为变通能力；（7）母语能力；（8）外语能力。如表 5 所示。

表 5　　　　　　　　　　**能力部分因素与项目对应**

因素	项目	内容
1. 情节能力	44	非言语表达能力（如身体语言、手势语）

续表

因素	项目	内容
1. 情节能力	48	语用能力（在不同场合下得体表达的能力）
	52	传递信息的能力
	53	分析信息的能力
	67	对交际效果做出准确判断的能力
	69	根据交流者情况制定交际策略的能力
	70	根据交际环境制定交际策略的能力
2. 认识与理解能力	54	自我辩驳能力
	56	模仿能力
	57	寻求帮助的能力
	58	理解并解释对于某事件较为奇特的观点的能力
	59	找到交流中产生误解原因的能力
3. 辨别与解释能力	60	解释交流中误解原因的能力
	61	对同一现象不同解释的理解能力
	62	从表面现象看本质的能力
	63	找到交际过程中行为差异的能力
	66	对行为适当性做出判断的能力
	71	在交际中保持对方话题的能力
4. 核心思维能力	37	观察力
	40	逻辑思维能力
	41	推理能力
	46	说服力
	50	归纳总结能力
5. 移情能力	65	对交际对象的认识能力
	68	对重大事件进行是非曲直判断的能力
	72	设身处地从对方角度考虑问题的能力
	73	倾听能力
	74	应变能力
6. 行为变通能力	45	情绪自控能力
	55	危机处理能力
	64	对自我的认识能力
7. 外语能力	43	外语表达能力
8. 母语能力	42	母语表达能力
	51	在交流中的提问能力

　　知识部分重要性平均得分在 3 分以上的项目共有 31 个，对这些项目进行因素分析，经检验，KMO 值为 0.856，Bartlett 球型检验的卡方统计量为 1797.998，自由度为 465，差异显著，适合进行因素分析。用 SPSS 统计软件进行主成分因素分析，并采用方差极大方式进行旋转，得到结果，共有 7 个因子解释了 77.080% 的方差。由于因子 7 包括的项目只有项目 96 "外语语音知识" 一个，其重要性评价均分为 3.145，重要性不大，因此将该项目删去，重新进行因素分析。将项目 96 省去，进行第二次因素分析，得到 6 个因素，解释了 74.517% 的方差变异。因素 5 和因素 6 所包含的项目数各仅为 2 个，故把因素 5 和因素 6 所包含的项目 96、项目 101、项目 194 和项目 113 删去，再做因素分析。经检验，KMO 值为 0.876，Bartlett 球型检验的卡方统计量为 1519.291，自由度为 351，差异显著。通过主成分因素分析，并采用方差极大方式进行旋转，得到 4 个因素，可以解释 69.732% 的方差变异。参照项目内容可将其命名为：（1）有关交际的知识；（2）有关社会生活的知识；（3）有关精神生活的知识；（4）有关交际误解的知识。知识部分因子 4 是有关交际误解的知识，可以归在有关交际的知识一类。因此，知识部分因素经简化以后可以归为 3 个，即：（1）有关交际的知识；（2）有关社会生活的知识；（3）有关精神生活的知识。如表 6 所示。

表6　　　　　　　　　　　**知识部分因素与项目对应表**

因子	项目	内容
1. 有关交际的知识	97	外语词汇知识
	99	外语语用知识（在不同场合下得体表达的知识）
	100	外语俗语和惯用语的知识
	102	身体语的知识（如手势、表情等）
	103	有关交流距离的知识
	105	有关两国社会活动过程的知识
	106	有关两国日常生活习惯的差别及影响的知识
	110	有关两国社会交往礼仪的知识
	111	有关两国社会禁忌的知识
	112	有关两国社会习俗的知识
	107	交流中产生误解的原因
	108	交流中产生误解的过程
	109	交流中产生误解的类型

续表

因子	项目	内容
2. 有关社会生活的知识	86	本国与交流国的民族概况
	87	本国与交流国的政治概况
	88	本国与交流国的经济概况
	89	本国与交流国的外交概况
	90	本国与交流国的教育制度
	92	本国与交流国的科技发展现状
	94	发生在两个国家的重大事件及各自对事件的看法
	95	与两国文化交流相关的机构或组织信息
3. 有关精神生活的知识	76	本国与交流国的历史知识
	78	本国与交流国的宗教知识
	79	本国与交流国的文学知识
	80	本国与交流国的艺术知识
	81	本国与交流国的文化交流史
	82	本国与交流国的地理位置

3.4 跨文化交际能力的构成

调查问卷的结果表明，将跨文化交际能力划分为知识、态度和能力三个部分是合理的。

当交际者进行跨文化社会交往的时候，会不可避免地运用到与本国或者交际对象所在国有关的知识。对交际造成最直接影响的知识是本国与交流国的文化和交际知识；其次是本国和交流国社会生活方面知识，包括经济、政治、教育、科技等。有关精神生活方面的知识包括文、史、哲、艺术和宗教等方面，对不同文化价值观的形成至关重要，对跨文化交际产生间接的影响。上述三方面的知识层层深入，构成了跨文化交际能力的知识部分。

跨文化交际能力的态度方面是指交际者在跨文化交际中对其他文化和自身文化所应持有的态度和交际动机，对其他文化的好奇心、宽容度和接受程度等。一个具备跨文化意识的交际者首先应该具备自我意识，只有对自我有了充分的认识和自信，才能确定自己的文化身份。其次，他还须具备移情意愿，能让自己设身处地为他人着想。此外，适当的交际意愿与交际主动性也是跨文化交际意识的重要组成部分。

能力是指在对自身文化和其他文化持有正确态度的情况下，调用所需知识来分析和解决问题的能力。能力可以通过学习和培训获得，但更好的方式是在实践活动中获得。一个优秀的跨文化交际者首先应当具备良好的核心思维能力，这是认识理解、辨别解释的基础；其次，他还必须具备"移情能力"，能够站在别人的角度来考虑问题；在遇到障碍时也要懂得及时变通。此外，良好的语言能力也是跨文化交际能力的必备条件之一。

3.5　跨文化交际能力模型

在调查结果的基础上，笔者构建了跨文化交际能力模型（如图1）。跨文化交际能力由知识、态度、能力三个方面的若干因素构成。这些因素可分为三个层次：深层素质、关键素质和外显素质。

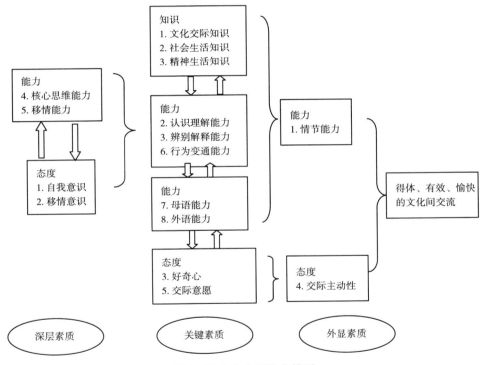

图 1　跨文化交际能力模型

深层素质是指那些核心的能力与特质。这类特质属于慢变量，一旦形成就不容易改变或提高。在跨文化交际能力的构成中，核心思维能力、移情能力、自我意识等属于深层素质，虽然这些特质不可能在短期的培训中发生巨大变化，但是它们会深刻影响交际者分析思考的能力，待人处事的态度、方式等。深层素质可以通过长时间潜移默化的影响慢慢改变和提升。

关键素质是对跨文化交际起关键作用的素质。与深层素质相比，关键素质所包含的因素属于快变量，能够通过培训在短期内发生较大变化。知识可以在短时间内获取；语言能力可以通过培训增强；认识理解、辨别解释和行为变通的能力也可以通过案例分析或模拟实践等培训形式提高；好奇心、求知欲和交际意愿也可以通过兴趣唤醒和增强。因此，跨文化交际能力中的关键素质是培训和教学的主要内容。

外显素质包括了情节能力和交际主动性。所谓情节能力，就是对不同的交际情境进行得体有效反应的能力，是客观具备的；而交际主动性是主观意愿的外显。客观能力加以主观意愿才能构成得体、有效、愉快的跨文化交际状态。

从图 1 的模型中可以看出，"深层素质"有关思维与性格，不易改变和迅速提高。要培养跨文化交际能力，必须首先从"关键素质"入手。"关键素质"中最容易迅速提高的是知识，其次是外语能力。所以这两个方面很容易成为培养跨文化交际能力的重要内容。然而，需要指出的是，文化态度与交际能力的培养同样重要。培训者在设计跨文化交际类型的课程时不能仅仅局限于知识的传授，更应该注重跨文化态度的培养和交际能力的演练。

4　结论

本文通过"跨文化交际能力调查问卷"阐述了跨文化交际能力的构成，并构建了跨文化交际能力模型，提出了深层素质、关键素质和外显素质的能力分层。在跨文化交际能力的培养和评价的过程中，知识、态度和能力是主要构成，这三个方面呈现相互影响、逐步递进的关系。文化教学与培训最初应该是以"熟悉外国文化"为目的，然后应该注重文化态度的培养，最后则应该是提高跨文化交际的实际能力。"熟悉外国文化"主要是指有关文化知识的传授；"培养文化态度"建立在掌握一定文化知识的基础上，并逐步触及对文化的观察力以及对待其他文化的态度；"提高跨文化交际的实际能力"则是在具备正确"文化态度"以后，在实际交往中的行为与表现。由"知识"到"态度"，由"态度"到"能力"的三阶模式应循序渐进，缺一不可。

参考文献

[1] 胡文仲. 跨文化交际能力在外语教学中如何定位 [J]. 外语界，2013（6）：2－8.

[2] 秦晓晴. 外语教学研究中的定量数据分析 [M]. 武汉：华中科技大学出版社，2003.

[3] 姚乃强. 提高文化素养，培养创新能力——谈新《大纲》三、四、五、六部分

［J］. 外语界，2001（81）：14 – 18.

［4］ Chen G-M. Intercultural Communication Competence：Some Perspectives of Research ［C］//Paper presented at the Annual Meeting of the Eastern Communication Association Philadelphia，PA，April 1990.

［5］ Lusting M & Koester J. Intercultural Competence：Interpersonal Communication Across Cultures ［M］. New York：Harper Collins College Publishers，1996.

［6］ Spitzberg B H. A Model of Intercultural Communication Competence ［C］//Samovar L A & Porter R E. Intercultural Communication：A Reader，Ninth Edition. Belmont：Wadsworth Publishing，Company，2000：375 – 387.

［7］ Stevens J. Applied Multivariate Statistics for the Social Sciences ［M］. Mahwah，NJ：Lawrence Erlbaum Associates，2002.

［8］ Wisemen R L. Intercultural Communication Competence ［C］//Gudykunst W B. Cross-Cultural and Intercultural Communication. London：Sage Publications，2003：191 – 208.

（原刊于《天津外国语大学学报》2014 年第 4 期）

助产士规范化培训考核考试中 IRT 等值方法的探索

张泉慧[1]　张　颖[2]　任　杰[3]

（1.2. 国家医学考试中心；3. 北京语言大学）

[摘要] 本文基于项目反应理论（IRT），采用不同的等值方法对全国助产士规范化培训考核考试进行分析，对比不同方法下等值结果的稳定性，探讨助产士考核考试中更为适合的等值方法。具体研究中，以两个年度助产士规范化培训考核考试的考生作答情况作为研究资料，在 IRT 单参数、双参数两种模型下，采用分别估计、同时估计、固定共同题三种方法进行等值分析，并通过等值标准误来对比不同方法的稳定性及精度。

[关键词] 全国助产士规范化培训考核考试；项目反应理论；等值

助产士规范化培训工作是由中国妇幼保健协会（以下简称"协会"）同联合国儿童基金会开展的项目，该项目于 2015 年完成培训基地评审，于 2016 年开展考核试题开发、考核正式施测、考试结果测评等工作，其中，试题开发及考试结果测评由协会委托国家医学考试中心（以下简称"医考中心"）进行。截至 2019 年底，全国助产士规范化培训考核考试已经开考四年，在培训助产人员的理论水平与临床技能方面起到了积极的提升作用。在进行年度培训考核考试的评价过程中，医考中心基于教育测量学理论中的经典测量理论评价方法对考生、试卷、试题等不同层面进行了描述统计，并分析了信度、效度、难度、区分度等质量评价的相关参数，总体认为考试可靠、有效，符合考试大纲的设计，达到了评价考核的目的。

基于考试的评价有很多视角。经典测量理论由于提出较早，应用较广，且简单易行，得到了广泛的应用。但随着考试规模化的发展，考试公平受到普遍重视，同一考试在年度之间的难度是否保持一致，不同难度的考试结果是否可比，如何建立现代化题库等，都成为了人们关注的热点。在实践中，要真正实现试题、试卷难度的可比，往往需要应用到项目反应理论下的等值技术。原因之一是项目反应理论所依据的模型更符合测量实际，对样本依赖性更小，并将难度与能力放在同一个量表中进行对照，提供了更多参数信息，所以现代题库的建设离不开这一理论的指导；二是基于该理论的等值技术能够通过对不同年份试卷之间的分数转化，将不同年份的试卷分数置于同一个量尺上，从而使不同试卷分数具有可比性。正因此，应用项目反应理论进行试题分析，分数互比具有巨大的优势，也将为后续的试题开发、题目入库、及格线设定等提供更多有价值的参考信息。目前，在国外，IRT 相关研究较为广泛；在国内，对于该理论的探讨起步较晚，应用于医学类考试的更少，从近年来文献检索的情况来看，目前医学类考试应用 IRT 等值的相关文献有《项目反应理论在基础医学综合测试免疫学试题中的应用》（庄然等，2020），采用 IRT 理论进行试题分析的文献有《以生理学试题为例探索基础医学综合测试的定量分析方法》（刘侃等，2018）、《基于经典测量理论和项目反应理论的试卷质量分析方法的比较》（钟轶、季晓辉，2015）、《项目反应理论在标准化试题库中组卷策略和参数模型研究》（王俊臣等，2019）等。在这样的背景下，全国助产士规范化培训考核在实施之初也进行了项目反应理论的等值设计，为等值的具体应用做了数据方面的铺垫工作，以期探索更适合该考试的等值模型及方法。

　　本研究以两个年度的助产士规范化培训考核综合理论考试作为研究样本，首先，从试卷考核内容分布、试卷因素分析、试卷信度难度等角度对该样本是否满足等值前提进行了深入分析；其次，基于项目反应理论对两年试题参数、试卷分数进行 IRT 不同模型下的等值，并根据等值标准误这一评价指标对以上等值结果进行分析；之后对研究中涉及共同题参数稳定性、IRT 方法的比较等相关问题展开讨论；最后，从等值流程等方面为全国助产士考试下一步的等值研究提供可行性建议。

1　研究对象与方法

1.1　考试设计

　　全国助产士规范化培训考核综合理论考试主要考查助产士所必需的助产技术相关专业理论与专业知识，采用计算机化考试形式，试题为 5 选 1 单项选择题，总题量 120 道，考试时间 2 小时，具体内容见表 1。

表 1　　　　　　　　　　　综合理论考试内容题量分布

考试内容	百分比（%）	年度 1 题量（道）	年度 2 题量（道）
与母婴保健相关的法律法规、医学心理及伦理的基本知识	5~15	8	4

考试内容	百分比（%）	年度 1 题量（道）	年度 2 题量（道）
助产基础理论和知识	45～55	58	53
常见疾病的临床表现、识别要点、常用药物和处理原则	35～45	54	63
合计	100	120	120

1.2 考核对象

参加两个年度助产士规范化培训考核考试的全部考生，考生均为女性，考核前都参加了规范化培训。考生相关背景信息及考试情况见表 2、表 3。

表 2　　　　　　　　　　考生背景信息

考生背景	年度 1		年度 2	
	人数	所占比例（%）	人数	所占比例（%）
学历				
中专	8	3.0	7	2.6
大专	100	36.9	89	33.0
本科及以上	163	60.1	174	64.4
职称				
护士	64	23.6	66	24.4
护师	165	60.9	169	62.6
主管护师及以上	42	15.5	35	13.0
年龄（岁）				
≤25	38	14.0	22	8.1
26～35	196	72.3	216	80.0
36～46	37	13.7	32	11.9
合计	271	100.0	270	100.0

表 3　　　　　　　考生成绩描述（按原始分计算）

年度	平均分（分）	标准差（分）	最高分（分）	最低分（分）	偏度	峰度
年度 1	98.54	8.24	117	71	−0.59	0.45
年度 2	92.74	8.77	113	66	−0.54	0.29

表 3 显示，年度 1 总体考生在全卷上的平均分高于年度 2。分布密度图（见图 1）表明，两个年度考生的分数分布均呈负偏态，说明考生分数大部分

位于平均分以上，其中年度 2 偏度更小，但考生成绩分布呈多个峰值，可能是因为样本混合了来自具有两个明显差异层次的考生团体；年度 2 相比年度 1 整体左移，这表明年度 1 考生分数相对较高。

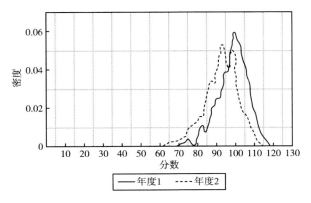

图 1　两年度考生分数分布对比

1.3　研究方法

本研究中，我们基于 IRT 理论的等值方法，在单参数（rasch）、双参数（logistic）两种模型下（因考生人数较少暂不采用三参数模型），选择分别估计、同时估计与固定共同题参数估计（杨涛等，2013）3 种校准方法进行比较。单参数和双参数模型都是指根据考生作答反应估计题目参数，单参数模型估计出来的参数只有题目难度，而双参数模型估计出来的参数包含题目难度和区分度。三种校准方法的具体做法是：（1）分别估计：先估计年度 1 与年度 2 的参数，后计算题目难度参数转换系数，将年度 2 的参数转换到年度 1 上，并通过计算每一个不同观察分数法的能力水平参数 θ 值，得到各个 θ 值的新的观察分数法，即得到相应的等值分数。（2）同时估计：将年度 1 与年度 2 的数据合并为一个样本估计参数，此时得到的所有题目参数已经被标定在同一量表上，后通过计算能力参数得到观察分数的等值结果。（3）固定估计：先估计年度 1 的参数，再估计年度 2 的参数，在参数估计时将共同题的参数固定为年度 1 的参数，后通过计算能力参数得到观察分数的等值结果。

在得到不同等值结果后，采用等值标准误的方法进行评价。等值标准误是指对被试多次等值后所得等值分数的标准差，是衡量由于抽样造成的等值误差大小的有效指标（杜海燕等，2018）。使用等值标准误可以刻画等值函数的精确性，揭示因抽样误差而造成的等值分数的差异，可作为各种等值方法比较的指标。在实践中估计等值标准误的方法通常有两种，一种是计算密集型重复抽样法（computationally intensive resampling procedures），如 Bootstrap 法和 Jack-knife 法；另一种是分析性方法（analytic methods），如 Delta 法。戴海崎（1999）认为，用 Bootstrap 法估计等值标准误差，思路比较接近于等值标准误差的定义，具有实证性特征，其缺点是反复抽样及多次估计等值关系需要大量的计算，而且只有在原样本容量较大的条件下估计值才趋于稳定。因此，本研究中，使用 Bootstrap 法评价等值结果。

具体步骤为：（1）从 X 测验形式一个容量为 Nx（Nx 尽可能地大）的样本中有返回地随机抽取一个 Bootstrap 样本，容量为 nx；（2）从 Y 测验形式一个容量为 Ny（Ny 尽可能地大）的样本中有返回地随机抽取一个 Bootstrap 样本，容量为 ny；（3）用相应的等值方法，在所抽取的两个 Bootstrap 样本上估计 X 与 Y 的等值关系，记为：

$$\widehat{y_{1i}} = e_1(x_i) \tag{1}$$

重复（1）～（3）步 R 次，则获得 R 个等值关系式，即：

$$\widehat{y_{ri}} = e_r(x_i), r = 1, 2, \cdots, R \tag{2}$$

在 R 足够大情况下用式（3）求出等值标准误差的 Bootstrap 估计值：

$$SE_{y_i} = \sqrt{\frac{\sum_i [e_r(x_i) - \bar{e}(x_i)]^2}{R - 1}} \tag{3}$$

其中：

$$\bar{e}(x_i) = \frac{1}{R} \sum_r e_r(x_i) \tag{4}$$

2 研究结果

2.1 IRT 等值前期检验

2.1.1 单维性检验

单维性是采用 IRT 方法进行等值的重要前提。考察单维性一般采用因素分析法，通过了解每个部分在每个潜在因子上的负荷情况，检验单维性满足的情况。

表 4 所示为各成分的公因子方差表，两年情况基本一致，抽取出的特征值大于 1 的因子只有一个。其中，年度 1 提取的 1 个因素可以解释总方差的

70.292%，其特征值是第二个因素特征值的 4 倍左右。一般认为，第一个因素的方差能解释总方差变异的 75% 左右，特征值是第二个因素的 3 倍或 5 倍以上，测验基本满足或满足单维性假设（Hambleton，1985）；年度 2 亦如此。由此推知：助产士考试考核的潜在能力主要负荷在 1 个因素上，基本满足单维性假设。

表4 　　　　　　　　　两年度全卷因素分析之总方差解释

年度	因素	初始特征值			提取平方和载入		
		总计	方差的%	累积%	合计	方差的%	累积%
年度 1	1	2.109	70.292	70.292	2.109	70.292	70.292
	2	0.550	18.334	88.626			
	3	0.341	11.374	100.000			
年度 2	1	1.951	65.036	65.036	1.951	65.036	65.036
	2	0.664	22.148	87.184			
	3	0.384	12.816	100.000			

2.1.2　信度与难度检验

信度相同是测验进行等值的前提之一，一般认为测验难度差异不宜过大。表 5 所示，年度 1 和年度 2 试卷 α 系数值均在 0.8 以上，信度接近。

表5 　　　　　　　　　考试信度与难度比较

年度	信度（α 系数）	难度
年度 1	0.808	0.821
年度 2	0.820	0.771

通过上述检验，可以推知两年度考查的"构念"基本相同，试卷信度与难度较为稳定，题目质量良好，满足等值要求。

2.1.3　共同题情况

等值设计使用了共同题内置方法，即两个年度试卷包含一部分相同的题目。其中，年度 1 为基准卷，年度 2 为待等值卷，整卷题量 120 道。分析结果见表 6。

表6 　　　　　　　　　共同题分数与全卷分数统计

年度	共同题量（道）	占总题量比例（%）	平均分（分）	与全卷分数的相关系数
年度 1	21	17.5	14.13	0.80
年度 2	21	17.5	14.68	0.80

表6所示，共同题与全卷分数相关系数均为0.8，达到了高相关。这说明，由共同题估计的被试能力水平，可以较好地应用于全卷，为等值提供了较好的基础。年度2考生在共同题上的得分略高于年度1考生，在共同题有效且不曝光的前提下，说明年度2考生群体的整体能力比年度1略高。

2.2　分数等值结果

以年度1为基准卷，将考生在共同题上的表现作为等值的媒介，考查试题难度变化。具体方法：在IRT单参数、双参数两种模型下，使用分别估计、同时估计与固定估计3种校准方法进行比较。

通常来说，分数等值在原始平均分附近相对比较稳定。因此，下文仅列出了年度2中，基于IRT等值方法上原始平均分等值后的转换分数（见表7、图2和图3）。

表7　　　　　　　　年度2原始平均分及其等值后转换分数情况

原始平均分	IRT平均数等值分					
	分别估计		同时估计		固定估计	
	单参数	双参数	单参数	双参数	单参数	双参数
92.458	100.473	100.223	99.715	99.675	99.723	99.619

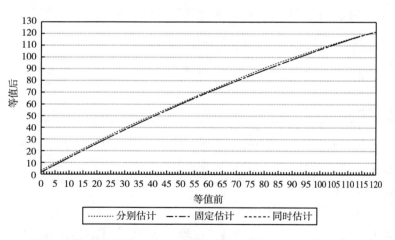

图2　单参数模型中三种IRT等值方法分数转换（试卷年度2）

平均分反映了考生样本分数的大致变化情况。从表7可见，IRT三种等值方法，等值方向非常一致。具体来说，年度2的题目难度大于年度1，将年度2分数等值到年度1时，平均分向升高的方向变化。由图2和图3可知，三种IRT等值方法无论选择哪一模型，等值后的分数结果都差异很小。

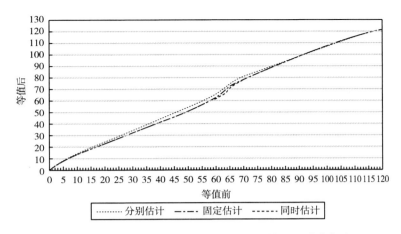

图 3　双参数模型中三种 IRT 等值方法分数转换（试卷年度 2）

2.3　参数等值结果

IRT 三种等值方法的参数转换结果见表 8 和表 9。参数估计方面，因被试数据过少，采用双参数模型估计时，部分题目的参数不拟合 IRT 模型，导致参数结果出现极端值，表 8 和表 9 的参数为删除极端值后的结果。

表 8　　　　　　　　　题目难度估计结果对比（单参数模型平均值）

等值方法	年度 1	年度 2 等值前	年度 2 等值后
分别估计	− 3.626		− 3.040
同时估计	− 3.773	− 3.108	− 3.002
固定估计	− 3.626		− 3.159

表 9　　　　　　　　　题目参数估计结果对比（双参数模型平均值）

等值方法	年度 1		年度 2			
	难度	区分度	难度等值前	难度等值后	区分度等值前	区分度等值后
分别估计	− 3.182	0.703		− 2.207		0.681
同时估计	− 3.089	0.719	− 2.544	− 2.365	0.677	0.662
固定估计	− 3.182	0.703		− 2.038		0.664

试题难度的参数估计，单参数和双参模型的估计结果基本一致，结果显示，年度 2 试题比年度 1 难。试题区分度参数估计，年度 2 试题区分度比年度 1 低，三种 IRT 方法等值后的区分度值相差较小。

2.4 标准误的比较

等值标准误是指对被试多次等值后所得等值分数的标准差，是衡量由于抽样造成的等值误差大小的有效指标。表 10 所列数据为 Bootstrap 方法计算得到的标准误。

表 10 不同模型下等值方法的等值标准误对比

比较项目	全卷	
	标准误	排序（由小到大）
单参数模型		
分别估计	0.889	3
同时估计	0.788	1
固定估计	0.789	2
双参数模型		
分别估计	6.679	4
同时估计	18.03	6
固定估计	7.074	5

从标准误来看，单参数模型下同时估计、固定估计与分别估计三种标定方法的等值标准误都很小（低于 0.9），双参模型等值的整体误差要高于单参数模型。双参模型中，分别估计与固定估计误差较为接近，同时估计的误差最大，这可能与样本量过少有关。

3 讨论

3.1 共同题参数的稳定性

助产士考试中共同题数量占全卷数量的 17.5%，共同题的质量会直接影响等值的效果。根据表 6，两年度试卷中的共同题对整卷都有很好的代表性。然而，大量的共同题也加大了曝光的风险。共同题一旦曝光会导致共同题的难度下降，即出现题目参数漂移（item parameter drift）。对于共同题是否曝光以及共同题参数稳定性这一问题，涉及的内容较多，研究的方法也多样，本研究以两年度试卷中的 21 道共同题为分析对象，采用 MH 检验（Mantel-Haenazel approach）和 Logistic 回归两种方法对其稳定情况进行了分析。

表 11 所示为两年度考试共同题稳定性的 MH 检验的部分结果。其中，MH

CHI 表示 MH 检验的卡方值，α MH 表示公共优势比的值，ΔMH 表示效应量大小（effect sizes）。ETS 公司根据 MH 方法计算的结果，把项目分成三种等级：当 ΔMH 接近与 0 时属于 A 类，这一类效应最小，表示题目差异很小或无差异，题目可以正常使用；当 ΔMH 大于 0 且小于等于 1 时属于 B 类，这一类效应较小，表示题目有中等差异，题目可酌情使用，当 ΔMH 大于 1 且小于等于 1.5 时属于 C 类，这一类效应最大，表示题目差异很大，题目应放弃使用（黄春霞，2004）。表 12 所示为两个年度考试共同题稳定性的 Logistic 回归检验的部分结果。其中，列（2）表示 Logistic 回归检验的卡方值，列（1）ΔR^2 表示效应量大小。朱迪和吉尔（Jodoin & Gierl，2001）把 ΔR^2 的大小分为三类，当 ΔR^2 接近与 0 时属于 A 类，这一类效应最小，表示题目差异很小或无差异，题目可以正常使用；当 ΔR^2 大于 0 且小于等于 0.035 时属于 B 类，这一类效应较小，表示题目有中等差异，题目可酌情使用；当 ΔR^2 大于 0.035 且小于等于 0.07 时属于 C 类，这一类效应最大，表示题目差异很大，题目应放弃使用。

表 11 　　　　　　　　　　共同题稳定性的 MH 检验的部分

题号	（1）MH CHI	（2）α MH	（3）Δ MH	（4）ETS 分类
1	0.044	0.672	0.935	B
2	0.697	0.900	0.247	A
3	0.915	1.040	− 0.093	A
4	0.003	1.843	− 1.437	C
5	0.773	0.914	0.211	A
6	0	4.423	− 3.494	C
7	0.939	2.309	− 1.967	C
…	…	…	…	…
11	0	5.0374	− 3.7997	C
12	0	7.0155	− 4.5781	C
…	…	…	…	…

表 12 　　　　　　　　共同题稳定性的 Logistic 回归检验的部分结果

题号	（1）卡方值	（2）ΔR^2	（3）JG 分类
1	0.0971	0.0097	B
2	0.5681	0.002	A

续表

题号	(1)	(2)	(3)
	卡方值	ΔR^2	JG 分类
3	0.5019	0.0028	A
4	0.0016	0.0241	B
5	0.5684	0.0024	A
6	0	0.1431	C
…	…	…	…
11	0	0.125	C
12	0	0.0993	C
…	…	…	…

根据 MH 检验和 Logistic 回归检验结果，有三道共同题在两个年度的表现存在明显差异，说明这些题不够稳定，可能存在一定程度的曝光，在下次命题时需要考虑将这些题从共同题中移除。

3.2　IRT 等值可行性及模型方法比较

本研究从测验考核要点、测验构念的因素分析、试卷难度及信度变化等多个角度进行分析，认为助产士考试符合等值条件。

等值模型结果显示，单参数模型分数等值结果的一致性最高，整体误差小于双参模型的误差，在实际操作中，建议以单参数模型的结果为主，当单参数模型的结果有差异时，再辅助采用双参数模型的结果加以验证。不论哪一个模型，分别估计与固定估计的等值标准误差异均较小，同时估计在单参数模型中表现最好，在双参数模型中等值标准误最大，当题目数量较多且样本量较少时不宜采用同时估计的方法。具体来看，与年度 1 相比，年度 2 的试题较难，年度 2 的分数经过等值后整体有所上调，等值结果较为可靠。值得注意的是，助产士考试人数较少，一般认为复杂模型需要更大的样本量，本研究的结论也证明了这一点。

4　结论

综合上述研究结果，建议今后助产士规范化培训考核考试在全卷等值时主要采用单参数模型下的同时估计和固定估计两种等值方法互相参照。这两种方法的等值标准误均相对较小，且年度 2 全卷平均分等值后的结果相差甚小。在日后的方法选择过程中，也需要根据标准卷、新卷的全卷和共同题的平均分、标准差进行分析判断，选择最为合理的结果。与此同时，共同题的位置也是等值的影响因素，这也启示我们在试卷开发过程中应注意固定共同题的属性和位置，以避免由于共同题顺序的变化造成等值误差。

最后，从分数分布来看，考生分布在低分段的人数较少，如果能不断扩大考生数量，兼顾不同层次的考生，将有利于提高等值结果的代表性和可靠性。

参考文献

[1] 庄然，郑淑园，田甜，王振禹，肖天，刘侃．项目反应理论在基础医学综合测试免疫学试题中的应用 [J]．细胞与分子免疫学杂志，2020，36（1）：86－93.

[2] 刘侃，张帅，郑淑园，田甜，刘亚莉．以生理学试题为例探索基础医学综合测试的定量分析方法 [J]．中华医学教育杂志，2018（3）：388－393.

[3] 钟轶，季晓辉．基于经典测量理论和项目反应理论的试卷质量分析方法的比较 [J]．中华医学教育杂志，2015，35（1）：155－160.

[4] 王俊臣，贾少青，王广超．项目反应理论在标准化试题库中组卷策略和参数模型研究 [J]．教育现代化，2019，6（48）：221－222.

[5] 杨涛，辛涛，高燕．大尺度教育测评中 IRT 等值方法的比较研究 [J]．中国软科学，2013（12）：158－164.

[6] 杜海燕，李付鹏，宋吉祥．基于 Bootstrap 方法的等百分位等值误差分析 [J]．教育测量与评价，2018（9）：12－17.

[7] 戴海崎．等值误差理论与我国高考等值的误差控制 [J]．江西师范大学学报，1999，32（1）：30－36.

[8] 黄春霞．汉语水平考试（HSK [初中等]）试题中的 DIF 检验 [D]．北京：北京语言大学，2004.

[9] Hambleton R K，Swaminathan H. Item Response Theory：Principles and Applications [M]. Boston：Kluwer Academic，1985.

[10] Jodoin M G & Gierl. Mark J. Evaluating Type I Error and Power Rates Using an Effect Size Measure pith the Logistic Regression Procedure for DIF Detection [J]. Applied Measurement in Education，2001，14（4）：329－349.

基于四类认知诊断模型的数据
模拟研究

张泉慧[1] 李 莉[2]

（1. 国家医学考试中心；2. 北京师范大学）

[摘要] 本文基于 G-DINA、DINA、DINO、RRUM 四类认知诊断模型，采用模拟数据实验研究方法，分析四种模型在医学博士英语听力理解测验中的结果适用性，判断依据为均方根误差（RMSE）、绝对偏差（MAE）、属性或模式判准率及相对拟合度四种指标，并据此探索适合该听力考试的最佳诊断模型。研究结果表明：四种模型中，G-DINA 模型的均方根误差、绝对偏差、AIC 和 BIC 值最小，而 DINA 模型的各项指标相对最大。因此，与其他模型相比，G-DINA 模型的参数返真性最好，估计的精确性及分类判准率也更高，更适合该类型的听力考试。

[关键词] 数据模拟研究；认知诊断模型

1 引言

认知诊断理论（cognitive diagnostic theory，CDT）是认知心理学和心理测量学相互结合派生出的理论，是以现代统计方法和计算机技术作为工具，通过被试在测验中的实际作答反应来获得其在认知技能或属性上的掌握情况，从而实现对被试知识结构、加工技能或认知结构的诊断评估（Leighton & Gierl，2007）。与标准测量理论（即经典测量理论、概化理论、项目反应理论）更多关注被试的分数不同，认知诊断理论更注重对被试微观的内部心理加工过程（杨凯，2019）。因此这一理论自产生以来，受到了教育心理领域的广泛关注，也被称为新一代测量理论。

据统计，现有的认知诊断模型达 100 多种（辛涛等，2012），这些模型对考查的属性与作答反应关系的假设往往不同。因此进行认知诊断时，研究者需要依据所测认知技能的特点，选择合适的模型来确保认知诊断结论的准确性及分析的合理性。在众多测验中，语言类测验尤为特别，这与语言本身具有多元性、综合性、抽象性有关。语言能力的各组成部分之间不是简单的线性关系，而是一种互动的关系，即交际活动中的各种知识、技能、心理活动以及场景因素是相互作用、相互影响且不可分割的（Bachman & Palmer, 2012）。正因此，语言类测验对认知诊断模型的要求更高。那么，如何确立合适的模型并实现客观的评价呢？这就需要我们通过相关的模拟数据研究来进行探索。

模拟数据的优势在于，可根据条件多次、灵活生成数据，设定真值，在模型的前期探索中具有一定的优势。对于本研究试图对比的认知诊断分析，如果直接用真实数据进行认知诊断分析只能得到估计值，因为我们不知道真实的 Q 矩阵以及考生属性掌握概率情况，只能根据专家确定的 Q 矩阵进行诊断分析，这里面的误差是不可避免的。而在模拟数据中，我们确定了 Q 矩阵，并根据这个生成了考生得分矩阵和考生属性掌握模式，专家确定的 Q 矩阵就是真实值，然后采用不同的模型对模拟出来的考生得分进行估计，就会得出不同的属性掌握模式。真值是固定模拟出来的考生属性掌握模式和项目参数，返真性是通过估计出来的值和真值进行对比，实现对四种模型在医学博士英语听力理解测验中的结果适用性分析，为决策提供一些帮助。

在以往的文献中，我们也看到一些考试在具体实施前会使用模拟数据进行研究和模型改进，如：冯戴维尔（von Davier, 2005）研究 pGDM（general diagnostic model）先使用模拟数据分析，后将这模型应用于包含二值计分与多值计分的托福 iBT 考试；德拉托雷（de la Torre, 2009）采用模拟研究，针对选择题型提出 multiple-choice DINA 模式；涂冬波（2010）采用模拟研究对简单的二级评分模型进行改进，提出了 DINA 的多级评分模型……这些前期的模拟研究都对认知诊断模型的进一步发展提供了重要参考。

鉴于此，本文选择了四种较为常见的用于二级计分的认知诊断模型——G-DINA、DINA、DINO、RRUM 作为此次研究的模型，选择这四类模型的主要考虑是模型更多地运用在了语言测试领域，且模型假设相对简单，容易操作，易于解释，应用广泛，因此本文试图结合医学博士英语听力理解测验的特点，分析四种模型在该听力考试中的结果适用性。

1.1 DINA 模型

容克尔和西蒂斯马（Junker & Sijtsma, 2001）提出了 DINA 模型，该模型仅涉及"失误参数 s"和"猜测参数 g"，是一个简单直观、容易估计和解释的模型，公式表达如下：

$$P(Y_{ji} = 1 \mid \eta_{ji}) = g_i^{1-\eta_{ji}} \times (1-s_i)^{\eta_{ji}} \tag{1}$$

其中，η_{ji} 为二分变量，表示被试 j 是否掌握了第 i 题所考查的全部属性。η_{ji} 的计算公式如式（2）所示，其中 K 指的是此项目所考察的属性个数：

$$\eta_{ji} = \prod_{k-1}^{K} \alpha_{jik} \tag{2}$$

式（1）中 s_i 指的是尽管被试完全掌握项目 i 所考察的属性但错误作答的概率；g_i 指的是被试没有完全掌握项目 i 所考察的属性，但可以正确作答的概率。可知，DINA 模型中，被试在某项目上的答对概率要么是 s_i，要么是 g_i，模型假设所有"未掌握该项目所测全部属性"的被试答对该项目的概率相等，而并不考虑被试的属性模式是否一致（杨凯，2019）。

1.2 DINO 模型

这一模型通过指标 ω_{ij} 取值 1 和 0 表示被试 i 对题目 j 所考查属性是否至少掌握了一个。参数 s_j 和 g_j 分别是失误参数和猜测参数，且有 $(1-s_j) > g_j$。其个数取决于项目个数 J，而与项目所考查的属性个数 K_j^* 无关（范士青、刘华山，2015）。DINO 和 DINA 模型参数的符号相同，项目正确作答概率也被分为两组，但分组方式明显不同，因此同一项目在这两个模型下得到的 s_j 和 g_j 也必定不同。DINO 模型公式表达如下（Templin，2006）：

$$P(X_{ij} = 1 \mid \propto_i) = (1-s_j)^{\omega_{ij}} g_j^{(1-\omega_{ij})} \tag{3}$$

$$\omega_{ij} = 1 - \prod_{k=1}^{k} (1 - \propto_{jk})^{q_{jk}} \tag{4}$$

其中：

$$s_j = P(X_{ij} = 0 \mid \omega_{ij} = 1) \tag{5}$$

$$g_j = P(X_{ij} = 1 \mid \omega_{ij} = 0) \tag{6}$$

DINO 模型是一个参数定义在项目水平上的补偿模型，适用于被试只要掌握了所考查的任意一个属性就有较高作答概率的测验情境，如果在此基础上多掌握了考查的属性，并不会对作答概率构成影响。

1.3 G-DINA 模型

G-DINA（generalized deterministic inputs, noisy "and" gate）模型是 DINA 模型的一般化模型，由德拉托雷（de la Torre）于 2011 年提出。DINA 模型下

被试被分为两种类别，而在 G-DINA 模型下，被试在每个项目上可以分为 $2\,k_j^*$ 个类别，k_j^* 代表项目 j 所测认知属性 K 的数量，公式表达如下：

$$P(\propto_{lj}^*) = \delta_{j0} + \sum_{k=1}^{k_j^*} \delta_{jk} \propto_{lk} + \sum_{k'=k+1}^{k_j^*} \sum_{k+1}^{k_{j-1}^*} \delta_{jkk} \propto_{lk} \propto_{lk} \cdots + \delta_{j12\cdots k_j^*} \prod_{k=1}^{k_j^*} \propto_{lk}' \quad (7)$$

$P(\propto_{lj}^*)$ 代表被试 l 答对项目 j 的概率，δ_{j0} 代表被试 l 没有掌握项目 j 考察的属性时答对的概率。δ_{jk} 是指掌握单一的认知属性 $\propto_{lk}$ 时对答对概率的影响；$\delta_{jkk'}$ 是指掌握认知属性 $\propto_{lk}$ 和 $\propto_{lk'}$ 时对答对概率的交互性作用；$\delta_{j12\cdots k_j^*}$ 是指全部认知属性均掌握时对答对概率的交互性作用。

1.4　RRUM 模型

哈茨（Hartz，2002）在分析 PSAT 测验的数据时开发了缩减的再参数化统一模型（reduced reparameterized unified model，RRUM），公式表达如下：

$$P(X_{ij} = 1 \mid a_i) = P_j^* \widetilde{O}_{k=1}^{k} r_{jk}^{*(1-a_{ik})q_{ik}} \quad (8)$$

其中：

$$P_j^* = \widetilde{O}_{k=1}^{k} P(Y_{ijk} = 1 \mid a_{ik} = 1) \quad (9)$$

$$r_{jk}^* = \frac{P(Y_{ijk} = 1 \mid a_{ik} = 0)}{P(Y_{ijk} = 1 \mid a_{ik} = 1)} \quad (10)$$

P_j^* 称为基线参数（baseline parameter），也可表示为以 Q 矩阵为基础的项目难度参数，具体是指被试掌握了项目 j 所有属性情况下答对该项目的概率；r_{jk}^* 称为惩罚参数（penalty parameter），也表示为属性区分度参数，描述的是某一属性对被试正确反应概率的影响程度。一个项目只有一个基线参数，值位于 0～1 之间，值越大说明该项目越容易；而惩罚参数的个数随项目测量属性的个数变化，若一个项目测量了 K 个属性，则有 K 个惩罚参数，其值介于 0～1 之间，值越小，说明此属性对答对该项目越重要，即此属性有高区分度。故而，一个高质量的项目应该是高 P_j^* 和低 r_{jk}^*（蔡艳、涂冬波，2016）。

基于以上四类认知诊断模型，本研究尝试通过模拟数据的实验研究方法，分析这四种模型在医学博士英语听力理解测验中的结果适用性，并依据均方根误差（RMSE）、绝对偏差（MAE）、属性或模式判准率及相对拟合度指标，探索适合该考试的最佳诊断模型。

2　研究对象与方法

2.1　研究对象

医学博士英语听力测验的数量，总计 30 题。关于听力理解认知属性的构建与验证研究，专家认为在该听力测验中，共考查了 7 项听力认知属性：（1）理解关键词意；（2）理解句子层面意思；（3）识别语境；（4）定位事实和细节；（5）概括主旨大意；（6）归纳推论；（7）短时记忆。根据这 7 项属性对题目标注，并使用探索性结构方程模型分析，结果显示：标准化残差均方根（SRMR）、近似均方根误差（RMSEA）均小于 0.05，相对拟合指数（CFI、TLI）均大于 0.90，可以推知所界定的认知属性数据与结构方程模型拟合良好，由此可以认为专家确定的 7 个属性在听力各题目中均有所考查。

在此基础上，本研究尝试模拟数据研究，首先固定 5000 被试量，固定 Q 矩阵（前期研究中已经确定的 Q 矩阵），题目的猜测参数与失误参数固定为 0.1，使用 R 软件模拟生成 5000 个被试在 30 道听力题上的 01 作答矩阵。然后用四个模型对作答反应进行认知诊断分析。最后，我们根据专家确定的 Q 矩阵，使用 R 软件随机重复模拟生成 5 次考生得分矩阵、属性掌握模式矩阵和项目参数，求取 5 次的平均值来对比结果。

2.2　研究方法

使用 EM 算法估计 G-DINA、DINA、DINO 和 RRUM 的项目参数。参数估计是逐项进行的，对于特定题目 j：（1）E 步骤中，$N(\propto_{lj}^{*})$ 是指期望被分组到潜在类别 l 的被试数量，$R(\propto_{lj}^{*})$ 是潜在类别 l 中正确回答项目 j 的预期被试人数。（2）M 步骤中，对数似然函值被最大化：收敛标准为对数似然函值达到 0.001，使用后验期望估计（expected a posteriori，EAP）方法估计被试属性掌握模式：

$$\sum_{l=1}^{2_j^{k*}} R(\propto_{lj}^{*})\log P(\propto_{lj}^{*}) + \left[N(\propto_{lj}^{*}) - R(\propto_{lj}^{*}) \right]\log\left[1 - P(\propto_{lj}^{*}) \right] \quad (11)$$

四种模型的结果均采用均方根误差指标（RMSE）、绝对偏差（MAE）、属性或模式判准率及相对拟合度指标进行检验，对比分析各认知模型的结果准确性和适用性。

2.2.1　均方根误差指标（RMSE）和绝对偏差（MAE）

RMSE 和 MAE 用于对比模拟数据的估计值和真值，公式表达如下：

$$RMSE = \frac{1}{N}\sum_{n=1}^{N}\sqrt{\frac{1}{R}\sum_{r=1}^{R}(\widehat{\varsigma_r} - \varsigma_r)^2} \tag{12}$$

$$MAE = \frac{1}{N}\sum_{n=1}^{N}\frac{1}{R}\sum_{r=1}^{R}|\widehat{\varsigma_r} - \varsigma_r| \tag{13}$$

其中，$\widehat{\varsigma_r}$ 表示不同认知诊断模型估计的各参数值，ς_r 表示参数的真实值，R 表示全卷的项目数量，N 表示重复的次数。

2.2.2 被试属性或模式判准率

PCA（proportion of correctly classified attributes）为正确分类的属性的比例，是属性水平上的正确分类率；PCV（proportions of correctly classified attribute vectors）是正确分类的属性向量比例，是向量水平上的正确分类率。公式表达为：

$$PCA = \frac{\sum_{r=1}^{Rep}\sum_{i=1}^{N}I[\alpha_i = \hat{\alpha}_i]}{N \times Rep}, PCV = \frac{\sum_{r=1}^{Rep}\sum_{i=1}^{N}\sum_{k=1}^{K}I[\alpha_{ik} = \hat{\alpha}_{ik}]}{N \times K \times Rep} \tag{14}$$

其中，Rep 表示模拟次数，N 表示被试数，i 指第 i 名考生，K 表示模拟的认知属性个数。$I[\alpha_i = \hat{\alpha}_i]$ 和 $I[\alpha_{ik} = \hat{\alpha}_{ik}]$ 分别表示估计的属性向量是否与模拟真值相同、各个属性是否与模拟真值相同。

2.2.3 相对拟合度指标

在测验水平上，模型与数据拟合度使用赤池信息准则 AIC（Akaike information criterion）和贝叶斯信息准则 BIC（Bayesian information criterion）两个模型拟合指标，AIC 一般用来衡量模型复杂度。二者的数值越小，表示拟合程度越好。

3 研究结果

3.1 参数返真性

表 1、表 2 显示了四个认知诊断模型中参数估计的结果与模拟参数的真值之间的差异。

表 1   四种认知诊断模型的参数返真性（RMSE）

认知诊断模型	猜测参数	失误参数
G-DINA	0.024	0.026
DINA	0.256	0.104

认知诊断模型	猜测参数	失误参数
DINO	0.102	0.200
RRUM	0.140	0.042

表 2 四种认知诊断模型的参数返真性（MAE）

认知诊断模型	猜测参数	失误参数
G-DINA	0.014	0.017
DINA	0.208	0.073
DINO	0.068	0.165
RRUM	0.100	0.029

由表 1 和表 2 可知，G-DINA 模型的均方根误差指标和绝对偏差在四个模型中都是最小的，DINA 模型相对最大。

3.2 分类判准率

表 3 显示了四类模型属性向量的平均判准率。表 4 所示为 7 个属性水平的判准率。P1 表示至少正确识别模拟属性掌握向量真值中一个属性的比例，P2 表示至少正确识别模拟属性掌握向量真值中两个属性的比例……以此类推，P7 代表正确识别属性掌握向量中所有元素的比例。

表 3 四种认知诊断模型的平均分类判准率（PCA）

认知诊断模型	PCA（%）
G-DINA	0.902
DINA	0.784
DINO	0.810
RRUM	0.876

表 4 四种认知诊断模型各属性的分类判准率（PCA）

认知诊断模型	P1	P2	P3	P4	P5	P6	P7
G-DINA	1	1	0.999	0.998	0.982	0.866	0.469
DINA	1	0.999	0.999	0.982	0.855	0.517	0.139
DINO	1	1	0.999	0.986	0.894	0.601	0.192
RRUM	1	1	0.999	0.997	0.966	0.798	0.373

四个模型中，G-DINA 模型正确识别属性掌握向量中所有元素的比例最高（见图 1）。

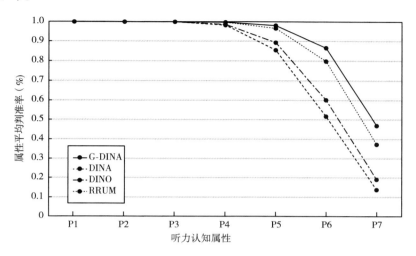

图1　四种认知诊断模型各属性的分类判准率（PCA）

3.3　AIC 和 BIC

不同认知诊断模型的相对拟合指标见表 5。

表5　　　　　　　　　　不同认知诊断模型的相对拟合指标

认知诊断模型	属性间补偿性	AIC	BIC
G-DINA	补偿	164969.72	166631.61
DINA	非补偿	180430.55	181649.27
DINO	补偿	177679.92	178898.63
RRUM	补偿	169715.72	171123.43

从相对拟合指标来看，G-DINA 模型的数值最小，拟合度最好，DINA 模型数值最大，拟合度不佳。

4　讨论

从参数返真性来看，以往文献认为，RMSE 和 MAE 的结果越小，代表模型对参数的估计越接近真值，模型和数据的拟合效果越好。前述分析可知，G-DINA 模型的均方根误差指标和绝对偏差在四个模型中都是最小的，DINA 模型相对最大，因此 G-DINA 的认知诊断研究效果最佳。

从属性向量的平均判准率来看，一般来说，PCA 指标越大意味着被试参数估计得越准确，四个模型中，G-DINA 模型正确识别属性掌握向量中所有元素的比例最高，因此判准率最高，属性估计最为精确。

从相对拟合指标来看，G-DINA 模型 AIC 和 BIC 值最小，数据与模型的拟合效果最好，RRUM 模型次之，DINO 模型再次之，DINA 模型最大，与模型的拟合结果相对不佳。

具体分析原因，DINA 模型是非补偿模型，虽简单易于操作，但具有一些明显缺点。比如，不考虑属性之间的相互关系，每个项目只有猜测和失误两个参数，每个题目将所有被试仅分为两类——"掌握题目所有属性的被试"和"未掌握题目所有属性的被试"。在模型中，只有 1 个属性没有掌握，就等价于所有的属性都没有掌握，即使被试答对了该题目也会被归为猜测作答，这种做法显然有失偏颇。这就很可能在应用时，损失了很多有用的信息，忽略了语言测验中各技能属性之间的交互性，因此在四类指标中的表现都不理想。

相比较而言，DINO、G-DINA 考虑到了潜变量之间的相互作用，均属于补偿模型。DINO 模型的假设是：在不考虑猜测和失误的情况下，被试只要掌握至少 1 个项目所需的属性即可答对该题。以往文献认为，该模型更适用于离散型属性层级结构，但不适合应用在各技能属性存在先决关系的情境，詹沛达和王立君（2013）的模拟研究中指出，属性个数的增加会降低 DINO 模型的判准率，实际应用中认知属性应控制在 6 个以下。因此在本次考试中，由于无法保证各个听力技能属性之间是完全独立的，也不好判断属性之间是否存在先决关系，DINO 模型表现较为一般，虽好于 DINA 模型，但不及其他两个模型。

作为另一个补偿模型，G-DINA 模型同时也是饱和模型，即考虑属性之间的多种交互关系，符合语言技能之间关系的复杂性。G-DINA 模型认为，每个属性都对被试正确作答该项目有自己的贡献，只不过贡献程度不同。如果被试掌握的属性对正确作答该项目的贡献程度较高，即使被试未掌握项目考察的所有属性，也可能正确作答该项目，因此在四种模型中表现最好。相比而言，R-RUM 虽然是非补偿模型，但其实也是 G-DINA 控制一些变量后的特殊形式（高旭亮、涂冬波，2017）。R-RUM 模型认为，属性间只存在主效应，不存在任何交互效应，虽然简约且容易计算，但在应用于本考试时，表现也不是最理想的。

作为外语类考试，医学博士英语听力考试本身也是语言能力的测试，从模拟结果来看，语言测验中各属性之间具有补偿性，采用假设属性之间可进行补偿的认知诊断模型对数据进行分析时，参数估计的偏差较小，这也在以往文献中得到了验证。因此，无论是模型考虑还是从模拟数据的分析结果来看，G-DINA 模型都是最佳选择。

5　结语

本文通过模拟数据研究比较了 DINA、DINO、RRUM、G-DINA 四类认知诊断模型在医学博士英语听力理解测验中的适用性，通过参数返真性、属性分类判准率、相对拟合数据等指标比较了四个模型的情况，结果分析表明，在本次医学博士英语考试中，G-DINA 模型最为合适，可作为后续具体考试研究中应用的模型，对进一步为考生提供更为细致的技能属性评价起到积极的作用。

参考文献

［1］蔡艳，涂冬波. 基于属性层级关系的 rRUM 模型优化——模型解释力及判准率的视角 ［J］. 江西师范大学学报（自然科学版），2016（1）：47－55.

［2］范士青，刘华山. 常见的认知诊断模型及其比较 ［J］. 教育测量与评价（理论版），2015（7）：6－7.

［3］高旭亮，涂冬波. 参数化认知诊断模型：心理计量特征、比较及其转换 ［J］. 江西师范大学学报（哲学社会科学版），2017，50（1）：88－104.

［4］涂冬波，蔡艳，戴海琦，丁树良. 一种多级评分的认知诊断模型：P-DINA 模型的开发 ［J］. 心理学报，2010，42（10）：1011－1013.

［5］辛涛，乐美玲，张佳慧. 教育测量理论新进展及发展趋势 ［J］. 中国考试，2012（5）：3－11.

［6］杨凯. 八年级数学系列认知诊断测验的开发与应用研究 ［D］. 南昌：江西师范大学，2019.

［7］詹沛达，王立君. 不同因素对认知诊断 DINO 模型诊断准确率的影响 ［J］. 考试研究，2013（4）：60－67.

［8］Bachman L F，Palmer A S. Language Testing in Practice：Designing and Developing Useful Language Tests ［M］. Oxford：Oxford University Press，1996.

［9］de la Torre J. A cognitive diagnosis model for cognitively-basedmultiple-choice options ［J］. Applied Psychological Measurement，2009（33）：163－183.

［10］de la Torre J. The generalized DINA model framework ［J］. Psychometrika，2011，76（2）：179－199.

［11］Hartz M C. A bayesian framework for the unified model for assessing cognitive abilities：Blending theory with practicality ［J］. American Journal of Gastroenterology，2002，95（4）：906－909.

［12］Junker B Sijtsma K. Cognitive assessment models with few assumptions，and connections with nonparametric item response theory [J]. Applied Psychological Measurement, 2001, 25 (3): 258 – 272.

[13] Leighton J, Gierl M. Cognitive diagnostic assessment for education: Theory and applications [M]. New York: Cambridge University Press, 2007: 407 – 411.

[14] Templin J L. CDM Users's Guide [M]. Unpublished Man-uscript, 2006.

[15] Von Davier M. A general diagnostic model applied to language testing data [J]. The British Journal of Mathematical and Statistical Psychology, 2008, 61 (2): 287 – 307.

结构化面试计算机自动评分系统的构建探究

王 帅

（北京语言大学）

[**摘要**] 近年来，面试在招生考试和各类人才招聘考试中的地位越来越高，成为主要的考试环节。如何保证面试的公平公正，简洁高效地选拔出有综合能力的人才成为考试研发者的重要目标。在面试评分的过程中，人评会受到多种因素的影响，如疲劳效应、晕轮效应等。随着计算机技术飞速发展，笔试计算机评分技术也日渐成熟，而在面试方面的应用却鲜有涉及。本文将从结构化面试出发，依据各项指标，提取特征，尝试建立回归方程来实现计算机自动评分。

[**关键词**] 结构化面试；计算机；自动评分

1 绪论

1.1 研究背景

1.1.1 面试的发展现状

随着人才选拔的制度和手段日渐完善，面试作为主要的考试环节，其重要性不言而喻。近年来，计算机和网络技术充分发展，自动评分系统也逐渐发展起来，客观题的自动评分应用广泛且准确性较高。但由于技术的不成熟，主观题的自动评分发展缓慢，且应用主要集中在作文评分领域，其他类型的主观题在自动评分系统中应用少且准确性差。而在面试环节中的自动评分由于技术条件的限制其发展仍处于初级阶段。

目前语音识别技术的不断发展，为面试计算机评分技术的实现提供了良好的条件。面试作为选拔人才的重要一环，是对考生综合能力进行的全面评价描述，但是其公平性和有效性受到了各方面的质疑，问题表现在考官队伍水平参差不齐，选拔过程不够严谨，面试过程中缺乏规范、合理、有效的监督等方面。用计算机进行面试的自动评分会提高面试效率，促进选拔人才的公平性。但目前计算机评分在面试中的应用仍处在初期阶段，在应用过程中存在人为因素，研发面试计算机自动评分系统是大势所趋。

利用自然语言处理技术通过语音识别、语音合成等环节对考生作答情况进行处理，转变为电脑能够识别的语言，再通过文本相似度检测，核算与标准答案的匹配度来实现计算机对面试的自动评分是本文的思路。本文将从研究背景、计算机评分的发展、面试计算机评分系统的构建等方面逐一展开。

1.1.2 主观题评分技术的发展

1.1.2.1 国外的发展状况

1966 年，杜克大学的埃利斯佩奇斯（Ellispages）等人研发了 PEG（project essay rater），用于作文自动评分，根据浅层文本特征通过多元回归分析方式得出相应的得分，浅层文本特征包括文章长度、标点符号、单词长度等方面，这是一项重大的突破。

IEA（intelligent essay accessor）是由彼特（Peter）等人研发出来的，是基于潜在语义分析，将文章的内容作为评判标准，通过利用信息检索方法中的文档相似度计算方法来得到考生答案与标准答案之间的相似度，从而达到自动评分的目的。IEA 系统对大规模文本进行相似度计算具有较好的表现，但应用有限。

1997 年，E-rater（electronic essay rater）系统由伯斯坦（Burstein）提出，该系统从语言、结构、内容等方面评测作文，利用内容相关对整体进行自动评分。

ATM（automatic text marker）系统仿照人工阅卷过程，将标准答案与学生作答答案划分成最小语言单位，构成关系依赖树，通过对比两者的关系依赖树获取两者的匹配度，根据匹配度进行打分。

1.1.2.2 国内的发展状况

我国的第一个商业化评分系统是由科大讯飞公司研发的中英文作文自动评分系统。姜振风、刘力（2013）在面向计算机辅助评价的主观题自动评分系统中，提出了基于信息提取的评价方法，首先建立标准答案知识库，每个问题包含有若干标准答案，通过同义词替换，改进 BLEU（Bilingual evaluation under-study）算法来实现评分，但是该方法未考虑词序对语义的影响。

丁振国、陈海霞（2008）利用知网进行词语相似度计算，首先计算词语相似度，由此推出整个句子的相似度、语篇的相似度。

吕学强等（2003）计算词表面信息相似度和词序相似度来建立中文语句相似模型，查找最相似的算法。

李彬等（2003）运用 TF-IDF（term frequency-inverse document frequency）

方法以及基于两个句子中语义信息的方法，计算常问问题集中语句间的相似度。

赵志弘、韩永国（2013）等使用 TF-IDF 算法提取文本关键词，把文本关键词用向量空间模型表示出来，根据夹角余弦计算相似度，该方法未考虑词序的影响，适用于长文本。

高思丹、袁春凤（2004）等用动态规划（dynamic planning，DP）的方法，提取文本中的关键词，把文本关键词用 DP 思想来计算句子的相似性，该方法忽略了关键词词序，并未对语义信息进行深入研究。

孟爱国等（2005）基于模糊数学理论，提出了单项贴近度的方法，但该方法未对文本内容进行语法语义研究。

俞士汶等（2015）基于骨架依存树的中文语句相似度计算方法，计算语义相关信息的相似度。

1.1.3 自然语言处理技术的发展

20 世纪 90 年代，口语计算机评测软件 Speech Rater，从发音、流利度、准确性等方面进行评测，侧重于考察学生的自由发挥的口语能力，评分准确度与人工评分员的一致性达到 0.7。

以 Oridate 为技术核心的培生英语口试 Versant 更注重于口语表达的流利程度，测试多用于封闭性试题。

2007 年，科大讯飞发布了首个口语朗读测评系统作为高利害考试的测试平台。

Phonepass 口语测试的评测系统采用先进的言语识别系统，对朗读、重复句子和简短回答等题型进行客观评分。

1.1.4 面试计算机自动评分技术的发展

2014 年重庆首次使用公务员面试评分系统，考官、考生随机分组，出考场就能查到成绩。

白乐荣（2013）提出在公务员招考面试计分与教官监测系统，利用 Visual Studio 为开发平台，以微软的 SQL2000 为数据库，用 Teechart 为图表控件，Acthereports 为报表控件进行系统设计。

宋新等（2019）提出建立基于结构化面试过程的软件管理模型，设计了对结构化面试各个环节与要素进行管理的软件系统。

1.2 研究意义

（1）改善面试评分的主观性强、稳定性弱、信度较低、效率较低、成本高等问题，提高面试测验的信度。

（2）为面试计算机自动评分系统的构建研究提供参考。

1.3 研究目标

本研究解决的具体目标有两个：第一，提取结构化面试评分的特征参数；第二，构建结构化面试自动评分模型。

2 结构化面试的评分特征分析

以事业单位和公务员招考的考试内容为例，主要的评分要点有语言表达能力、综合分析能力、应变能力、人际交往能力、计划组织能力、举止、仪表等。根据上述评分标准，结构化面试可量化的特征主要有语言的流利度、考生答案与标准答案的相似度、语量的丰富程度。本研究将这些评分点划分为内容相关性、表达流利性和语量丰富程度三个方面，接下来将探讨每个方面的评分特征下具体的量化指标。

2.1 内容相关性特征

内容相关性是指考生回答与标准答案相似的程度，即考生答案中和标准答案的匹配情况。

文本相似度即考生答案与标准答案之间的相似情况，判断考生答案与标准答案有多少重叠的部分。

2.2 语量情况

研究发现评分员在对考生答题语音评分的过程中，还比较在意考生的语量。语量指的是考生所有的语言输出，一般按照字数计算。语量的多少可以反映出考生对面试的态度。因此，将语量作为面试计算机自动评分模型中的一项评分特征。

2.3 表达流利性特征

这里的表达流利性特征主要指的是考生说话的语速和流畅程度。主要计算每秒钟考生输出语音的字数来量化流利性特征。

3 结构化面试自动评分的相关技术

3.1 提取评分特征的技术方法

结构化面试的自动评分过程，实际上是计算机模拟评分员对考生的作答进行评分的过程。

对于文本相似度的计算，其值一般是在 0～1 之间，如果考生的回答越准确，与标准答案的一致性越高，越靠近 1，反之则靠近 0，这里使用的是向量空间模型计算文本相似度。

对于语量的计算，实际上是对考生答题语音的字数统计。可以先将答题语音转为文字，然后统计文字的数量。主要方法是运用语音识别技术将应试者的答题语音转换为文字，然后对转换后的文字进行校对，最后用自编的计算文档字数的 Python 程序得到考生的语量。

对于流利度的评估，主要是计算考生每秒钟输出的语量多少。先统计文字的数量，接着运用自编的 Python 程序计算考生的答题语音时长（以秒为单位），最后计算得出每秒钟输出的文字数量来评估考生语言的流利度。

利用上述方法得到每个评分特征的数值后，按照结构化面试的评分计算公式，就可以得出应试者在结构化面试中的成绩。

3.2 文本相似度的计算

关于如何进行文本相似度的计算，学术界的研究者们有大量的研究，比较常见的有四大类：基于字符串的方法（string-based）、基于语料库的方法（corpus-based）、基于世界知识的方法（knowledge-based）、其他方法。

基于字符串的方法从字符串匹配度出发，以字符串共现和重复程度为相似度的衡量标准。根据计算粒度不同，可以将该方法分为基于字符的方法和基于词语的方法。基于字符串的方法是在字面层次上的文本比较，文本表示即为原始文本，该方法原理简单，易于实现，现已成为其他方法的计算基础。但不足的是将字符或词语作为独立的知识单元，并未考虑词语本身的含义和词语之间的关系。

基于语料库的方法利用语料库中获取的信息计算文本相似度。基于语料库的方法可以划分为：基于词袋模型的方法、基于神经网络的方法、基于搜索引擎的方法。其中本研究所用到的就是词袋模型中的向量空间模型。

基于世界知识的方法是利用具有规范组织体系的知识库计算文本相似度，

一般分为两种：基于本体知识和基于网络知识。

本文采用向量空间模型算法计算考生答案与标准答案之间的文本相似度，以此作为考生答题语音对预设信息点覆盖情况的量化指标。向量空间模型的基本思想是将每篇文档表示成一个基于词频或者词频－逆文档频率权重的实值向量，那么 N 篇文档则构成 n 维实值空间，其中空间的每一维都对应词项，每一篇文档表示该空间的一个点或者向量。两个文档之间的相似度就是两个向量的距离，一般采用余弦相似度方法计算。

3.3　语音识别技术

语音识别是指让机器通过识别和理解过程，把语音信号转变为相应的文本信息或命令信息的技术。

语音识别技术自诞生以来，在声学模型和语音模型的建立上取得了非凡的进展。20 世纪 50 年代是语音识别工作的开始时期。标志是 1952 年，贝尔实验室实现了第一个可识别十个数字的语音识别系统——Audry 系统。

近几年来，国内的语音识别技术研究发展日益成熟，科大讯飞、百度、腾讯、阿里巴巴等企业对外提供包括语音识别在内的智能语音服务，并取得了商用。本研究采用的是科大讯飞的录音笔转写文字技术，非常符合本研究的需要。

4　结构化面试自动评分模型的构建与检验

4.1　实验设计

4.1.1　数据来源

本研究面向 100 名 18 ~ 25 岁的北京语言大学本科生和研究生，采用线下录音的形式收集结构化面试的语音数据，每个人需要回答两个问题，每道题的满分为 100 分，要求考生结合考题进行回答。考生在看到题目后有两分钟的思考时间，答题时间一共为 10 分钟。

4.1.2　评分方式

本研究邀请了三位具有多年公务员面试经验的老师对结构化面试的语音数据进行评分，从内容、语音、语量三个方面对考生进行评价。评分区间为 0 ~ 100 分，最后将三位评分员所给分数的平均值作为考生最终的成绩。

4.1.3　评分者信度

结构化面试的题目属于主观题，其最终分数是由评分员结合自己对评分标准的理解所给出的，有自己的主观判断的成分，面试评分结果的可靠性在很大程度上取决于评分者之间评分的一致性和可靠性。评分员信度即考查多个评分员给同一批考生的答题结果的评分一致性程度的度量值。常见的计算方法有积差相关系数分析、斯皮尔曼等级相关分析和肯德尔和谐系数分析，前两者适用于只有两名评分员的情况，后者适用于三名及其以上的评分员之间的信度分析。

本研究中，有三位评分员参与了结构化面试的评分过程，且同一评价者存在相同等级的评定，因此在估计评分者信度时，应采用有相同等级的肯德尔和谐系数分析方法。肯德尔和谐系数的取值范围为 [0, 1]，其值越靠近 0，一致性越低，越靠近 1，一致性越高。一般情况下，只有当肯德尔和谐系数达到 0.8以上时，才认为评分结果具有客观性。

本研究运用 SPSS 软件对三位评分员的评分结果进行了分析，结果显示肯德尔和谐系数的值为 0.955，卡方值为 283.720，$p = 0.000 < 0.05$，可以拒绝原假设 H_0，认为三位评分员在评分方面有显著的一致性，且一致性达到了95.5%，说明三位评分员在打分时尽量减少了主观因素对评分结果的影响，执行的标准一致，具有评分者信度，评分结果具有较高的可靠性。

4.2 自动评分模型的构建

将 200 条语音按照题号分为两组，第一组包含 100 条语音，用于自动评分模型的构建，命名为"构建组"；第二组包含 100 条语音，用于检验自动评分模型的性能，命名为"检验组"。

在构建结构化面试自动评分模型时采用的是多元线性回归的方法，即以三个评分员的平均分作为因变量，以上文所确定的三个特征值作为自变量，采用逐步回归选择进入回归方程的评分特征并计算其权重系数，从而得到自动评分模型。回归方程模型为：

$$score = \sum_{i=1}^{n} w_i c_i + b$$

其中，$score$ 表示得分，n 表示评分特征的个数，c_i 表示特征向量，w_i 为每个特征的权重系数，b 为常量。

线性回归分析对数据的要求是被解释变量应符合正态分布，因此需要提前对因变量进行正态分布检验。对于分数这种连续性的数据一般用 K-S（Kolmogorov-Smirnov）检验来分析样本来自的总体是否与正态分布一致。本研究利用 SPSS 软件对三个评分员的平均分进行了 K-S 检验，结果显示双侧检验的渐进显著性（p 值）等于 0.244，大于 0.05 的显著性水平，因此不能拒绝原假设 H_0，认为因变量（即三位评分员的平均分）总体符合正态分布，可以进行下一步的数据分析。

接下来运用 SPSS 软件进行多元线性回归，首先导入构建回归方程的数据，数据的属性包括面试分数、文本相似度、语言流利度、语量，利用 SPSS 软件的回归分析功能进行线性回归分析，以三个评分员的平均分作为因变量，文本相似度、语言流利度、语量作为回归方程的自变量，采用逐步回归法对所有的自变量进行引入和剔除，最终结果显示三个主要特征均可以引入回归方程中。

4.3 自动评分模型的性能检验

在确定了评分模型之后，需要对模型的性能进行检验，通过计算预测分数与原始分数（三位评分员的平均分）之间的相关性和一致性来验证结构化面试自动评分模型的性能。

本研究通过计算预测分数与平均分数之间的相关系数来描述两者之间的整体相关性。相关性分析表示两组变量之间的联系强度，通常用皮尔逊系数 r 来表示，r 的取值范围是 $[-1,1]$。若 $r>0$，则表示两个变量是正相关；若 $r<0$，则表示两个变量之间是负相关；若 $r=0$，则表示两个变量之间不存在线性相关关系。同时，r 的绝对值越大，表面二者之间的相关性越强。一般来说 $|r|<0.3$，表示弱相关，当 $|r|>0.8$，表示高度相关。通过 SPSS 软件的相关性分析功能得到的结果显示，预测分数与原始分数之间的关系系数为 0.663，说明预测分数与原始分数之间的相关为中度相关，说明结构化面试的自动评分模型有一定的价值，但仍存在要改进优化的地方。

5　总结与展望

5.1　研究总结

本研究从结构化面试出发，依据各项指标，将提取出的评分特征作为自变量，运用多元逐步回归分析方法进行回归分析，建立评分模型，并得到预测分数与原始分数的整体相关性大小为 0.663，验证了本研究提取的评分特征和构建的评分模型具有一定的价值。

5.2　研究不足与展望

本研究对结构化面试进行了研究，最终构建了自动评分的系统，但是本研究仍然存在一些不足。

第一，语音数据样本量较少，在一定程度上对研究结果产生了影响，样本的来源比较单一、数量较少。

第二，评分标准中提到的一些细则没有考虑全面，如人际沟通的能力、逻辑能力、仪态、手势等，没有对这些评分特征进行量化提取。

第三，本研究中的技术对于结构化面试没有针对性，在评分特征提取的准确性方面可能存在偏差。例如，对流利度准确性特征方面的处理比较粗糙，不能有效地评估考生的语言流利性，误差较大，在一定程度上影响了研究结果的科学性。

若想实现结构化面试的自动化评分，构建计算机自动评分系统只是其中的一项重要工作，在将来需要深入研究来改进本研究中的不足之处。第一，需要收集更多的样本数据来构成支持自动评分研究的语料库。数量充足的样本语音数据可以为开展更高科学性的研究奠定基础。第二，需要进一步丰富评分特征，对一些评分标准设计量化的特征提取，促进评分的公平性与完善性。第三，研发对结构化面试更具有针对性的模型与算法，语言流利性特征的提取、文本相似度计算模型、语音识别等技术在很大程度上影响着评分结果的精确性。

参考文献

[1] 白乐荣. 公务员招考面试计分与教官监测系统的设计与实现 [D]. 成都：电子科技大学，2013.

[2] 丁振国，陈海霞. 一种基于知网的主观题阅卷算法 [J]. 微电子学与计算机，2008 (5)：108 – 109.

[3] 高思丹，袁春风. 语句相似度计算在主观题自动批改技术中的初步应用 [J]. 计算机工程与应用，2004 (14)：132 – 135.

[4] 姜振凤，刘力. 基于计算机辅助评价的主观题自动评测研究 [J]. 重庆师范大学学报（自然科学版），2013 (2)：74 – 78.

[5] 李彬，刘挺，秦兵，等. 基于语义依存的汉语句子相似度计算 [J]. 计算机应用研究，2003 (12)：15 – 17.

[6] 梁茂成，文秋芳. 国外作文自动评分系统评述及启示 [J]. 外语电化教学，2007 (5)：18 – 24.

[7] 罗凯洲，韩宝成. Ordinate 与 SpeechRater 口语自动评分系统评述与启示 [J]. 外语电化教学，2014：27 – 32.

[8] 吕学强，任飞亮，黄志丹，等. 句子相似模型和最相似句子查找算法 [J]. 东北大

学学报，2003，24（6）：531 – 534.

　　［9］孟爱国，卜胜贤，李鹰，甘文 . 一种网络考试系统中主观题自动评分的算法设计与实现［J］. 计算机与数字工程，2005（7）：147 – 150.

　　［10］宋新，田阳，赵雅琴，等 . 面向硕士研究生结构化面试应用的软件管理系统设计与实现［J］. 教育现代化，2019，6（10）：127 – 131.

　　［11］俞士汶，朱学锋，耿立波 . 自然语言处理技术与语言深度计算［J］. 中国社会科学，2015（3）：127 – 135.

　　［12］赵志弘，韩永国 . 基于 NLP – TF 技术的主观题自动评测系统研究［J］. 软件导刊，2013（1）：82 – 83.

研究综述

ARRG 法在消除随机猜答影响中的
应用研究综述

王 凤 孔 祥

（北京语言大学）

[摘要] Rasch 模型框架下，考生能力和题目难度的不匹配会导致考生猜测作答现象的出现，ARRG 法的提出则是为了消除考生猜测作答对参数估计的影响。ARRG 法通过原始分析、裁剪分析、锚分析和全锚分析，能够实现题目难度和能力参数的调整。同时，此方法中概率阈限的设置、样本量的选择及结果的比较也是需要关注的重点。

[关键词] Rasch 模型；猜测作答；难度；ARRG 法

根据 Rasch 模型原理，特定个体对特定题目做出特定反应的概率可以用个体能力与题目难度的简单函数来表示。用同样的题目测量被试的能力，要在同一把量尺上确定被试的特质水平，除题目难度外，应维持所有题目具有相同特性。因此，在 Rasch 模型框架下，所有题目的区分度相同；另外，题目也不应该给考生提供猜测作答的机会，故题目参数中也未出现猜测参数。

在正式测验中，考生遇到较难题目时，往往会采取猜答策略。这种情况下，即使 Rasch 模型不考虑猜测因素的影响，题目参数估计时，考生猜对答案也会使题目难度估计出现偏差，可能会导致考试效度被低估。

为减少 Rasch 模型在题目难度估计时受考生猜测作答影响产生的误差，沃勒（Waller）提出了 ARRG 法（estimates of ability removing random guessing）。ARRG 法有相对完善的研究步骤，已经成为 Rasch 模型框架下提高题目难度和考生能力参数估计准确性的有效手段。目前，国内关于 ARRG 法或消除考生猜测作答对参数估计影响的研究很少。本文对 ARRG 法的发展进行了梳理，希望对国内 Rasch 模型研究有所启示。

1 ARRG 法的发展历程

研究者很早就发现，考生采取猜答策略会对题目参数和能力参数估计产生影响。早在 1969 年，潘卡帕克森（Panchapakesan，1969）就提出：在估计题目参数时，不应将低水平考生的作答作为有效信息。这种处理方法存在两方面的局限：一是低水平考生的作答是估计简单题目参数的有效信息，删除这些作答会导致简单题目的参数估计不准确；二是导致数据处理过度，数据—模型过拟合，不能呈现数据的原貌。基于此，沃勒（Waller，1974，1976，1989）提出并完善了 ARRG 法。最初的 ARRG 法包含两步分析。第一步是原始分析（original analysis），用 Rasch 模型对收集到的所有数据进行分析；第二步是裁剪分析（tailored analysis），将答对概率低于概率阈限（cutoff probability；probability threshold）的作答标记为缺失值，再用 Rasch 模型对这些裁剪数据（tailored data）进行分析。概率阈限是根据经验设定的，考生答对某题的概率低于此阈限时，无论考生是否答对该题，考生在该题目上的作答均会被设置为缺失值。裁剪分析的目的有两个：一是通过比较两次分析的难度估计值来验证考生猜测作答对难度估计值产生影响的假设。如果两次分析的结果差异不显著，则可以忽略考生猜测作答带来的影响。二是如果存在考生猜测作答的影响，裁剪分析可以消除这种影响带来的误差。

但是，在原始分析和裁剪分析中，用于参数估计的作答数据不同，题目难度分布的原点也不同，两者无法比较。为此，安德里奇等（Andrich et al.，2012）对 ARRG 进行了补充，设置题目参数估计的约束条件，再用 Rasch 模型对原始分析的数据重新分析，这被称为"锚分析"（anchored analysis）。安德里奇设置的约束条件是：固定最简单的 6 道题目的难度均值，使其与裁剪分析中相应题目的难度均值相同，即把裁剪分析中最简单的 6 道题目当作锚题。选择最简单的题目是因为这些题目受考生猜测作答的影响最小或者几乎不受影响。已有研究的重点基本都放在考生采取猜答策略对题目难度估计产生的影响，忽略了对考生能力估计的影响。在 Rasch 模型中，答对题目的个数是考生能力的充分统计量（sufficient statistic）。采取猜答策略并答对题目的考生，其能力会被高估。基于此，安德里奇（Andrich，2014）又进一步补充了 ARRG 法，固定原始分析所有题目的难度，使之与裁剪分析的题目难度相等，对原始分析的数据进行再分析，这被称为"全锚分析"（all-anchored analysis）。裁剪分析将部分作答标记为缺失值，很难解释这种做法的合理性（Andrich，2014）。采用全锚分析后，既使用了原始数据，又消除了考生猜测作答对难度的影响，也可以基本避免考生猜测作答对考生能力估计的影响。

至此，ARRG 法逐渐发展完善，其主要目的是消除考生猜测作答对参数估计的影响，主要方法是将低于概率阈限的作答标记为缺失值，并为了实现难度比较及可接受的考生能力估计进行了锚分析与全锚分析。

2　参数设置与结果评估

除了对 ARRG 法的完善，研究者还进行了其他方面的探索。消除考生猜测作答带来的偏差需要同时考虑偏差的减小和标准误的增加，需要慎重考虑概率阈限的设置和样本量的选择。同时，对结果的评估也是其中的重要一环。

2.1　概率阈限

概率阈限的设置在 ARRG 法整个过程中非常重要。随着概率阈限增加，用于题目参数估计的样本量减少，标准误会增加，这就给题目参数估计带来了随机误差。如果设置的概率阈限不够大，题目难度的估计仍受考生猜测作答的影响。需要注意的是，这个过程没有判断哪些考生可能采取了猜答策略，无法获知哪些考生的作答是猜测作答。

沃勒（Waller，1974）提出 ARRG 法时，就对不同概率阈限做了分析。研究发现，选择合适的概率阈限的方法是比较不同概率阈限条件下数据—模型之间的拟合优度，通常用 χ^2 检验，χ^2 值越小，数据—模型拟合越好。

$$\chi^2_{TEST}(f) = \sum_{j=1}^{n} Q_j \tag{1}$$

f 表示自由度，Q_j 表示题目 j 的残差平方和。

概率阈限的确定反映了采取猜答策略的考生在样本中的比例，而不是考生采取猜答策略的概率。沃勒的进一步研究表明，随着概率阈限的增加，χ^2 值降低到最小值后会再增加，χ^2 值最小时的概率阈限值最优。但在数据基本上不受考生猜测作答影响的情况下，χ^2 值最小处的概率阈限为 0，此时原始分析与裁剪分析得到的参数估计结果相同（Waller，1976）。

安德里奇等（Andrich et al.，2016）研究发现，将原始分析的数据用三参数 Logistic 模型（3PL）进行分析，项目特征曲线（ICC）的渐近线落在 0.30

附近，将概率阈限设置为 0.30，足以消除考生猜测作答对参数估计的影响。概率阈限的选择基于答对题目的随机概率，对于四选一的题目，答对概率是 0.25。然而，原始分析使用的数据受考生猜测作答的影响，与未采用猜答策略的作答相比，难度估计值更小，能力估计值更大。根据原始分析估计，能力较低的考生在采用猜答策略的情况下答对较难题目的概率更大。因此，将概率阈限设置为大于答对题目的随机概率也是合理的。

怀斯（Wyse，2016）研究了概率阈限选择对 ARRG 法的影响，结果表明，当概率阈限增大，标记为缺失值的作答反应数据增加，题目参数估计的标准误和题目难度估计值也会增加。在设置概率阈限时，需要考虑减少测量误差和降低测量精度间的平衡。当概率阈限增加时，测量偏差减少并不能弥补测量精度的降低。

2.2 样本量

Rasch 模型题目参数估计受考生样本量的影响。在使用 ARRG 法时，同样也需要考虑样本量对参数估计结果的影响。为此，怀斯（Wyse，2016）在裁剪分析的基础上进一步提出，当答对概率低于概率阈限的作答被标记为缺失值后，需要检查剩余的数据是否能满足 Rasch 模型参数估计的数据量要求。首先，ARRG 法的裁剪分析可表示为：

$$\eta > \frac{\exp(\beta_n - \delta_i)}{1 + \exp(\beta_n - \delta_i)}, X_{ni} = missing \tag{2}$$

其中，η 表示概率阈限，β_n 表示考生 n 的能力参数，δ_i 表示题目 i 的难度参数，X_{ni} 表示将答对概率低于概率阈限的作答标记为缺失值。若考生答对某题的概率小于 η，无论考生正确作答与否，该作答均被标记为缺失值。

概率阈限确定后，根据概率阈限和能力参数确定题目难度参数的范围，以检查样本量是否能满足 Rasch 模型参数估计的数据量要求，表示为：

$$\delta_i > \ln(1 - \eta) - \ln(\eta) + \beta_{MINISIZE} \tag{3}$$

其中，$\beta_{MINISIZE}$ 表示样本量满足 Rasch 模型最低样本量要求时的期望能力参数。

当题目难度 δ_i 满足式（3）时，不应使用这道题目（Wyse，2016），因为题目难度过大，导致较多作答反应被标记为缺失值，剩余样本量不满足进行题目参数估计的最小样本量要求。式（3）既可以用来检验样本量是否满足测验参数估计的需求，也可以用来确定题目难度的范围，难度 δ_i 过大将使所有数据被标记为缺失值。

关于 Rasch 模型最小样本量的选择，利纳克尔（Linacre，1994）研究发现，若要求在 ±1 logit 范围内有 99% 的置信度，至少需要 50 人；要求在 ±0.5 logit 范围内有 95% 的置信度，至少需要 100 人；要求在 ±0.5 logit 范围内有 99% 的置信度，至少需要 150 人。高风险测验的参数估计则至少需要 250 人。

样本量比其他因素对标准误的影响大。沃特伯里（Waterbury，2019）模拟了不同概率阈限（0、0.15、0.20、0.25、0.30、0.35）在不同样本量（250、500、1000、2000）以及不同猜测度（0、0.1、0.2、0.3）下对难度估计的影响，研究结果表明，样本量比其他因素更能解释标准误变化，当样本量较大时，所有条件下的标准误都要小得多。

2.3　结果评估

在 Rasch 模型框架下，使用 ARRG 法的前提假设是考生作答时采用了猜答策略，导致题目难度和考生能力估计出现了不同程度的偏差。因此，首先要验证假设，再判断参数估计出现了何种程度的偏差。在以往的研究中，研究者采取了不同的方法评估 ARRG 法的有效性。

沃勒（Waller，1974）使用的判断方法是拟合优度检验。研究发现，原始分析和裁剪分析的拟合优度差异显著，同时，比较题目的拟合优度发现，裁剪分析中拟合较差的题目减少，说明 ARRG 法能有效改善考生猜测作答对难度估计的影响。安德里奇等（Andrich et al.，2016）的研究也表明，消除考生猜测作答对参数估计的影响后，数据—模型的拟合度更佳。

安德森（Andersen，1995，2002）提出一个关于参数估计时样本和子样本间关系的理论。该理论假设任何数据都能被看作某个总体的样本，要分析的数据是样本，而该数据的任何子集是子样本。在这里，原始分析的数据是来自某个总体的样本，将部分数据标记为缺失值的裁剪分析数据是原始分析的一个子样本。假设样本和子样本的样本量较大，从而可以用符合标准正态分布的 z 分数检验样本和子样本的差异是否显著：如果 z 超出 ±2.56 的范围，则从两次分析中得出的参数估计值在 0.01 的显著性水平上存在显著差异。安德里奇等（Andrich et al.，2016）用安德森的理论验证 ARRG 法调整难度估计的有效性，研究发现，大多数题目的作答会受到考生猜测作答的影响，尤其是难度较大的题目。

为了验证假设"随着概率阈限增加，难度估计的偏差减小，但会产生更大的标准误"，沃特伯里（Waterbury，2019）选择比较不同条件下的难度偏差（BIAS）、标准误（SE）和均方根误差（RMSE）等指标。研究发现，此方法比拟合优度检验更能检测出哪些题目的难度估计受影响，以及影响程度如何。另外，研究还表明，较难题目的难度被低估，简单题目的难度被高估，这是因为，考生容易对较难题目采取猜答策略，与不使用猜答策略相比，题目难度估计值减小。Rasch 模型题目平均难度为 0，在较难题目参数被低估的情况下，简单题目的难度相应增大。

除统计学指标外，图形也能帮助判断参数估计是否受考生猜测作答的影响，使结果更直观。常用图形有怀特图、项目特征曲线和回归曲线。以项目特征曲线为例，若存在考生猜测作答的影响，项目特征曲线的位置会更靠左，表明题目难度被低估。

3　结束语

本文回顾了 ARRG 法的发展，阐述了采用 Rasch 模型时原始分析、裁剪分析、锚分析和全锚分析的操作方法及目的，并对 ARRG 法具体操作时概率阈限的设置、样本量的选择和结果的评估方式进行了详细介绍，意在对高风险测验或大型教育评估项目的难度参数与能力参数调整有所启发。但是，ARRG 法的研究仍有不足之处，例如，ARRG 法能否完全消除考生猜测作答的影响尚未有定论，如何根据具体测验情况确定合适的概率阈限尚待更多研究，难度参数调整对等值有多大影响也还未能证实。未来可从上述方向深入挖掘，不断丰富对 Rasch 模型的研究。

参考文献

［1］Waller M I. Removing the effects of random guessing from latent trait ability estimates ［R］. ETS Research Report，1974（1）：i－50.

［2］Panchapakesan N. The simple logistic model and mental measurement ［D］. Chicago：University of Chicago，1969.

［3］Waller M I. Estimating parameters in the Rasch model：Removing the effects of random guessing ［R］. ETS Research Bulletin，1976（1）：i－17.

［4］Waller M I. Modeling guessing behavior：A comparison of two IRT models ［J］. Applied Psychological Measurement，1989，13（3）：233－243.

［5］Andrich D，Marais I，Humphry S. Using a theorem by Andersen and the dichotomous Rasch model to assess the presence of random guessing in multiple choice items ［J］. Journal of Educational and Behavioral Statistics，2012，37（3）：417－442.

［6］Andrich D，Marais I. Person proficiency estimates in the dichotomous Rasch model when random guessing is removed from difficulty estimates of multiple choice items ［J］. Applied Psychological Measurement, 2014, 38 (6): 432 – 449.

［7］ Andrich D, Marais I, Humphry S M. Controlling guessing bias in the dichotomous Rasch model applied to a large scale, vertically scaled testing program ［J］. Educational and Psychological Measurement, 2016, 76 (3): 412 – 435.

［8］ Wyse A E. Sample size and probability threshold considerations with the tailored data method ［J］. Journal of Applied Measurement, 2016, 17 (3): 293 – 301.

［9］ Linacre J M. Sample size and item calibration stability. ［J］. Rasch Measurement Transactions, 1994 (7): 328.

［10］ Waterbury G T. The effects of probability threshold choice on an adjustment for guessing using the Rasch model. ［J］. Journal of Applied Measurement, 2019, 20 (1): 1 – 12.

［11］ Andersen E B. Residual analysis in the polytomous Rasch model ［J］. Psychometrika, 1995, 60 (3): 375 – 393.

［12］ Andersen E B. Residual diagrams based on a remarkably simple result concerning the variances of Maximum Likelihood estimators ［J］. Journal of Educational and Behavioral Stats, 2002, 27 (1): 19 – 30.

（原刊于《中国考试》2021 年第 3 期）

基于共同题非等组设计的等值
结果评价标准研究综述

张 健 任 杰

（北京语言大学）

[摘要] 国内外关于等值结果的评价标准尚无统一的认识。本文以共同题非等组设计为例，根据评价对象的不同，将等值结果的评价标准划分为两种类型：一类是用于评价等值分数的标准，一类是用于评价等值参数的标准。本文通过对两类等值结果的评价标准进行对比和梳理，提出不同等值结果评价标准的适用范围及其局限性，以期为研究者今后选用合理的等值结果评价标准提供参考。

[关键词] 等值结果；评价标准；共同题非等组设计；等值参数；CTT；IRT

1 引言

等值是将同一测验不同版本的分数统一到一个量尺上的过程（谢小庆，2000）。经过等值的分数才可以直接比较，因此，等值是测验公平性和科学性的重要保障。为了实现同一测验不同版本分数的可比性，目前国内外许多大型标准参照测验均对测验分数进行了等值处理。标准参照测验是以具体体现教学目标的标准作为依据，确定学生是否达到标准以及达标的程度如何的一种评价方法，即"人与标准比较"的方法，它是衡量学生能做什么的绝对评价。

在我国，大学英语四、六级考试（CET–4、CRT–6），少数民族汉语水平等级考试（MHK）等均属于标准参照测验。对于这类测验而言，其标准是长期稳定的，但是其不同年份的试卷难度和考生能力很难保证完全相同。就难度而言，尽管命题专家在命题过程中尽力保持考试难度的稳定性，但是不同试卷之间在难度、信度、分数分布方面的差别还是在所难免。这种差别不仅会影响到考试的质量，也会影响评价标准的客观性。为了将不同年份的试卷置于同一个量尺上并用同一标准比较，需要对不同试卷进行等值处理。此外，随着我国高考英语"一年两考"模式的开启，作为常模参照测验的高考英语也面临着同样的问题。作为常模参照测验，高考英语虽然是将考生测验分数和某一特定的考生群体的分数进行比较，即"人与人比较"，但同一年份的两份高考英语试卷很难保证难度完全一致，这使得作答较难试卷的考生明显处于劣势，直接影响高考英语的公平性。因此，无论是标准参照测验还是像高考英语这样的常模参照测验，都需要经过等值技术才能将不同试卷置于同一量尺上，最终实现不同试卷分数的可比性。近年来，虽然等值技术在我国已得到广泛应用，比如 CET – 4、CET – 6、MHK 等，但不同研究者对等值结果的评价标准却不尽相同。谢小庆（2012）使用总平均加权差异平方和（MSD）对 HSK 的等值结果进行评价，焦丽亚（2009）使用变异均方根（RMSD）对湖南某地区中考数学成绩的等值结果进行评价。此外，还有学者采用模拟检验、跨样本一致、标准误、重要差异等方式评价等值结果（刘玥、刘红云，2013；Yao，2011；张泉慧、黄慧英，2016；Brossman & Lee，2013）。这些等值结果评价标准的区别是什么？它们的使用条件是否相同？对于具体的测验而言应该选用哪种标准？目前学界对这些问题的探讨还远远不够，这可能导致由于评价标准的不同，使得不同研究者对同一等值结果的解释大相径庭，直接影响研究结论的可信度。因此，只有深入地认识等值结果的评价标准，才能根据实际的需要选择合适的标准并对等值结果进行合理评价，使等值技术真正落到实处。

2 等值误差

对等值结果的评价本质上是对等值误差的评价。等值过程中存在着两类误差，一类是随机误差，一类是系统误差。随机误差来源于样本，可以通过增加样本量来减少随机误差；系统误差远比随机误差复杂，原因主要有：研究违背了等值方法的统计假设或数据的收集原则；一些等值技术的使用无形中引入了系统误差等。针对等值过程中存在的误差，研究者提出了一系列评价标准，然而，没有一个等值结果评价标准可以应用到所有的等值情境中（Harris & Crouse，1993）。对于经典测量理论（CTT）等值而言，经过等值可以得到分数的等值结果；对于项目反应理论（IRT）等值而言，经过等值不仅可以得到分数等值的结果，还可以得到参数等值的结果（包括项目参数等值结果和被试能力参数等值结果）。因此，我们根据评价对象的不同，可以将等值结果评价标准划分为以下两种类型：一类是用于评价等值分数的标准，一类是用于评价等值参数的标准。我们将在下文以共同题非等组设计为例，对该等值设计下的等值结果评价标准进行梳理，以期通过对比不同等值结果评价标准的原理、适用范围及其优缺点等，深化对等值结果评价标准的认识，并为研究者今后根据实际的需要选择合理的评价标准提供借鉴。

3 等值分数的评价标准

3.1 共同组标准

在共同题非等组设计中，可以采用共同组作为标准对等值结果进行评价，共同题等值分数结果和共同组等值分数结果差异越小，则代表等值方法越优。计算指标上可以选用总平均加权差异平方和（*MSD*）：

$$MSD = \sum_f f_j (x'_j - x_j)^2 / n \tag{1}$$

其中，j 是原始分数，x'_j 是作为标准的共同组等值分数，x_j 是经过等值的分数，f_j 是获得原始分 j 的人数（谢小庆，2012），且：

$$n = \sum_j f_j \tag{2}$$

这种方法虽然简单客观，但是也有其局限性。尤其是在大型标准化考试中很难找到满足条件的共同组，因为一次测验不可能让被试在短时间内同时考两次，即使能找到合适的被试，被试前后参加同一个测验的动机等因素也会直接影响等值效果。

3.2 等值分数的标准误

等值分数标准误是描述等值随机误差的指标。通过从总体中重复抽样，以一个完全拟合数据条件的等值方法进行等值，那么，等值结果分布的平均数即是真正的等值分数，而分布的标准差即是等值分数标准误（罗照盛，2000）。戴海崎（1999）认为，采用 Bootstrap 法估计等值分数标准误比较接近于等值结果评价标准误的定义，并提出 Bootstrap 法估计等值分数标准误主要包括以下几个步骤：

（1）从 X 测验形式一个容量为 Nx 的样本中有返回地随机抽取一个 Bootstrap 样本，容量为 nx；

（2）从 Y 测验形式一个容量为 Ny 的样本中有返回地随机抽取一个 Bootstrap 样本，容量为 ny；

（3）用相应的等值方法，在所抽取的两个 Bootstrap 样本上估计 X 与 Y 的等值关系，记为：

$$\hat{y}_{1i} = e_1(x_i) \tag{3}$$

重复步骤（1）～（3）步 R 次，则获得 R 个等值关系式，即：

$$\hat{y}_{1i} = e_r(x_i), r = 1, 2, \cdots, R \tag{4}$$

（4）在 R 足够大情况下，用式（5）求出等值分数标准误的 Bootsrap 估计值：

$$SE_{y_i} = \sqrt{\frac{\sum_r [e_r(x_i) - \overline{e}(x_i)]^2}{R-1}} \tag{5}$$

其中：

$$\overline{e}(x_i) = \frac{1}{R} \sum_r e_r(x_i) \tag{6}$$

等值分数标准误是目前主流的对等值分数的评价标准，大量的研究均采用这种等值结果评价标准（Parshall et al. , 1995；Kim, 2014；刘玥、刘红云，2015；焦丽亚、辛涛，2006）。通过对等值分数标准误的估计原理分析，我们发现等值分数标准误的本质是考查等值分数受样本影响的大小，其假设是在样本不同的情况下，等值分数结果越稳定的方法越好。然而，在计算过程中，等值分数标准误也受到了样本量的影响，当样本量越大时，等值分数标准误越稳定，当样本量较少时，等值分数标准误的估计结果不稳定。因此，当样本量较小时，不建议采用等值分数标准误作为等值分数的评价标准。

3.3 重要差异

多兰斯等（Dorans et al. , 2003）提出了一种重要差异（differences that matter）作为等值的评价标准。他们认为，在特定分数点上，若等值结果之间的差异大于 0.5 倍原始分数，则两种方法有重要的差异。这种重要差异的标准在 SAT 测验等值上已得到广泛应用。布罗斯曼等（Brossman et al. , 2013）用等百分位等值结果作为标准，采用重要差异的方法检验 MIRT 真分数法和观察分数法等值结果的稳定性。由此可见，重要差异方法的本质是将一个新方法的等值分数结果与一个公认较好的方法的等值分数结果对比，以公认较好的方法的分数等值结果为标准，比较二者差异，差异越小，说明新方法的等值效果越好，然而，在现实中很难找到一个适用于不同等值情境的公认较好的方法。

3.4 跨样本一致检验

跨样本一致性检验的基本原理是：由于抽样会带来随机误差，因此受样本的影响最小的等值方法就是最稳定、最优的等值方法。跨样本一致性检验的操作步骤如下：首先，将总体划分为几个样本，这几个样本之间互不包含；然后，用总体数据和样本数据分别进行等值；最后，比较样本等值结果与总体等值结果的差异，差异最小的方法即在不同样本中表现最为一致的方法就是较好的方法。跨样本一致性检验的计算采用 *REMSD* 指标，公式如下：

$$REMSD(x) = \frac{\sqrt{E_T\left\{\sum_j W_j\left[e_{T_j}(x) - e_T(x)\right]^2\right\}}}{\sigma_{TY}} \tag{7}$$

共同题非等组设计包含两个被试群体。T 是由被试组 *P* 和被试组 *Q* 按照一定比例组成的综合组。T_j 表示从综合组 T 中抽取出的小样本，式（7）中 $e_{T_j}(x)$ 表示在综合组小样本 T_j 中将 X 卷分数等值到 Y 卷上的分数，$e_T(x)$ 表示综合组 T 上 X 卷分数等值到 Y 卷上的分数。$e_{T_j}(x)$ 和 $e_T(x)$ 的等值方法相同。$E_T\{\}$ 是指 T 组在 X 卷上分布的平均数，W_j 表示被试组 P 和被试组 Q 的权重（张泉慧、黄慧英，2016）。另外，可以采用重要差异标准判断 *REMSD* 结果是否在合理范围内。跨样本一致性检验只能够描述等值方法受样本影响的程度，一种等值方法的跨样本一致性越高，表明用该方法等值时的随机误差越小，但是该方法对系统误差却无法估计。

3.5 等值分数交叉检验

等值分数交叉检验的方法和跨样本一致性检验类似，也是以大样本所得的等值分数结果为标准，通过对比小样本等值分数结果与大样本等值分数结果的差异，差异最小的方法就是较好的方法。与跨样本一致性检验不同的是交叉检验只选取大样本中的一部分小样本，仅涉及一个小样本群体。其计算公式是：

$$T = \sqrt{\frac{\sum_i^N n(Y_i - Y_i')^2}{2}} \tag{8}$$

其中，Y_i 表示在等值分数交叉检验的样本中，将测验 X 上总分排在第 *i* 位的考生采用某种方法等值到测验 Y 上的实际分数，n 是获得该分数的人数，Y' 表示在大样本中将测验 X 上总分排在第 *i* 位的考生采用同种方法等值到测验 Y 上的实际分数，N 是交叉验证样本的总人数。T 指标的值越小，表明各等值方法所得结果的一致性越高（焦丽亚、辛涛，2006）。与跨样本一致性检验一样，交叉检验方法也只能够选取出随机误差最小的等值方法，但对不同等值方法的系统误差的大小却无法估计。

4 等值参数的评价标准

4.1 共同题参数稳定性

在共同题非等组设计下，共同题是用于连接两个平行测验的桥梁。对于共同题参数而言，从理论上看，用分别校准法将新测验的共同题参数等值到基准测验上时，等值后的共同题参数应该是相同的，但实际由于等值误差的存在，使得经过等值后的共同题参数往往不一致。正因为如此，若经过某种等值方法等值后的共同题参数差别越小，则说明等值误差越小，等值方法越好。根据这一思路，研究者提出以变异均方根（RMSD）作为分别校准法评判项目参数等值方法精确性的操作性检验标准，以此衡量各种等值方法的误差大小（焦丽亚，2009）。RMSD 计算公式如下：

$$RMSD_{common-item} = \sqrt{\frac{1}{m}\sum_{i=1}^{m}(X_i - X_i')^2} \tag{9}$$

其中，m 代表共同题的数量，X_i 为基准测验的项目参数，X_i' 为新测验等值到基准测验上的项目参数。RMSD 值越小，表明等值方法的等值误差越小，经过该等值方法的等值后的共同题参数越稳定。共同题参数稳定性的估计中既包含了随机误差的大小，也包含了系统误差的大小，因此，相较而言，共同题参数稳定性的方法对等值误差的估计更全面。但是共同题参数稳定性方法的使用有一定的局限性，它仅适合对共同题非等组设计下采用分别校准法所得的参数等值结果进行评价，对于其他等值方法如同时校准法、固定校准法则共同题参数稳定性指标无法适用，这也使得共同题参数稳定性指标的使用范围受到一定限制。

4.2 模拟研究参数返真性

在等值参数评价标准中，通过模拟研究观察参数的返真性是目前主流的评价标准，大量的研究均采用这种参数等值结果评价标准（刘玥、刘红云，2013；Yao，2011；张军之，2016）。这种方法的操作步骤如下：首先，通过使用 IRT 模型估计基准测验 X 的参数（包括项目参数和能力参数）并给定等值系数 A 和 B；其次，以测验 X 的参数结果和等值系数 A 和 B 为真值，采用 Monte-Carlo 法模拟生成新的测验 X′；然后，估计新测验 X′ 的项目参数和能力参数。再其次，采用不同的等值方法将新生成的测验 X′ 的参数重新等值到原始的基准测验 X 上；最后，以测验 X 的真实参数结果作为等值的标准，对比新测验 X′ 等值后的参数结果和测验 X 的真实参数结果的差异，偏差越小代表等值效果越优，等值方法的参数返真性越好。

在具体研究中，通常采用两类指标衡量偏差的大小，一类是衡量项目参数返真性指标，另一类是衡量等值系数返真性指标。

4.2.1 均方根误差指标和偏差

均方根误差指标（$RMSE$）和偏差（$BIAS$）均采用新测验 X′ 等值后的难度、区分度参数和原基准测验 X 的难度、区分度参数进行对比。这里的参数仅指共同题等值前后的参数。计算公式如下：

$$RMSE = \frac{1}{N} \sum_{n=1}^{N} \sqrt{\frac{1}{R} \sum_{r=1}^{R} (\widehat{\varsigma_r} - \varsigma_r)^2} \qquad (10)$$

$$BIAS = \frac{1}{N} \sum_{n=1}^{N} \frac{1}{R} \sum_{r=1}^{R} (\widehat{\varsigma_r} - \varsigma_r) \qquad (11)$$

其中，$\widehat{\varsigma_r}$ 表示等值后的各参数，ς_r 表示参数的真实值，R 表示全卷的题目数量，N 表示重复的次数（刘玥、刘红云，2013）。$RMSE$ 和 $BIAS$ 的结果越小，代表等值后的共同题参数越接近真值，等值效果越好。

4.2.2 平均绝对离差

平均绝对离差（$ABSE$）表示的是等值系数真值与估计值的差异，其公式如下：

$$ABSE\_A = \frac{1}{N} \sum_{n=1}^{N} |A - \widehat{A_n}|$$

$$ABSE\_B = \frac{1}{N} \sum_{n=1}^{N} |B - \widehat{B_n}| \qquad (n = 1, 2, 3, \cdots, N) \qquad (12)$$

式（12）中，N 代表模拟实验的总次数，A 和 B 表示等值系数真值，$\widehat{A_n}$ 和 $\widehat{B_n}$ 表示将第 n 次模拟后的新测验 X′ 的参数等值到基准测验 X 上的等值系数估计值。$ABSE$ 的值越小代表等值系数估计值对真值的修复的程度越好，即等值系数估计值越接近于真值。

尽管采用模拟研究观察参数返真性的方法是目前的等值参数评价的主流方法，但也存在着一些问题，最突出的问题是模拟数据与真实数据之间存在一定的差别，这对研究结果的使用产生很大的制约。为了使模拟数据的结果更接近真实数据，研究者往往会进行多次模拟，一般而言，模拟次数不低于 30 次。

4.3 等值系数的标准误

基于 IRT 的等值主要包括两部分，第一部分是参数等值，包括项目参数等值和被试能力参数的等值；第二部分是测验分数的导出，又分为 IRT 真分数法和 IRT 观察分数法两类。当有两个群体分别参加了两个测验 X 和 Y，其中，X 是基准测验，Y 是新测验，X 和 Y 均有 j 道项目，且包含 m 个共同题（anchor item），根据 IRT 等值理论，首先应进行测验 X 和 Y 的项目参数和被试能力参数的等值，测验 X 和 Y 的项目参数和能力参数具有如下关系（Kolen & Brennan，2004）：

$$a_{yj} = a_{xj}/A \tag{13}$$

$$b_{yj} = Ab_{xj} + B \tag{14}$$

$$\theta_{y\alpha} = A\theta_{x\alpha} + B \tag{15}$$

其中，A 和 B 就是等值系数，IRT 参数等值的核心就是求解等值系数 A 和 B。正是由于求解等值系数 A 和 B 时所采用的估计参数的原理不同，才会产生不同的 IRT 等值方法。利用一种等值方法求解等值系数时，不仅会产生等值系数，还会产生等值系数估计的标准误，它是衡量等值系数受随机误差影响的程度。等值系数标准误越大，表明该等值方法的随机误差越大，等值结果越差。在应用方面，吴锐（2007）以等值系数估计的标准误为衡量标准，对 IRT 项目特征曲线法的等值结果进行分析。但是，这种等值评价标准仅适用于 IRT 分别校准法，在 IRT 同时校准法和 IRT 固定校准法却不适用。

4.4 项目参数交叉检验

等值参数交叉检验的方法和等值分数交叉检验的原理基本相同，即以大样本所得的参数等值结果为标准，通过对比小样本参数等值的结果与大样本参数等值结果的差异，差异最小的方法就是较好的方法。其计算公式是：

$$RMSD_{\text{cross-validation}} = \sqrt{\frac{1}{N}\sum_{i=1}^{N}(Y_i - Y_i')^2} \tag{16}$$

其中，Y_i 表示在交叉检验的样本中，Y 测验上第 i 题等值后的项目参数，N 表示测验的题目个数，Y' 表示在大样本中 Y 测验上第 i 题等值后的项目参数。*RMSD* 指标的值越小，表明各等值方法所得结果的一致性越高（焦丽亚，2009）。等值参数交叉检验的方法仅适用于 IRT 等值，此外，等值参数交叉检验法也只能够选取出随机误差最小的等值方法，无法对等值方法的系统误差进行估计。

5 结语与建议

通过梳理国内外关于等值结果评价标准的文献，我们以共同题非等组设计为例，根据评价对象的不同，将等值结果的评价标准划分为两种类型：一类是用于评价等值分数的标准，一类是用于评价等值参数的标准，如表 1 所示。这两类标准既有联系又有区别，如交叉检验的标准既可以用于等值分数的评价也可以用于等值参数的评价，只是公式内容略有不同。而共同题稳定性的标准仅适用于等值参数的评价，重要差异的标准仅适合对等值分数结果进行评价。此外，我们对每种等值结果评价标准的适用范围及其局限性进行了简要说明，这将有助于研究者从宏观上把握等值结果评价标准的分类，并结合研究实际选择合理的等值结果的评价标准。

表 1 　　　　　　　　　**等值结果评价标准**

评价标准	具体项目	CTT 等值法	IRT 等值法
等值分数 评价标准	共同组标准	√	√
	等值分数的标准误	√	√
	重要差异	√	√
	跨样本一致性检验	√	√
	等值分数交叉检验	√	√
等值参数 评价标准	共同题参数稳定性	×	O
	模拟研究参数返真性	×	√
	等值系数的标准误	×	O
	等值参数交叉检验	×	√

注：√表示该标准适用，×表示该标准不适用，O 表示该标准部分适用。

为此，本文提出以下建议：

第一，研究者可根据其等值研究所选用的等值方法的不同、等值结果的不同，选择与其相对应的等值结果的评价标准。比如，若研究采用的是 CTT 等值方法，则只能够选取用于评价等值分数的评价标准。

第二，以往的等值研究往往是采用一种标准对多种等值方法的结果进行评价，由于每种等值结果评价标准都有一定的局限性，仅仅采用一种标准对多种等值结果进行评价的做法过于绝对。因此，我们建议研究者可以根据研究对象的不同，采用多种评价标准对等值结果进行综合评价，从不同角度对等值结果进行合理解释，这不仅有助于深化研究者对各种等值方法的认识，也使得等值研究的结论更加合理、全面、可靠。

参考文献

［1］戴海崎．等值误差理论与我国高考等值的误差控制［J］．江西师范大学学报，1999，32（1）：30－36．

［2］焦丽亚．基于 IRT 的共同题非等组设计中五种项目参数等值方法的比较研究［J］．考试研究，2009（2）：85－99．

［3］焦丽亚，辛涛．基于 CTT 的锚测验非等组设计中四种等值方法的比较研究［J］．心理发展与教育，2006（1）：97－102．

［4］刘玥，刘红云．不同铆测验设计下多维 IRT 等值方法的比较［J］．心理学报，2013，45（4）：466－480．

［5］刘玥，刘红云．多维数据 IRT 真分数等值和 IRT 观察分数等值研究［J］．心理学探新，2015，35（1）：56－61．

［6］罗照盛．经典测量理论等值的误差研究［J］．心理科学，2000，23（4）：494－501．

［7］吴锐．含题组测验的 IRT 等值问题研究［D］．南昌：江西师范大学，2007．

［8］谢小庆．对 15 种测验等值方法的比较研究［J］．心理学报，2000，32（2）：217－223．

［9］谢小庆．谢小庆教育测量学论文集［M］．北京：北京语言大学出版社，2012．

［10］张军之．基于多维 IRT 的测验等值研究［D］．南昌：江西师范大学，2016．

［11］张泉慧，黄慧英．IRT 理论不同模型下同时校准等值方法的跨样本研究［J］．中国考试，2016（2）：3－8．

［12］Brossman B G, Lee W C. Observed score and true score equating procedures for multidimensional item response theory［J］．Applied Psychological Measurement，2013，37（6）：460－481．

［13］Dorans N J, Holland P W, Thayer D T, Tateneni K. Population invariance of score linking: Theory and applications to advanced placement program examinations［M］．Princeton, US: Educational Testing Service，2003．

［14］Harris D J, Crouse J D. A study of criteria used in equating［J］．Applied Measurement in Education，1993，（6）：195－240．

［15］H Y Kim. A comparation of smoothing methods for the common item nonequivalent groups design ［D］. The University of Iowa，2014.

［16］Kolen M J，Brennan R L. Test Equating，Scaling and Linking：Methods and Practices (2nd ed) ［M］. New York，US：Springer，2004：169 – 172.

［17］Parshall C G，Pansy Du Bose Houghton，Kromrey J D. Equating Error and Statistical Bias in Small Sample Linear Equating ［J］. Journal of Educational Measurement，1995，32（1）：37 – 54.

［18］Yao，L. H. Multidimensional linking for domain scores and overall scores for nonequivalent groups ［J］. Applied Psychological Measurement，2011，35（1）：48 – 66.

（原刊于《中国考试》2018 年第 3 期）

项目反应理论的局部独立性与局部依赖性研究述评

李 莉 任 杰

（北京语言大学）

[摘要] 项目反应理论最基本的一个假设是局部独立性假设，但国内外学者对于局部独立性假设的定义尚有许多不同的看法。本文对目前学界关于项目反应理论局部独立性假设的主要观点进行文献梳理，简要介绍局部依赖现象及其检验方法，对计算机多阶段自适应测验趋势下应运而生的题组反应模型缓解局部依赖现象进行探讨，以期推动项目反应理论在测量学的发展。

[关键词] 项目反应理论；题组反应理论；局部独立；局部依赖

项目反应理论（item response theory，IRT）的基本思想起源于 20 世纪 30 年代末，1952 年美国心理测量学家罗德（Lord）在其博士论文中首次提出项目反应模型，即双参数正态穹形模型，这标志着 IRT 的正式诞生。IRT 建立在两个基本概念上：一是考生在某一测试题目上的表现可由一组因素加以预测或解释，这组因素被称为潜在特质或能力；二是考生的表现情形与这组潜在特质间的关系，可以通过一条连续递增函数加以诠释，这个函数被称为项目特征曲线（item characteristic curve，ICC）（Bachman，1990；漆书青，2003；王晓华、文剑冰，2010；辛涛，2005；赵秋，2008）。任何一条项目特征曲线所代表的含义是"答对某一题目的概率"，它由考生的能力和题目的特性共同决定；考生的潜在特质水平越高，其在某一题目上的正确反应概率就越大。

IRT 有两个最基本的理论假设。一是单维性假设。假定测验中各项目共同测量一个变量、一种能力或知识，被试在测验上的表现只能由一种潜在特质来解释，这便于测验编制者提高分数的解释力。二是局部独立性假设。经典测验理论（classical test theory，CTT）和 IRT 中都有题目分数条件独立的假设。在 CTT 中，考生真分数的测量误差之间互不相关。在 IRT 中，该假设被称为局部独立性假设；也就是考生在某道题目上的答对概率独立于在其他题目上的答对概率，在全部题目上的联合答对概率是各个题目答对概率的乘积。IRT 最大的优点是题目参数的不变性，即题目参数的估计独立于被试组。IRT 所做出的一切理论都必须以局部独立性假设为前提（张凯，2008；Lord，1980）。目前测量学界对于局部独立性这一假设并没有形成统一、准确的认识。因此，局部独立性假设究竟指什么，局部依赖性是如何产生的，以及如何缓解局部依赖现象，成为 IRT 值得深入探讨的话题。本文针对上述问题梳理相关文献及经典著作，以期推动 IRT 在测量学界的新发展。

1 局部独立性假设的几种观点

局部独立性假设（local independence，LI）的"局部"究竟指什么？巴克曼（Bachman）认为"局部"指难度相同的题目，他认为，局部独立性假设是指被试对一个给定题目的反应不依赖于其对相同难度的其他题目的作答反应。这种说法显然有失妥当，如果局部独立性假设仅仅要求相同难度题目之间的反应相互独立，它就没有考虑到难度不相同题目之间的情况，那么难度不相同的题目之间很可能会产生局部依赖性，这样整个测验就不满足 IRT 的局部独立性假设。如果要使整个测验都满足局部独立性假设，就只能使测验中每道题目的难度均相同，而在实际试题命制中这显然不可能做到。因此，"局部"指的是某一给定特质水平 θ 的考生对测验中每个题目的作答。搞清楚这个概念之后，再进一步分析学界对局部独立性假设的几种不同定义。

1.1 局部独立性

1.1.1 一被试对不同题目反应独立

局部独立性假设是指对于任一特定被试，题目反应都是独立分布的，他在一个题目上的表现不影响他在其他任一题目上的表现（汪朱瑜，2009）。这一观点的提出者是詹纳龙（Jannarone）。这个观点假设同一个被试在第 1 道题目上的作答反应不影响他在其他任何一道题目上的作答反应，他答对了第 1 题，并不一定能答对第 2 题，也不一定会答错第 2 题，即答对第 1 题不会对他接下来题目的作答产生任何好的或坏的影响。

1.1.2 同一能力值 θ 的被试群体间对不同题目的反应独立

罗德在 1968 年最早提出了局部独立性的概念。他指出："局部独立性意味着在由相同的 θ_1，θ_2，$\cdots$，θ_k 值所刻画的任何被试群体内部，题目分数的（条件）分布都是相互独立的。这绝不表明题目分数在被试总体内相互间是无关的，其含义是题目分数相互有关仅仅通过潜在变量 θ_1，θ_2，$\cdots$，θ_k"（罗德，1992）。这被称为局部独立性假设的经典理论定义。这个定义可以理解为：假设有 300 名被试参加了同一场考试，那么这 300 名被试对该测验中任何一道题目的反应都是独立的。当然，这并不是指所有被试群体内部的分数之间没有相关，被试分数之间的相关仅仅通过潜在特质水平 θ 而不是其他因素引起。

如果将詹纳龙所提出的"某一给定能力值的被试"和罗德所提出的"同一能力值 θ 的被试群体"看作等价的话，那么上述两种关于"局部独立性假设"的定义实质上是没有差别的。

1.1.3　同一能力值 θ 的被试群体间对同一题目的反应独立

条件独立性（即局部独立性）在下述条件下也假定是成立的，即一同质的亚群体中具有相同 θ 值的个体对同一个题目的回答也是独立的（Nunnally & Bernstein，1994）。这一观点是具有相同能力值的不同被试，在一套试题上的真分数一样，但每个人作答题目的随机误差之间不相关。因此，相同能力值的被试群体在同一道题目上所获得的观察分数是相互独立的，分数之间并不相关。

1.2　局部被试独立性

漆书青（2003）认为，局部独立性假设包括两个方面：一方面，被试对测验中各个项目的作答反应是彼此独立的；另一方面，除了项目间彼此相互独立外，被试间也是彼此相互独立的。第二方面所描述的是：一被试对题目的作答反应既不影响也不取决于其他任何一被试对题目的作答反应。张凯（2002）认为，"局部独立性"可以在两个意义上为真：一是题目之间不要有连带关系（即无干扰），二是被试不要作弊。

将"局部独立性假设"简单地看作"局部被试独立性"，在理解上存在着一定的偏差。因为不论是 CTT 还是 IRT，任何一个标准化考试都不允许出现作弊行为：也就是说如果某一考生在某道题目上的作答受到其他考生的影响，这将归因于测试流程把控不严，并不是 IRT 模型本身的问题，解决此类问题需要严格、科学地执行测试的监考及评分程序，避免出现作弊行为及评分缺陷。

综上，IRT 的局部独立性假设主要是指局部题目独立性。如果局部独立性假设成立，那么具有相同能力值的被试群体在某道题目上的反应不影响他们在另一题目上的反应。这一解释包括了同一被试对不同题目反应相互独立和同一潜在特质水平的不同被试在同一道题目上的反应独立两个方面；也就是说被试的作答反应仅受被试能力水平的影响。此时，任何一个能力为 θ 的被试对一组题目反应的总概率等于他在各题目上反应概率的乘积，用数学公式（黄霆玮，

2005）表示为：

$$P(U_1 = u_1, U_2 = u_2, \cdots, U_n = u_n \mid \theta) = (P_1^{u_1} Q_1^{1-u_1})(P_2^{u_2} Q_2^{1-u_2}) \cdots (P_n^{u_n} Q_n^{1-u_n})$$

$$= \prod_{i=1}^{n} P_i^{u_i} Q_i^{1-u_i} \tag{1}$$

$$P_i(\theta) = c_i + (1 - c_i) \frac{e^{Da_i(\theta - b_i)}}{1 + e^{Da_i(\theta - b_i)}} \tag{2}$$

$$Q_i(\theta) = 1 - P_i(\theta) \tag{3}$$

式中，$P_i(\theta)$ 为能力值为 θ 的被试在第 i 道题目上的答对概率，$Q_i(\theta)$ 为能力值为 θ 的被试在第 i 道题目上的答错概率，$P(U_1 = u_1, U_2 = u_2, \cdots, U_n = u_n \mid \theta)$ 是能力值为 θ 的被试在整套试题上的反应概率。

1.3 局部独立性假设与单维性假设

由 1.2 节可知，IRT 有两大理论假设：局部独立性假设和单维性假设，早期很多学者将局部独立性与单维性看作一对等同的概念。罗德（1992）认为局部独立性是题目的一个特性，它随着单维性自动产生。IRT 建立在潜在特质理论的基础上，单维性假设建立在维度概念的基础上。如图 1 所示，潜在特质分为被试潜在特质和非被试潜在特质（詹沛达等，2013），广义维度概念包括测验所测得的所有潜在特质，狭义维度仅指被试能力（θ_1，θ_2，$\cdots$，θ_k）这一潜在特质。我们通常所说的单维性假设是指狭义单维，代表整个测验只测得被试某一方面的能力（$k = 1$，k 为维度数目）。而局部独立性假设指个体正确作答一道题目的概率，仅由测验所测的一个或若干特质的水平决定，其中每个特质都对应于潜在特质空间中的一个维度。无论一个测验是单维还是多维，要考查学生能力的几个维度，局部独立性概念都是存在的。事实上，很多测验和题型会同时考查学生能力的不同维度，比如中国少数民族汉语水平等级考试四级读后

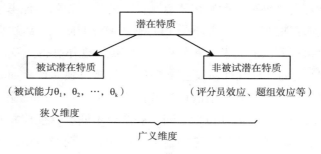

图 1　潜在特质结构

资料来源：詹沛达等（2013）。

写题目，同时考查了学生的阅读能力和写作能力。如果在这个多维 IRT 模型中，存在没有被模型化、不属于测验所考查的非被试潜在特质维度出现，那么此时测验就不满足局部独立性假设。如果该测验没有其他的非被试潜在特质维度出现，测验就满足局部独立性假设，但是却不满足单维性假设；也就是说，与局部独立性假设相对应的是维度的概念，局部独立性假设和单维性假设仅在能力单维（$k=1$）且不存在非被试潜在特质维度的情况下等价（詹沛达等，2013）。

1.4　局部独立性假设与相关

汉布尔顿等（Hambleton et al.，1991）提出局部独立性假设看上去是违反直觉的，因为我们不能期待同一个被试在若干题目上的反应完全不相关，这是不符合常理的。在通常情况下，答对某道难度较大题目的被试更容易在其他题目上获得正确的作答反应，但这仅仅是由被试的能力水平而非其他因素所决定的。因此，"局部独立性假设"认为，一被试在某道题目上的作答反应不影响他在其他题目上的作答反应，但这并不说明被试分数的条件分布之间完全不相关。当违背了局部独立性假设时，被试分数的条件分布之间会得出高得多的相关系数。

局部独立性假设所真正表达的含义是命制试题时题目之间不能有连带关系，而这正是客观性试题的一个科学编写原则，无论是使用 CTT 还是 IRT，都要满足这个要求。因此，我们不能认为局部独立性假设是 IRT 特有的假设前提，测验所使用的任何理论都要求满足局部独立性假设，否则就会对题目参数及能力参数估计产生影响，导致过高估计测验的信度和测验的信息量。目前，在计算机多阶段自适应测验发展的推动之下，测验形式正在由传统的独立客观性试题向以题组（模块）为单位的组合性试题转型，同一题组内的题目很难满足局部独立性假设，题组内各项目间的反应很容易受同一材料（刺激）的影响，产生局部依赖性。

2　局部依赖性

局部独立性的对立面是局部依赖性。从统计角度讲，局部独立性意味着对于同一能力水平的考生，两个测验题目之间的相关应该仅仅依赖于测验考查的潜在特质 θ，将 θ 的影响从题目中排除之后，题目之间的相关就接近零，那么，当局部独立性不满足时，也就是两个题目的观察分数与预测真分数的残差之间仍然存在显著水平的相关，它们就产生了局部依赖性（叶萌，2010；Henning，

1989；Yen，1993）。

在实际测验中，各题目之间完全独立的情况很难做到。比如，篇章测验中使用同一阅读材料连带若干题目，外语测试的完形填空题、匹配题，甚至相同单元、相同题型及相同知识点的题目前后作答间的相互启发、练习效应等，很多因素都会导致局部题目依赖性的出现。在教育测量中，导致局部题目依赖性最普遍的因素是材料间的相关。如果某些题目使用了相同材料，这些题目就会共享材料中的相同内容，基于同一材料（刺激）的多个题目可以被概念化为"题组"（Wainer & Kiely，1987），当被试依赖于对材料的整体理解去作答这些题目时，其作答反应就可能受到对整体背景理解的影响而产生相依性，这时就会产生局部依赖现象，也被称为题组效应（testlet-effect）。局部独立性假设是 IRT 的重要前提，若测验不满足局部独立性假设而产生了局部依赖现象，此时我们依然用二值 IRT 计分的 Rasch、双参模型或三参 Logistic 模型进行参数估计，很显然会产生项目参数和能力参数估计不准确等一系列问题（詹沛达等，2017）。因此，在参数估计前对局部依赖性进行检验以及如何避免局部依赖性给 IRT 参数估计带来的危害，已成为当前 IRT 在测量学领域得以应用发展的关键。

2.1 局部依赖性的检验

早期部分专家认为，局部独立性原则本身是一个不可检验的假设。但近些年不少学者研究得出了一些检验局部依赖性的方法：Q_3 法、比较信度系数法、皮尔森 χ^2 法、IRT 拟合统计等方法。其中 Q_3 是最常用的检验题目间局部依赖性的标准，它等于由观察分数减去预测真分数所形成的题目残差之间的相关（叶萌，2010）。用数学方法表示为：

$$d_{ik} = x_{ik} - P(\theta_k) \tag{4}$$

$$Q_{3ij} = r_{d_i d_j} \tag{5}$$

其中，d_{ik} 为考生 k 在第 i 道题目上的观察分数与 IRT 预测真分数之间的偏差，$r_{d_i d_j}$ 是考生在题目 i 和题目 j 两个题目上偏差分数之间的相关。一般来说，Q_3 大于 0.2 就认为产生了局部依赖，否则，即满足局部独立性假设。

2.2 运用多级计分 IRT 模型解决局部依赖问题

从上文可以了解到，以题组为单位的试题间多会产生局部依赖现象。比如大学英语四、六级考试，无论是听力理解的篇章、长对话听力，还是阅读理解中的选词填空和信息匹配题，95% 的题目都在各自题组内具有连带关系。当局部依赖性产生时，需要寻找恰当、有效的方法减少其带来的影响。比如：重新修改或者删减部分题目；缩短文章长度；每个材料下仅命制一道试题，但是这种方法浪费了材料的有效信息，效率低；采用多级计分的 IRT 模型；在测验中引入新的理论模型——题组反应理论（testlet response theory，TRT）；等等。

罗森鲍姆（Rosenbaum，1988）针对题组内项目间相互依赖的问题提出了一个具体解决方案——将题组内项目合并为一个多级评分项目，从而消除题组内项目间的依赖性。在多级计分 IRT 模型中，每个题组都被看作是一个独立的大项目（super-item），采用多级计分，理论模型包括等级反应模型（graded response model）、分部评分模型（partial credit model）和拓广分部评分模型（generalized partial credit model）。这种基于分数的方法保持了各题组之间的局部独立性，同时也消除了题组内的题目依赖性。一些学者表示，使用多级评分模型在一定程度上可以减轻局部依赖性对参数估计精度和信度的影响，但仍然存在一些不足。比如，无法区分分数相同被试的分数组合；不能充分利用题组内每个项目的具体信息。此外，采用多级计分的评分方法可能会低估测验信度，不适用于计算机自适应测验等。

2.3 引入题组反应理论解决局部依赖问题

部分学者认为，直接将题组内项目转变为多级计分并未在实质上解决局部依赖问题，反而会低估测验信度和测验信息量。基于这些讨论，魏纳等（Wainer et al.，2007）提出了更为合理的做法——在有局部依赖性的测验中采用承认局部依赖性的题组反应理论，用数学方法表示为：

$$P_i(\theta) = c_i + (1 - c_i)\frac{e^{Da_i(\theta - b_i - \gamma_{jk(i)})}}{1 + e^{Da_i(\theta - b_i - \gamma_{jk(i)})}} \tag{6}$$

式（6）是一个三参数 Logistic 题组反应模型，也是目前使用较广的题组反应模型，$P_i(\theta)$ 是能力为 θ 的被试 j 在题目 i 上作答正确的概率。此公式在原有 IRT 三参数 Logistic 模型的基础上增加了一个新的参数 $\gamma_{jk(i)}$，表示被试 j 在题组 k 内的题目 i 上的题组效应，被试在同一题组内所有项目上的题组效应相等，但在不同题组内的效应可以不相等。当测验中不存在题组效应时，满足局部独立性假设，此时 $\gamma_{jk(i)} = 0$，题组反应模型仍然变为原来的 IRT 模型。涂冬波等（2009）进行了一项模拟研究，对存在依赖性的题组数据分别采用传统标准 IRT 的 Logistic 模型（即忽视题目间的依赖性）和 Logistic 题组反应模型进行参数估计，结果表明：当项目之间存在依赖时，采用承认局部依赖性的题组反应模型进行参数估计，其精度要高于传统标准 IRT 模型参数估计结果。也有研究表明：题组长度影响参数估计的精度，若题组长度适中（即含 4～6 个项目），那么题组内出现的项目依赖不会对参数估计精度造成很大影响，随着题组长度的增加，参数估计偏差会逐渐增加（刘玥、刘红云，2012）。近年来，学界又提出了很多适用于题组的测量模型，如固定效应模型、两因子模型等（刘玥、刘红云，2014），但采用实证数据来验证这些数学模型的研究比较少见。因此，对题组反应模型的理论定义与应用价值的探讨应该是接下来研究的重点关注问题，这样才能推动 IRT 在测量学领域的迅速发展。

3　结束语

局部独立性假设是 IRT 的基本假设。本文主要对测量学界目前关于局部独立性和局部依赖性的相关讨论进行了文献梳理，主要得出以下结论：

第一，局部独立性假设是指处于同一潜在特质水平的被试群体，题目之间的作答反应相互独立。这一定义包括了同一被试对不同题目反应相互独立和同一潜在特质水平的不同被试在同一道题目上的反应独立两个方面，也就是说被试的作答反应仅受被试能力水平的影响。

第二，局部独立性假设和单维性假设仅在能力单维（$k=1$）且不存在非被试潜在特质维度的情况下等价。局部独立性并不意味着被试群体内部分数分布完全不相关，而是说分数分布的相关不由被试能力以外的其他因素所决定。

第三，在命题实践中，要尽量满足局部独立性假设，但因为某些题型或者客观因素的影响，尤其是基于题组的计算机多阶段自适应测验的迅速发展需要组合性题目的客观存在。基于这种情形继续采用传统的标准 IRT 模型，就有可能出现参数估计不精确，过高估计测验的信度以及等值误差过大等问题。不少学者提出题组反应模型可以缓解局部依赖现象对传统 IRT 参数估计带来的影响，目前这一理论没有运用到实际工作当中，随着计算机自适应测验的发展，要对这一问题持续地研究讨论，以追求更加公平、公正、科学的测验。

参考文献

[1] 黄霆玮. Rasch 模型下检验局部独立性的方法比较 [D]. 北京：北京语言大学，2005.

[2] 刘玥，刘红云. 贝叶斯题组随机效应模型的必要性及影响因素 [J]. 心理学报，2012，44（2）：263-275.

[3] 刘玥，刘红云. 题组模型及其在教育测验中的应用 [J]. 教育测量与评价（理论版），2014（1）：4-10.

［4］罗德，诺维克．心理测验分数的统计理论［M］．叶佩华，译．福州：福建教育出版社，1992.

［5］漆书青．现代测量理论在考试中的应用［M］．武汉：华中师范大学出版社，2003.

［6］涂冬波，蔡艳，漆书青，等．项目反应理论新进展——题组模型及其参数估计的实现［J］．心理科学，2009，32（6）：1433 – 1435.

［7］汪朱瑜．C. TEST 听力理解的局部依赖检验［D］．北京：北京语言大学，2009.

［8］王晓华，文剑冰．项目反应理论在教育考试命题质量评价中的应用［J］．教育科学，2010，26（3）：20 – 26.

［9］辛涛．项目反应理论研究的新进展［J］．中国考试，2005（7）：18 – 21.

［10］叶萌．对 IRT 局部独立性假设问题的认识［J］．考试研究，2010，6（2）：96 – 107.

［11］詹沛达，高椿雷，边玉芳，等．使用题组反应模型缓解局部题目依赖性对多阶段测验的危害［J］．心理科学，2017，40（1）：216 – 223.

［12］詹沛达，王文中，王立君．项目反应理论新进展之题组反应理论［J］．心理科学进展，2013，21（12）：2265 – 2280.

［13］张凯．语言测验理论与实践［M］．北京：北京语言文化大学出版社，2002.

［14］赵秋．项目反应理论的发展综述及其在教育测量学中的应用［D］．长春：东北师范大学，2008.

［15］Bachman L F. Fundamental considerations in language testing［M］. London, UK：Oxford University Press，1990.

［16］Hambleton R K，Swaminathan H，Jane R H. Fundamentals of item response theory［M］. Newbury Park，CA：Sage Press，1991.

［17］Henning G. Meanings and implications of the principle of local independence［J］. Language Testing，1989，6（1）：95 – 108.

［18］Nunnally J C，Bernstein I H. Psychometric Theory［M］. 3rd ed. New York，US：McGraw-Hill Education，1994.

［19］Lord F M. Application of item response theory to practical testing problems［M］. Hillsdale，NJ：Erlbaum，1980.

［20］Rosenbaum P R. Item bundles［J］. Psychometrika，1988，53（3）：349 – 359.

［21］Wainer H，Bradlow E T，Wang X. Testlet Response Theory and Its Applications［M］. New York，US：Cambridge University Press，2007.

［22］Wainer H，Kiely G L. Items clusters and computerized adaptive testing-A case for testing［J］. Journal of Educational Measurement，1987，24（3）：185 – 201.

［23］Yen W M. Scaling performance assessments：Strategies for managing local item dependence［J］. Journal of Educational Measurement，1993，30（3）：187 – 213.

（原刊于《中国考试》2018 年第 8 期）

结构化面试中考官培训对评分者一致性影响

张丹丹

（北京语言大学）

[摘要] 保障结构化面试实施过程的科学化是结构化面试有效实施的关键所在，而面试官培训作为面试准备过程的重要一环，对确保评分员评分一致性起着举足轻重的作用，因此本文基于实验收集的 3 位评分员对 100 位应聘者被试在某年事业编考试试题应答过程中表现出来的综合分析能力、组织协调能力、人际沟通能力、仪态语言与表达能力进行评分所得的实验数据，运用 SPSS. 22 统计软件，主要采用计算肯德尔和谐系数 W 值的方式，探讨与分析结构化面试培训过程对评分员评分一致性的影响。

[关键词] 结构化面试；评分一致性；培训；评分员

1 前言

面试是面试官通过对应聘者的观察，对其能力或特质做出评价的活动过程（Macan，2009），它对最终的人事选拔决策影响至关重要（Wilk & Cappelli，2003）。面试的效果主要从信度和效度两个方面来验证，目前，我国对于结构化面试研究主要集中于面试过程优化对策、考官的胜任力、结构化面试的信度、面试题本的设计、测评要素的调整、面试考官的整理以及面试组织程序的规范等方面。本文拟从考官培训对评分员评分一致性的影响这一方面入手，对目前结构化面试中的评分员评分一致性问题进行一些初步的分析与探讨。

在结构化面试中，面试官的整个评分过程从获取、分析、回应应聘者的各种表现信息，到依照标准做出评分，都存在着一系列相对稳定的心理过程（徐建平等，2014）。与此同时，面试官的评分也受到自身主观、应聘者、其他面试官及外部环境等多种因素的影响。因此，保障结构化面试实施过程的科学化是结构化面试有效实施的关键所在，其中，结构化面试题目、流程与评分标准的科学化设计是提高面试效度的重要前提和保证，但结构化面试的有效实施往往与面试官专业、准确的评分息息相关，可以说，在结构化面试中，面试官的评分直接决定了面试的结果。因此，在面试过程中，克服面试官评分的主观性和随意性，提高评分的客观和标准化水平，是我们一直关注的问题。

关于面试官评分的客观与标准化水平的探讨，在学术界主要集中于评分标准的制定、影响评分员评分一致性的因素、评分员效应等方面进行研究。吴志明等（1997）曾指出，评分员评分一致性问题不仅是一个现实的问题，也是一个理论上的问题。评分一致性一直是我们评价主观题信度的一项重要指标，当前对于评分员评分一致性的研究大多集中于作文评分的研究，而对于结构化面试，对于面试评分员一致性的研究相对较少，且多集中于分析评分员在各测评维度上的度量是否一致、影响面试官评分一致性的因素、评分估计方法研究等方面，有不少专家学者也指出，对于考官的培训是结构化面试准备过程中的重要环节，但较少有单独考量考官培训对评分员一致性的影响的，因此，本文旨在通过实验所收集的数据，研究培训环节的有效实施是否能够促进评分的有效进行。

2 核心概念与评判方法

2.1 结构化面试

面试主要起源于 20 世纪，1981 年我国引入这一考核形式，1989 年面试正式引入我国公务员选拔的基本标准之一，最早的公务员面试也是结构化面试。结构化面试又称标准化面试，是一种应用较广的面试方法。该方法要求测评要素设计、试题构成、评分标准确定、时间控制、考官组成、实施程序和分数统计各环节必须按标准化程序进行，主要考查考生的逻辑思维能力、语言表达能力、计划能力、组织协调能力、人际沟通能力、应变能力、举止仪表、自我约束能力和洞察力。本研究要求考官对考生的综合分析能力、组织协调能力、人际沟通能力、仪态语言与表达能力进行评分。

2.2 评分一致性

评分者评分一致性是心理测量学上的概念，指的是不同评分者对同一测评对象进行评定时的一致性程度（范柏乃，2008）。针对不同评分情景通常采用不同计算方法来计算检验，目前最为常用的计算方法可分为三种：（1）单一任务情境下两个评分员间的一致性程度，采用皮尔逊积差相关、斯皮尔曼等级相关与肯德尔 tau-b 系数；（2）利用组内相关系数对多个评分员采用的是多级计分方式进行评价；（3）肯德尔和谐系数则用来计算多个评分者对多个对象进行等级排序时的一致性程度。克隆巴赫（Cronbach）等人后续又提出了概化理论，提高了算法的精确性，使得计算评分者一致性方面更具灵活性、精确性和主动性（孙晓敏、张厚粲，2005）。

公务员结构化面试是多位考官对考生的多个测评要素进行的主观评价，因此，对于考官的评分一致性考察，我们主要采用的是肯德尔和谐系数 W 值。

3 研究样本及方法

3.1 研究对象

3.1.1 面试官

我们选取了北京语言大学研究生一年级学生两名，二年级学生一名作为我们的被试，其中一位男生，两位女生，平均年龄为 22 岁（sd = 1.70）。

3.1.2 应聘者

采样 100 名被试，他们分别是来自北京语言大学的汉语国际教育、语言学及应用语言学、汉语言文字学、基础心理学、汉语言文学、金融学、国际经济与贸易等 17 个专业的学生，其中，研究生与本科生人数占比 4：1。平均年龄为 22 岁（sd = 2.196）。

3.2 题目与情境的设置

关于面试题目，我们选取了三道某年事业编考试试题，要求应聘者就这三个问题进行回答，要求评分员根据应聘者的表现进行评分。

3.3 数据收集过程

过程严格依照面试过程，准备一个备考室、一个实验室，要求被试提前 10 ~ 15 分钟候场。在候考室，设置一名引导人员，负责记录被试基本信息与引导被试参与实验，讲解实验步骤；3 名评分员在实验室等待应聘者进行实验，设置 1 名主考官、2 名副考官，实验过程中，就应聘者的表现对其进行评分。

3.4 评分员培训过程

3.4.1 培训前

第一周，我们收集了 20 名应聘者的数据，在收集过程前，我们发放面试评分标准，让 3 位考官根据自己的理解依据标准对这 20 名应聘者被试的表现进行自主评分，并将这 3 名考官的作答数据进行汇总。

3.4.2 培训中

收集完这一数据之后，我们间隔一周后对考官进行培训，培训完之后要求考官重听录音，依据培训后对评分标准的理解进行评分，并将数据收集上来。之后将收集的数据用 SPSS 分析统计，如果一致性水平符合理想指标，那我们继续收集新的数据，否则，对考官进行二次培训。

3.4.3 培训后

对剩余的 80 名应聘者进行数据采集，采集过程严格依照结构化面试现场的流程，存档所收集的应聘者录音数据，并对所收集的面试官实验数据进行分析。

3.5 统计分析方法

3.5.1 评分员间一致性分析

对于标准的掌握，不同的评分者之间也会很不一致。因此，在培训前后，我们需要对 3 位考官的一致性程度进行信度分析，以测验培训的有效性和保证后续实验评分的稳定性。这里，我们采用的方法是肯德尔和谐系数来进行计算考官之间的一致性程度：

$$W = \frac{\sum_{i=1}^{N} R^2 - \dfrac{(\sum_{i=1}^{N} R_i)^2}{N}}{\dfrac{1}{12}K^2(N^3 - N)} \tag{1}$$

其中，K 为评分员的人数，N 为被试人数，R_i 是每个被试所得分数的总和。

3.5.2 所需工具及软件

录音笔用于实验过程的录音，SPSS 软件用作评分者间一致性分析。

4 结果

3 位评分员被试对应聘者在四个维度上的表现进行评分。我们就可以算出评分员对应聘者在每一个维度上的评分一致性；还可以求出评分员对每一个应聘者在四个维度分数之和（总分）上的评分一致性。评分一致性的大小用肯德尔和谐系数 W 表示。

4.1 培训前评分员对应试者在每一维度和总分上的评分一致性

在培训前，我们将评分标准发放给评分员，要求其自行体会评分标准，而后针对我们第一周收集的 20 个应聘者的数据进行现场打分，收集数据之后使用 SPSS 对其评分维度进行一致性分析，分析结果如表 1 所示。

表 1　　培训前评分员对应试者在每一维度和总分上的评分一致性

标准指数	肯德尔和谐系数	显著性水平
综合分析	0.122	0.086
组织协调	0.095	0.15
人际沟通	0.05	0.368
仪态语言与表达	0.035	0.499
总分	0.242	0.128

由表 1 可知，未经培训的评分员在综合分析这一维度上的一致性程度最高，但也仅为 0.122（p = 0.086 > 0.05），说明未经培训的 3 位评分员评分一致性程度较低，3 名评分员对标准的理解有很大的不一致性且偏差较大，需要对其培训指导。

4.2 培训中评分员对应试者在每一维度和总分上的评分一致性

为避免练习效应的影响，我们选择 5 天后对面试官进行培训，在培训过程中，我们针对这四个维度的标准进行讲解，在确认面试官理解后，要求面试官听录音重新根据四个维度进行评分，将数据进行收集后使用 SPSS 进行一致性分析，分析结果如表 2 所示。

表 2　　培训中评分员对应试者在每一维度和总分上的评分一致性

标准指数	肯德尔和谐系数	显著性水平
综合分析	0.268	0.005
组织协调	0.308	0.002
人际沟通	0.202	0.017
仪态语言与表达	0.252	0.007
总分	0.245	0.007

由表 2 可知，经过培训的评分员在组织协调这一维度上的一致性程度最高，其次是综合分析和仪态语言与表达，且显著性水平均低于 0.01，说明经过

培训的 3 位评分员评分一致性程度较好，3 名评分员在培训指导后，对于标准有了一定的理解，可以继续进行下一步数据的收集。

4.3 培训后评分员对应试者在每一维度和总分上的评分一致性

经过培训后对面试官的数据进行分析可得，面试官对于标准的理解程度相对于培训前有了很大的提升，一致性程度较高，因此我们继续收集数据，要求掌握了评分标准的 3 位面试官在实验过程中进行评分，我们又收集了 80 个被试数据，在此基础上，对 3 名评分员的评分数据进行分析，结果如表 3 所示。

表 3　　　　　　培训后评分员对应试者在每一维度和总分上的评分一致性

标准指数	肯德尔和谐系数	显著性水平
综合分析	0.414	0.000
组织协调	0.369	0.000
人际沟通	0.237	0.000
仪态语言与表达	0.283	0.000
总分	0.536	0.000

由表 3 可知，经过培训的评分员在综合分析这一维度上的一致性程度最高，其次是组织协调和仪态语言与表达，且显著性水平均低于 0.01，说明经过培训的 3 位评分员评分一致性程度较好。相对于培训过程中的评分员间的评分一致性而言，各维度指数有所上升。

5　讨论

5.1　对评分维度的说明

正式的结构化面试的评分标准一般为八个维度，我们将其进行汇总重组，要求面试官被试对应聘者被试在综合分析、组织协调、人际沟通与仪态语言与表达这四个维度进行考察，但在具体的培训过程中，我们又对此四个维度进行分解说明。

5.2　对培训前评分员对应试者在每一维度和总分上的评分一致性的探讨

由表 1 可知，各评分员在自行理解评分标准之后，对于评分标准的理解均有所不同，说明在评分过程中，受个人主观性程度较大，但通过比较总分与四个维度上的肯德尔和谐系数，发现 3 位评分员虽然在四个维度上的相关很低，但在总分上的得分数值还不错，说明，不考虑这四个维度的基础上，评分员在对应聘者的总体评价比较一致，但是，相关性不高，说明评分员应经过培训再进行评分。

5.3 对培训中评分员对应试者在每一维度和总分上的评分一致性的探讨

由表 2 可知，经过培训之后，评分员在各个维度上的肯德尔和谐系数均有所上升，且相关系数较高，呈显著相关水平。说明，经过培训后，各评分员对评分标准的理解上具有较高的一致性，因此，对于评分标准的培训是必要的。

5.4 对培训后评分员对应试者在每一维度和总分上的评分一致性的探讨

由表 3 可知，对于随后收集的 80 个数据，我们进行了历时 3 周的收集，在收集过程中，各评分员对于评分标准应是具有了较深的体会，从收集上来的数据分析便可知，评分员在四个维度上的一致性水平均有所上升，且在总分上的一致性程度有了较大范围的提升，说明，评分员对于应聘者的总体考察在总体上是保持高度一致的。

6 结论

通过上述的讨论与分析，我们可以得到以下结论：

（1）不同的评分维度（测评要素）对评分员的评分一致性有不同的影响，即使我们对不同测评维度进行了细分讲解，但由于受到各种因素的影响，各评分员对不同维度标准的考量仍不能达到高度一致，但对于考生总体的测评，各评分员在培训前后的表现都较好。

（2）标准的培训对于评分员评分标准的一致性水平具有较大的影响，因此，考官培训作为结构化面试过程的重要环节，我们应高度重视，标准的制定是一方面，但想要科学化的标准的效果最佳，需要重视对考官的培训。

由于实验过程中的各种主客观因素的限制，本文在研究过程中也具有一定的局限性。第一，为了降低面试官被试在评分过程中的负担，我们将八个维度标准压缩成了四个维度，这种做法有欠考量。因为首先，一定程度上会拉开面试官在评分过程中的分差，降低评分员的评分一致性水平；其次，虽然我们在培训的过程中对四项维度的标准进行了细化的讲解，但各评分员在各个维度的小标准上的理解偏差也会拉大他们的评分差距。第二，培训过后，要求评分员对之前所收集的 20 个被试数据的音频进行评分，在此评分过程中，评分员仅依靠音频评分，而缺少对被试仪态等方面的考察，具有一定的局限性。

参考文献

［1］范柏乃 . 公共管理研究与定量分析方法［M］. 科学出版社，2008.

［2］孙晓敏，张厚粲 . 表现性评价中评分者信度估计方法的比较研究——从相关法、百分比法到概化理论［J］. 心理科学，2005（3）：646 - 649.

［3］吴志明，张厚粲，杨立谦 . 结构化面试中的评分一致性问题初探［J］. 应用心理学，1997（2）：8 - 14.

［4］徐建平，周瀚，李文雅，陈孚，张伟 . 结构化面试中面试官的评分及影响因素［J］. 心理科学进展，2014，22（2）：357 - 368.

［5］Macan T. The employment interview：A review of current studies and directions for future research［J］. Human Resource Management Review，2009（19）：203 - 218.

［6］Wilk S L，Cappelli，P. Understanding the determinants of employer use of selection methods［J］. Personnel Psychology，2003（56）：103 - 124.

课堂考试安全问题概述

刘宇东

（北京语言大学）

[摘要] 考试安全问题始终是全社会广泛关注的焦点，本文介绍并分析了学校校园内的课堂考试安全问题。列举了常见的校园考试作弊手段和策略，从作弊者、教师、社会文化三个层面分析了课堂考试安全问题频出的原因，并指出社会中存在的不诚实文化是其根源。在此基础上提出应对策略，指出需要调整考试管理流程和考试开发模式，也要致力于通过教育引导减轻学生的作弊动机，同时也应该在社会文化层面加以规范，需要整个社会合力营造诚信考试、公平考试的理念。

[关键词] 考试；课堂考试；考试安全

考试是一种严格的知识能力鉴定方法，通过考试可以考查应试者的知识水平、能力资格。作为一种高效严谨的选拔手段，考试已经在社会许多领域得到了广泛运用，成为人才测评的重要指标。对于考试过程而言，试题的命制和考试的组织固然是重中之重，但考试安全的监管与保证同样不可忽视，如果一场考试在安全保密方面出现了问题，那么整个考试的公信力与权威性将会受到极大的打击，同时也会严重影响选拔过程的公平公正，最终无法得到考试所预期的效果。

如今，具有高度社会影响力的大规模标准化考试中的考试安全问题由于涉及问题严重、造成的影响范围广，已经引起了社会的重视。虽然目前仍然存在作弊现象，但反作弊工具的发明以及雷同答卷甄别技术的完善，表明社会各界正在关注并致力于解决相关问题。然而，除了这些大规模考试之外，学校内部的课堂考试，例如期中期末考试、课堂测验等考试，也存在着大范围的作弊现象，并由此带来了颇为严重的考试安全问题，可是这些问题由于造成的社会危害相对较小，所以并没有得到足够的重视，但它们确实存在，而且也应该引起关注。一方面，目前的校内课堂考试应试者也必将是未来社会上大规模标准化考试的应试者，如果不在青少年成长时期就严格灌输考试安全观念，进行考试安全教育，那么作弊者未来走向社会参加更大规模的考试时，也很有可能同样抱有侥幸心理，从而产生作弊行为，最终还是会对社会造成不良影响。要想解决这一问题，应该从最初的根源入手。另一方面，考试安全教育对于青少年的影响而言不仅体现在应试这一个方面，对青少年成长过程中形成诚信观念、公平意识都有着积极正面的作用，如果学生能够在学校期间就形成这些良好品质，未来走向社会也不会破坏社会秩序，"假奶粉""假疫苗"事件也就不至于频繁发生，所以考试安全教育应该成为学校教育的一个重要组成部分，并在每一次课堂考试中检验其效果。综上，课堂考试安全问题同样值得关注，本文将从现象阐释、形成原因、应对措施等方面对其展开论述。

1 什么是课堂考试安全问题

1.1 课堂考试安全问题的概念

课堂考试安全问题涉及应试者和考试组织者两方面。从应试者的角度来看，存在个别应试者试图通过不正当手段使自己的成绩符合规定标准的行为，也就是我们常说的"作弊"。作弊行为不止让作弊者伪造了自己的成绩，同时对整个考试的公平性造成了影响；从考试组织者的角度来看，组织者提前泄露考试题目，监考不力甚至协助作弊等行为也会对课堂考试安全造成影响。这两方面又以前者为主，先有作弊的客观前提出现，然后又形成了作弊的主观动机，而后又对考试组织者提出了更高的要求。

我国古代很早就有关于考试作弊的记载，或是夹带字条，或是将答案写在随身衣物上。西方现代化考试在 19 世纪末引入铅笔代替石板和粉笔之前，都是以口头的方式进行的，口头考试由于应试者与考官同处一个空间直接对话，不容易发生作弊行为。而引入铅笔之后，由于有了记录问题和答案的能力，笔试就成为课堂上的标准形式，而作弊行为也相应地有了客观条件。个别应试者会提前通过不正当渠道获取试题并形成答案带进考场，或是在考场上现场手写答案并互相传递，这些都是课堂考试作弊最初的表现形式。随着科技的发展，加上作弊者在与反作弊的斗争中积累的经验，现在的课堂考试中的作弊手段和策略已经越来越多样和大胆。

1.2 课堂考试安全问题的表现形式

危及课堂考试安全的最主要的问题就是个别应试者的作弊行为，常见的形式有：在考试前提前获取试题或考试信息、在考试过程中抄袭他人答案、传递事先预定好的作弊通信代码、使用考试中不允许使用的辅助设备、找人替考以及使用一些欺骗策略。其中前两种是比较传统的作弊形式，后面几种形式目前正在作弊群体中逐渐流行起来。

就校内课堂考试而言，如果命题教师有基本的安全意识，保证试题不被泄露，那么考生其实很难提前获得试题或考试信息。这不同于大规模标准化考试，在大型考试前，有作弊动机的辅导机构或个人会通过金钱或利益来诱惑命题者提前泄露题目，校内学生并不能也不敢这么做。可是有些教师会在不同学期的考试中使用同一套试题，甚至在同一学期不同班级的考试中先后使用同一套试题，这就给了时间上靠后考试的学生提前获得试题的机会。另外也有一些学生会携带摄像头或小型相机，找借口到教师办公室偷拍下试题。为防止上述现象发生，命题教师就一定要在考试前做好试题保密工作，严防试题泄露，不能让任何人在考前拿到题目。

抄袭是最典型的作弊手段，也是最传统的作弊形式。在课堂考试环境中，有抄袭计划的学生会提前与其他学生串通好，选择邻近的座位以方便抄袭。在作弊的过程中，作弊者不仅直接在考场上传递答案，很多时候还会通过各种方式掩人耳目，比如一个学生假装不小心把文具掉在地上，俯下身子去捡拾文具，这时他的答题纸处于完全暴露状态，坐在附近的抄袭者就会趁机记下答案。如果没有找到"合作伙伴"，有的作弊者就会走到教室前假装询问考试相关的问题，在回到自己座位的过程中趁机剽窃他人的答案。如果是"团队抄袭"，那么其中的成员会需要一种独特的沟通方式，以躲过监考教师的检查，这包括视觉通信、听觉通信、物体通信等。视觉通信是用手势直接比出题目数字和答案选项；听觉通信是用敲击的次数代表不同的选项；物体通信是通过物体在桌面上的不同摆放位置代表不同的答案。

在考试前提前准备好相关资料，通过缩印或隐藏的方式带入考场并在考试中偷偷参考，这属于"使用考试不允许使用的辅助设备"，也就是俗称的"打小抄"。今天这种作弊方式仍然存在，但形式上不再仅仅是"偷瞄小纸条"，其隐蔽性更强了。有的考生把作弊资料打印成瓶装水标签，通过水在光线上对文字的放大作用进行抄袭；有的把资料通过激光打印机缩小后藏到计算器外壳里、藏到身上的服饰中。考场本身甚至也会成为作弊的辅助工具：有的学生在得知自己下一门考试的考场后，会提前来到指定座位在座位上直接把考试资料写到桌面上。随着科技的发展，这种辅助性工具也从"小纸条"发展为更多高科技产品，比如智能手机、平板电脑、微型电脑、智能手表等。

在校内组织的考试中，由于监考教师和应试者之间可能互相不认识，同时又没有严格的身份核实审查环节，有些考生就会利用这一点直接找人代替自己参加考试。还有一些学生会在考中或考后利用一些欺骗策略试图蒙混过关。有的学生考后故意不交卷，从而保留了试题副本，再提前透露给还未参加考试的其他学生；有的学生装病逃避考试，直接参加第二次考试，并从参加过考试的学生那里提前获取试题；还有的学生在答题卡上标注多个答案，希望阅卷老师只按正确选项给分。

2 课堂考试安全问题频发的原因

解决课堂考试安全问题的前提是考试管理者要对这一问题有足够的重视。如上文所述，目前整个社会已经注意到了大规模标准化考试的安全问题并在不断着手解决和预防，但对校园内的考试安全问题关注度还有待提高。课堂教育工作者如果不能意识到这一问题，也就无从解决它。事实上，校园内的学术不诚实程度可能比课堂教育工作者预期的更令人担忧。美国约瑟夫森伦理研究所曾对超过四万名应试者进行调查，结果显示近 68% 的大学生承认在大学课程考试中作弊，95% 的人承认在高中考试作弊（Josephson Institute，2009），这些结果与 1992 年麦凯布（McCabe，1992）报告的研究结果几乎一致，调查显示 67% 的大学生承认作弊。上述调查结果也与 1964 年鲍尔斯（Bowers，1964）的调查结果非常相似，当时他调查了 5000 名学生的作弊问题，有 75% 的人承认自己有过作弊行为。这说明作弊现象在校园内非常普遍，这一趋势应该引起课堂教育工作者重视和警觉。

2.1 作弊者角度

对于大规模标准化考试而言，之所以有越来越多的人作弊，根本原因在于有利可图，通过作弊手段所得到的体面的考试结果有助于应试者在社会上的发展，所以许多人不惜付出巨大的成本进行作弊。作弊行为类似于一场赌博，利害关系越大，风险越大，作弊的动机也就越大。而在课堂考试范围内的作弊行为其实也有这方面的动因，只不过课堂考试的应试者是学生，课堂考试的利害关系相对社会上的考试要小许多，对学生来说，体面的考试结果所带来的利好不体现在金钱利益或是社会地位上，而是相应的成就感以及在同龄人中成为佼佼者的虚荣感。随着学生成功以及同辈间竞争压力的增加，作弊现象也就越来越严重。学生希望在考试中得到不错的成绩，让老师、家长满意，让同学羡慕，但如果自己的能力不足以实现这些愿望，他们就可能会诉诸不正当的手段以实现自己的目的。即使是平时成绩较好的学生，在考试时遇到较为困难、力不能及的题目，为了维护自己在老师、家长、同学心中的好学生形象，也有可能会通过作弊来达到目的。总而言之，课堂考试范围内作弊行为的动机更多与学生的心理因素有关，教师也应该从这一角度对学生进行开导和教育，培养考试安全意识的同时也要让学生和家长正确看待学习成绩、正确看待同辈竞争。

对于有过作弊行为的学生而言，其中很多学生并不认为自己的行为有不妥之处，作弊者往往会给自己在心理上进行开脱，使自己相信作弊行为是有理可循的，而不使自己产生负罪感。奇泽克（Cizek，2003）的调查显示，很多作弊的高中生和大学生认为取得更好的成绩是他们作弊的主要原因，当他们看到其他人在作弊时，如果自己不作弊，会导致成绩落后于他人。此外，还有一部分学生认为自己的学习环境和物质条件不如别人，这让他们产生了不公平的心理感受，所以通过作弊的方式来弥补这种心理上的落差。另外一部分学生认为自己的老师对作弊行为并不关心，这在很大程度上纵容了作弊行为的发展，也纵容了作弊者对课堂考试安全的破坏。很多作弊者即使在作弊行为败露，认识到这种行为的危害之后，也仍然拒绝承认是自己的责任。他们有的人认为课程任务量过大导致他们不得不作弊；有人认为帮助朋友作弊是在维护彼此间的友谊；有的人认为任课教师对学生不公平，所以通过作弊找回这种公平；甚至有人认为由于教师并不在乎学生是否作弊，所以他们就应该被欺骗。以上调查结果启示我们，维护课堂考试安全，一方面要对应试者即学生进行必要的教育，同时也要从教师的角度去看待问题，教师是否在教育中失职，没能以身作则地向学生展示公平考试的重要性，是否在考试监考秉公执法、严厉打击作弊行为，这都是需要关注的。

2.2 教师角度

正如在调查过程中许多学生反映的一样，很多教师对待作弊问题的冷漠态度也助长了作弊行为。一方面，个别教师自身的考试安全意识就非常淡薄。由于学生的考试成绩反映了自己的教学成果，所以这些教师对分数的重视程度远大于对考试安全的重视程度，甚至鼓励学生在大型考试中"能抄则抄"。另一方面，许多教师在监考过程中并不能严厉打击作弊现象，只因他们觉得麻烦，如果在监考中认定考生作弊，他们需要拿出证据，并逐级向上汇报，这使他们感到很有负担，所以最终选择默许或者视而不见。一个教师这样做，就有更多的教师这样做，久而久之在行业内便默许了这种行为，只要不是影响过于恶劣的作弊，就不再追究。这不仅是教师自身责任感的缺失，更严重的影响在于，这使学生认为作弊不是什么大不了的事情，甚至在某些特定的场合下还是被鼓励的事情，于是教师不但没能起到课堂考试安全维护者的作用，反倒站在了其对立面。

2.3 社会文化角度

上述两个角度表明，因为有一部分学生和教师接受了不诚实的行为，所以作弊现象一直存在，放眼整个社会，对不诚实行为的接受已经超出了课堂范围，学术作弊问题就是渗透到我们文化方方面面的普遍不诚实的表现。这正是课堂考试安全问题严重更深层次的原因。我们应该站在更加宏观的角度上，看到学术失信背后的深层因素，这样才能抓住问题的根本，即：要在打击和惩罚作弊行为的基础上去改变学生的思想，帮助学生树立学术诚信观念。

3 如何解决课堂考试安全问题

如上所述，应对课堂考试安全问题要从预防和打击作弊行为和改变学生思想两个角度入手。前者是课堂考试工作者的工作重点，要抓住考试过程的监管和考试的开发两个重点；后者也需要学校和老师的积极引导，但更重要的是学生自身的意识。

3.1 规范考试程序和考试管理

3.1.1 确保课堂考试的管理

课堂考试安全的管理包括考前、考中、考后三个部分，而不只是监考。考前最重要的一项就是保证试题不被泄露，避免考生在考试前提前获取考试信息。这需要命题教师在命制试题后做好保密工作，尽可能不要把试题存储在公共计算机或服务器上，在开发试题和设计答题卡时，尽量使用受密码保护的个人电脑。试题的复印工作尽量在家独立完成或者在校外完成。考前应该对考场进行检查，确保室内没有与考试相关的提示信息。安排座位时应该尽量分散，不能允许考生自己选择座位，要进行随机分配，对于曾有过作弊记录的考生要多加注意，分配座位时事先预定好指定座位以便监督。考生入场时应对其进行严格的身份认证，对考生着装进行检查，确保没有携带辅助作弊的工具，尤其是电子产品。

在考试过程中，即监考期间，监考教师必须承担起确保考试安全的责任，既要有必要的走动和监督，又要勤于观察考场和考生动态。在巡回检查的过程中，监考教师应该尽量避免重复地走同一条路线，这样容易让有作弊动机的考生摸清规律并实施作弊，要尽量随意走动、频繁走动、随机检查，但不要干扰考生正常作答。此外，在监考过程中，监考教师应该兼顾"连续性扫描"和"选择性扫描"，即：既要有条理有规律地关注整个考试环境，确保监考视线内不遗漏考生，又要及时关注考场情况，当有异样情况发生时，要能够及时处理。需要注意的是，有些考生在考前约定联合作弊，可能会由某个考生故意发出明显的干扰转移监考教师的注意力，从而为其他作弊者创造机会进行作弊。监考教师应当提防这种情况，当有明显的异样行为发生时，也要注意监督整个考场。考试结束后，监考教师需要分别收集试卷和答题卡，这时仍然不能放松警惕，要注意每个考生的试卷和答题卡需一一对应，再次核对身份信息确保准确无误，不允许任何考生将试卷带出考场。

3.1.2 考试设计和考试表格

除了在考试进行的全过程加大力度外，考试开发者也可以创新试卷和答题卡的形式来防止作弊。从试卷题型来看，选择题、判断题、填空题相对容易被抄袭，而简答题、论述题等主观题不容易被抄袭，可以考虑适当加大主观题数量。

此外，考试表格的创新设计也可以在一定程度上阻止作弊。过去的答题卡形式单一且考场内所有考生的答题卡完全一样，这就十分容易看到其他人的答案，有的视力好的考生甚至仅凭选项间的距离就能猜测出别人的答案。对此，应该设计不同形式的答题卡，目前我国许多考试都推行了 AB 卡模式，这是一个很大的进步，在此基础上，监考教师也可以根据不同的答题卡来指定考生在考场中的座位，进一步阻止作弊现象的发生。也有人建议将答题卡上的选项顺序打乱以增加安全性避免抄袭，如不再简单地按照 A、B、C、D 进行排列，而是不同考生的答题卡上分别把四个字母的顺序打乱，但是这样的想法一方面实施起来存在难度，如果让每一名考生的答题卡形式都各不相同的话，制作答题卡的时间精力和成本都会非常巨大，另一方面对于那些没想要作弊的考生而言，这样的答题卡会增加许多与考试本身无关的困扰，影响考生发挥。

在考试开发领域，现有的软件也可以加以利用，其中的高端产品能够协助开发一门考试的整个过程。考前帮助设计能够产生预期效果的试题，可以为基于能力进行的考试提供模板，基于不同的内容范畴涉及题库并进行更为合理的试卷设计和答题卡设计，打乱答案选项的顺序使之随机化，在考后还可以对试卷结果和学生表现进行统计分析，调查测试的信度。

3.2 减轻学生的作弊动机

上述措施是从预防和打击作弊行为入手的，而前面说过，要从根本上杜绝作弊现象，应该在学生思想层面做好教育引导工作。先进行积极主动的正向教育，最理想的状态是让学生自己认识到诚信考试和考试安全的重要性，如果这一步行不通，再采取严厉措施，发挥威慑作用打击作弊。

学校自身要先对课堂考试的安全性引起重视，也要认识到作弊现象在课堂考试中是广为存在的并会对学校风气乃至社会风气造成极大的危害。在此基础上，对学生进行诚信考试教育和学术规范教育。尤其是大学，作为学校与社会的衔接点，大学更应该着重强调学术诚信的重要性，这对于学生未来走向其他社会岗位也是有帮助的。大学内部应该在学术诚信方面实施一套荣誉准则，最好由学生自己来制定，这其中包含了学生对于自己应该以怎样的态度对待考试的期望。制定完成后由学生签署名字，在每一个课程大纲中，任课教师都应该反复强调这些内容，并让学生参与讨论学术失信对每个人的影响，在不暴露个人信息的情况下适当讲述过往学生因考试作弊而受到的惩罚，让有作弊动机的学生提前受到威慑。在年龄较小的课堂内则以教育启发为主，引导学生不要过于关注分数，告知学生诚实诚信的重要性。对于屡教不改的作弊者，学校也应该采取必要的制裁措施，按事件严重性正当处理作弊者。对于中小学生的学生，教师可以向其家长汇报；对于大学生，教师可以向学生处汇报。

教师自身也要提高课堂考试安全意识，真正将其融入教育过程中，而不是只停留在课堂形式，无论大型还是小型考试都坚决杜绝作弊，始终如一。在平时的教学工作中也应多关注学生感受，尊重学生，对于学生的进步要及时予以反馈，不要让学生因努力得不到承认而放弃独立考试转而选择作弊。对于既有的学术诚信政策要坚定不移地坚持下去，切实维护考试的公平公正性。

4 结语

学术失信在各个教育层次都是问题，课堂考试层面也不例外。教育工作者应当清醒地认识到，作弊现象一直存在且正在增多，课堂考试安全性正在不断遭到挑战，学生的作弊策略也越来越多。这背后既有学生自身的问题，也有一部分教师的问题，更根本的原因则来自社会文化，社会中越来越多的不诚实导致作弊现象产生并被不断放大。社会机构以及有社会影响力的人们应当努力改变下一代人对不诚实文化的顺从，避免将作弊视为一种战略选择。与此同时，教育工作者要努力创造一个有利于诚实诚信的教育环境，开发防作弊的考试，并在安全的环境中管理考试，为显著减少学术失信行为不断奋斗。

参考文献

［1］ Bowers W J. Student dishonesty and its control in college ［M］. New York：Bureau of Applied Social Research，Columbia University，1964.

［2］ Cizek G J. Detecting and preventing classroom cheating：Promoting integrity in schools ［M］. Thousand Oaks，CA：Corwin，2003.

［3］ Josephson I. Character study reveals predictors of lying and cheating ［M］. Los Angels，CA：Center for Youth Ethics，2009.

［4］ McCabe D L. The influence of situational ethics on cheating among college students ［J］. Sociological Inquiry，1992（3）：365 – 374.

考试作弊行为的调查分析

孙雪昕

（北京语言大学）

[摘要] 纸笔考试是最古老又最基本的评价方法，往往作为人员选拔录用程序中的初期筛选工具。在纸笔考试广泛应用的基础上，作弊手段层出不穷，考试安全形势日趋严峻。本文首先定义考试作弊的概念并介绍考试作弊的现状，接着重点论述在传统纸笔考试中考试主办方在作弊事件中所遵循的信息触发、证据收集积累和评估决策的调查过程。同时，基于时代发展的背景，本文将介绍目前广泛应用的考试新形式——分散型网络考试，并对新形式中存在的问题进行探讨。最后针对考试的现实问题和不足，提出相应的解决措施和发展思路。

[关键词] 考试作弊；调查过程；分散型网络考试

1 引言

纸笔考试在测定知识面和思维分析能力方面效度较高，而且成本低，成绩评定比较客观，可以大规模地进行施测，是各类企业经常采用的选拔人才的重要方法。同时，由于考试具有环节杂、战线长的特点，各种不当行为相伴而生，考试这种评价手段成为一项危险性较高的工作，考试作弊不仅破坏试题的有效性和考试的公平公正，更危害人才评价体系的长远发展。

在日新月异的今天，在互联网飞速发展的时代背景下，评价手段不断发展，传统的纸笔考试已不能满足人才考核的需求。分散型网络考试突破了传统的纸与笔、时间与空间的界限，为传统评价体系注入了新活力，但在具体操作中，这一新的考试形式同样存在考试安全的漏洞，人才招聘主办方需要不断深入网络防作弊系统的研究。

考试主办方认定并处理考生的违纪违规行为应当保证事实清楚、证据确凿、程序规范、适用规定准确。考生存在作弊行为并不是主观判定的，而是在不同类型证据积累的基础上，考试主办方调查评价后的结果。任何调查的一个关键方面都是考生和考试主办方之间的协议，该协议应准确界定什么是作弊行为，提供调查过程中应遵循的程序，并阐明作弊行为认定的后果。考试主办方应拥有精心设计和合法辩护的协议和政策，确保事件得到一致处理，公平对待考生。调查的目的是要确定考试结果是否是考生能力的有效指标，考试主办方关注于该事件是否反映了考生的道德品质，其潜在后果是考生被永久剥夺某一许可证书或者失去参加考试的资格等。

2 考试作弊概述

2.1 考试作弊概念

作弊通常是指通过一系列手段使得自己的绩效符合硬性标准的行为过程。作弊体现在生活的方方面面，考试成绩、体育成绩甚至游戏排名都存在此类行为。用欺骗的手段去做违法乱纪或不合规定的事情会严重影响社会秩序和考试公平。

考试作弊行为是监考者通过书面、口头提问或实际操作等方式考查参试者所掌握的知识和技能时，应试者通过不正当途径在考核不允许的范围内寻找或者试图寻求答案的行为，这是与公平公正原则相悖的行为。考试作弊行为涉及范围广、人员多，主要包括替考、泄题、小抄、高科技作弊等方面。考试作弊现象可追溯的历史久远，在不同时代以不同的形式出现。在古代，科举考试是封建社会选拔官吏的主要手段，考试过程中也存在各种作弊手段。北宋的"丕休哉"，南宋秦桧的关节把戏，始于两宋盛于明清的科场关节作弊，清代的夹带等都是古代考生"走捷径"的手段。

2.2 考试作弊的现状

考试是人才评价选拔的基本方式，选拔考试过程中的考风考纪问题日益凸显。在巨大的利益驱使下，出现了专门的作弊机构和作弊团伙，这些作弊机构在收取考生高额报酬后，为考生提供不同种类的作弊服务。他们通过为考生提供虚假报名信息来获得考试资格，或者伪造身份证件帮助考生寻找替考。作弊团伙无孔不入，他们甚至串通监考或其他考务人员协助作弊，严重破坏考试秩序。随着网络时代的到来，越来越多的作弊案件被媒体报道，被大众了解。针对众多问题，考试主办方加大打击力度，传纸条、打手势、夹带资料等传统的作弊方式已基本被杜绝，但作弊方式呈现出高科技化、团伙化、专业化和隐蔽化等特点，考风考纪问题正日益威胁着考试的公平公正。

除了作弊组织的推波助澜，考试主办方自身管理也存在问题。其中一个突出问题就是在大规模的纸笔考试过程中，普遍存在任务重、人员少的情况。纸笔考试有时需要从不同部门抽调大量人员支持考务工作。如某年某地二级建造师执业资格考试，有14个考点1200多个考场，需要考务人员如主考、监考等2600余人，其余岗位考务人员如巡考、监督、保密等400多人（胡婧，2020）。在考试笔试组考的实际工作中，不可避免地存在少部分监考人员责任心不强、监考流程不熟悉，经验不足或疏忽大意等问题，导致考务问题的处理水平参差不齐，影响考试的公平公正。

2.3　预防考试作弊现状

为了对考场中的作弊行为早预防、早发现，考试主办方不断为考试制定新的考场规则。比如考生在参加考试前必须签署一份《诚信考试承诺书》，保证报名时提交的报考信息和证件的真实准确，保证考试中诚实守信；为了防止考题外泄，监考老师同样要签署一份《自律承诺书》，其中明确规定监考人员不得携带任何通信工具进入考场。为防止考生作弊，考试主办方不断完善标准化考场：每个考试的教室严格限制考生的数量，通常在30人左右，教室的桌子间隔较大，考生距离较远；每个考场配备一名主监考老师，再加上1~2名副监考老师，以及一些流动在外的巡查监考官；考场内安装高清监控设备，考场附近安装信号干扰器。除了标准化考场的普遍应用，考试主办方重点防范逐渐升级的利用现代化通信工具进行的高科技作弊。

2.4　考试作弊的法律解释

考试关系到人才的选拔、考核与评定，考试安全事关社会公平稳定。各类考试过程中的不当行为需要明确的法律规定，要有明确的界定和惩戒措施，做到有法可依。《最高人民法院、最高人民检察院关于办理组织考试作弊等刑事案件适用法律若干问题的解释》自2019年9月4日起施行，对各类考试作弊的法律适用性问题做出了全面系统的规定。为依法惩治组织考试作弊、非法出售、提供试题、答案、代替考试等犯罪行为，维护考试公平与秩序，《中华人民共和国刑法》《中华人民共和国刑事诉讼法》也对此类刑事案件做出适用法律的若干问题解释。

2004年5月教育部颁布的《国家教育考试违规处理办法》中第六条明文规定了应当认定为考试作弊的行为，第七条规定了除考生外的教育考试机构、考试工作人员等其他人员在考试过程中或者在考试结束后协助考生实施作弊行为的认定。《公务员考试录用违纪违规行为处理办法》已于 2016 年 5 月 27 日经人力资源社会保障部第 99 次部务会议审议通过，规范了公务员考试录用违纪违规行为的认定与处理，严肃了考试纪律；《专业技术人员资格考试违纪违规行为处理规定》已于 2017 年 2 月 3 日经人力资源社会保障部第 117 次部务会议审议通过，该规定加强了专业技术人员资格考试的管理工作，规范了资格考试中违纪违规行为的认定与处理，维护了考生和考试工作人员的合法权益；2017 年 9 月 25 日，人力资源社会保障部第 135 次部务会审议通过的《事业单位公开招聘违纪违规行为处理规定》，加强了事业单位公开招聘的工作管理，保证了招聘工作的公开、公平、公正。

3 传统纸笔考试中作弊事件的调查过程

从时间跨度的角度看，作弊行为可发生在考试前、考试中、考试后三个阶段，考试主办方对于作弊行为的调查可以从触发因素、证据积累、证据评估与决策三个调查阶段具体说明。

3.1 调查的触发因素

3.1.1 考前信息的全面审查

在考试前，考试主办方会对考生的报名数据进行全面审查，用于在考试期间加强对考生行为的审查，在考试后加强对考生成绩的审查。在审查过程中，以下情况会引起审查人员的注意：多个考生显示相同的地址或使用相同的电子邮件；在同一类型考试中多次考试，或多次要求取消考试成绩的考生。考前的网络搜索也可以提供进一步调查的信息，替考机构层出不穷，如果考生或者亲属在考试前搜索类似的内容，应被标记以便做下一步调查。

3.1.2 考试当天的全面检验

身份识别系统能够有效检验考生身份的真实性，识别系统能够对人脸、指纹等生物特征数据进行实时比较。如果考生的身份或生物特征数据不匹配，考试主办方应禁止考生参加考试。考试期间，监考人员的观察至关重要，他们在考试前、考试中、考试后都要保持警惕，这样不仅有助于发现考生的不当行为，更重要的是在一开始就阻止考生作弊行为的发生。如果考生有作弊行为，监考人员将提供最直接的观察证据。

考试当天，可疑行为的第一手证据对评估调查中的证据收集很有帮助。一般情况下，监考人员观察到考生的可疑点需要立即采取行动，例如没收违禁物品或阻止交头接耳。判定考生存在作弊行为需要确凿的证据，因此，如果监考人员不能准确无误地判定考生具有作弊行为时，要谨慎采取行动。监考人员应准确记录考生可疑行为的时间和呈现方式，并立即向考试主办方汇报情况。以下行为应引起监考人员的密切观察，并准确记录下来：

（1）厚重的衣物：考生穿着肥厚的衣物，尤其是在非应季或与考场温度不符合的情况，可能会将小抄、手机、相机等违禁物品携带进考场。

（2）食物和饮料：被允许携带的食物和饮料应该仔细观察，留心考生是否经常查看这些物品。

（3）经常休息或借故离开考场：经常要求离开考场的考生，如去洗手间、喝水等，可能存在取纸条、留纸条的嫌疑，也可能乘机使用电子设备接收或提供考试信息。

（4）频繁移动身体：考生可以通过假装拉伸试图窥探其他考生的试题，监考人员应该仔细观察这种行为，并记下可疑的举动。

（5）信号传递：考生可以通过敲笔、咳嗽等信号向其他考生传递答案。监考人员通过观察，能够发现有价值的证据。①

3.1.3 考试后的数据统计

考试结束后，考试主办方将委托专业人员对考生成绩进行进一步的数据分析。科学分析考生的各项数据，可以帮助考试主办方进一步确定观察到的结果是否是偶然发生。

3.2 证据的积累

能够证明考生具有作弊倾向或作弊行为的证据有不同类型，本文主要从实物书面证据、生物证据、统计证据三种类型具体说明。

3.2.1 实物和书面证据

如果监考人员在考生身上发现任何形式的违禁物品，如小抄、手机等，都要作为重要证据交给考试主办方。《国家教育考试违规处理办法》第六条明确指出"携带与考试内容相关的文字材料或者存储与考试内容相关的电子设备参加考试"应当认定为考试作弊。另外，监考人员可以从测试材料本身收集额外

---

① 在计算机测试中，根据系统的配置，监考人员还应该警惕以下情况：（1）不寻常的屏幕截图：在考生使用计算机的过程中，无论是在颜色、布局或其他地方与正常显示不同，这些屏幕截图和不规则报告要一起汇报到考试主办方。（2）考试时间的使用：监考人员应该注意那些在特定题目上花费不寻常时间的考生，这表明他们可能是某些机构的试题"收割者"。

的物理证据。在纸笔考试中，考卷可以显示出考生在考试中的注意力和努力程度。如果考生在一次升学或招聘考试中取得较好成绩，但考卷上却是涂鸦和错误计算，这就可以为考试主办方提供了额外的物理证据。对考生的答题卡进行分析，可以在证明考生分数是否具有有效性时提供证据，异常高的擦除次数可能代表可疑的答案修改行为。座位表可以帮助调查人员建立考生之间的接近度，房间图表可以提供房间布局的信息，为查明作弊事件是如何发生的提供线索。

3.2.2 生物证据

考生的生物特征证据，如指纹、人脸识别等，是科学高效的证据之一。目前，人脸识别技术是生物识别技术中应用较广泛的技术之一，它应用方便、不易作假，同时能够迅速精准地做出判断，生物特征的不符为替考情况提供有力证据。笔迹证据也能为证实替考提供证据，比较考生不同场合的笔迹，可以分辨考试是否为替考。

3.2.3 统计证据

统计证据是总体证据中的一部分，通常收集的统计证据包括考生个人考试成绩的变化和不同考生之间错同数、对同数、选同数等数据的比较。统计数据的比较范围广泛，可以是同考场、同考点、同地区甚至全国范围内的比较。统计数据是概率性的，多个统计数据，例如异常高的分数、异常的答题模式、较高的错同率以及异常相似，都对考生存在作弊行为具有很强的说服力。

3.3 证据的评估与决策

一旦各种证据被收集，在做出决定之前，考试主办方必须根据与考生之间的协议流程进行整体的审查和评估。考生与主办方之间的协议，是调查考试作弊行为的重要依据。不同的考试主办方之间差别很大，从一个学生在大学期末考试中抄袭作弊到国家级高利害考试中的高科技作弊，作弊行为本身涉及的范围也十分广泛。

从程序的角度看，如果考生承认自己的作弊行为，其后果往往按照协议执行；如果考生不承认自己有作弊行为，那么主办方必须重新评估证据是否足够有力，是否可以采取相关措施。根据考生和考试主办方之间的协议，调查中收集到的证据通常提交给阅卷专家组进行决定。证据的有力度和一致性在评估决策过程中十分重要，例如决策者认为考生 A 抄袭考生 B，并且计算出二人极高的错同率或 g_2 等检测指标值，这些统计证据是抄袭的有力证据之一。

无论过程如何，一旦考试主办方认为证据有效，认定处罚正当，应将这一决定告知考生，是否允许申诉，应在协议中明确说明。准确来说，申诉的问题应该被定义为考试主办方是否遵循其程序做出决定的问题。在调查过程中，考试主办方应证明遵循了协调一致的审查过程，需要指出的是，在考生上诉的案件中，是由考试主办方组织的专家组判定考生是否存在作弊行为，而不是法院。法院在审理这些案件时的关注点是考试主办方是否有合理的程序，以及是否认真地遵循了这些程序，而不是被怀疑考生是否真的有不当行为。

4 分散型网络考试实例分析

4.1 分散型网络考试概述

与传统的集中网络考试相比，分散型网络考试彻底突破了传统考试的地域限制，空间开放，简化了传统考试中复杂烦琐的程序，节约了人力物力的投入成本，大幅度地提升了工作效率，是对传统考试的发展和创新（邓小芳等，2020）。疫情期间，远程居家考试发挥了重要作用，一些企业的招聘以及学校各类考试都采取了分散型网络考试的形式。

分散型网络考试管理系统实现了考生考试自动化，设计了专门的监控系统，利用身份认证、人脸识别和图像识别技术等防作弊信息技术对考试的整个过程进行全面监控。为了防止考生利用网络搜索工具作弊，采取禁止打开浏览器和禁止窗口切换等手段。同时，网络考试管理系统通过数据备份、防账号异地登录技术，避免试卷被恶意刷新和替考现象。监控视频自动保存，随时查看，提升了考试管理水平。考试过程的智能化监控使考试失信现象得到有效遏制，但分散型网络考试设备平台使用时间短，规范性欠缺，在实时监考过程中依然存在一些漏洞。本文以某在线监考平台为例，介绍分散型网络考试的流程，并就考试过程中可能出现的考生作弊行为进行说明。

4.2 平台实例分析

某在线考试系统平台作为专业的在线考试系统，针对各种类型考试的流程和应用场景，以及多年来各种类型的违规、舞弊情况，从底层逻辑上进行了有针对性的设计开发，并且保持高频快速的迭代升级。系统具有真人实时验证、分班监控、实时视频＋语音监控、违规提醒、监考数据分析存储等多项监考和考试安全新技术，进一步提升了考试的安全性和严肃性。随着技术的发展，AI与考试应用已经实现了快速深度的融合。

4.3 在线监考流程

在线监考方式采用双视角监控。在线监考人员将同时看到两个不同视角的实时监控画面，配合声音监控、AI智能辅助监控进行人工远程监考。第一视角是正面监控，是来自考生考试设备的监控画面，重点关注到考生的面部特征，可以近距离查看考生是否佩戴耳机等违禁物品，是否有语言交流等违纪行为；第二视角是鹰眼监控，来自考生手机或平板监控设备的监控画面。鹰眼监控保证桌面和双手在可视范围内，同时，监考人员能够查看考生动作、考试环境、是否有无关人员进出考试场所等。在开启鹰眼监控的情况下，每个考生的监控区会同时显示两个实时视频监控画面，考生信息、答题进度、考生行为日志、AI智能检测的异常提示，以及监考人员手工添加的违纪行为截屏记录等信息都会在监控画面的下方呈现。

监考人员使用在线监考平台的所有监考功能，观察考生的考中行为，与考生视频通话，对考生可能存在的违纪行为及时提醒、记录和存证。在线监考平台界面一屏同时显示4名考生的监控实时画面，也能通过调控观测到监考班级的整体情况。在线监考使用自动轮巡和手动轮巡两种轮巡方式，自动轮巡是监考页面每10秒自动向左轮巡一位考生监控画面，监考平台界面最上方的中间显示自动轮巡的倒计时，监考老师也可以手动轮巡，前后翻页查看考生的监控画面。监考老师通过实时关注考生答题行为与周围环境状况，结合监考系统记录的行为日志、异常行为等信息，并配合使用监考功能，可以有效地完成在线监考的工作。

4.4 在线考试过程中存在的问题

线上考试目前支持的主要是一些间接防作弊的方式，例如定时抓拍，人脸识别；全屏答题，防止切屏；强制提交考生试卷；禁止考生复制、粘贴、剪切；记录考生使用的设备、IP等。这些举措在一定程度上能预防考生作弊行为的发生，但在具体操作过程中依旧存在监考漏洞：

（1）监考人员精力有限。监考员同时监考几十个甚至上百个考生，可能存在观察不到位的疏漏。监考人员看到一个个滚动的人像，同一时间内只能看到四个考生的界面，在考生群体数量较多的情况下，是存在考试安全风险的。

（2）网络问题的不确定性会带来很大的考试安全隐患。网络问题存在于考生和监考人员两个方面，任何一方网络出现问题或网络不流畅，都会出现视频界面卡顿、黑屏等状况。在这种情况下，监考人员可能很长时间观测不到考生的答题状态，无法判断考生是否有作弊行为。同时，我们也无法判断考生方真实的网络情况。

（3）部分考生第二视角的角度不规范，无法观测到考生的双手和桌面。在前期准备考试过程中，考生忽略后台的提示，或始终无法找到合适的鹰眼角度，随着考试正式开始，为不打扰考生答题，会停止后台提示，因此无法判断考生是否携带违禁物品。

（4）观测角度不全面。监考人员无法对考生所在的考试场地进行全广角的全景观测，因此存在监控死角。监考人员无法判断在监控盲区是否有其他人员在场协助作弊。

《国家教育考试违规处理办法》对纸笔考试过程中作弊行为的定义和范围有明确的规定，应用到分散网络考试中，预防考生作弊现象的发生，监考人员要从人、物、电子设备三个主要方面考察。考生的考试环境应是桌面清空，周围无其他人员，无手机耳机等电子设备。同时，招聘单位应该不断提升专用考场监控 App 的应用性能，实现网络考试与防作弊的有效协调。

5 考生作弊行为的防范措施

5.1 加强考试作弊的惩戒力度

考试主办方要加大对考生的诚信宣传和违纪违规惩戒力度。在考试报名前，在官方网站宣传引导考生诚信考试，对于一些因为作弊触犯法律最终导致刑事犯罪的案件，要利用网络广泛宣传，让更多的考生明白考试作弊的严重后果，让考生从心理上不敢作弊，害怕惩戒。对主办方认定考试作弊的考生加大惩处力度，对组织考试作弊等严重作弊行为做到有案必查。

5.2 利用先进反作弊工具应对高科技团伙作弊

应对高科技作弊，要用更先进的反作弊工具来反制。在纸笔考试中，考试主办方要不断完善对标准化考点的建设。在考点使用无线电监测车，启用先进的无线电监测和阻断设备，对考点进行监测和屏蔽可疑信号，从源头上切断非法无线电信号。传统网络考试中采取的普通视频监控手段，并不能满足分散型网络考试的需要，为满足考试形式不断发展的需要，要将人脸识别技术的防作弊系统应用于网络考试，并继续提高人脸识别系统的识别速度和精度，以有效防止替考等作弊行为的发生。降低网络考试系统的安全风险，研究人员需要将重点放在网络考试防作弊系统的研究上，要不断提升网络在线考试防作弊系统设计，实现无死角监考部署和智能巡考。

5.3 提高作弊甄别技术

在考生作弊行为调查过程中，通过作弊甄别统计技术筛查异常考生占据越来越重要的地位。答案抄袭检测法和个人拟合检测法是甄别考生作弊的有效技术，答案抄袭检测法和个人拟合检测法各有侧重，前者是对两个考生间作答向量一致性的检测，后者是对考生个体作答向量是否与特定作答反应模型相匹配的检测。某些条件下，将两类指标结合，有助于在控制极低误判率的前提下提高检出率（胡佳琪等，2020）。随着电子通信技术的发展，考生使用微型电子设备传输答案，作弊的隐蔽性越来越高，很难通过现场的防范措施杜绝作弊。在实践需要的推动下，心理和教育测量学研究者利用计算机技术和数据挖掘技术，不断更新和完善现有的作弊甄别手段，使得检测方法更加科学、合理和精确。

6　结语

考试的公平是社会公平的重要方面。在互联网、人工智能快速发展的时代，在网络考试不断尝试创新的今天，分散型网络考试不断发展应用。在线考试可以保障绝大部分考试安全和公平公正，但考试作弊没有办法完全杜绝。分散型网络考试面对大量分散的考生，存在监考人员不足、智能监考程度不高等问题，新技术具体应用的过程中也存在一些考试安全漏洞。新时代新形势下的考试作弊问题也将日益突出，亟待考试主办方制定针对各种形式考试的规范流程，不断优化防作弊措施。

参考文献

［1］胡婧．浅析人事考试笔试组考的现状和发展思路［J］．中国经贸导刊（中），2020
（5）：179 – 180.

［2］邓小芳，张金顺，罗丽燕，郑霖，石柳月．远程考试管理系统的建设［J］．企业科技与发展，2020（12）：47 – 49.

［3］胡佳琪，黄美薇，骆方．考试作弊甄别技术的研究进展：个体作弊的甄别［J］．中国考试，2020（11）：32 – 36.